광주 고대도시의 형성과 변천

마한연구원 총서 9

광주 고대도시의 형성과 변천

2024년 6월 27일 초판 1쇄 발행

지은이 강은주 · 전형민 · 곽명숙 · 송공선 · 임동중
임영진 · 이정민 · 황호균 · 양해웅

펴낸이 권혁재

편집 조혜진
인쇄 성광인쇄

펴낸곳 학연문화사
등록 1988년 2월 26일 제2-501호
주소 서울시 금천구 가산디지털1로 16 가산2차 SK V 1AP타워 1415호
전화 02-6223-2301
팩스 02-6223-2303
E-mail hak7891@chol.com

ISBN 978-89-5508-695-9 94910

광주 고대도시의 형성과 변천

마한연구원 편

학연문화사

책을 펴내며

광주는 호남지역을 대표하는 광역시로서 유서 깊은 역사를 가지고 있습니다. 문헌 자료에 따르면 마한 소국에서 출발하여 백제 때 무진군이 되었다가 통일신라 때는 9주5소경의 하나인 무진주가 되어 고창을 포함한 전남지역 14군 44현을 관할하였습니다. 고고학 자료에 따르면 마한 소국에서 백제시기까지 황룡강과 극락강의 합류지역이 중심이었다가 통일신라때 광주천을 끼고 있는 구시가지 일대가 새로운 중심지가 되어 오늘에 이르고 있습니다.

일반적으로 광주는 1896년에 이루어진 13도 개편에 따라 전남의 중심도시가 된 것으로 알려져 있지만 문헌 자료나 고고 자료 모두 2,000여년 전부터 영산강 상류지역의 중심을 이루고 있었음을 말해 주고 있습니다. 특히 광주 구시가지는 조선시대 광주읍성을 기반으로 발전하였다는 것이 일반적 인식이었지만 통일신라 때 그 보다 훨씬 넓은 지역에 격자가로망이 완비된 계획도시가 있었고, 그 전에는 황룡강과 극락강이 합류하는 평야지대에 대규모 마을들이 조성되어 고대도시로 발돋움하고 있었음이 밝혀지고 있습니다.

광주 고대도시에 대한 새로운 인식 속에서 최근 광주광역시에서는 그 구조를 밝히는 한편 이를 정비, 활용하는 방안을 모색하고자 3차에 걸친 학술대회를 개최하였습니다. 2022년에는 <광주지역 고대도시 I (마한 · 백제)>(마한연구원 주관), 2023년에는 <광주 무진주의 형성과 변천>(전남대학교 박물관 주관)과 <후백제 왕도 광주 재조명>(순천대학교 문화유산연구소 주관) 학술대회를 개최하여 광주 고대도시에 대한 지견을 크게 확장시켰습니다.

학술대회 발표문들은 각각 단행본으로 제작되었는데 행정용 한정판이었기 때문에 널리 배포되고 활용되기 어려웠습니다. 이와같은 사정을 감안하여 마한연구원에서는 마한 · 백제에서부터 조선시대에 걸친 근세 이전의 광주 도시 구조에 대한 글을 간추려 이 책자를 만들게 되었습니다.

이 책자에서는 두 부분으로 구분하여 제1부에서는 마한 · 백제시기 고분을 중심으로 대규모 마을 사이의 관계를 조망하는 한편(강은주), 수 많은 마을 유적들을 신창지구(전형민), 하남지구(곽명숙), 평동지구(송공선), 동림지구(임동중) 등 5개 지구로 나누어 살펴보았습니다. 제2부에서는 통일신라 무진도독성(임영진)과 무진고성(이정민), 통일신라 · 고려시대 사찰(황호균), 조선시대 광주읍성(양해웅)을 통해 통일신라 무진주부터 근세 이전까지의 광주 도시 변천 과정을 조망해 보았습니다.

광주 고대도시 중심지 변천에 있어서는 서부에서 동부로 바뀐 역사적 배경을 살펴보았고, 무진도독성이 통일신라 9주5소경 가운데 가장 정연한 격자가로망을 유지하고 있다는 사실을 분명히 하였습니다.

앞으로는 마한 · 백제시기 광주 고대도시의 구조와 성격을 더욱 면밀하게 밝혀 나가는 한편 통일신라 무진도독성의 격자가로망을 비롯하여 관아, 시장, 공방, 창고, 무덤 등 다양한 도시 시설과 조선시대 광주읍성의 여러 시설물에 대한 조사와 연구가 계속되어야 할 것입니다.

아쉬운 점은 광주 고대도시의 출발점이었다고 할 수 있는 마한 · 백제시기 대규모 마을 유적들이 조사 이후 개발과 함께 멸실되어 버린 점이고, 그나마 다행한 점은 통일신라 무진도독성의 격자가로망과 배후산성인 무진고성이 비교적 잘 남아 있다는 점입니다.

향후 무진도독성의 범위에서 이루어질 재개발 과정에서는 관련 유구를 찾아 정비하는 한편 남아있는 무진고성을 잘 복원해 나가야 할 것입니다. 광주 고대 도시 유적들은 개발의 지장물이 아니라 새로운 역사문화자원이 되어 유구한 역사를 알려주는 교육 · 관광자원으로 활용되는 한편 쾌적한 휴식공간이 될 수 있을 것입니다. 또한 광주는 한국의 고대 계획도시 가운데 행정치소와 배후산성이 함께 잘 정비된 대표적인 역사도시가 될 수 있을 것입니다.

끝으로 간헐적으로 진행되어 왔던 광주 고대도시 연구가 보다 체계적이고 종합적으로 이루어질 수 있는 계기를 만들어 준 광주광역시와 학술대회 발표 논문들을 잘 보완해주신 집필자, 제2부 3편의 글과 제2부 1편의 글을 각각 수록할 수 있도록 허락해 준 전남대학교 박물관과 순천대학교 문화유산연구소, 많은 도면과 사진이 섞여있는 복잡한 원고를 잘 편집하여 출판해 주신 학연문화사 권혁재 사장님과 조혜진 님께 감사드립니다.

2024년 6월

마한연구원장 임영진

목 차

제1부 : 마한 · 백제시대의 광주

고분을 통해 본 광주지역 마을의 형성과 발전 / 강은주 ······ 11

광주 신창지구 마을 / 전형민 ······ 45

광주 하남지구 마을 / 곽명숙 ······ 71

광주 평동지구 마을 / 송공선 ······ 105

광주 동림지구 마을 / 임동중 ······ 133

제2부 : 통일신라 · 고려 · 조선시대의 광주

광주 무진도독성의 구조와 축조배경 / 임영진 ······ 171

광주 무진고성의 시기별 성격 / 이정민 ······ 205

무진주와 광주목 사찰문화유산 / 황호균 ······ 249

광주읍성의 구조와 관아건물의 위치비정 / 양해웅 ······ 313

고분을 통해 본 광주지역 마을의 형성과 발전　강은주

광주 신창지구 마을　전형민

광주 하남지구 마을　곽명숙

광주 평동지구 마을　송공선

광주 동림지구 마을　임동중

강은주 전남대학교박물관

1. 머리말
2. 광주지역 고분의 현황과 분포
3. 주요 마을별 고분 검토
4. 고분으로 본 마을의 형성과 발전
5. 맺음말

1. 머리말

광주광역시는 호남지방 최대의 도시로 동쪽으로는 담양군 · 화순군이 잇대어 경계를 이루고 있고, 서쪽으로는 장성군 · 함평군과 접경하고 있다. 남쪽으로는 남평읍과 화순읍을 경계로 하며 북쪽으로 장성군과 담양군에 접하고 있다. 영산강의 중상류지역으로 영산강 본류가 가운데로 관통하고, 서쪽과 남쪽에는 영산강의 큰 지류인 황룡강과 지석천이 흐르고 있다. 도심은 영산강의 작은 지류인 광주천 중상류지역에 형성되어 있는데 무등산과 그 지맥들에 의해 분지상을 이루는 지역에 자리하고 있다. 주변이 산지에 둘러싸인 분지지형으로 구릉성 산지와 큰 하천이 흐르고 있어 충적지형이 넓게 분포하고 있는 지리적인 환경은 일찍부터 최적화된 인류의 생활장소라고 할 수 있다. 이러한 지리적 여건을 바탕으로 구석기시대부터 근 · 현대에 이르기까지 다양한 문화유산이 자리하고 있다.

광주광역시의 문화유적에 대한 조사는 1963년부터 시작되었다. 1963년 4월 서울대학교에서 신창동 옹관묘, 6월~7월에는 국립박물관에서 충효동 요지를 발굴조사하였다. 1970년대에는 전남대학교박물관에서 송암동 주거지(1977년)와 충효동 지석묘(1978년)를 조사하였다. 1980년대에는 무등산 원효사지(1980년), 무진고성(1차 1988년, 2차 1989년)에 대한 조사가 이루어졌다. 1990년대 초반에는 충효동 요지(1990년, 1991년), 금곡동 야철지(1991년), 신창동유적(1992년)에 대한 조사가 국립광주박물관을 중심으로 이루어졌다. 그러다가 1990년대 중반부터는 택지 조성과 산업단지 개발, 도로 개설 등으로 인한 대규모 구제발굴이 진행됨에 따라 많은 문화유적이 확인되었다. 특히 대규모 취락과 분구묘로 대표되는 마한 문화유적의 자료가 타지역에 비해서 많은 편으로 마한의 생활상을 살펴보는 데 있어 중요한 자료가 되고 있다.

이 글에서는 현재까지 확인된 고분 자료를 바탕으로 광주지역 마을의 형성과 발전 과정을 살펴보고자 한다. 그러기 위해서 먼저 광주지역에서 확인된 고분의 현황과 분포를 살펴보고, 실제 발굴조사가 이루어진 지역은 어디인지 살펴보고자 한다. 그리고 주요 마을별 고분의 현황을 살펴봄으로써 시기를 검토해 본다. 이를 바탕으로 주요 마을 내 고분의 분포가 가지는 의미를 살펴보고 이를 통해 마을의 형성과 발전 과정을 추론해보고자 한다.

2. 광주지역 고분의 현황과 분포

광주지역의 문화유산에 대한 조사는 3차례의 지표조사[1)]와 1963년 이후부터의 발굴조사를 통해 이루어졌다. 2022년 현재까지 지표 및 발굴조사를 통해 확인된 광주지역 삼국시대의 고분은 총 52개소로 〈그림 1〉 및 〈표 1〉과 같다[2)].

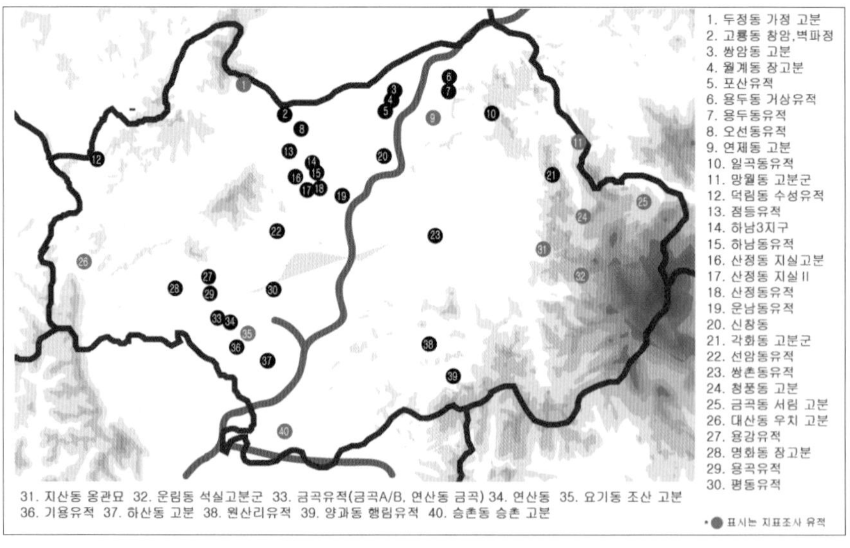

〈그림 1〉 광주지역 고분의 분포

〈표 1〉 광주지역 고분 목록

연번	유적명	유구	주소	조사유형
1	고룡동 벽파정	분구묘 1기, 옹관묘 1기, 석축묘 2기	광주광역시 광산구 고룡동 822-2번지 일원	발굴조사
2	고룡동 창암 I	분구묘 1기	광주광역시 광산구 고룡동 산31-1번지 일원	발굴조사
3	금곡A	분구묘 2기, 토광묘 2기	광주광역시 광산구 연산동 746-1 일대	발굴조사
4	금곡B	분구묘 3기, 토광묘 1기, 옹관묘 3기	광주광역시 광산구 연산동 746-1 일대	발굴조사
5	기용	분구묘 5기	광주광역시 광산구 하산동 산9-2 외	발굴조사
6	대산동 우치 고분	고분 1기	광주광역시 광산구 대산동 82 일대	지표조사
7	덕림동 수성	토광묘 1기	광주광역시 광산구 덕림동 산33-5번지	발굴조사
8	두정동 가정 고분	고분 1기, 석실묘 1기	광주광역시 광산구 두정동 411 일대	지표조사
9	명화동 장고분	분구묘 1기(석실묘 1기)	광주광역시 광산구 명화동 170-5	발굴조사
10	산정동	고분 3기, 토광묘 1기	광주광역시 광산구 산정동 전481	발굴조사
11	산정동 지실 II	분구묘 3기	광주광역시 광산구 산정동 지실마을 일원	발굴조사
12	선암동 아랫마을	분구묘 8기	광주광역시 광산구 선암동, 운수동 일원	발굴조사
13	선암동 윗마을	분구묘 10기	광주광역시 광산구 선암동, 운수동 일원	발굴조사
14	성덕	토광묘 4기	광주광역시 광산구 장덕동, 수완동 일원	발굴조사
15	신창동 유적	옹관묘 2기, 토광묘 2기	광주광역시 광산구 신창동 512 일대	발굴조사
16	신창동(광박 2007)	옹관묘 1기	광주광역시 광산구 신창동 506, 1079-7, 1086-6번지 일대	발굴조사
17	신창동4	분구묘 1기(제형)	광주광역시 광산구 신창동 506-16번지 일대	발굴조사
18	쌍암동 유적	분구묘 1기(원형, 석실묘 1기)	광주광역시 광산구 월계동 875-1	발굴조사
19	연산동(1)	고분 12기	광주광역시 광산구 연산동 664번지 일원	발굴조사
20	연산동(2)	고분 38기, 토광묘 2기	광주광역시 광산구 연산동 650-2번지 일원	발굴조사
21	연산동(3)	분구묘 7기	광주광역시 광산구 연산동 701-2번지 일원	발굴조사
22	연산동(4)	분구묘 19기, 주구 2기, 옹관묘 5기, 토광묘 7기	광주광역시 광산구 연산동 677-1번지 일원	발굴조사
23	오선동	분구묘 10기(제형분 4기, 방형분 6기)	광주광역시 광산구 오선동 발산,시례 일원	발굴조사
24	요기동 조산 고분	고분 1기(장고형 1기)	광주광역시 광산구 요기동 238	지표조사
25	용강 유적	고분 4기(원형)	광주광역시 광산구 용곡동 115-3 (용강)	발굴조사
26	용곡B	분구묘 6기	광주광역시 광산구 하산동 山 9-2 외	발굴조사

27	용곡동 용강 유적	유실	광주광역시 광산구 용곡동 926-2	지표조사
28	운남동(광박)	옹관묘 4기 확인	광주광역시 광산구 운남동 455-84 일대	발굴조사
29	운남동(전남대)	고분 1기(원형)	광주광역시 광산구 운남동 516-5번지	발굴조사
30	월계동 장고분	분구묘 2기(장고형 2기, 석실묘 2기), 토광묘 1기	광주광역시 광산구 월계동 765-5	발굴조사
31	점등	석실묘 1기	광주광역시 광산구 산정동, 장수동 일대	발굴조사
32	평동유적	분구묘 85기, 옹관묘 10기, 토광묘 1기	광주광역시 광산구 월전동 원두, 월전마을 일원	발굴조사
33	포산 유적	토광묘 1기	광주광역시 광산구 월계동 848-1	발굴조사
34	하남3지구	분구묘 4기, 옹관묘 1기	광주광역시 광산구 하남동 154번지 일원	발굴조사
35	하남동 유적	고분 14기, 옹관묘 5기, 토광묘 5기	광주광역시 광산구 산정동 전481 외	발굴조사
36	하산동 고분	고분 1기	광주광역시 광산구 하산동 97 일대	지표조사
37	승촌동 승촌 고분	고분 1기	광주광역시 남구 승촌동 785	지표조사
38	양과동 행림 II	고분 1기(즙석분 1기)	광주광역시 남구 양과동 다래재들 일원	발굴조사
39	임암동 · 원산동 석곽묘	석곽묘 1기	광주광역시 남구 임암동 466-2	발굴조사
40	계림동	분구묘 1기	광주광역시 동구 계림동 1340번지 일대	발굴조사
41	운림동 석실고분군	고분 9기, 석실 9기	광주광역시 동구 운림동 산 18	발굴조사
42	지산동 옹관묘	옹관 2기	광주광역시 동구 지산동 480	지표조사
43	각화동 1호분	고분 1기(석실묘 1기)	광주광역시 북구 각화동 산 31	발굴조사
44	각화동 2호분	고분 1기(석실묘 1기)	광주광역시 북구 각화동 173-2	발굴조사
45	금곡동 서림 고분	유실	광주광역시 북구 금곡동 산 129	지표조사
46	망월동 고분군	고분 14기	광주광역시 북구 망월동 산 45, 41-2	지표조사
47	연제동 고분	고분 2기	광주광역시 북구 연제동 산 13-5	지표조사
48	용두동	고분 36기	광주광역시 북구 용두동 509	발굴조사
49	용두동 거상	분구묘 2기	광주광역시 북구 용두동 산30-1번지 일원	발굴조사
50	일곡동 유적	옹관묘 1기	광주광역시 북구 일곡동 850-9	발굴조사
51	청풍동 고분	고분 2기, 석실묘 1기	광주광역시 북구 청풍동 산 341	지표조사
52	쌍촌동 유적	분구묘 2기, 토광묘 1기	광주광역시 서구 쌍촌동 산 204번지, 전 337-8번지	발굴조사

조사된 고분 현황을 각 구별로 살펴보면 <표 2>와 같다. 총 52개소 중 가장 많은 고분이 확인되는 곳은 광산구이다. 그 외 각 구별로 살펴보면 서구는 1기만 확인되고 남구와 동구가 3개소, 북구는 9개소가 확인되고 있다. 그러나 이는 지표조사 및 발굴조사 시행을 통해 알려진 고분의 현황으로, 발굴조사가 얼마나 그 지역에서 이루어졌는가를 감안하여 살펴보아야 한다. 고고학에서 연구되는 물질자료는 지표조사를 통해 육안으로 확인되는 것뿐 아니라 발굴조사를 통해 매장된 유구를 확인하여 축적된다. 연구대상 지역이 전면 발굴이 되지 않는 이상 고고학에서의 연구는 현재까지 확인된 자료를 기반으로 이루어지는 것임을 생각할 필요가 있다.

광주지역에서 발굴조사가 이루어진 구역을 살펴보면 <그림 2>와 같다. 큰 공간으로 표시된 지역이 대규모의 택지나 산업단지의 조성을 위해 조사가 이루어진 지역으로, 광산구가 다른 구에 비하여 많은 것을 확인할 수 있다. 따라서 광주지역의 고분 분포는 각 구별로 확인되었지만 고고학적인 자료로 접근하여 검토할 수 있는 지역은 광산구쪽으로 한정된다.

<표 2> 광주지역 각 구별 고분 현황

구분	개소	유적
광산구	36	고룡동 벽파정, 고룡동 창암, 대산동 우치, 덕림동 수성, 두정동 가정, 명화동, 산정동, 하남동, 산정동 지실Ⅱ, 점등, 선암동 윗마을, 선암동 아랫마을, 신창동(2004,2007,2021), 연산동, 연산동 산정 1구역, 연산동 산정 3구역, 연산동 산정 4구역, 금곡A, 금곡B, 오선동, 요기동 조산, 용강, 용곡동 용강, 운남동(전남대, 광박), 월계동, 포산, 쌍암동, 평동A, 평동B, 성덕, 하남 3지구, 하산동, 용곡B, 기용
남구	3	승촌동 승촌, 양과동 행림, 원산동
동구	3	계림동, 운림동, 지산동
북구	9	각화동, 금곡동 서림, 망월동, 연제동, 용두동, 용두동 거상, 일곡동, 청풍동
서구	1	쌍촌동

〈그림 2〉 광주지역 발굴조사 시행현황

3. 주요 마을별 고분 검토

이 장에서는 광주지역에서 확인된 주요 고분 유적에 대해 검토해 보고자 한다. 각 주요 마을별 검토는 발굴조사가 이루어진 유적 외에도 지표조사를 통해 확인된 유적도 포함하였다. 주요 마을별로 고분의 분구 형태와 출토유물 등을 바탕으로 고분의 시기를 살펴보고자 한다[3].

1) 하남지구

하남지구 마을은 하남동(2지구) 유적을 중심으로 한 주변 유적으로, 유적 분포를 살펴보면 〈그림 3〉과 같다. 그중 발굴조사를 통해 고분이 확인된 것은 하남동(2지구 3구역), 산정동, 산정동 지실Ⅱ, 하남3지구 2구역, 장수동 점등유적이며, 지표조사를 통해 확인된 것은 산정동 지실 고분이다.

〈그림 3〉 하남지구 유적 현황

먼저 하남동(2지구)과 산정동은 인근에 분포하고 있어 그 변화상을 같이 살펴볼 수 있다. 하남동(2지구)유적[4]은 1 · 2구역에 주거지와 구가 분포하고 있는데 1구역 북서쪽에서만 옹관묘 2기, 그리고 통일신라 석곽묘 3기가 확인되었다. 고분은 3구역에서 확인되는데 제형의 분구묘 14기, 옹관묘 2기가 확인되었다. 분구묘 중 가장 크기가 큰 것은 2호분이며 그 옆으로는 보존조치로 조사가 이루어지지 않은 고분 3기가 있다. 2호분 옆에 있는 2기는 제형으로, 2호분 북동쪽에 있는 1기는 원형으로 추정된다. 분구묘는 크게 2호분을 중심으로 한 중앙 군집(2호분, 보존조치 제형분 2기), 북동쪽 군집(3~5호분, 보존조치 원형분 1기), 남서쪽 군집(1,6~14호분)으로 구분해 볼 수 있다. 북동쪽 군집과 남서쪽 군집에서는 3세기대부터 6세기 전반에 해당하는 유물들이, 중앙 군집에서는 4세기 후반부터 5세기 중 · 후반의 유물들이 확인되었다. 산정동유적[5]의 고분은 분구 사면의 끝자락에 해당하며 하남동(2지구) 3구역과 마주하고 있다. 분구 형태는 원형으로 직경은 1호분과 2호분이 15~16m이며 3호분이 6m 정도이다. 매장주체부는 1호분에서만 확인되었는데 토광묘이다. 3호분은 4세기 후반~5세기 중반, 1호분과 2호분은 5세기 후반~6세기 전반으로 추정된다. 두 유적에서 출토된 유물 중 개배와 파수의 형태를 기준으로 〈표 3〉과 같이 분기를 설정해 볼 수 있으며 고분의 분포 및 출토유물의 변화는 〈그림 4〉와 같다.

〈표 3〉 하남동(2지구)과 산정동유적 출토유물에 따른 분기 설정

해당 유구	개배 무		개배 유	
	우각형 파수	절두형 파수		대상파수
하남동	3호분 →	(4호분) →	5호분	
	9호분 → 10호분 →	8호분 → 6호분		7호분
	11호분 →	13호분 → 12호분		
		(14호분→ 1호분, 2호분)		
산정동		3호분	1호분, 2호분	
분기	1기	2기	3기	

하남3지구[6]에서는 구하도를 중심으로 남동쪽의 2-1지점(1 · 2호분)과 북서쪽의 2-3지점(3 · 4호분)이 확인되었다. 매장주체부는 4호분 대상부에서 옹관묘 1기만 확인되었다. 1~3호분은 장축방향이 구하도와 평행한 반면, 4호분은 직교하고 있다. 고분의 연대는 기타 유구와의 관련성을 고려하면 〈표 4〉와 같이 1~3호분은 3세기대부터 5세기 중반, 4호분은 5세기 중 · 후반에 조성된 것으로

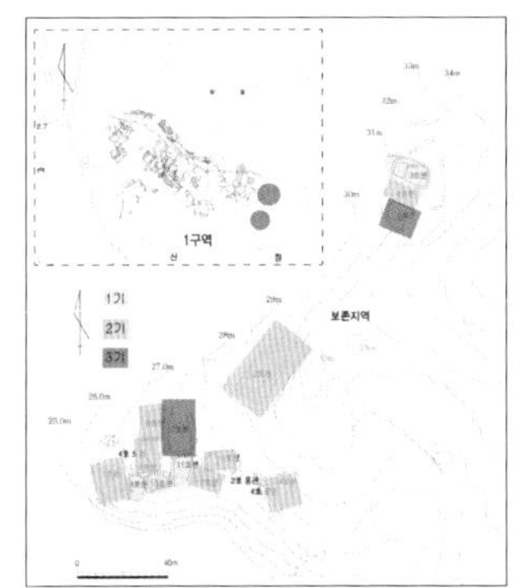

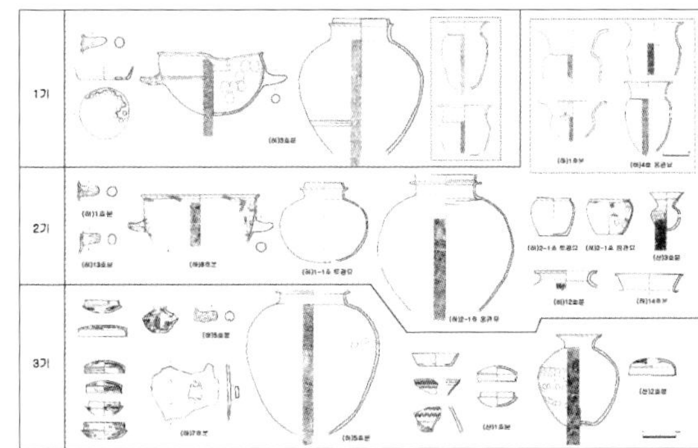

〈그림 4〉 하남동(2지구)과 산정동유적 각 분기별 고분의 분포와 출토유물

추정해 볼 수 있다. 1~3호분에서는 유물이 거의 확인되지 않고 4호분의 옹관묘에서는 단경호와 철도자, 주구에서는 단경호 · 양이부호 · 컵형토기 · 고배 대각편 등이 출토되어 시기적인 변화가 있었음을 알 수 있다.

〈표 4〉 하남동(3지구) 고분의 시기

고분	1호분	2, 3호분	4호분	
고분 장축방향	구하도와 평행		구하도와 직교	
기타 유구	2호 가마		6호 지상건물지	34호 구
시기	3~4세기	4세기~5세기	5세기대(중 · 후엽)	6세기 전후

그 외 점등유적[7)]에서는 구릉 사면에 위치하는 석실묘 1기가 확인되었다. 석실묘는 장방형의 평면형태로 반지하식으로 축조되었다. 주변으로 구가 확인되었는데 서쪽에서는 석실묘를 감싸듯 1호 구가 돌아가고 있어 분구의 형태가 원형일 가능성이 있다. 유물은 백제계의 병형토기, 대가야계의 유개장경호 등이 확인되고 있어 고분의 시기는 6세기 전반으로 볼 수 있다.

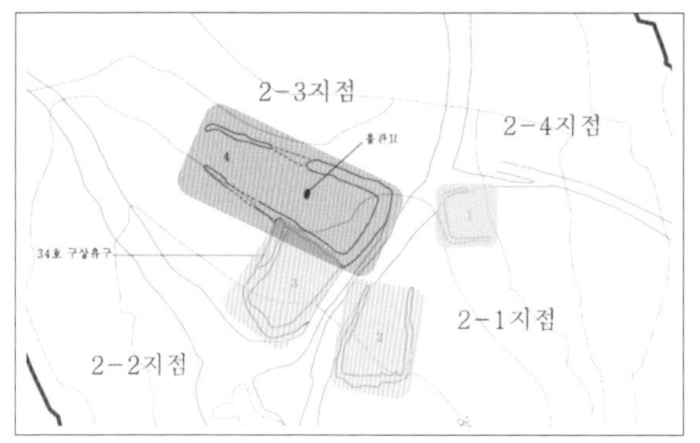

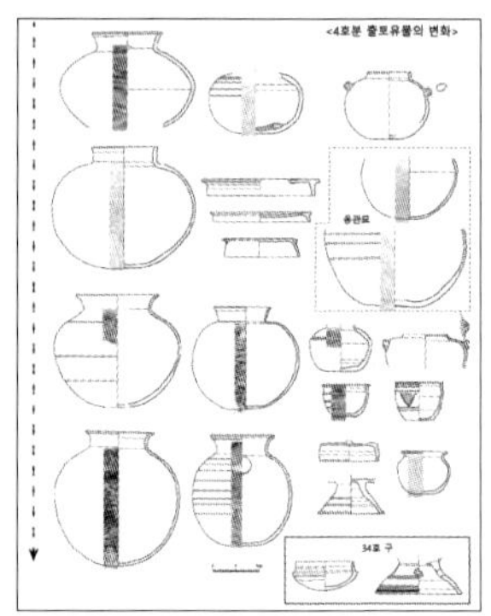

〈그림 5〉 하남동(3지구) 고분의 분포와 4호분 출토유물

산정동 지실Ⅱ유적[8]에서는 주거지가 폐기된 후 고분 3기가 조성되었다. 1호분과 2호분은 (장)방형으로 추정되며, 3호분은 모서리가 둥글게 돌아가고 있어 원형일 가능성이 있다. 조사지역 경계 부분에 해당하여 전체 형태를 파악할 수 없지만 2호분 조성 이후에 이를 파괴하고 3호분이 조성되었다. 1호분과 2호분은 주거지 폐기 이후 5세기 전반, 3호분은 5세기 후반에서 6세기 전반경으로 추정된다. 산정동 지실고분[9]은 가야저수지가 축조되어 유적의 하단은 물에 잠겨있는 상태이다. 고분은 원형분으로 2기가 있는데 규모는 직경 15m와 10m 정도이며, 높이는 2~3m이다. 저수지 수위변동으로 인해 고분의 훼손이 계속 이루어지고 있다.

〈표 5〉 하남지구 주요 유적의 고분 시기

유적명	시기			비고
	3세기 중반~4세기 중반	4세기 후반~5세기 중반	5세기 후반~6세기 중반	
하남동				발굴
산정동				발굴
산정동 지실Ⅱ				발굴
산정동 지실			?	지표
점등				발굴

2) 평동지구

평동지구 마을은 평동 · 연산동 유적을 중심으로 한 주변 유적으로 산업단지 및 평동역, 도로 개설 등으로 인해 대규모의 발굴조사가 많이 이루어졌다. 평동 유적에서 남쪽으로 직선거리 2㎞ 정도 떨어진 지점에는 요기동 조산 장고분이 있으며, 북서방향으로 직선거리 4.3㎞에는 명화동 장고분이 있다. 대부분 발굴 조사가 이루어졌고, 지표조사로 알려진 고분은 요기동 조산고분이 있다.

평동유적[10)]은 지평한 구릉과 충적지에 위치하는데 A구역과 B구역으로 나누어지며 다양한 형태의 분구묘가 확인되었다. A구역에서는 총 42기 분구묘가 확인되었는데 제형분 29기, 방형분 7기, 원형분 5기, 이형분 1기로 제형분이 많다.

〈그림 6〉 평동지구 유적 현황

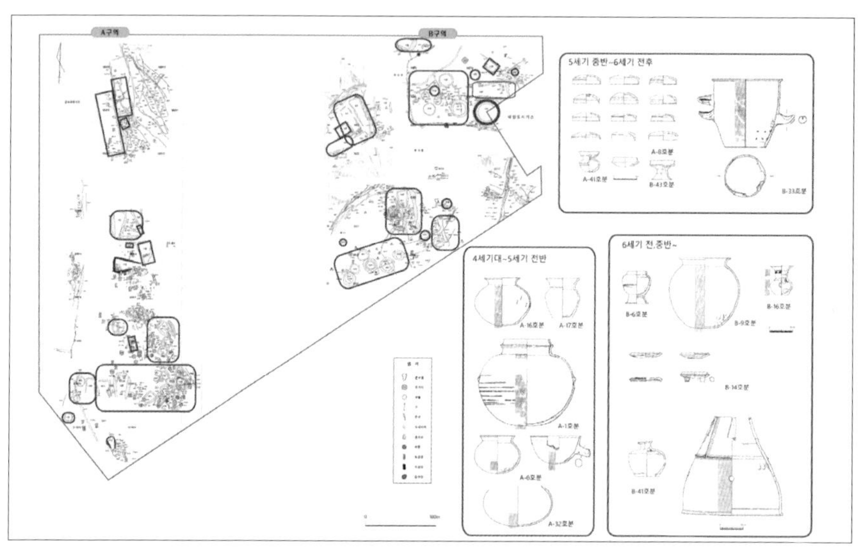

〈그림 7〉 평동유적 고분의 분포와 출토유물

B구역에서는 총 43기의 분구묘가 확인되었는데 제형 17기, 방형 2기, 원형 24기로 원형이 더 많은 편이다. 그중 원형 분구묘는 A구역에서 남서쪽 하단에서만 확인되며, B구역에서 군집지어 폭넓은 범위에서 확인되었다. 고분의 조성시기는 A구역은 3세기대부터 6세기 중·후반까지 고루 분포하며, B구역은 5세기 중반 이후부터 6세기 중·후반에 해당된다. 시기별 고분의 출토유물은 개배·고배·통형기대 등 새로운 기종이 추가되는 특징을 보인다.

연산동유적은 평동 3차 산업단지 개발로 인하여 네 개의 구역으로 나누어져 조사되었다. 1구역[11]에서는 12기의 분구묘가 확인되었는데 제형 6기, 방형 1기, 원형 5기이다. 제형과 원형은 구릉 정상부쪽에서 확인된 반면 방형은 저평지에서 확인되었는데, 고분의 조성시기는 5세기대 전반~후반으로 보고 있다. 2구역[12]에서는 총 37기의 고분이 확인되었는데 금곡지구 32기[13], 산정지구 5기이다. 분구의 형태는 제형 33기, 원형 4기인데 원형분은 산정지구에서만 확인되었다. 고

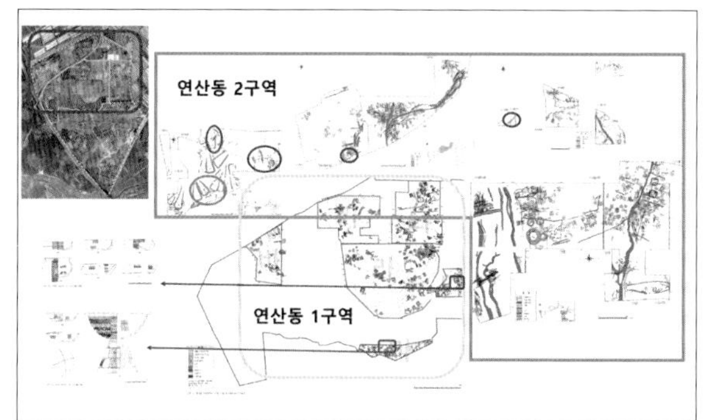

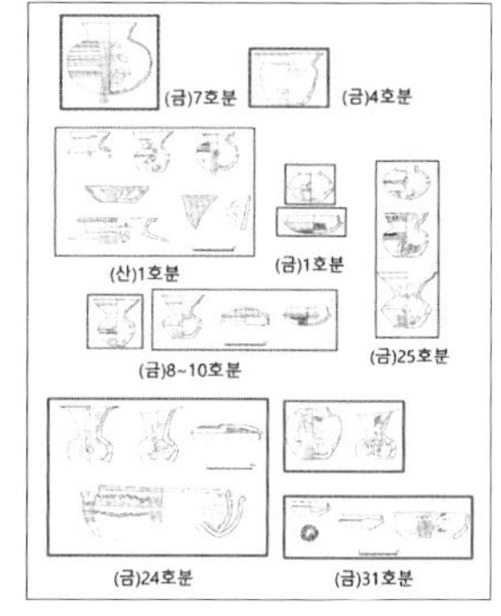

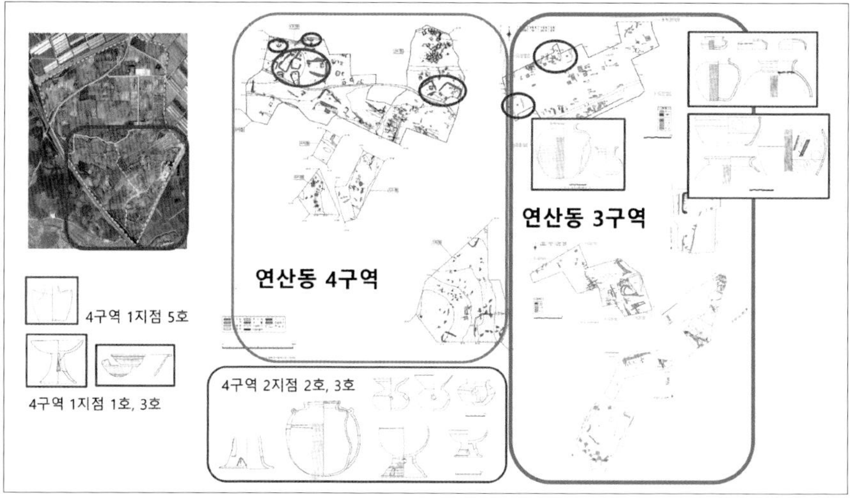

〈그림 8〉 연산동유적 고분의 분포와 출토유물

분의 조성시기는 4세기 중반부터 6세기를 전후한 시기까지로 추정된다. 3구역[14)] 에서는 제형의 분구묘 5기[15)]가 확인되었는데 5세기 중반 이후부터 6세기 전후한 시기까지로 볼 수 있다. 4구역[16)]에서는 분구묘 18기[17)]가 확인되었는데 제형 12기, 방형 3기, 원형 3기이다. 1구역과 3구역에서 2구역 순으로 분구묘가 조성되었으며 시기는 3세기 중반부터 5세기 후반까지이다.

그 외에도 연산동유적 북쪽으로는 국지도49호선(본덕~임곡간) 도로 개설 공사 구간에 속하는 용강, 용곡, 금곡[18], 기용유적[19]이 있다. 용강유적에서는 원형분 3기, 용곡유적에서는 제형분 5기와 방형분 1기, 금곡유적에서는 제형분 4기와 원형분 1기, 기용유적에서는 제형분 5기가 확인되었다. 용강유적은 5세기 후반, 용곡B유적은 3세기 후반~4세기 전반, 금곡A · B유적은 4세기대와 원형분은 5세기 후반, 기용유적은 4세기대로 추정되고 있다. 그리고 요기동 조산 고분[20]은 전체 길이 약 50m로 가운데 부분이 잘록하고 서남쪽 끝은 장방형으로 평탄하게 이어지면서 끝나는 데 반해 동북쪽 끝은 원형으로 끝나고 있어서 장고형을 띠고 있다. 단애면에는 성토 흔적이 나타나 있다.

〈표 6〉 평동지구 주요 유적의 고분 시기

유적명	시기			비고
	3세기 중반 ~4세기 중반	4세기 후반 ~5세기 중반	5세기 후반 ~6세기 중반	
평동A구역				발굴
연산동 4구역				발굴
용곡B				발굴
기용				발굴
연산동 2구역				발굴
금곡				발굴
평동B구역				발굴
연산동 1구역				발굴
연산동 3구역				발굴
용강				발굴
요기동 조산			?	지표

3) 동림지구

동림지구 마을에는 북구 동림동유적과 서구 쌍촌동유적이 포함된다. 동림동유적의 북동쪽으로 직선거리 860m 떨어진 지점에 동림동 죽림 고분이 있다. 기존 지표조사를 통해 삼국시대 이후에 해당하는 고분으로 알려졌으나 2020년 지표조사에서는 통일신라시대 이후의 고분으로 추정되었다[21].

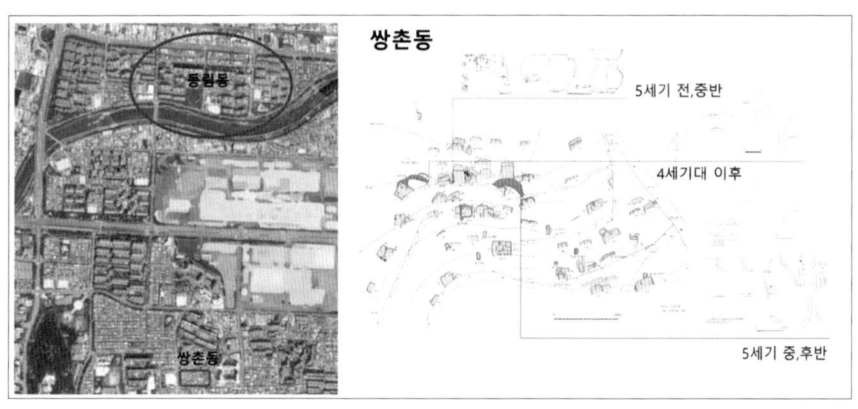

〈그림 9〉 동림지구 유적 현황(좌)과 쌍촌동유적 고분의 분포와 출토유물(우)

쌍촌동유적[22]은 극락강과 그 지류인 광주천 주변의 해발 60m 정도의 구릉 남사면에 위치하고 있다. 주거지 79기와 함께 분구묘 2기가 확인되었다. 1호분은 제형분, 2호분은 원형분으로 추정된다. 주거지들이 폐기된 이후에 분구묘가 조성되었으며 시기는 4세기대에서 5세기 중·후반으로 추정해 볼 수 있다. 쌍촌동유적 주변에는 조사가 많이 이루어지지 않았지만 비슷한 시기의 유적이 존재할 가능성이 많다. 쌍촌동유적 주변인 호남대학교 쌍촌캠퍼스 내 유적에서는 삼국시대 수혈과 구상유구가 확인되어 쌍촌동유적과 비슷한 시기로 추정되고 있다[23].

그 외에도 남서쪽으로 직선거리 2㎞ 정도 떨어져 위치하는 치평동유적[24]에서는 5세기 후반으로 볼 수 있는 개배, 유공광구소호, 발형기대 등이 수습된 바 있어 이 일대에는 삼국시대 유적이 존재할 가능성이 있다.

〈표 7〉 동림지구 주요 유적의 고분 시기

유적명	시기			비고
	3세기 중반~4세기 중반	4세기 후반~5세기 중반	5세기 후반~6세기 중반	
쌍촌동				발굴

4) 신창지구

신창지구는 사적인 신창동유적을 중심으로 한 일대로 조사는 소규모로 꾸준히 이어지고 있다. 초기철기시대~원삼국초기에 해당하는 옹관묘가 확인된 이후 분구가 미확인된 매장주체시설이 확인[25]되었다. 최근에는 제형 분구묘 1기가 확인[26]되었는데 삼국시대 분구묘가 처음 확인되었다는 점에서 의미가 있다. 초기철기시대 집단 옹관묘가 조사된 지점과 가까운 위치라는 점에서 사적 지정지역 남서쪽 외곽이 매장공간으로 활용되었을 가능성이 있다.

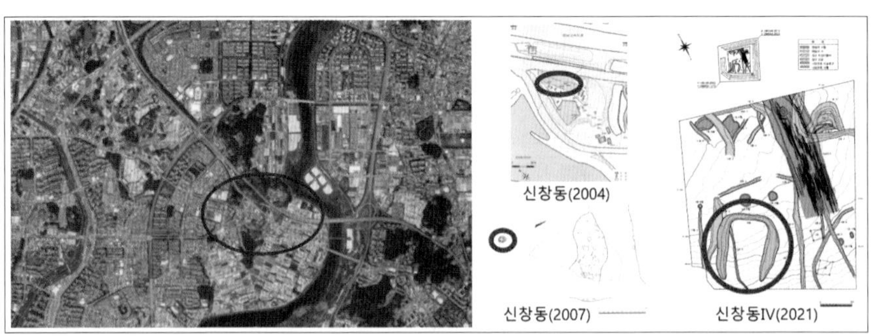

〈그림 10〉 신창지구 유적 현황과 고분의 분포

한편 신창동유적에서 북서쪽으로 직선거리 2.3㎞ 지점에는 월계동 장고분[27]이, 직선거리 2.5㎞ 지점에는 쌍암동 고분[28]이 있다.

〈표 8〉 신창지구 주요 유적의 고분 시기

유적명	시기			비고
	3세기 중반~4세기 중반	4세기 후반~5세기 중반	5세기 후반~6세기 중반	
신창동Ⅳ				발굴
월계동 장고분				발굴
쌍암동				발굴

4. 고분으로 본 마을의 형성과 발전

이번 장에서는 앞서 살펴본 주요 마을별 고분 검토 자료를 바탕으로 마을 내 고분의 분포를 살펴보고자 한다. 마을 내에서 고분의 분포는 주요 생활공간과 매장공간의 공간적 활용을 보여주는 것이다. 이는 고대인의 생사관이라는 부분과 관련될 가능성이 크지만 이 글에서는 매장공간의 공간적 활용을 마을의 형성과 발전이라는 측면에서 접근해보고자 한다.

1) 마을 내 고분의 분포

한 마을이 지속적으로 운영되기 위해서 생활공간은 유지되며 매장공간이 별도로 있을 수 있다. 그렇지 않은 경우에는 마을의 공간이 한정되기 때문에 생활공간으로 사용하던 곳을 폐기 후 매장공간으로 조성할 수도 있다. 전자의 경우 국읍의 특성과 마찬가지로 권력층이 생활공간을 공고히 하여 시기적으로 같은 공간을 사용하되 매장공간은 별도로 생활공간 외곽에 위치할 가능성이 있다. 후자의 경우 마을이 구성될 수 있는 지리적 혹은 환경적 요인으로 인해 마을 생활공간 내에서 매장공간을 확보하는 것을 의미한다. 이 경우 생활공간, 즉 주거지와 중복관계가 형성되게 된다. 기존 생활공간을 매장공간으로 활용하는 것은 생활공간이 지역 내에서 변동되었음을 의미하는 것이기도 하다. 이러한 점을 염두에 두고 이 절에서는 앞서 살펴본 주요 마을별로 생활공간과 매장공간의 분포를 살펴보고자 한다.

하남지구에서 하남동유적(2 · 3지구)은 생활공간과 매장공간이 공간상 분리되어 있다. 특히 하남2지구의 경우 1 · 2구역에는 주거지와 구 등 생활공간이 확인되고 있으며 동떨어진 3구역에 고분이 자리하고 있다. 고분들은 3세기대부터 6세기대까지 조성되어 시기적인 차이를 살펴볼 수 있다. 그리고 하남3지구의 경우 구하도를 중심으로 4기의 고분이 확인되고 있다. 이처럼 하남2지구와 3지

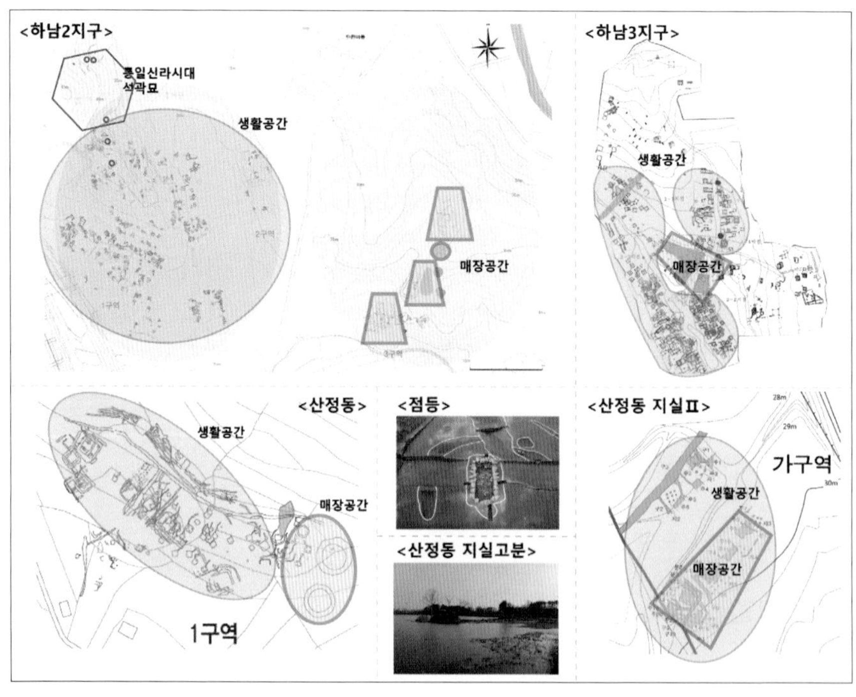

〈그림 11〉 하남지구 생활공간과 매장공간의 분포

구를 포함한 하남동유적은 주거공간 역시 시기폭이 한정적이지 않고 3세기대부터 6세기 중반까지 꾸준히 활용되고 있다.

산정동유적은 나지막한 구릉에 있으면서 1구역 내에서 생활공간과 매장공간이 같이 확인되고 있다. 주거지를 중심으로 한 중앙부분은 3세기대부터 5세기 전반까지 확인되다가 5세기 중반 이후에 서쪽으로 방형건물지군이 위치하고 있으며 동쪽으로 고분 3기가 있다. 그리고 지표조사로 확인된 산정동 지실고분은 원형분으로 2기가 있는데 주변지역의 유구 존재 가능성은 불확실한 편이다. 그 외에도 점등유적의 석실묘는 6세기 전반에 주변지역과는 별개로 확인되고 있다. 그런가하면 반대로 산정동 지실Ⅱ유적은 주거지와 중복되어 있는데, 주거지 폐기 이후 고분이 조성된 것으로 볼 수 있다.

평동지구에서 평동유적은 삼국시대 이전에 생활공간 중심이었다가 이후에는 매장공간 중심으로 변화된 것으로 보인다. 주거지가 확인되고는 있지만 대부분 삼국시대보다 이른 것들이며 삼국시대에 속하면서 고분과 중복되는 주거지는 3기에 불과하다[29]. 그렇기 때문에 평동유적은 매장공간으로 분리되어 운영되었다고 볼 수 있을 것이다. 출토유물의 양상으로 보아 고분의 조성은 A구역에서 B구역으로 변화된 것으로 볼 수 있다. 평동유적을 매장공간으로 활용하였던 마을의 생활공간은 유적 주변으로 추정해 볼 수 있는데 북쪽에 월전동유적[30]이 있어 그 가능성이 높다.

연산동유적의 범위는 1구역부터 4구역으로 구분되어 조사되었지만 크게 보아서는 하나의 공간으로 볼 수 있다. 각 구역이 전면조사가 이루어진 것이 아니라 그 안에서도 지점별로 조사되었지만 그래도 마을의 분포상황은 가늠해 볼 수 있다. 연산동유적 범위의 북쪽과 동쪽에는 주거지 및 건물지가 분포되어 있는데 1구역의 가~다지점, 2구역 1지점과 3지점이 이에 해당한다. 이들 지점에서는 주거지를 파괴하고 후대의 원형분이 들어서고 있다. 그리고 이 지점들과 연결되는 3구역과 4구역에서도 주거지들이 확인되고 있어 연산동유적 전체 공간으로 보았을 때 중앙부분이 생활공간이었음을 추정해 볼 수 있다. 그리고 그 외곽으로 고분들이 분포하는데 유적 범위의 북서쪽과 서쪽, 그리고 생활공간의 남쪽부분에 집중되어 있다. 생활공간으로 추정되는 범위에서 고분은 원형분과 방형분이 확인되는데 주거지를 파괴하고 조성되었다. 그 외 분구묘들은 대부분 제형분인데 주거지와 중복되는 경우가 별로 없다.

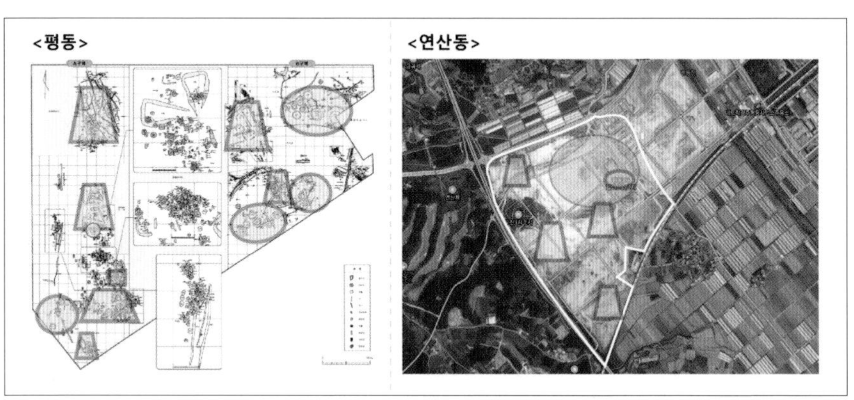

〈그림 12〉 평동지구 생활공간과 매장공간의 분포

동림지구 마을에 속하는 동림동유적에서는 고분이 확인되지 않았다. 동림동유적은 주거지 등 생활유구의 사용시기가 3세기대부터 6세기 전반까지 이어지는 것으로 볼 때 마을이 지속적으로 운영되고 있었음을 알 수 있다. 조사 범위가 넓은 편임에도 고분이 확인되지 않았다는 점에서 주변에 별도로 구분된 매장공간이 존재할 가능성이 있다고 생각된다. 쌍촌동유적은 3세기부터 5세기 전후한 시기까지 이어진 생활공간으로, 매장유적은 제형과 원형으로 추정되는 분구묘 2기가 확인되었다. 생활공간이 존속하였던 시기에는 주변에 매장공간이 있었을 것으로 추정되고 4세기 후반 이후가 되면 폐기된 주거지들이 생겨나 그 공간을 활용하여 분구묘가 조성되었을 것으로 생각된다. 유적의 조사가 구릉 일부만 이루어졌기 때문에 마을 전체의 공간 구성을 살펴보기에는 어려움이 있다.

신창지구 마을에 속하는 신창동유적은 사적으로 지정되어 있어 넓은 범위의 조사가 이루어지지 못하여 마을로서 전체 공간 분포에 대한 정보가 부족한 편이다. 분구묘가 확인된 지점 역시 범위가 한정되어 1기 확인된 것을 바탕으로 분포를 논하기는 어렵다. 그렇지만 최근에 삼국시대 주거지와 제형 분구묘가 잇따라 확인됨에 따라 신창동유적이 원삼국시대부터 꾸준히 주요 마을로 운영되었음을 추정해 볼 수 있다.

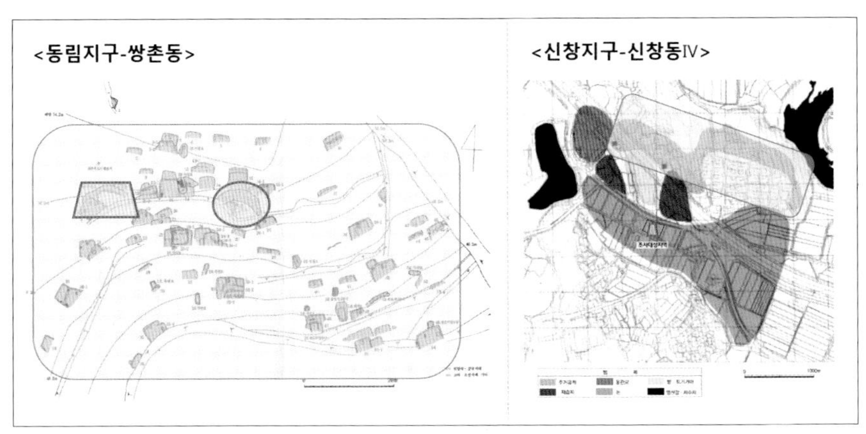

〈그림 13〉 동림지구와 신창지구 생활공간과 매장공간의 분포

위와 같이 앞서 살펴본 주요 마을 내 고분의 분포는 〈표 9〉와 같이 정리해 볼 수 있다. 생활공간과 매장공간이 구분된 경우는 유적 내에서 생활공간으로서의 유구가 확인된 경우에 따라 세 가지로 나누어질 수 있다. 하남동과 연산동처럼 주거지 등 생활공간 유구와 함께 고분이 확인되는 경우, 평동유적처럼 주로 고분만 확인되어 고분과 연결시킬 수 있는 생활공간이 확인되지 않은 경우, 산정동과 같이

그 이전시기의 생활공간 유구도 지속되지만 일정 시기에 유적 내 공간을 달리하여 고분이 나타나는 경우가 있다. 생활공간과 매장공간이 중복되는 경우는 주로 주거지 폐기 이후에 고분이 조성되는데 쌍촌동과 산정동 지실Ⅱ유적 등이 있다.

〈표 9〉 주요 마을의 고분 분포 현황과 시기

구분	시기			유적
	3세기 중반~4세기 중반	4세기 후반~5세기 중반	5세기 후반~6세기 중반	
공간 구분				하남동, 연산동
				평동
				산정동
중복				쌍촌동
				산정동 지실 II

2) 고분으로 본 마을의 형성과 발전

그동안 광주지역의 중심지 혹은 도시에 대한 추정은 크게 2가지 방향으로 논의되어 왔다. 첫 번째는 동림동유적을 백제 지방도시로 설정[31]하는 것이다. 주거단위의 공간과 부대시설의 배열이 계획적으로 조성되어 내부 구조와 경관이 연기 나성리와 유사한 점을 근거로 백제 지방도시로 설정하였다. 그렇지만 동림동유적의 경우 연기 나성리와 비교할 때 생활시설의 종류가 다른 지역에 비해 한정적이며 공공시설로서 생산시설, 공동의 분묘시설 등이 확인되지 않았다는 점에서 동일한 기준으로 접근하기는 어렵다. 두 번째는 광주지역에 존재했을 마한소국의 위치를 〈그림 14〉와 같이 황룡강 · 극락강권으로 보는 견해[32]이다. 이 견해는 광주에 대한 기록 중 가장 이른 시기의 명칭인 노지(奴只)를 극락강과 황룡강을 낀 충적평야에 집중되어 있는 하남동유적 일대로, 동림동유적은 통일신라 무진도독성으로 옮겨가는 과정에서 형성되었을 것으로 보는 것으로 세분 · 구체화되기도 하였다[33]. 광주지역의 중심지 혹은 도시로 언급된 동림동과 하남동, 산정동 등지에서는 대규모의 취락일 뿐 아니라 백제 · 가야 · 왜 등 다른 정치체와의 교류를 보여주는 유구와 유물이 확인[34]됨으로써 그 가능성이 높다.

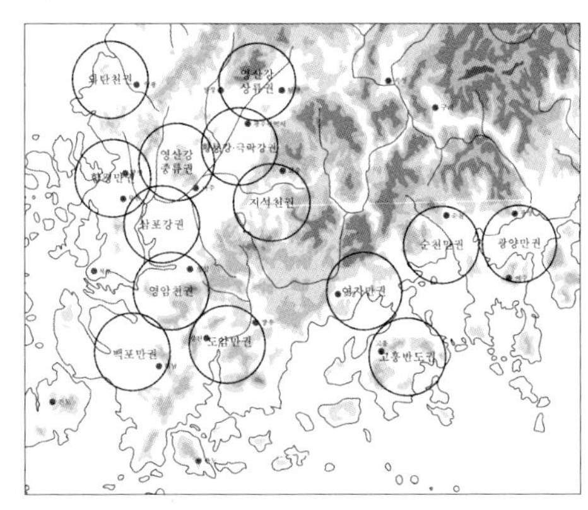

〈그림 14〉 광주 · 전남지역 마한 소국의 위치

지금까지 발굴된 자료를 바탕으로 한 국읍의 특성은 큰 방어취락과 중심고분군이 가깝게 조성된다는 점, 동시대 다른 취락에 비해서도 장기 지속적으로 점유된다는 것이다. 이에 앞서 지배집단과 주거군과 분묘군이 공존하는 현상은 중요하게 받아들여진다[35]. 이러한 이유로 마을 내에서 고분의 분포는 중요한 의미를 가지며 이를 통해서 마을의 형성과 발전을 추론해 볼 수 있을 것이다.

앞서 살펴본 주요 마을인 하남지구, 평동지구, 동림지구, 신창지구 중에서 생활공간과 함께 고분이 확인되고 있는 것은 하남지구와 평동지구이다[36]. 하남지구와 평동지구는 3세기대부터 6세기 전반에 이르기까지 주거공간과 생산, 의례공간뿐 아니라 매장공간까지도 확인되고 있다. 특히 앞절에서 살펴본 바와 같이 하남동과 연산동은 생활공간과 매장공간이 구분되어 있다. 이는 주거지 등 생활공간이 다세대에 거쳐 지속적으로 운영되고 있었기에 내부 공간 안에 매장공간을 조성할 수 없었음을 의미한다. 매장공간은 일정 거리를 두고 마련되어 그 안에서 연접하여 지속적으로 고분이 조성되었을 것이다. 이는 곧 마을의 공간 구성이 형성 단계에서부터 고려되었음을 의미하는 것이다. 마을에서 생활하는 일정한 구성원이 존재한다면 이들의 매장공간 역시 그 주변에 분포하고 있어야 하는 것이다.

분구묘는 잘 알려져 있다시피 제형과 장제형에서 방형, 원형, 장고형으로 변화한다. 하남동유적은 제형분 단계에서 고분 조성이 끝나고 장수천 맞은편인 산정동유적에서는 1구역 동쪽에 원형분이 조성되기 시작하였다. 평동유적은 A구역에서는 제형분 군집 외곽으로 원형분이 조성되고 B구역에서는 제형분 군집 사이에 원형분 군집이 조성되었다. 연산동유적의 경우 주거 밀집 공간을 중심으로 주거지와 건물지 등이 분포하고, 외곽으로는 제형분이 조성되고 운영된다. 그러다가 방형분과 원형분이 나타나기 시작하는데 공간이 더 외곽으로 확대되기보다는 생활공간 내에 중복되어 나타난다. 연산동유적에서 확인되는 원형분의 분포는 하남지구에서 산정동유적의 원형분의 등장과 비슷하다고 볼 수 있다. 즉 마을의 외연 확대보다는 내부의 공간 활용을 통해 매장공간이 재편성하고 있는 것이다.

그리고 5세기 후반에서 6세기 전반이 되면 장고분이 등장하는데 이들의 분포 지역은 주요 마을에서 어느 정도 거리가 떨어져있다. 마을의 형성과 발전 과정에서 보면 장고형의 분구는 주요 마을의 인근에 있지만 가까운 곳은 아닌 곳에 위치하고 있다. 요기동 조산 고분이 평동지구 마을 가까운 곳에 위치하고는 있지만 명화동고분과는 그 차이가 있다. 월계동 장고분의 경우 남쪽으로는 신창지구, 남서쪽으로는 하남지구와도 연결이 될 수 있는데 일정 거리가 떨어진 곳에 위치하고 있다. 이는 주요 마을과의 관계가 있지만 그들의 매장공간과는 다른 곳에 고분을 조성하였음을 의미하는 것으로 장고분 피장자의 성격[37]과도 연결을 시켜볼 수 있을 것이다.

6세기 중엽 이후가 되면 광주지역을 포함한 영산강유역권은 백제화되기 시작하였다. 이 시기 이후의 자료는 석실 · 석곽묘 계통으로 주요 마을 이외 지역에서 확인되는데 용두동 · 운림동유적 등이 있다. 그렇다고 해서 그 이전까지 발전하였던 주요 마을이 순식간에 쇠퇴하지는 않았을 것이다. 주요 마을에서 확인되고 있는 지상건물지는 6세기 중엽 이후 수혈주거지가 많이 확인되지 않고 있어 주거공간으로서의 활용 가능성을 제시해준다. 그러한 생활공간의 운영과 더불어 인근 매장공간 역시 운영되었을 것으로 추정해 볼 수 있다. 하남지구 하남동유적의 경우 1 · 2구역 외곽지역에서 통일신라시대 석곽묘가 확인되고 있어 마을의 발전 이후에도 여전히 주요 마을로서의 역할을 수행하였던 것으로 생각해 볼 수 있다.

5. 맺음말

마을은 여러 집이 모여 사는 장소를 말하는 것으로 이 글에서는 대규모 주거지가 확인된 주요 유적을 대상으로 살펴보았다. 마한지역에서 '국'의 중심지가 불확실한 상태에서 대규모 마을이 확인된 장소는 국읍까지는 아니더라도 읍에 해당할 가능성이 높다. 주요 마을로 살펴본 지역이 대규모 마을로 주거, 생산, 매장공간까지 확인되고 있다는 점에서 마을의 형성과 발전은 마한 국읍의 성장 과정을 보여주는 것이 될 수도 있다.

이 글에서는 고분의 현황과 분포를 통해 고대 광주지역 마을의 형성과 발전 과정을 살펴보았다. 현재까지 발굴조사가 이루어진 자료를 바탕으로 할 때 대규모 조사가 대부분 광산구쪽에 치중되어 있는 한계가 있지만 넓은 범위에서의 공간 구성을 통해서 마을이라는 단위로 접근할 수 있는 계기가 되기도 한다. 축적된 물질자료를 기반으로 하남지구, 평동지구, 동림지구와 신창지구라는 주요 마을이 선정되었고, 이 주요 마을에서 확인된 고분의 종류와 시기 등을 살펴볼 수 있었다.

마을에서 생활공간과 매장공간은 시기에 따라 동시기 공존하여 구분되거나 시기를 달리하여 중복될 수 있다. 마한의 주요 마을로 기능하기 위해서는 장기간 운영되는 생활공간과 더불어 매장공간이 확보되어야 한다. 이런 면에서 마을의 생활공간과 매장공간이 구분되어 운영되었던 하남지구와 평동지구가 주목된다. 이들 마을은 집중적인 생활공간 이외에 일정 거리를 둔 매장공간을 마련하여 고분을 조성하였을 것으로 생각해 볼 수 있다. 그중 하남동(하남2지구) 유적은 다른 유적들이 하나의 범위 안에 생활공간과 매장공간이 분포되어 있던 것과 달리 구릉을 달리하여 매장공간을 별도로 마련하였다는 점이 특징적이다. 제형분 단계까지 생활공간 외곽으로 고분을 조성하였지만 그 이후 단계가 되면 외연 확대보다는 마을 공간 내부의 재편성을 통해 고분이 조성되어 방형분과 원형분이 주거지와 중복되어 확인된다. 6세기 중엽 이후 광주지역도 백제영역화되는데 통일신라시대로 이어지는 시기까지도 주요 마을은 어느 정도 운영되었을 것으로 추정해 볼 수 있다.

이 글은 현재까지 발굴조사가 된 고고자료를 바탕으로 광주지역 주요 마을의 고분을 검토하였다. 물질자료가 확인된 지역만을 대상으로 주요 마을이 설정되고 그 의미를 살펴보았기 때문에 아직 매장되어 있을 마한문화유산을 감안할 때 단편적인 검토에 지나지 않을 수도 있다. 그러나 앞으로 더 많은 마한문화유산 자료가 축적된다면 고대 광주지역의 마을 경관에 한 발짝 다가설 수 있을 것이다. 마지막으로 역사문화권정비법에 광주지역이 마한역사문화권으로 포함되어 있으므로 택지나 산업단지 개발, 혹은 도로 개설에 따른 구제 발굴에 한정되지 않고 지정 · 비지정 문화유산에 대한 학술적인 접근이 이루어져 연구되고 활용되기를 기대해본다.

이 글은 2022년 광주광역시가 주최하고 마한연구원이 주관한 학술회의(『광주지역 고대도시 Ⅰ(마한 · 백제)』)에서 발표한 필자의 발표문(「고분을 통해 본 광주지역 마을들의 관계」)을 보완한 것임.

【 주석 】

1) 광주직할시 · 향토문화개발협의회, 1988, 『무등산-문화유적조사-』; 김학휘, 1990, 『광주의 문화유적』, 광주직할시 · 향토문화개발협의회; 전남대학교박물관 · 광주광역시, 2004, 『문화유적분포지도 -광주광역시-』.
2) 이 글에서 말하는 고분은 3세기 이후의 분묘 자료에 해당하는 것으로 삼각형 점토대토기를 옹관으로 사용하였던 신창동 옹관묘는 제외하였다.
3) 분구는 확인되지 않고 토광묘나 옹관묘가 확인되는 경우도 있지만 취락과 관련하여 살펴보기 위해서는 다장을 기본으로 하는 분구묘를 중심으로 살펴보고자 한다. 이후 유적에 대한 검토에서는 분구 미확인 매장주체시설에 대한 언급은 제외하였다.
4) 호남문화재연구원, 2008, 『광주 하남동유적 Ⅱ -고분-』.
5) 호남문화재연구원, 2008, 『광주 산정동유적』.
6) 한강문화재연구원, 2017, 『광주 하남3지구 유적』.
7) 호남문화재연구원, 2014, 「광주 점등유적」, 『광주 가야 · 점등유적』.
8) 호남문화재연구원, 2013, 『광주 산정동 지실유적 Ⅱ』.
9) 건설교통부 · 호남고고학회, 1997, 『호남고속철도 일부구간(광주~정읍간) 문화유적정밀지표조사보고서』.
10) 호남문화재연구원, 2012, 『광주 평동유적 Ⅰ』; 호남문화재연구원, 2012, 『광주 평동유적 Ⅱ(A구역)』; 호남문화재연구원, 2012, 『광주 평동유적 Ⅲ(B구역)』.
11) 영해문화재연구원, 2020, 『광주 연산동 산정유적(Ⅰ구역)』.
12) 대한문화재연구원, 2020, 『光州 蓮山洞遺蹟 Ⅰ』; 대한문화재연구원, 2020, 『光州 蓮山洞遺蹟 Ⅱ』.
13) 연산동 금곡지구에서 조사된 고분의 수량은 33기이지만 8호분의 경우 1구역의 바지점 2호분과 동일한 고분이므로 수량에서 제외하였다.
14) 전남문화재연구원, 2020, 『광주 연산동 산정유적 3구역』.
15) 연산동 산정 3구역에서 확인된 분구묘는 총 7기이지만 그중 2호분과 3호분이 1구역 마지점의 1호분과 4호분으로 동일한 고분이므로 수량에서 제외하였다.
16) 동북아지석묘연구소, 2020, 『광주 연산동 산정유적』.
17) 4구역에서 확인된 분구묘는 총 19기이지만 그중 1호분이 1구역 마지점 1호분과 동일한 고분이므로 수량에서 제외하였다.
18) 호남문화재연구원, 2008, 『광주 용강 · 용곡 · 금곡유적』.
19) 호남문화재연구원, 2009, 『광주 산정 · 기용유적』.
20) 전남대학교박물관, 1992, 『광주 평동 · 풍암지역의 문화유적 지표조사』.
21) 호남문화재연구원, 2020, 『광주광역시 운암산공원 조성사업 문화재 지표조사 보고서』.
22) 임영진 · 서현주, 1999, 『광주 쌍촌동 주거지』, 전남대학교박물관.
23) 대한문화재연구원, 2021, 『광주 호남대학교 쌍촌캠퍼스 공동주택 건설부지 내 문화유적 정밀발굴조사 약보고서』.

24) 임영진 · 서현주, 1997, 『광주 치평동 유적』, 전남대학교박물관.

25) 송의정 · 최상종 · 윤효남, 2004, 『광주 신창동 묘제 유적』, 국립광주박물관; 신상효 · 이종철 · 윤효남, 2007, 『광주 신창동 유적』, 국립광주박물관.

26) 대한문화재연구원, 2021, 『광주 신창동유적 Ⅳ』.

27) 임영진 · 조진선 · 서현주, 2003, 『광주 월계동 장고분』, 전남대학교박물관.

28) 임영진 · 조진선, 1994, 『광주 월계동 장고분 · 쌍암동고분』, 전남대학교박물관.

29) 삼국시대 주거지와 고분이 중복되어 확인된 것은 A구역 11호분과 12호, 13호 주거지이다. 11호분은 14호 주거지를 파괴하고 조성되었으며, 11호분 남쪽 주구를 파괴하고 12호와 13호 주거지가 들어섰다. 11호분 주구에서 개배, 고배, 대각편 등이 출토되었으나 출토유물이 주거지가 확인된 남쪽주구에 집중되어 확인되는 점에서 후행하는 12호와 13호 주거지와 관련된 가능성이 크다. 11호분과 중복된 주거지의 연대는 5세기 후반에서 6세기 전반으로 추정해 볼 수 있다.

30) 임영진 · 조진선 · 서현주, 1996, 『광주 월전동 유적』, 전남대학교박물관.

31) 이영철, 2011, 「영산강 상류지역의 취락변동과 백제화 과정」, 『백제학보』 6, 백제학회; 이영철, 2016, 「백제 지방도시의 성립과 전개-영산강유역을 중심으로-」, 『한국고대사연구』 81, 한국고대사학회.

32) 임영진, 2013, 「고고학 자료로 본 전남지역 마한 소국의 수와 위치 시론」, 『백제학보』 9, 백제학회; 최영주, 2021, 「삼국 · 통일신라시기 광주 중심지 연구」, 『역사학연구』 83, 호남사학회.

33) 임영진, 2023, 「광주 무진주의 도시 구조」, 『광주 무진주의 형성과 변천』 학술회의 자료집, 전남대학교박물관 · 광주광역시, 26쪽.

34) 하승철, 2014, 「전남 서남해지역과 가야지역의 교류양상」, 『전남 서남해지역의 해상교류와 고대문화』, 혜안.

35) 이성주, 2017, 「한국 선사 · 고대의 주거와 취락」, 『마한의 마을과 생활』 2017년 마한연구원 국제학술회의 자료집, 마한연구원, 23쪽.

36) 물론 이러한 결과는 2장에서 언급하였던 고분의 분포와 발굴조사 공간 현황에서도 알 수 있듯이 이 두 지역에 대한 대규모 발굴조사가 다수 진행되었기에 가능한 일이다. 물질자료의 존재로 추정이 가능한 고고학 특성상 동림지구와 신창지구에서도 주변 조사가 더 이루어질 경우 주요 마을이자 거점지로 연구가 될 수도 있을 것이다.

37) 장고분 피장자의 성격에 대해서는 일본에서 망명한 왜인, 토착세력자, 일본이 파견한 왜인, 백제가 파견한 왜인으로 구분해 볼 수 있다. 임영진, 2007, 「장고분(전방후원형 고분)」, 『백제의 건축과 토목』 백제문화대계 연구총서 15, 충청남도역사문화연구원.

【그림 출전】

〈그림 2〉 국가유산청 GIS통합인트라넷시스템 활용 편집

〈그림 3〉 국가유산청 GIS통합인트라넷시스템 활용 편집

〈그림 4〉 호남문화재연구원 2008 활용 편집(좌)

〈그림 5〉 한강문화재연구원 2017 활용 편집(좌)

〈그림 6〉 국가유산청 GIS통합인트라넷시스템 활용 편집

〈그림 7〉 호남문화재연구원 2012 활용 편집

〈그림 8〉 대한문화재연구원 · 동북아지석묘연구소 · 영해문화재연구원 · 전남문화재연구원 2020 활용 편집

〈그림 9〉 국가유산청 GIS통합인트라넷시스템 활용 편집(좌), 임영진 · 서현주 1998 활용 편집(우)

〈그림 10〉 국가유산청 GIS통합인트라넷시스템 활용 편집(좌), 국립광주박물관 2004 · 국립광주박물관 2007 · 대한문화재연구원 2021 활용 편집(우)

〈그림 11〉 호남문화재연구원 2014(점등), 국가유산청 GIS통합인트라넷시스템(산정동 지실고분)

〈그림 14〉 임영진 2013

【인용 · 참고문헌】

〈단행본〉

건설교통부 · 호남고고학회, 1997, 『호남고속철도 일부구간(광주~정읍간) 문화유적정밀지표조사보고서』.

광주직할시 · 향토문화개발협의회, 1988, 『무등산-문화유적조사-』.

김학휘, 1990, 『광주의 문화유적』, 광주직할시 · 향토문화개발협의회.

대한문화재연구원, 2020, 『光州 蓮山洞遺蹟 Ⅰ』.

대한문화재연구원, 2020,『光州 蓮山洞遺蹟 II』.
대한문화재연구원, 2021,『광주 신창동유적 IV』.
대한문화재연구원, 2021,『광주 호남대학교 쌍촌캠퍼스 공동주택 건설부지 내 문화유적 정밀발굴조사 약보고서』.
동북아지석묘연구소, 2020,『광주 연산동 산정유적』.
송의정 · 최상종 · 윤효남, 2004,『광주 신창동 묘제 유적』, 국립광주박물관.
신상효 · 이종철 · 윤효남, 2007,『광주 신창동 유적』, 국립광주박물관.
영해문화재연구원, 2020,『광주 연산동 산정유적(I 구역)』.
임영진 · 서현주, 1997,『광주 치평동 유적』, 전남대학교박물관.
임영진 · 서현주, 1999,『광주 쌍촌동 주거지』, 전남대학교박물관.
임영진 · 조진선, 1994,『광주 월계동 장고분 · 쌍암동고분』, 전남대학교박물관.
임영진 · 조진선 · 서현주, 1996,『광주 월전동 유적』, 전남대학교박물관.
임영진 · 조진선 · 서현주, 2003,『광주 월계동 장고분』, 전남대학교박물관.
전남대학교박물관, 1992,『광주 평동 · 풍암지역의 문화유적 지표조사』.
전남대학교박물관 · 광주광역시, 2004,『문화유적분포지도 -광주광역시-』.
전남문화재연구원, 2020,『광주 연산동 산정유적 3구역』.
한강문화재연구원, 2017,『광주 하남3지구 유적』.
호남문화재연구원, 2008,『광주 산정동유적』.
호남문화재연구원, 2008,『광주 용강 · 용곡 · 금곡유적』.
호남문화재연구원, 2008,『광주 하남동유적 II -고분-』.
호남문화재연구원, 2009,『광주 산정 · 기용유적』.
호남문화재연구원, 2012,『광주 평동유적 I』.
호남문화재연구원, 2012,『광주 평동유적 II(A구역)』.
호남문화재연구원, 2012,『광주 평동유적 III(B구역)』.
호남문화재연구원, 2013,『광주 산정동 지실유적 II』.
호남문화재연구원, 2014,「광주 점등유적」,『광주 가야 · 점등유적』.
호남문화재연구원, 2020,『광주광역시 운암산공원 조성사업 문화재 지표조사 보고서』.

<논문>

이성주, 2017,「한국 선사 · 고대의 주거와 취락」,『마한의 마을과 생활』 2017년 마한연구원 국제학술회의 자료집, 마한연구원.

이영철, 2011,「영산강 상류지역의 취락변동과 백제화 과정」,『백제학보』 6, 백제학회.

이영철, 2016,「백제 지방도시의 성립과 전개-영산강유역을 중심으로-」,『한국고대사연구』 81, 한국고대사학회.

임영진, 2007,「장고분(전방후원형 고분)」,『백제의 건축과 토목』 백제문화대계 연구총서 15, 충청남도역사문화연구원.

임영진, 2013,「고고학 자료로 본 전남지역 마한 소국의 수와 위치 시론」,『백제학보』9, 백제학회.

임영진, 2023,「광주 무진주의 도시 구조」,『광주 무진주의 형성과 변천』 학술회의 자료집, 전남대학교박물관 · 광주광역시.

최영주, 2021,「삼국 · 통일신라시기 광주 중심지 연구」,『역사학연구』 83, 호남사학회.

하승철, 2014,「전남 서남해지역과 가야지역의 교류양상」,『전남 서남해지역의 해상교류와 고대문화』, 혜안.

전형민 (재)호남문화재연구원

1. 머리말
2. 광주 신창지구 마을 검토
3. 광주 신창지구 마을의 형성과 발전과정
4. 맺음말

1. 머리말

신창동 유적은 벼농사를 기반으로 하는 생산과 생활, 그리고 무덤 등 고대 마한인의 실상을 알려주는 거대한 복합 생활유적이다. 광주광역시 광산구 신창동에 위치하며, 영산강변에 낮게 솟은 삼각산(해발 98.1m)에서 영산강의 서안을 따라 남동쪽으로 뻗어 내린 구릉의 끝자락 일대에 해당한다. 현재는 호남고속도로가 유적의 중심부를 관통하고 있지만 유적의 지형은 크게 해발 30m 정도인 4개의 잔구릉성 구릉대지와 그 사이 3개의 작은 곡간지대, 그리고 영산강변에 인접하여 형성된 곡간충적지로 이루어져 있다.

유적이 최초로 알려진 것은 1963년 삼불 김원룡 선생의 옹관묘 조사를 통해서이다. 그 뒤 국도 1호선 도로개량공사가 진행되면서 1992년 긴급 조사가 실시되었다. 조사 결과 토기가마, 도랑, 주거지, 밭 등이 확인되어 생산 및 생활, 분묘가 결합된 대단위 복합 농경 생활 유적임이 밝혀지게 되었으며 우리나라에서는 처음으로 다양한 유기물이 조사된 저습지 유적으로 학술 · 문화적인 중요성이 인정되어 1992년 9월 9일 사적 375호로 지정되었다. 신창동유적의 저습지에서는 다양한 목기와 칠기가 다량으로 출토되었다. 대부분 우리나라에서 가장 오래된 것이거나 최초로 발견된 것들로 국내외의 관심이 집중되었다. 이외에도 다양한 기형의 토기와 골각기, 동식물 유체 등은 한국 고대 문화의 다양한 모습을 알려주는 귀중한 자료로 활용되고 있다.

이 글에서는 신창지구 마을의 최근까지 확인된 유적의 유구 현황과 특징을 살펴보고 이를 바탕으로 비교적 시기 편년이 잘 이루어진 토기 자료를 중심으로 단계별 시기적인 변화상을 검토하고자 한다. 또한, 이러한 신창지구 마을의 검토를 통해 신창지구 마을의 대규모 취락의 형성과 발전과정에 대해 살펴보고자 한다.

2. 광주 신창지구 마을 검토

1) 신창동유적의 조사현황

광주 신창동유적은 1963년 서울대학교에 의해 신창리식 옹관묘가 조사된 이후 1992년 국도 1호선 도로공사로 인해 유적이 확인되면서 사적 제 375호로 지정되었다. 이후 국립광주박물관을 중심으로 26차례의 발굴조사가 꾸준히 이루어졌으며 선사시대부터 역사시대에 이르는 다양한 유구가 조사되었다. 이와 같이 발굴조사에서는 주거지, 수혈유구, 토기가마, 구, 논, 저습지 등 상당수의 생활유구가 조사되었는데, 신창동 일원에서 군집을 이루는 생활유구는 주로 구릉사면부에서 확인되고 있다. '신창동 사적지' 내에서 신창동 546번지 일원 유적[1]과 광주-장성간 도로확장공사구간내 유적[2], 신창동 571-1번지 유적[3], 514-1번지 유적[4]이 있으며, 반월촌마을 내에서는 신창동 552-1번지 유적[5] · 552-21번지 유적[6] · 552-2번지 유적[7]의 주거지를 비롯한 생활유적이 조사되었고, 더불어 반월촌마을 북동쪽의 구릉 정상부 부분인 신창동 산 7-7번지 일원에서는 환호가 조사되기도 하였다[8].

신창동 유적은 1992년 저습지 발굴로 거둔 고고학적 성과를 바탕으로 사적 제375호로 지정된 이래 유적의 전모를 밝히기 위한 고고학적 조사가 꾸준히 진행되어왔다. 그러나 지금까지 조사된 저습지유적은 사람들의 직접적인 생활터전이라고 보기는 어렵기 때문에 그 자체만으로는 역사복원이라는 측면에서 한계를 가질 수밖에 없다. 그러나 최근 신창동유적 내 구릉사면부와 충적지에서 마을유적과 관련된 주거지 및 수혈유구들이 집중적으로 조사되고 있으며 당시의 생활상을 보여주는 경작유구와 토기생산유구 등이 확인되고 있으며 신창지구 마을인들의 의례의식을 보여주는 유구 등도 다수 확인되고 있다.

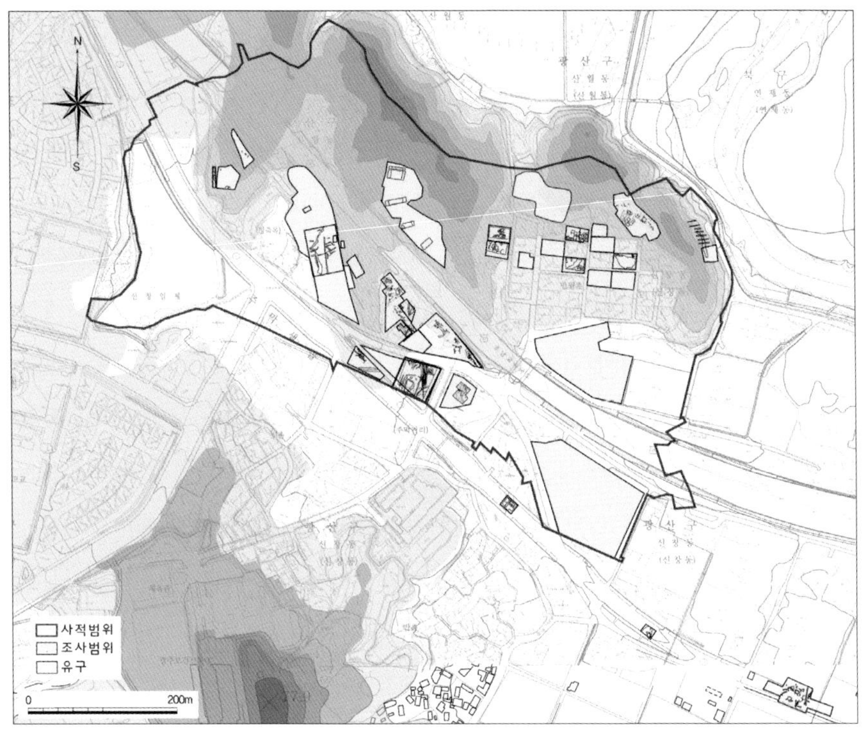

〈그림 1〉 신창동유적 조사현황 및 유구분포

2) 생활유구 검토

(1) 주거지

신창동유적에서는 주거지는 주로 3개의 구릉 사면부와 영산강 서안의 충적대지에서 확인되고 있으며 총 89기의 주거지가 확인되었다.

① 입지

주거지의 입지는 크게 구릉과 평지로 나뉜다. 구릉은 다시 구릉 정상부와 사면부로 세분되고, 평지는 구릉과 평지가 만나는 접점지역, 곧 구릉 말단부와 충적대지로 구분된다. 신창동유적의 주거 입지는 대부분 구릉에 입지하는 양상을 보이며 구릉 정상부에서 사면까지 고르게 분포하고 있으며 구릉 말단부에서도 확인되고 있다. 또한 주목되는 부분은 2005년 광주-장성간 국도 공사구간에 대한 발굴조사를 통해 확인된 4지점에서 주거지가 밀집되어 확인되었다. 조사지역은 영산강 서안의 충적지로 최근 충적지 조사가 활성화 되면서 광주 선암동유적, 광주 평동유적 등에서 대단위의 취락이 조사된 바 있어 영산강 서안의 충적지인 4지점 주변에도 다수의 주거지들이 존재할 것으로 추정된다.

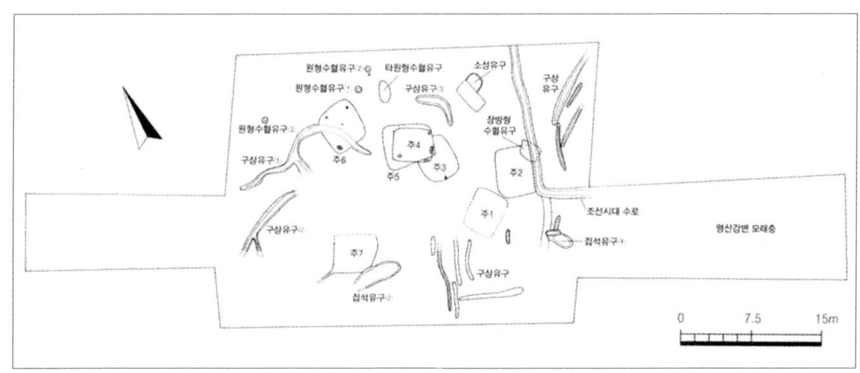

〈그림 2〉 신창동유적(2007) 4지점 유구분포도

② 평면형태

주거지의 평면형태는 방형계(말각방형과 장방형 포함)가 대부분이며 일부 원형이 확인되고 있다. 방형계 주거지의 특징으로 사주공식, 벽구 점토제 부뚜막, 장타원형 수혈 등을 들 수 있다. 사주공식 주거지의 확산과 전개과정에 대한 연구들을 바탕으로 사주공식 비율의 전반적인 변화[9]는 파악되지만 사주공식과 무주공식의 혼재 양상으로 보아 공존하는 주거 형태로 파악되고 있다[10]. 평면 원형계 주거지는 방형에 비해서 이른 시기에 속하는 것으로, 담양 태목리유적의 중복 관계, 그리고 광주 평동유적의 시기별 평면형태의 변화를 통해 알 수 있다. 신창동유적에서 확인된 원형계 주거지는 최근에 소수이지만 영산강 중·상류 지역에서 초기 마한의 주거유적이 확인되고 있고 자료가 증가하고 있는 추세로 일정부분 혼용기의 자료가 추가되었다는데 의미가 있다.

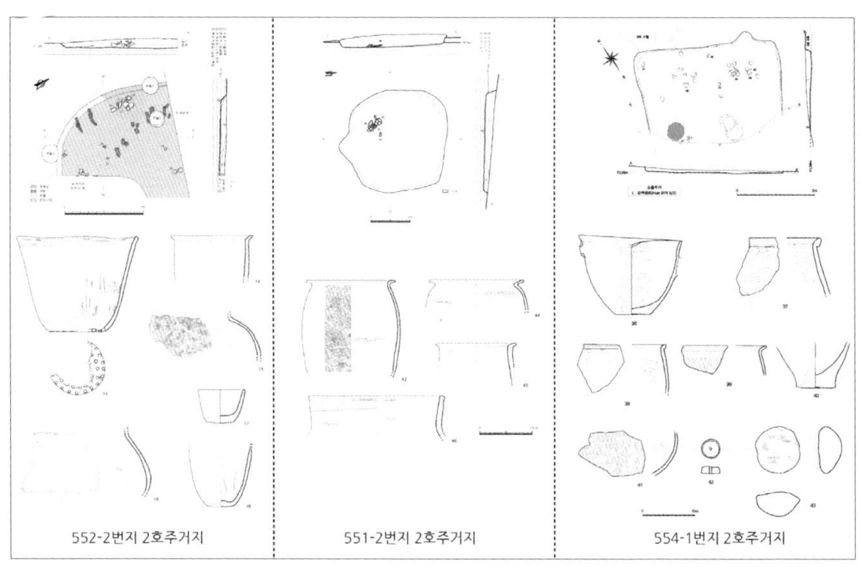

552-2번지 2호주거지 | 551-2번지 2호주거지 | 554-1번지 2호주거지

〈그림 3〉 신창동유적 경질무문토기 출토 주거지

③ 규모

주거지의 규모는 소형(6~15㎡), 중형(15~23㎡), 대형(37~43㎡)으로 나눌 수 있으며 무주공식이 다수를 차지하고 있다.

이중 대형 주거지는 모두 사주식 구조이며 5세기대의 주거지로 주거지군집과 별개의 공간에 조성되었으며 조망이 좋은 구릉 상부에 위치하고 있다. 이중 546번지 일원에서 확인된 9호 주거지는 노지시설 맞은편 중앙에 출입시설이 확인되고 있다.

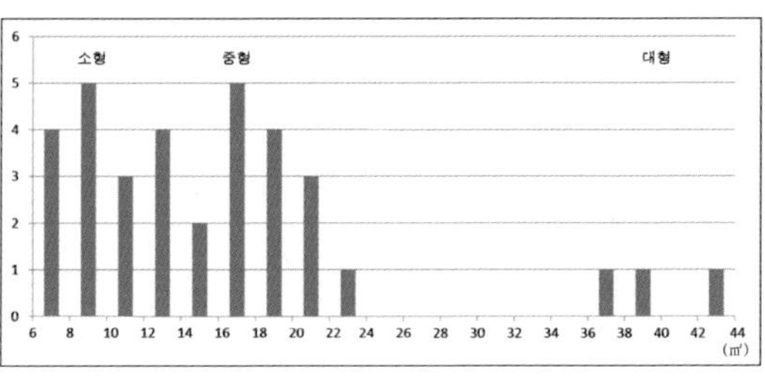

〈그림 4〉 주거지 면적 분포도

(2) 생산유구

① 경작유구

밭유구는 논과 비교하여 입지조건, 재배방법, 작물의 종류, 수확시기, 잔여물 처리 등 서로 다른 특징을 가지고 있다. 그것은 작물의 종류도 다를 뿐 아니라 논은 물을 이용한 재배방법을 채택하고 있기 때문에 밭에 비해 많은 제약을 받는다. 반면 밭은 다양한 작물과의 혼작이 가능하며 단시간에 수확할 수 있다.

이러한 특징들은 밭작물의 재배가 비교적 쉽다는 것을 보여주고 있으나 밭작물의 재배에도 일정한 경작과정이 있으며 이러한 과정들 속에서도 다양한 농경기술이 들어있게 된다. 조사된 경작유구가 조성된 입지를 살펴보면 논의 경우 하천범람원의 배후습지, 곡부 등에서 주로 경작이 이뤄졌으며, 밭의 경우 대부분 하천범람원 충적지에 입지하고 있다.

신창동유적의 경우 영산강이 곡류하는 안쪽에 위치하여 침식보다는 퇴적이 활발한 지형을 가지고 있으며 사적이 위치한 북쪽으로는 삼각산이 위치하고 있어 충적지와 구릉말단부가 만나 퇴적이 활발히 진행된 지형이다. 유적의 서쪽으로 신창저수지가 확인되고 있으며 구릉사면의 퇴적과 충적지의 퇴적이 활발히 이루어지는 지형을 가지고 있다. 동시에 큰 산지형 곡간부에 위치하고 있어 곡간지의 물을 모아 계단식의 경작이 이루어지기 좋은 입지를 갖추고 있다.

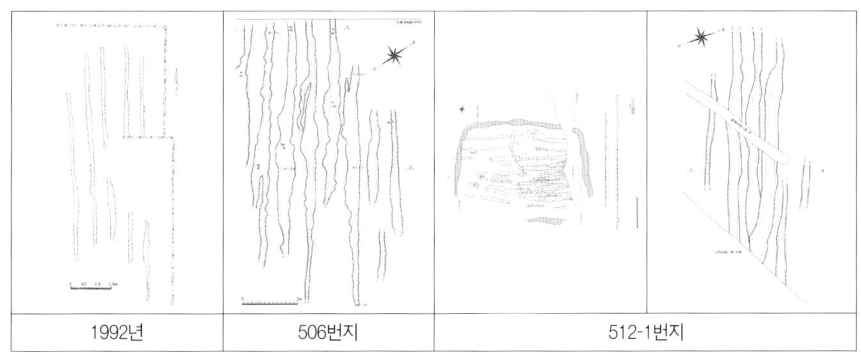

〈그림 5〉 신창동유적 경작유구

② 토기생산유구

신창동유적에서는 토기생산유구가 5기 확인되었다. 1992년에 조사된 B지구에서 발견된 구상유구나 타원형의 토기요지들은 삼각형점토대토기, 두형토기, 토기뚜껑 등의 무문토기가 출토되어 초기 마한의 토기생산과 관련된 유구로 보고 있다. 유구 내부에서 출토된 토기에서 흑반이 확인되고 요의 형태도 정형화되지 못하여 3세기 이후의 구조화된 밀폐요와는 다른 노천요로 보고 있다.

584번지에서 확인된 소성유구는 방형으로 유구 바닥 및 퇴적토 내부에 다량의 목탄과 재가 발견되어 토기 생산과 관련된 유구로 판단하였다[11]. 3~4세기 토기요지로 2007년 Ⅰ지점에서 조사된 요지는 일부만 남아있는데 구릉의 경사면을 이용하여 조성되었으며 하단부로 갈수록 수혈의 깊이가 깊고 폭도 넓어지는 경향을 보이는데 바닥면의 소토화가 이루어지지 않아 단기간 사용되다 폐기된 것으로 보고 있다. Ⅳ지점에서 확인된 소성유구는 소형의 말각(장)방형의 노천요로 토제도지미의 출토량이 많아 도지미를 생산했던 것으로 추정하고 있다[12].

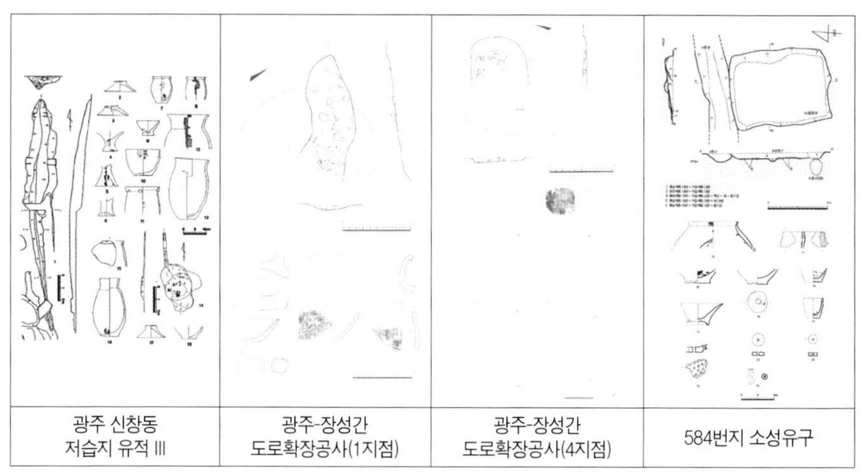

〈그림 6〉 신창동유적 토기생산유구

③ 수공업품 제작 유구

지상건물지는 곡식 창고 또는 공방으로 추정되며 저습지 주변에서 확인된 기둥 주변으로 다량의 도끼밥과 같은 목제 가공의 부산물이 확인되는 것으로 볼 때, 공방으로 이용되었을 것으로 추정하고 있다. 또한 길이가 120㎝ 가량의 문짝도 출토되어 공방으로 사용되었던 지상건물지에 설치되었던 것으로 판단된다.

(3) 의례유구

청동기시대부터 의례는 농경이 시작되면서 생활의례 뿐만 아니라 경작지에서 이루어지는 농경의례, 하천에서 이루어지는 수변의례, 그리고 묘역에서 이루어지는 장송의례로 구분된다[13]. 의례행위의 경우 생활유적과 그 주변에서 유물을 고의로 폐기하는 등의 행위로 고고자료만을 가지고 의례와 관련된다고 구분하기란 쉽지 않다[14]. 신창동유적에서는 농경이 본격화 되면서 다양한 의례행위가 이루어졌을 것이고 출토되는 유물은 공헌과 관련된 소형토기 및 토제품과 같은 의례용 유물들이 확인되고 있다.

① 매납유구

571-1번지 유적에서 출토된 매납유구는 세장방형으로 내부에 완형에 가까운 호형토기, 발형토기, 점토대토기 구연부편 등이 출토되었다. 일반적인 수혈에서 확인되는 토기편들이 아닌 완형에 가까운 유물이 나란히 배납되어 있있다. 584번지 유적에서는 소성유구가 폐기된 후 이중구연호를 매납한 유구가 확인되었다.

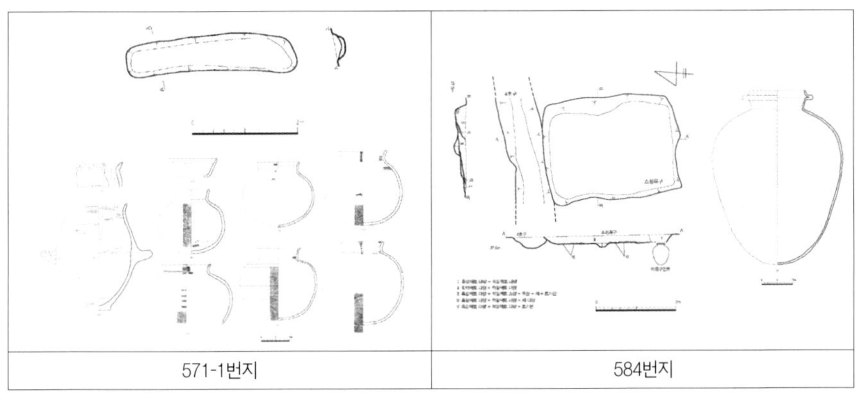

571-1번지	584번지

〈그림 7〉 신창동유적 매납유구

② 수변제사유구

신창동유적에서는 농경이 본격화되면서 농경지 주변 곡부에 자연적으로 형성된 구가 수변제사와 같은 의례의 대상이 되었을 것이다. 출토되는 유물을 보았을 때 공헌과 관련된 소형토기 및 토제품과 같은 의례용 유물이 본격적으로 사용되기 시작하였고 특정 지점 · 특정 유구에서 매번 반복적인 의례행위가 이루어졌을 것으로 보인다.

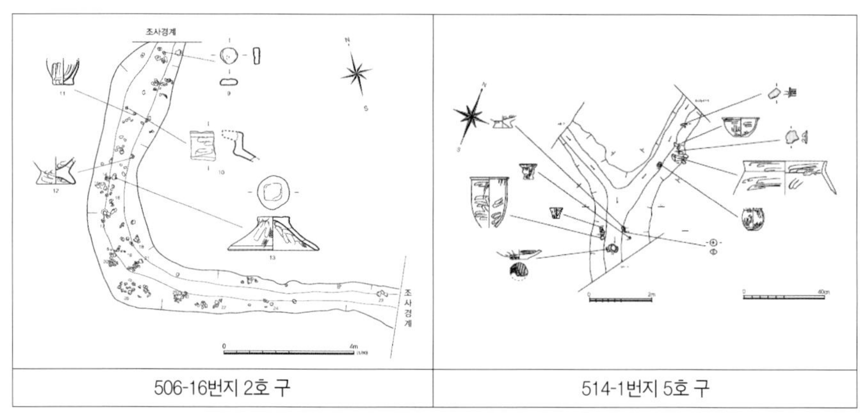

506-16번지 2호 구 | 514-1번지 5호 구

〈그림 8〉 신창동유적 수변제사유구

③ 의례공간 구획 유구

504번지 유적에서 확인된 4호 수로는 등고선과 나란한 방향으로 자연적 요인보다는 인위적인 요인에 의해 형성된 것으로 파악되며 내부에서는 제의에 관련된 경질 토기들이 다량 출토되었다. 이는 인근 하남동에서 확인된 대구획구와 그 성격이 통한다고 판단된다.

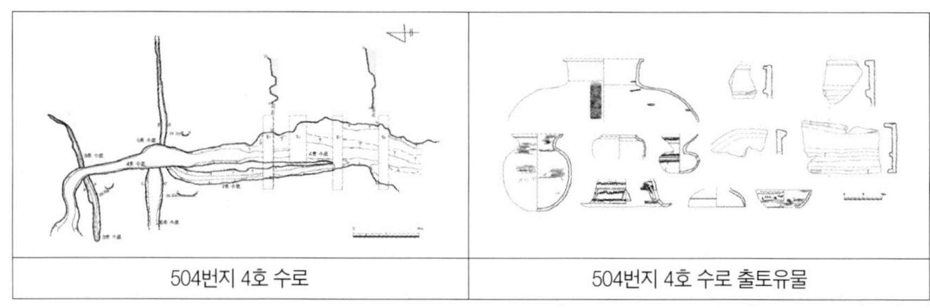

504번지 4호 수로 | 504번지 4호 수로 출토유물

〈그림 9〉 신창동유적 의례공간 구획 유구 및 출토유물

(4) 저습지

신창동유적 저습지의 층위를 이루는 퇴적물의 속성은 대체로 홍수에 의해 운반된 모래와 실트, 볏짚과 벼껍질(왕겨) · 나무와 나뭇잎 등의 화본과 및 초목류, 토기가마 부산물로 보이는 소토와 흑색 또는 회백색의 재, 숯, 생활 잔존물 등으로 구성되어 있다.

신창동유적 저습지는 담수 상태와 일정 기간동안 건조가 반복적으로 나타나고 있으며 퇴적 또한 저습지 상태에 대응하여 형성되는 과정을 보여 준다. 저습지의 퇴적양상은 비교적 양호한 동벽의 퇴적 층위는 총 16개 층으로 나뉘며 Ⅲ기의 문화상으로 구분된다.

Ⅰ기층은 원형점토대토기가 중심이며 흑색마연토기 · 마연호 · 대부호 · 고배 · 호 · 옹 · 발 · 완 · 시루와 함께 검파두식과 다종다량의 목기와 동물유체가 확인되고, Ⅱ기층은 삼각형점토대토기가 중심을 이루며 호 · 옹 · 발 · 완 · 흑색마연토기호 · 고배 · 시루 등이 출토되었다. 또한 외래계토기인 야요이계토기와 낙랑계토기가 출토된 것도 특징이다. Ⅲ기층은 교란층이다. 보고자는 신창동유적의 저습지는 기원전 2세기부터 기원후 1세기에 걸쳐 형성된 유적이며 가장 번성했던 시기는 기원전 1세기로 보고 있다[15].

3) 유물을 통해 본 단계 설정

Ⅰ기(~2세기 후반)는 삼각형점토대토기, 경질무문토기, 외래계 유물 등이 출토되는 시기이다. 이 시기 신창동유적 출토품에는 대외교류와 관련된 유물이 다수 확인된다. 중국의 점술문화의 영향을 받은 복골, 위세품 성격이 짙은 동남아시아의 소다유리계 초록색 구슬, 오수전, 낙랑토기, 철경동촉, 야요이 토기 등 다양한 교역품이 출토되고 있다.

Ⅱ기(3세기~4세기 중반)는 취사용기는 경질무문계통에서 타날문계통으로 변화되는 양상이 공통적으로 확인된다. 취사용기 모두 구연부 형태에서 변화가 확인되는데 장란형 · 심발형토기의 경우 단순외반에서 경부가 형성되며, 시루의 경우 기존 점토대가 부착되었던 형태에서 직립, 직립에서 외반되는 변화의 경향이 확인된다. 특히 시루의 경우 저부 형태가 원저 혹은 말각평저에서 평저로 통일되며 증기공이 불규칙한 것에서 규칙적인 배치로 점차 바뀌어 간다.

Ⅲ기(4세기 후반~5세기 전반)는 취사용기의 구연부는 호형으로 벌어지는 형태가 성행하고 기고가 낮아지고 크기가 작은 소호들이 나타나기 시작한다. 발과 완도 소형의 기고가 낮은 형태들이 많아진다.

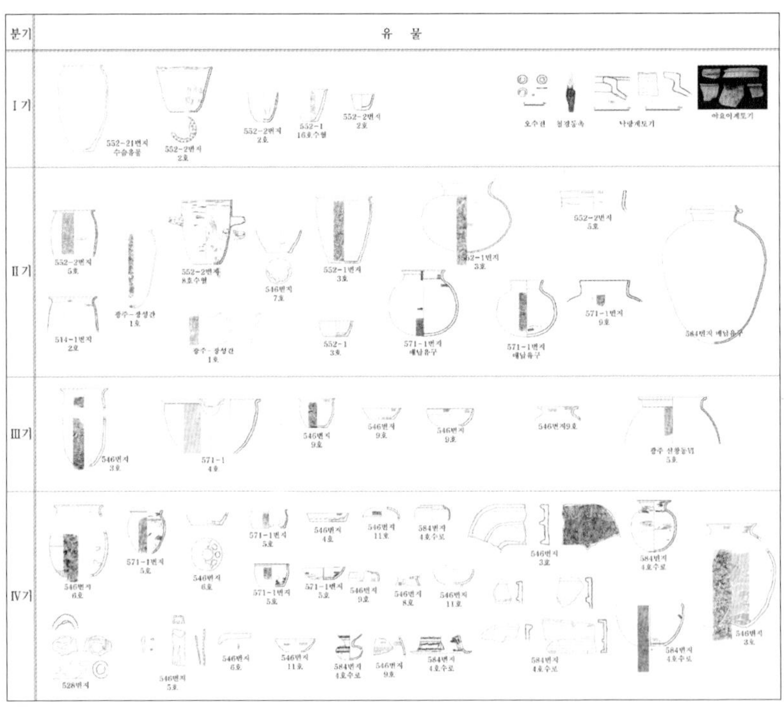

〈그림 10〉 신창동유적 출토유물 변천

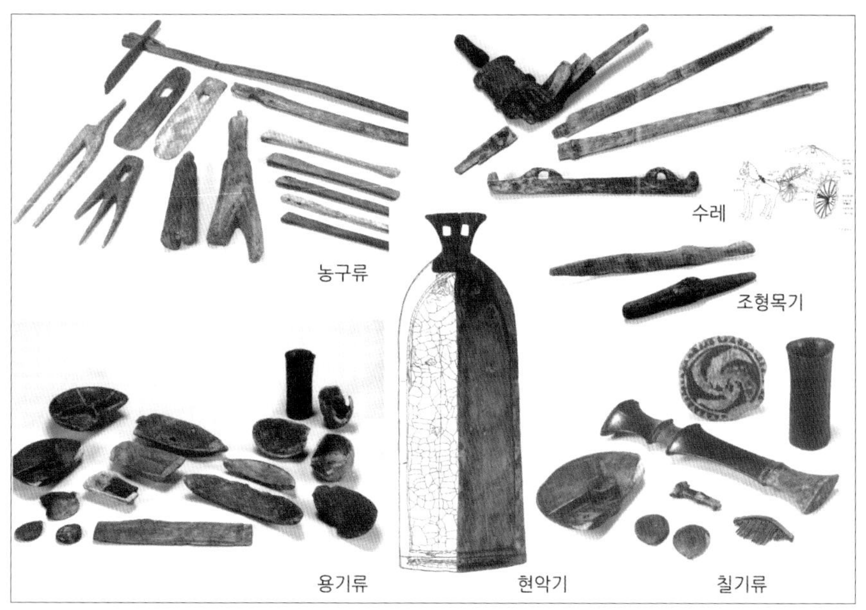

〈그림 11〉 신창동유적 출토 목기

Ⅳ기(5세기 중반~6세기 전반)는 독자성을 지닌 영산강양식 토기들이 형성되고 성행하는 시기이다. 이전 시기부터 확인되고 있는 기종들이 외래적 요소들의 유입으로 변화되기도 하며, 새로운 기종들이 다량 유입되어 영산강양식화되는 시기이기도 하다. 이전 시기부터 지속되는 기종으로 형태상의 변화가 파악되는 것은 완과 취사용기들이다. 완의 경우 기고가 점차 낮아지고 직립B형이 나타나 외반B형과 성행하는데 영산강 상류권에서는 직립B형이 주로 분포하고 있어 이 지역의 특징적인 형태로 볼 수 있다[16]. 취사용기에 있어 장란형토기와 심발형토기는 이전 시기에 비하여 기고가 낮아지는 경향을 보이며 구연부의 단순외반에서 경부가 형성되면서 외반되는 것으로 변화한다. 시루는 중앙 원공을 중심으로 증기공이 규칙적으로 배치되는 변화가 생긴다. 유공광구호는 5세기 중엽부터 다양한 형식이 확인되며 동체에 비해 구경부의 길이와 구경이 커지는 방향으로 점

차 변화해 가는데 분묘유구뿐 아니라 생활유구에서도 많이 확인되고 있다.

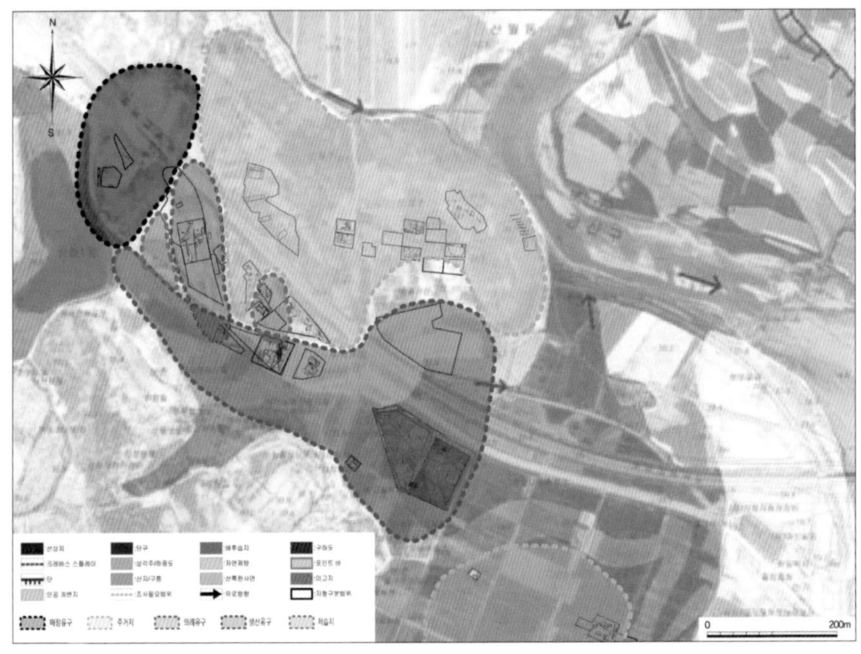

〈그림 12〉 신창동유적 개념도

3. 광주 신창지구 마을의 형성과 발전과정

1) 시기별 변화

취락 내 주거단위 요소는 제한된 발굴조사 구역 내에서 다양한 내용들이 조사되지는 못하였지만 지금까지 조사된 결과를 가지고 추론해 보고자 한다.

(1) 마한 취락의 형성기(~ 4세기 중반)

마한 사회의 형성 시기에 대해서는 다양한 견해가 있지만 고조선 준왕의 남래기사를 감안하면 늦어도 기원전 3세기경으로 볼 수 있으며 고고학적으로는 세형동검문화의 개시와 관련되었다고 할 수 있다[17]. 초기 마한의 물질문화인 토기는 삼각형점토대토기와 경질무문토기로 대표할 수 있는데, 경질무문토기는 일부 지역에서 삼각형점토대토기와 공반하지만 대부분 삼각형점토대토기보다 후행한다. 최근 발굴조사된 514-1번지는 구릉 말단부에 해당하는데, 그동안의 조사로 잘 알려진 저습지유적에 인접한 곳이다. 보고서에서는 층위와 출토유물에 따라 가장 이른 삼각형점토대토기+경질무문토기의 5단계, 삼각형점토대토기+경질무문토기+타날문토기(연질)의 4단계, 삼각형점토대토기+경질무문토기+타날문토기(연질,경질)의 3단계로 구분하였는데 4단계에 오수전이 출토되었다. 유구는 원삼국시대의 주거지 3기, 수혈유구 27기, 구 8기가 확인되었다. 이를 종합하여 가장 이른 시기는 층위상 5단계로 B.C.2세기, 다음은 층위상 4단계로 5호 구, 26호 수혈 등의 수혈유구들, 1호와 2호 주거지로 오수전 등을 참고하여 B.C.2세기 후반~A.D.1세기 전반으로 추정된다. 그리고 층위상 3단계와 3호주거지, 대부분의 구들은 A.D.1세기 후반~4세기 전반으로 추정된다[18]. 신창동유적에서 확인된 주거지는 영산강 중 · 상류 지역에서 초기 마한의 유적이 확인되고 있음을 보여주는 자료라 할 수 있다.

이 시기 영산강 · 서남해안지역은 기원전 1세기 이후에 중국 · 낙랑 · 왜 등 주변지역과 교류가 더욱 활발해지는데 신창동에서 오수전 · 철경동촉 · 낙랑토기와 함께 일본 야요이계토기가 출토된 것으로 보아 신창지구 마을에서 영산강을 기반으로 성장했던 마한 정치체가 다른 지역과 지속적으로 교류를 하였다는 것을 알 수 있다. 그리고 야요이계토기는 왜와 직접적인 교류를 상정할 수 있다.

영산강 · 서남해안지역의 외래문물은 서남해안 바닷길을 통해 군곡리에 들어오고 다른 한편으로는 영산강수로를 통해 복룡동→평동→신창동으로 이어지는 수로교통로를 이용한 것으로 볼 수 있다. 신창동유적은 해상교류를 통한 낙랑과 왜를 연결하는 중요한 지역으로써 기원전 1세기 이후 영산강유역이 교류에 있어 중심적인 역할을 하였고 서남해안을 거쳐 영산강을 통한 문화교류가 활발하게 이루어졌다는 것을 알 수 있다.

이 시기 신창지구 마을의 마한 정치체는 재지문화를 바탕으로 새로운 문물을 받아들이면서 성장할 수 있었고 마한의 공통적 정체성이 공유 · 확산됨에 따라 지역적 차이가 드러나기 시작[19]하면서 독자성의 발판이 형성되기 시작한다. 이른 시기의 주거지에서 경질무문토기와 타날문토기들이 확인되고 있는 점은 이 지역 마한세력이 재지집단 내에서 변화 · 성장하고 있음을 보여주는 것으로 방형계 주거지를 바탕으로 대단위 취락이 형성되며 다른 지역과의 교류를 통해 다양한 요소들이 유입되기 시작한다.

(2) 마한 취락의 성장기(4세기 후반 ~ 5세기 전반)

취락의 성장 배경 가운데 하나는 자연 환경 조건에서 배출된 농경 활동에서 찾을 수 있다. 경작지에서 생산된 풍부한 식량 자원은 취락의 성장을 가속화시켰을 것이다. 한편 경작 규모와 수확량의 결정은 농법도 중요하지만 무엇보다도 관여되는 노동력의 확보가 필연적인 것으로써 취락 인구는 자연스럽게 증가하였을 것이다. 신창동유적에서의 주거지의 중복관계를 통해 보았을 때 밀집도가 높게 확인된 취락은 이러한 생산활동에 따른 결과라고 할 수 있다. 또한 다양한 목기생산을 통해 일련의 분업화가 이루어졌을 것이며 다른 지역과의 교류도 활발히 진행되었을 것이다. 부분적인 조사에 따라 주거지의 규모나 구조에 있어서 전체적인 현상을 파악하기는 어려우나 인근 영산강상류에서 확인되는 이 시기의 주거지의 규모나 구조에서 특별한 차이가 드러나지 않고 있어 취락 수장의 지위를 적극적으로 표명하지는 않았을 것으로 생각된다.

(3) 마한 취락의 번성기(5세기 중반 ~ 6세기 전반)

584번지 유적의 구획된 의례공간을 통해 의례행위를 관장했던 수장의 존재를 전제로 546번지 유적에서 대형의 주거지가 단독으로 위치하고 있는데 이는 주거지 가운데 내부 위계를 보여주는 우두머리의 거주지가 확인된다는 점에서 위계화된 당시 사회질서의 이면을 보여준다고 할 수 있다. 또한 대외적으로는 다양한 교류가 이루어지고 있다. 5세기 중반 이후에 확인되는 백제 요소들은 금강유역권과의 교류가능성을 보여준다. 이는 직립B형 완과 아궁이틀 등을 통해 확인할 수 있다. 이러한 관련성은 철기 생산과 유통에서도 확인할 수 있다. 3~6세기 호남지역은 외부에서 유입된 1 · 2차 소재에 대한 단야공정을 중심으로 철기를 생산하는데, 5세기 중엽 이후 주조철부가 광주 신창동 · 광주 동림동 · 광주 향등 · 담양 태목리 등 영산강 상류의 취락유적을 중심으로 출토되고 있고 영산강유역으로 유입되는 철 소재는 진천 석장리, 충주 칠금동 등 금강 중류의 북부지역으로 상정된다[20]. 신창동유적에서는 제철유구와 단야공방지가 확인되지 않았지만 528번지유적에서는 송풍관이 출토되어 금강유역권과의 교류가 토기와 철기 등 다방면에서 이루어지고 있었음을 보여주는 것이라고 할 수 있다. 이러한 교류의 장소가 신창동유적이었을 가능성이 있으며 이 과정에서 다양한 요소들이 조합되어 나타나고 있다고 생각된다.

새로운 취락 경관 유형으로 연기 나성리유적과 비교할 수 있는데 연기 나성리유적은 원삼국 단계부터 이어지는 재지집단의 성장을 바탕으로 지역기반의 연합체로 형성되었던 것으로 보고 있다[21]. 이와 마찬가지로 신창지구 마을 사람들은 재지적인 것에 다양한 요소들을 주체적으로 받아들임으로써 지역기반의 영산강양식을 형성 · 발전하였던 것으로 볼 수 있다.

신창동유적을 중심으로 주변에 위치한 동림동유적이나 하남3지구 등은 지상건물지가 일정한 공간을 형성하고 있다는 점에서 이 유적들이 풍영정천을 중심으로 한 광주지역의 물류 거점의 공간이었을 가능성이 제시되고 있는데[22] 이에 신창동유적은 이러한 물류를 만드는 생산거점 공간이었을 가능성이 크다고 생각된다.

4. 맺음말

취락을 구성하는 주거요소들은 주거지, 분묘, 구획구, 수혈 등과 함께 공동관리 운영된 창고시설, 토기가마 등을 갖추어 취락 단위로 운영된 생산과 저장 · 소비활동을 전개한 시스템이 갖추어진 일종의 지역공동체 사회로 볼 수 있다. 이와 같은 사회 · 경제활동 유형의 경관이 확인된 취락은 소국의 중심부인 읍락(읍)의 실체를 보여주는 것으로써, 마한의 도시적 모델로 상정할 수 있다. 고대사회에서 어떤 특정 지역이 거점지로 부상하기 위해서는 여타 지역과는 차별화된 중요자원이 분포하거나 교통의 요충에 위치하는 등의 환경적 특성을 갖추어야 한다. 중요자원은 생존과 방어를 위한, 혹은 정치 엘리트들이 권력을 유지하고 강화하기 위해 필요한 것으로 식량, 광물, 소금 등을 들 수 있다[23]. 이 가운데 신창동유적은 배후자원으로서 식량자원과 목기제작기술을 논할 수 있을 것이다.

영산강유역 일대는 하천의 배후습지와 나지막한 구릉 사이의 곡간지대가 발달되어 있으며, 이로부터 창출되는 농업생산물은 여타 지역에 비해 월등히 앞섰다고 볼 수 있다. 또한 신창동 사람들은 대규모 농경과 함께 다양한 생산 활동을 전개한 것으로 보인다. 발달된 기술을 통한 용기, 무기, 농공구 등 다양한 목기를 만들었고 상대적으로 높은 기술력이 요구되었던 칠제품을 생산하였다. 이와 함께 생활에 필요한 많은 토기를 구웠었던 것으로 보이며 철기제작에도 참여하였던 것으로 보인다.

신창지구는 마한의 시작시점부터 지속적으로 점유되었던 공간으로 그 이유는 비옥한 도양으로 인한 논농사를 통한 식량자원획득과 새로운 문물에 탄력적으로 반응하는 능력으로 산업을 발전시키고 교역거점지역으로서의 이점을 활용하여 삼국 이후에도 생활터전으로 활용되었다.

특히 신창지구에서는 오수전 · 철경동촉 · 낙랑토기 · 일본 야요이계토기가 출토되었는데 이는 신창지구의 마한 정치체가 영산강 · 서남해안지역을 기반으로 성장하였으며 다른 지역과 지속적인 해상교류를 하였다는 것을 알 수 있다. 신창지구는 낙랑과 왜를 연결하는 중요한 해상교류지역으로서 문화교류가 활발히 이루어졌다는 것을 알 수 있다.

또한 이후 신창지구 마을을 중심으로 동림동 · 하남동 · 산정동유적 등에서 지상건물지가 일정한 공간을 형성하며 확인되고 있다. 이러한 지상건물지의 군집은 물류 거점의 공간으로 여겨지고 있어 신창지구 마을이 이러한 물류를 만드는 생산거점의 공간이었을 가능성이 크며 이러한 신창지구 마을을 중심으로 활발한 문화교류가 이루어졌을 것으로 생각된다.

이 글은 2022년 광주광역시가 주최하고 마한연구원이 주관한 학술회의(『광주지역 고대도시 Ⅰ(마한 · 백제)』)에서 발표한 필자의 발표문(「광주 신창지구 마을과 주변지역과의 관계」)을 보완한 것임.

【 주석 】

1) 국립광주박물관, 2014, 『광주 신창동 유적-H5 grid(546번지 일원)를 중심으로-』.
2) 국립광주박물관, 2007, 『2005 광주-장성간 도로 확장공사 구간내 문화유적 발굴조사 보고서 광주 신창동 유적』.
3) 국립광주박물관, 2011, 『광주 신창동 저습지 유적 VI- E4 grid (571-1번지 일원) -』.
4) 대한문화재연구원, 2018, 『사적 제375호 광주 신창동유적Ⅲ』.
5) 한국문화재보호재단, 2016, 「광주 신창동 552-1번지 유적」, 『2014년도 소규모 발굴조사 보고서Ⅸ』.
6) 한국문화재보호재단, 2011, 「광주 신창동 552-21번지 유적」, 『2010년도 소규모 발굴조사 보고서Ⅱ』.
7) 한국문화재보호재단, 2015, 「광주 신창동 552-2번지 유적」, 『2013년도 소규모 발굴조사 보고서Ⅵ』.
8) 국립광주박물관, 2007, 『광주 신창동 유적-2005年 I5 grid 남서지점-』.
9) 鄭 一, 2006, 「全南地域 四柱式住居址의 構造的인 變遷 및 展開過程」, 『韓國上古史學報』 54; 임동중, 2013, 「호남지역 사주식주거지의 변천과정」, 전남대학교 대학원 석사학위논문; 박지웅, 2014, 「호서 · 호남지역 사주식 주거지 연구」, 경희대학교 대학원 석사학위논문.
10) 강은주, 2019, 「영산강 상류 마한세력의 성장과 백제」, 『百濟學報』 29.
11) 국립광주박물관, 2012, 『광주 신창동유적 C5-D4-D5grid-584번지일원-』.
12) 국립광주박물관, 2007, 『2005 광주-장성간 도로 확장공사 구간내 문화유적 발굴조사 보고서 광주 신창동 유적』.
13) 이상길, 2000, 「靑銅器 埋納의 性格과 意味」, 『韓國考古學報』 42.
14) 의례와 관련된 유구로 김규정(2017, 「호남지역 마한성립기 대외교류」, 『야외고고학』 29.)은 유적 내 일반적인 수혈과는 달리 유물이 다량으로 출토된 경우 특정한 유구 내에 유물이 다량으로 폐기되거나 완형의 유물이나 토제품이 출토되는 것은 그 자체가 의례를 위해 만들어진 시설로 보았다.
15) 국립광주박물관, 2003, 『광주 신창동 저습지 유적Ⅴ-토기를 중심으로-』.
16) 완의 형식은 서현주 분류안(서현주, 2010, 「완형토기로 본 영산강유역과 백제」, 『湖南考古學報』 34)에 따른 것이다.
17) 임영진, 1995, 「馬韓의 形成과 變遷에 대한 考古學的 考察」, 『韓國古代史硏究』 10.
18) 대한문화재연구원, 2018, 『사적 제375호 광주 신창동 유적Ⅲ』.
19) 서현주, 2019, 「마한 문화의 전개와 변화 양상」, 『湖南考古學報』 61.
20) 김상민, 2011, 「3~6世紀 湖南地域의 鐵器生產과 流通에 대한 試論-榮山江流域 資料를 中心으로-」, 『湖南考古學報』 37.

21) 李弘鍾 · 許義行, 2014, 「漢城百濟期 據點都市의 構造와 機能-羅城里遺蹟을 中心으로-」, 『百濟研究』 60.

22) 강은주, 2019, 앞의 글.

23) 李盛周, 1998, 「韓國의 環壕聚落」, 『영남 · 구주학회 합동 고고학대회』, 영남 · 구주고고학회 제3회 합동고고학대회.

【그림 출전】

〈그림 11〉 국립광주박물관 2021 활용 편집

〈그림 12〉 국립광주박물관 1997 수정 보완

【인용 · 참고문헌】

〈단행본〉

김원룡, 1964,『신창동옹관묘지』, 서울대학교출판부.

국립광주박물관, 1993,『신창동유적-제1차 발굴조사 개보-』.

국립광주박물관, 1997,『광주 신창동 저습지 유적 I -95년 조사개보 목제유물을 중심으로-』.

국립광주박물관, 2000,『사적 제375호 광주 신창동유적 주변 시굴조사보고서』.

국립광주박물관, 2001,『광주 신창동 저습지 유적Ⅱ-목제유물을 중심으로-』.

국립광주박물관, 2001,『광주 신창동 저습지 유적 Ⅲ』.

국립광주박물관, 2002,『광주 신창동 저습지 유적 Ⅳ-목제유물을 중심으로-』.

국립광주박물관, 2003,『광주 신창동 저습지 유적 Ⅴ-토기를 중심으로-』.

국립광주박물관, 2004,『광주 신창동 분묘 유적』.

국립광주박물관, 2007,『2005 광주-장성간 도로확장구간내 문화유적 발굴조사 광주 신창동 유적』.

국립광주박물관, 2007,『광주 신창동유적 -2005년, I5 grid 남서 지점-』.

국립광주박물관, 2011,『광주 신창동 저습지 유적 Ⅵ-E4 grid(571-1번지 일원)-』.

국립광주박물관, 2012,『광주 신창동 유적-C5, D4, D5 grid(584번지 일원)-』.

국립광주박물관, 2014,『광주 신창동 유적-H5 grid(546번지 일원)를 중심으로-』.

국립광주박물관, 2016,『광주 신창동 저습지 유적Ⅷ』.

국립광주박물관, 2021,『2,000년 전의 타임캡슐』.

대한문화재연구원, 2009,『광주 신창동 552-30번지 단독주택부지 내 유적 시굴조사 약보고서』.
대한문화재연구원, 2016,『광주 신창동 유적Ⅰ』.
대한문화재연구원, 2018,『광주 신창동 유적Ⅱ -512-1답(2구역 · 3구역)-』.
대한문화재연구원, 2018,『광주 신창동 유적Ⅲ -514-1답(3구역)-』.
대한문화재연구원, 2021,『광주 신창동 유적Ⅳ -506-16번지-』.
한국문화재보호재단, 2011,「광주 신창동 552-21번지 유적」,『2010년도 소규모 발굴조사 보고서Ⅱ』.
한국문화재보호재단, 2015,「광주 신창동 552-19번지 유적」,『2013년도 소규모 발굴조사 보고서Ⅵ』.
한국문화재보호재단, 2016,「광주 신창동 552-1번지 유적」,『2014년도 소규모 발굴조사 보고서Ⅸ』.
한국문화재보호재단, 2017,「광주 신창동 545-6번지 유적」,『2015년도 소규모 발굴조사 보고서Ⅶ』.
한국문화재재단, 2017,「광주 신창동 유적 552-23번지 유적」,『2015년도 소규모 발굴조사 보고서Ⅶ』.
한국문화재보호재단, 2018,「광주 신창동 552-10번지 유적」,『2016년도 소규모 발굴조사 보고서Ⅶ』.
한국문화재보호재단, 2019,「광주 신창동 552-23번지 유적」,『2017년도 소규모 발굴조사Ⅵ』.
한국문화재재단, 2022,「광주 신창동 552-6번지 유적」,『2020년도 소규모 발굴조사Ⅵ』.

〈논문〉
강은주, 2019,「영산강 상류 마한세력의 성장과 백제」,『百濟學報』29.
김규정, 2017,「호남지역 마한성립기 대외교류」,『야외고고학』29.
김상민, 2011,「3~6世紀 湖南地域의 鐵器生産과 流通에 대한 試論-榮山江流域 資料를 中心으로-」,『湖南考古學報』37.
박지웅, 2014,「호서 · 호남지역 사주식 주거지 연구」, 경희대학교 대학원 석사학위논문.
서현주, 2010,「완형토기로 본 영산강유역과 백제」,『湖南考古學報』34.

서현주, 2019, 「마한 문화의 전개와 변화 양상」, 『湖南考古學報』 61.

이상길, 2000, 「青銅器 埋納의 性格과 意味」, 『韓國考古學報』 42.

李盛周, 1998, 「韓國의 環壕聚落」, 『영남 · 구주학회 합동 고고학대회』, 영남 · 구주고고학회 제3회 합동고고학대회.

李弘鍾 · 許義行, 2014, 「漢城百濟期 據點都市의 構造와 機能-羅城里遺蹟을 中心으로-」, 『百濟研究』 60.

임동중, 2013, 「호남지역 사주식주거지의 변천과정」, 전남대학교 대학원 석사학위논문.

임영진, 1995, 「馬韓의 形成과 變遷에 대한 考古學的 考察」, 『韓國古代史研究』 10.

鄭一, 2006, 「全南地域 四柱式住居址의 構造的인 變遷 및 展開過程」, 『韓國上古史學報』 54.

광주 하남지구 마을

곽명숙 (재)전남문화재단 전남문화재연구소

1. 머리말
2. 광주 하남지구 마을 검토
3. 광주 하남지구 마을의 형성과 발전과정
4. 주변 지역과의 관계
5. 맺음말

1. 머리말

영산강유역은 마한의 영역 가운데 가장 늦은 시기까지 독자적인 발전을 누리고 백제에 편입된 지역으로 마한사 연구의 중요한 지역이라 할 수 있다. 특히, 영산강 상류지역은 5세기 중엽 이후 대규모 취락 · 분묘유적이 밀집되어 확인되고, 백제, 가야, 왜와 같은 외부 지역과의 교류와 관련된 자료들이 다수 확인되어 마한세력의 독자적인 발전과 백제 영역화 과정을 보여주는 핵심지역으로 주목되고 있다.

영산강유역에서 확인된 취락유적은 158개소, 5,974기인데, 상류권에서만 75개소, 3,837기[1]이다. 광주지역은 41개소로 1990년대 중반 이후 대규모 개발에 따른 많은 조사가 이루어져 취락유적의 양상을 파악할 수 있었다.

그동안 마한사 연구는 주로 분묘유적을 중심으로 피장자의 사회적 지위나 구조, 집단 간의 위계 관계 등을 파악하였다. 그러나 분묘를 만든 산 사람들이 생활했던 주거유적에 대한 연구는 최근 249개소, 9,110여기[2]에 이를 정도로 폭발적으로 증가했으나 분석과 연구 범위는 지극히 제한적이었다.

주로 수계별 · 지역별 주거구조와 유물 형식분류를 통한 변천과정 연구가 대부분이다. 최근에는 마한 · 백제 취락간의 위계를 설정해 사회구조와 성격을 파악한 연구[3]도 이루어졌지만 분묘연구에 비해서는 여전히 미진한 실정이다. 이는 주거자료의 특성상 화재 폐기된 사례를 제외하고 발굴 전에 자료들이 이미 훼손되어 폐기 후의 양상만을 파악해야 하는 어려움 때문이다.

이러한 주거자료의 한계에도 불구하고 이 글에서는 풍영정천 서쪽과 어등산 동쪽 사이에서 확인된 대규모 취락유적을 중심으로 분포현황, 규모와 위계에 따른 유형을 분류하여 광주 하남지구 마을의 형성과 발전과정에 대해 살펴보고자 한다.

2. 광주 하남지구 마을 검토

1) 분석방법과 연대

취락의 변천과정은 선행 연구자들의 유물편년 연대관[4]과 주거구조 분석결과[5]를 바탕으로 특징들을 조합하여 설정하였다. 동시기 주거는 폐기상태, 중첩관계, 주거 간 간격, 부속유구와의 관계를 통해 주거군을 추출하였다.

취락의 규모는 동시기로 설정된 주거 수와 주거군 수를 산정해 소형은 주거 20동과 주거군 5개 이내, 중형은 주거 21~50동과 주거군 6~10개, 대형은 주거 51동 이상과 주거군 11개 이상으로 설정하였다.

취락의 위계관계는 <표 1>과 같은 구성요소들의 유무를 검토한 후 일반-거점-중심취락[6]으로 세분하였다. 이들은 발굴결과 가시적으로 드러나는 요소들로 원시적인 취락 형태에서 점차 도시화되어 가는 모습을 볼 수 있는 요소로 판단하였기 때문이다.

일반취락은 1차 생산(농업 · 어업 · 수렵)을 중심적인 생업경제로 하고, 거점-중심취락은 1차 생산뿐만 아니라 2차 생산(토기 · 철기 · 구슬 등) 요소들이 추가되고, 밀집도 · 중첩율이 높으며, 점유기간이 긴 장기성 취락이다. 일반취락은 주거공간, 주거+저장공간, 주거+생산공간, 주거+분묘공간이, 거점취락은 주거+저장+생산+분묘공간이 확인되는 경우이다. 중심취락은 주거+저장+생산+분묘+의례공간+공간구획으로 거점취락에 의례 관련 시설물과 공간구획의 유무에 따라 구분되고 가

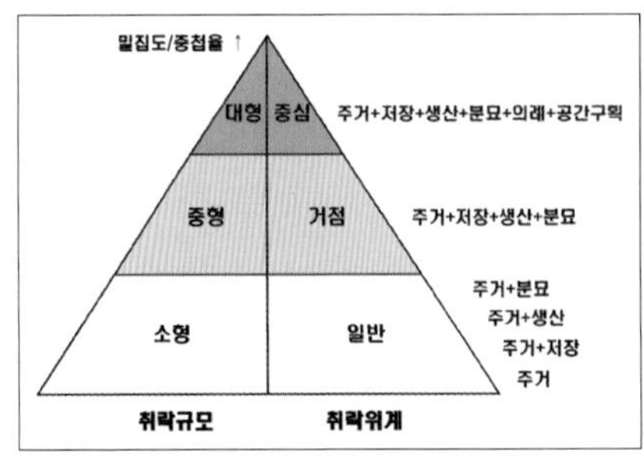

<그림 1> 취락규모와 위계

장 높은 위계를 보이는 취락이다.

〈표 1〉 고대도시 구성요소

구분	구성요소	주요내용
입지	구릉지, 충적지	자연 · 지리적 환경을 활용한 축조집단의 성격 확인
주거면적	소형(20㎡↓), 중형(20.1~40㎡), 대형(40.1㎡↑)	주거 수 · 주거군 파악. 주거구조, 내부 생활변화, 거주인원, 기능 등을 확인
공간구획	환호 · (구획)구에 의한 구성요소 배치	공간 분리, 방어 목적의 경계로서 중핵지 및 지배층 거주 공간 등을 확인
저장	지상건물지, 수혈	잉여 생산물을 보관하는 시설물들을 통해 생산량, 부의 집중화, 재분배 등을 확인
생산	2차 생산요소(토기 · 철기 · 구슬)와 관련된 유구 · 유물	전문 장인 및 집단의 존재를 통해 분업과 전문화, 원료 공급지 · 생산지 · 소비지, 교역관계 등을 확인
분묘	대형고분 출현, 위세품 부장	공동노동으로 축조된 대형고분의 피장자는 구성원 간 계층분화를 확인
의례	종교적 행위를 상징	종교 · 사상적 체계, 집단 내 결속력을 확인
유물	위세품(정치적 지위 상징), 교류품(주변 지역과의 관계)	기술력이 필요한 물품 제작, 소유는 지배층의 상징으로 취락의 성격을 확인

취락의 시기별 편년은 선행 연구자와 보고자의 연대관을 참고하여 설정하였다. 김승옥[7]은 시기별 유물의 특징을 분석하여 Ⅰ기(B.C.100~A.D.50) 삼각형점토대토기, Ⅱ기(1C중엽~3C초) 경질무문토기+연질 타날문토기, Ⅲ기(3C초~4C중엽) 연질 타날문토기+일부 경질토기, Ⅳ기(4C중엽~6C초) 경질토기의 비중이 높아지는 시기로 분류하였다.

이영철[8]은 영산강유역 취락의 특징을 분석하여 Ⅰ기(3C~4C중반), Ⅱ기(4C후반~5C전반), Ⅲ기(5C중반~6C전반)로 세분하고, 취락경관과 위계, 중심지 이동, 마한의 백제화 과정, 백제 지방도시 성립 등을 살펴보았다.

김은정[9]은 유물의 형식분류와 제작 기술을 통해 Ⅰ기(2C중반~3C중반) 마한토기 문화 형성기, Ⅱ기(3C후반~4C중반) 타날기술의 일반화 및 정착기, Ⅲa기(4C후반~5C초반) 외래문화 1차 유입기로 토기제작 기술의 획기적 변화기, Ⅲb

기(5C중반~6C초반) 외래문화 2차 유입기로 신기종의 등장으로 다양한 변화가 발생한 시기로 분류하였다.

정일[10]은 영산강유역 마한 취락 형성기를 B.C.2C로 규정하고, 주거형태, 유물의 변화과정, 토기생산, 교통로를 통한 외부 문물유입 등을 기준으로 Ⅰ기(B.C.2C~A.D.1C), Ⅱ기(2C~3C중엽), Ⅲ기(3C후엽~4C중엽), Ⅳ기(4C후엽~5C초반), Ⅴ기(5C중엽~6C초반)로 분류하였다.

본인도 이들의 편년과 크게 다르지 않고, 분석대상인 광주 하남지구 일대는 기원전 취락이 확인되지 않아 Ⅰ기(형성기) 3C중반~4C중반, Ⅱ기(성장기) 4C후반~5C전반, Ⅲ기(변화기) 5C중반~6C전반으로 구분하고자 한다.

〈표 2〉 마한취락 편년안

연대	김승옥(2000)	이영철(2016)	김은정(2017)	정일(2022)
B.C.2C	Ⅰ기 (B.C.100~A.D.50)			Ⅰ기 (B.C.2C~A.D.1C)
A.D.1C				
A.D.2C	Ⅱ기(1C중~3C초)		Ⅰ기(2C중~3C중)	Ⅱ기(2C~3C중)
A.D.3C	Ⅲ기(3C초~4C중)	Ⅰ기(3C~4C중)	Ⅱ기(3C후~4C중)	Ⅲ기(3C후~4C중)
A.D.4C		Ⅱ기(4C후~5C전)	Ⅲa기(4C후~5C초)	Ⅳ기(4C후~5C초)
A.D.5C	Ⅳ기(4C중~6C초)	Ⅲ기(5C중~6C전)	Ⅲb기(5C중~6C초)	Ⅴ기(5C중~6C초)
A.D.6C				

2) 하남지구 마을 검토

하남지구 취락은 영산강 본류에 접한 지류를 따라 형성되었는데, 풍영정천과 어등산 사이에서는 12개소가 확인되었다. 대표 유적을 중심으로 시기별 주거구조와 유물, 고대도시 구성요소 등을 살펴 취락의 규모와 위계를 파악하고자 한다.

〈표 3〉 수계별 광주지역 취락유적

수계	유적명	수혈주거	방형건물	지상건물	수혈	구	도로	가마	제철	경작	저수	우물	분묘	중심연대
풍영정천	비아	4						4						5C
	성덕	2												5C후
	신완	6		2	22	3		1						5C후
	오선동	372	6	88	9	6	2		4	1		2	10	2C~6C전
	하남3지구	199		169	70	45		4	1		2		5	3C중~6C전
	하남동	346		29	21	75							14	3C중~6C전
	산정동	65	28	35	29	50		3					3	3C중~6C전
	산정동지실Ⅰ·Ⅱ	97		7	1	28							3	3C~5C
	가야	3		1	1	4							1	3C후~6C
	흑석동	19		1	2	2								3C~5C
	흑석나·다, 하남동	36		10		1								4C중~6C중
광주천	오룡동	22			21	3		1						B.C.2C~A.D.3C
	신창동 552-1·2	39			25									B.C.2C~A.D.5C
	용두동	8						2						3C~7C
	용두동 용두	26			4	14		1						3C~5C
	본촌동 본촌	13		15										3C~6C
	동림동	98		65	114	237					1	2	2	3C전~6C전
	외촌	10		1	4	2					1	3	1	3C~6C
	연제동 외촌	2												5C~6C
	광주 용봉동	2												2C~4C
	쌍촌동	79											2	3C~4C
대촌천	풍암동	2												4C~5C
	용산동	41			5	4				1				B.C.2C~A.D.5C
	향등	30												6C
	덕남동 덕남	1												?
	양과동 행림	14			11	21					1		1	5C~6C

평림천	삼거동	1		1	4									5C~6C
	세동	10			7	4								4C중~6C초
평동천	선암동	310		12	20	17							18	3C중~6C전
	도산동	64			10	7				3				2C~4C
	평동	17				221						1	70	3C~6C
	연산동 · 연산동 산정	482	11	144	252	316		4	3				52	2C중~6C전
	용강	5											4	3C~5C
	용곡A · B	16			2								5	3C후~4C초
	금곡A · B	3											11	3C
	산정C	36			7	6								3C
	월전동	7			2									4C후~5C
	월전동 하선 · 복룡동	3			29	2							4	B.C.3C~A.D.5C
	명화동고분	2												3C~4C전
극락강	일곡동	3				3							1	2C~4C
서창천	만호	9		2		4								4C

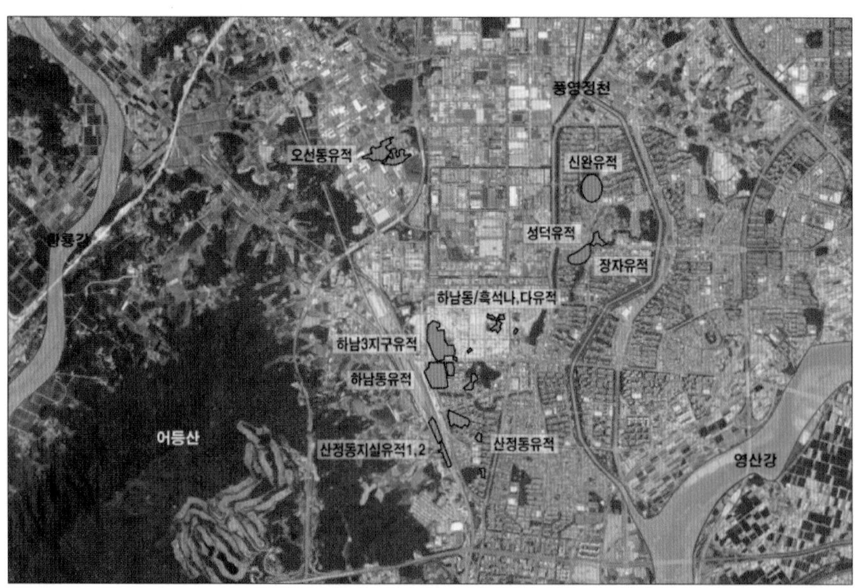

〈그림 2〉 광주 하남지구 취락 분포도

(1) 광주 오선동유적

〈표 4〉 주거구조와 출토유물

구분	Ⅰ기(형성기) 2C~4C전반	Ⅱ기(성장기) 4C후반~5C전반	Ⅲ기(변화기) 5C전반~6C전반
평면	방형 114 〉 원형 1 · 부정형 1	방형 163 〉 원형 2	방형 79
면적	대형 2, 중형 28, 외 소형	중형 22, 외 소형	대형 1, 중형 27, 외 소형
구조	무주식 104 〉 사주식 12(중형 11)	무주식 132 〉 사주식 27(중형 12)	무주식 54 〉 사주식 25(중형 18)
노지	북 57 〉 서 19 〉 동 4 〉 남 1	북 96 〉 서 20 〉 동 5	북 51 〉 서 12 〉 동 2
출토 유물	공통 : 취사용기(발 · 파수부발 · 장란형토기 · 주구토기 · 시루), 저장용기(옹 · 호 · 이중구연호 · 뚜껑)		
	취사(파수부토기), 저장(경질무문옹 · 유공호 · 파수부호), 배식기(연질완), 의례 · 외래(조형토기 · 고배), 위세품 철기(철부 · 철도자), 방직구(방추차)	저장(양이호), 배식기(경질 완), 위세품 철기(철촉), 방직구(방추차), 사냥구(석촉)	취사(아궁이테 · 연통), 배식기(완), 의례 · 외래(유공광구소호 · 개배 · 기대 · 경배 · 횡병 · 고배), 위세품 옥(범형토제품), 방직구(방추차), 사냥구(석촉)

유적은 팔랑산(122m)의 남동쪽에 위치하고, 동쪽으로 풍영정천이 흐르며, 유구는 동-서 방향의 구릉 곡간 소로 양쪽에 조성되었다. 조사결과[11] 주거지 372기, 방형건물지 6기, 지상건물지 88기, 수혈 9기, 구 6기, 도로 2기, 단야 공방지 1기, 고분 10기, 우물 2기가 확인되었다. 유적은 Ⅰ기(형성기) 2C~4C전반, Ⅱ기(성장기) 4C후반~5C전반, Ⅲ기(변화기) 5C전반~6C전반으로 편년된다.

〈표 5〉 도시 구성요소

Ⅰ기(형성기) 2C~4C전반		
주거	· 주거 수 116기, 주거군 16개 / 곡간부 양쪽 사면부에 13개(A~M), 동쪽 능선 사면부에 3개(N~P)가 분포 · 중심 주거군 - C군 : 18동. 가장 많은 수 밀집 - N군 : 12동. 대형주거 32호 위치. 의례용기인 조형토기-34호 출토	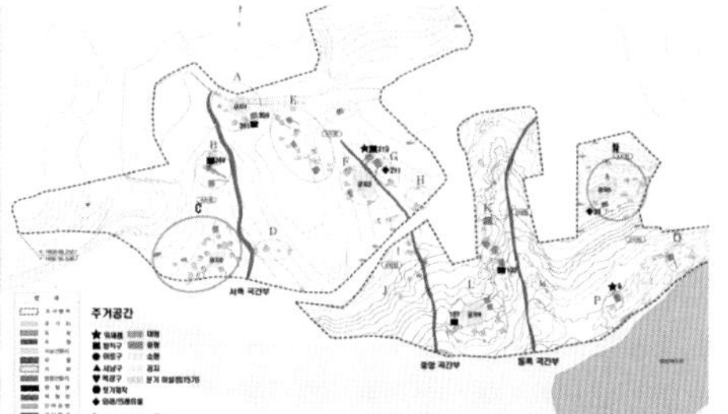
유물	· 위세품 : 철기인 철부-9호, 철도자-213호 / 의례 · 외래용기 : 조형토기-34호, 연질고배-211호	

<table>
<tr><td>성격</td><td colspan="2">규모는 대형취락, 위계는 주거공간만으로 구성된 일반취락이다. 주거구조와 규모, 밀집도에서 C · N군이 약간 차이를 보일 뿐 주거군 간의 현저한 차이는 보이지 않는다.</td></tr>
<tr><td colspan="3">Ⅱ기(성장기) 4C후반~5C전반</td></tr>
<tr><td>주거</td><td colspan="2">· 주거 수 162기, 주거군 19개(Ⅰ기보다 주거 수 46기↑, 주거군 3개↑) / 곡간부 양쪽 사면부에 17개(A~M), 동쪽 능선 사면부에 3개(N~P)가 분포
· 중심 주거군
- K군 : 10동. 공지6을 중심으로 열상배치. 범위는 더욱 확대되고 높은 중첩율 · 밀집도
- N군 : 13동(Ⅰ기와 동일). 16호에서 단야로로 추정되는 시설물 확인</td></tr>
<tr><td>생산</td><td colspan="2">· 단야 공방지 : 서쪽 곡간부 상단에 위치. 삼각형 구도로 단야로 4기 축조. 주변에 구 · 수혈 · 지상건물지 81~85호 위치해 있어 생산관련 집단이 거주했을 것으로 추정
· 단야로 : 중심 주거군 N군 16호에서 확인. 철기제작 및 생산관련 장인이 거주했을 것으로 추정</td></tr>
<tr><td>유물</td><td>· 위세품 : 철기(철촉)-252호</td><td rowspan="2">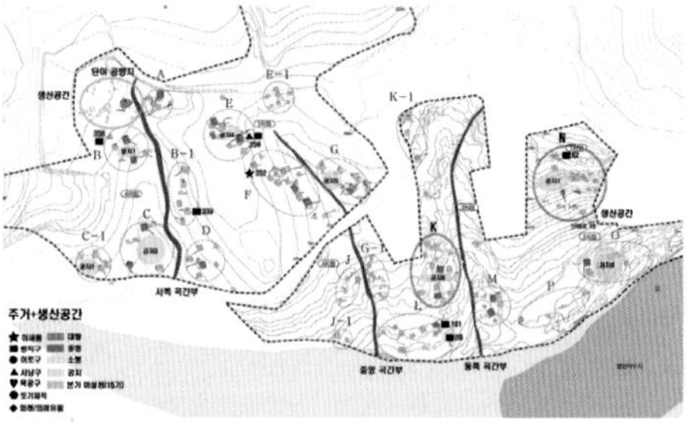
</td></tr>
<tr><td>성격</td><td>규모는 대형취락, 위계는 주거+생산공간으로 구성된 일반취락이다. Ⅰ기보다 취락의 규모는 더욱 확대되고, 주거군 간 차이 역시 확연하다. 주거 수, 주거군 규모, 밀집도, 유물에 있어 K · N군이 주변 주거군에 비해 우위를 보인다. 주거공간 이외의 생산공간에 단야 공방지가 축조되어 철기제작 기술에 대한 정보가 유입되었을 가능성이 보인다.</td></tr>
<tr><td colspan="3">Ⅲ기(변화기) 5C전반~6C전반</td></tr>
<tr><td>주거</td><td colspan="2">· 주거 수 79기, 주거군 16개(Ⅱ기보다 주거 수 83기↓, 주거군 3개↓) / 곡간부 양쪽 사면부에 16개(A~M), 동쪽 능선 사면부에 1개(N)가 분포
· 주거군은 분묘공간과 가까운 평탄부에 밀집 · 분포되어 취락의 중심부가 이동
· 중심 주거군
- M군 : 수혈 주거지 9동, 지상건물지 2동, 남서쪽에 방형건물지 1동 위치. 방형건물지(3호→4호) 간 중첩관계가 확인된다는 점에서 최소 두 세대에 걸쳐 유지된 건물로 판단
위세품인 옥 제작구 범형 토제품-84호, 의례 · 외래용기인 유공광구소호, 개배, 기대-86 · 87호 출토
- N군 : 2호 구획구를 중심으로 북서쪽에 수혈 주거지 4동, 지상건물지 3동이, 동쪽에는 선대 축조된 수혈 주거지 5동, 방형건물지 1동(2호→1호)이 위치
· 주변 주거군
- K-1군 : 대형(149호-46㎡)의 사주식 주거지 1동만 확인. 동쪽으로 6m 떨어져 창고군이 위치. 주거군 내 생산물을 보관 · 관리하는 관리인이 거주했을 것으로 추정
· 방형건물지 : 평탄부 J · L · M군(3~6호), 동쪽 능선 사면부 N군(1~2호)에서 확인. 10~15m 대형급. 외곽에 구를 둘러 외부와 구분. 구조와 유물로 보아 수혈 주거인들과는 구분되는 사회적 위치를 가진 이들이 거주한 특수 목적의 건물로 판단</td></tr>
<tr><td>구획</td><td colspan="2">· 구 : 공간구획의 역할(추정). 1호 구는 방형으로 내부 공간이 30m 이상. 지상건물지 3동이 축조되어 취락을 관장했던 우월한 지위를 가진 자의 거주 공간일 가능성</td></tr>
<tr><td>저장</td><td colspan="2">· 지상건물지 : 곡간부 중 · 상단에 군집을 이루며 밀집 · 분포. 주로 단독으로 조성되었고, 2~3기가 중첩되어 여러 차례 증 · 개축이 이루어짐
6~12호는 제형분 안에 확인되어 제형계가 방형계로 변화되는 과정에서 축조. 15개 기둥의 다각형 구조물은 중앙에 1×1칸 건물지(7호)가 위치하여 하나의 건축물로 판단. 특수목적의 건물지</td></tr>
</table>

생산	· 도로(윤거흔) : 생산된 제품을 외부로 원활히 이동하기 위해 설치 · 단야 공방지 : Ⅲ기에도 운영 · 식수원인 우물은 E-1 · F군에서 1기씩 확인
분묘	· 제형분+방형분 : 남동쪽 가장자리를 따라 별도 공간에 제형분 4기, 방형분 6기 축조. 동일한 묘역을 공유하면서 지속적으로 조영. 제형분은 주구를 공유하면서 확장하는 반면 방형분은 주구를 단독으로 구축하는 차이를 보임
유물	· 위세품 : 옥 제작(범형토제품)-84호 · 의례 · 외래용기 : 유공광구소호-86 · 95호, 개배 · 기대-87호, 경배-142호, 횡병-185호, 고배-300호
성격	규모는 대형취락, 위계는 주거+저장+생산+분묘공간으로 구성된 거점취락이다. 구획구를 중심으로 공간구획이 이루어지고 다양한 주거 요소들이 군집별로 배치되어 더욱 정연한 구조로 변화되었다. 수혈 주거지 수는 축소되었으나 새로운 주거시설로 방형건물지, 지상건물지가 축조(추정)되고, 곡간부를 따라 창고군이, 평탄부에는 고분군이 조성되었다. 이외에 생산물을 이동하기 위한 도로가 개설되고, 생산시설 및 식수원인 우물 등이 축조되었다.

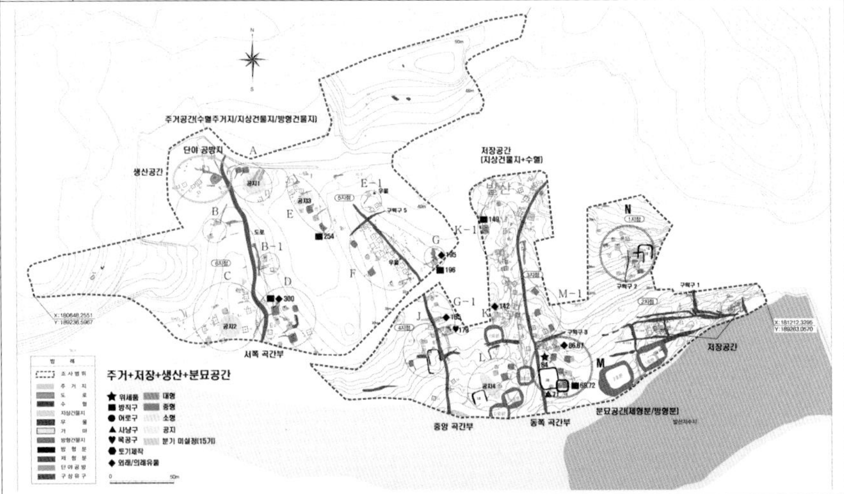

〈그림 3〉 오선동유적 전경	〈그림 4〉 오선동유적 5지점

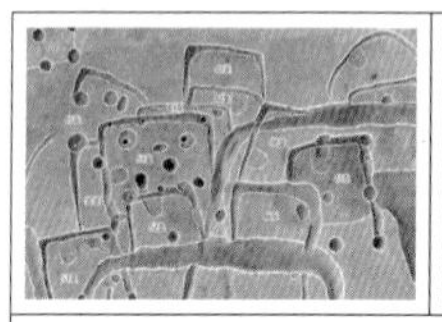 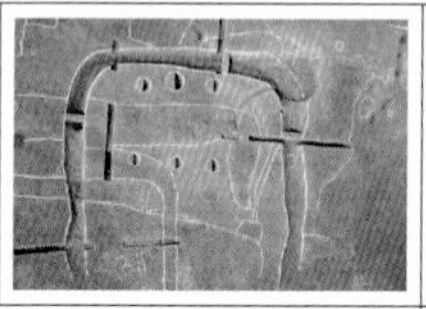	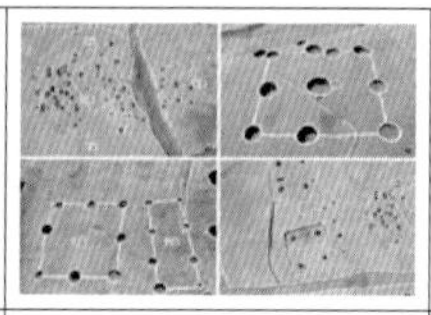	
〈그림 5〉 주거요소	〈그림 6〉 저장요소	〈그림 7〉 생산요소

(2) 광주 하남3지구유적

유적은 어등산(338m)과 풍영정천 사이 낮은 구릉상에 위치한다. 유구는 북서사면부(1지점), 남동쪽 · 남서쪽으로 낮아지는 사면부와 말단부(2지점)에 조성되었다. 조사결과 주거지 199기, 지상건물지 169기, 수혈 70기, 구 45기, 가마 4기, 제철유구 1기, 소성유구 1기, 저수유구 2기, 고분 4기, 옹관묘 1기가 확인되었다.

유적은 Ⅰ · Ⅱ기 3C후엽~4C, Ⅲ기 5C전반~6C전반으로 생활 · 생산공간에서 Ⅲ기에 매장공간으로 변화되었다고 보고되었다. 본인의 편년에 따르면 Ⅰ기(형성기) 3C중반~4C중반, Ⅱ기(성장기) 4C후반~5C전반, Ⅲ기(변화기) 5C중반~6C전반으로 편년된다.

〈표 6〉 주거구조와 출토유물

구분	Ⅰ기(형성기) 3C중반~4C중반	Ⅱ기(성장기) 4C후반~5C전반	Ⅲ기(변화기) 5C중반~6C전반
평면	방형 61 > 장방형 2	방형 71 > 장방형 4	방형 40
면적	중형 10, 외 소형	중형 17, 외 소형	대형 5, 중형 6, 외 소형
구조	무주식 53 > 사주식 10(중형 4)	무주식 55 > 사주식 20(중형 12)	무주식 25 > 사주식 16(중 · 대형 7)
노지	북12 > 서4 > 북동2 · 동2 > 북서1	북21 > 서6 > 북서5 > 북동3 · 동1	북9 > 북서6 > 서5 > 동4 > 북동1
출토 유물	공통 : 취사용기(발 · 장란형토기), 저장용기(호)		
	취사(파수부토기), 저장(옹 · 양이부호 · 이중구연호), 배식기(연질완), 방직구(방추차), 토기제작(내박자), 목공구(석부)	취사(주구토기 · 시루), 저장(옹 · 이중구연호 · 광구호 · 뚜껑), 배식기(연질완), 위세품 철기(철겸 · 철창) · 구슬, 방직구(방추차), 토기제작(내박자)	취사(시루), 저장(옹 · 광구호 · 소호 · 뚜껑), 배식기(연질 · 경질완), 의례 · 외래(유공광구소호 · 대부직구호 · 장경호 · 고배 · 컵), 위세품(구슬), 방직구(방추차), 토기제작(내박자 · 도지미), 철기제작(슬래그 · 철재)

〈표 7〉 도시 구성요소

Ⅰ기(형성기) 3C중반~4C중반		
주거	· 주거 수 63기, 주거군 11개 / 자연지형인 'x'자형 구하도를 따라 10개(A~K), 맞은편 북서사면부에 1개(L) 분포 · 중심 주거군 - B군 : 6동. 2열로 열상배치. 156호는 구하도보다 선축되어 구하도는 Ⅰ기 어느 시점에 형성된 것으로 판단. 목공구(석부)-115호 출토 · 주변 주거군 - C군 : 열상배치. 남서쪽 가장자리에 2호 가마가 위치. 내박자-126호 출토	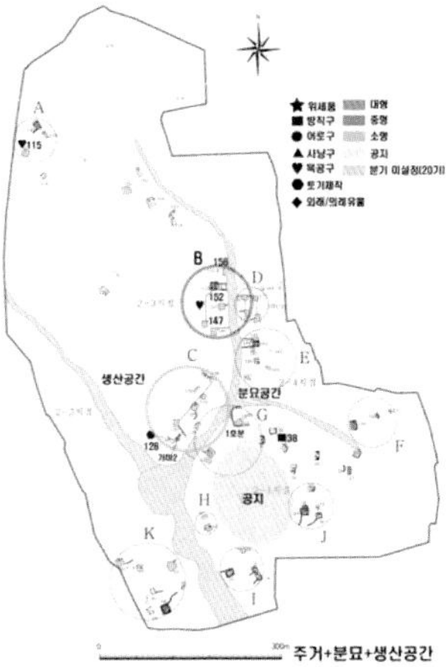
구획	· 구하도 : 'x'자형으로 북 · 북서쪽에서 시작하여 합류한 후 '∩'자형으로 남서 · 남동쪽으로 흘러감. 취락 내 식수 · 배수 · 수로로 이용. 동시에 주거군 간의 경계 및 공간구획의 역할	
생산	· 가마 : 구하도 합류지점인 C군 내 2호 가마 조성	
분묘	· 제형분 : 구하도 합류지점 G군 폐기 후 1호분 축조. 구하도를 일부 파괴하고 축조되어 고분이 조성될 당시 일부가 유실, 매몰된 것으로 판단	
성격	규모는 대형취락, 위계는 주거+생산+분묘공간으로 구성된 일반취락이다. 주거구조와 규모, 밀집도에서 B군이 약간 차이를 보일 뿐 주거군 간의 현저한 차이는 보이지 않는다. 구하도에 의해 공간이 구획되고, 취락 내 자체 토기제작 및 생산이 가능했던 것으로 판단된다.	
Ⅱ기(성장기) 4C후반~5C전반		
주거	· 주거 수 75기, 주거군 16개(Ⅰ기보다 주거 수 11기↑, 주거군 5개↑) / 'x'자형 구하도를 따라 15개(A~K), 맞은편 북서 사면부에 1개(L) 분포 · 중심 주거군 - K군 : 8동. 범위와 규모가 더욱 확대. 높은 밀집도. 구하도와 직교하게 3열로 열상배치. 중 · 상단부 주거군들은 구하도와 평행한 열상배치인 것과 대조적. 위세품 철기(철겸, 구슬)-96 · 105호, 의례 · 외래용기 고배-103호 출토	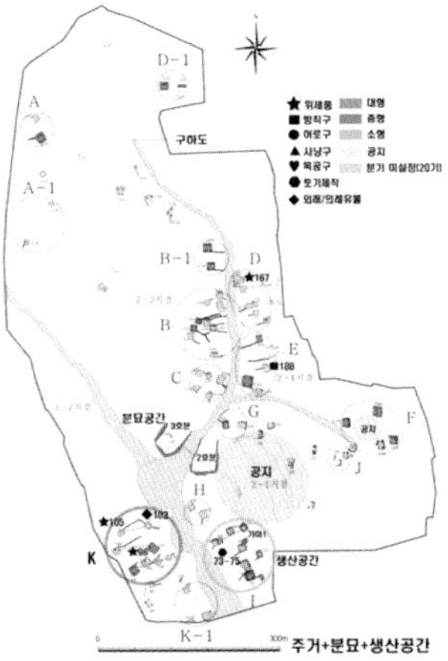
구획	· 구하도 : 구하도에 의한 공간구획. 주거 요소들이 군집별로 배치. 주거군은 양쪽 가장자리에 더욱 밀집	
생산	· 가마 : 중앙에서 평지로 이동. I군 1호 가마는 69호 주거지 폐기 이후 축조. 인접한 73호(선)→74호→75호(후)에서 2~3점씩의 내박자가 출토되어 가마 관련 시설물로 판단	

분묘	· 제형분 : 합류지점에 2 · 3호분 축조. 구하도를 사이에 두고 남동쪽에 2호분, 북서쪽에 3호분이 축조. 유적 내 모든 유구가 관찰되는 중심지
유물	· 위세품 : 옥(구슬)-105호, 철기인 철겸-96 · 105호, 철창-167호
성격	규모는 대형취락, 위계는 주거+생산+분묘공간으로 구성된 일반취락이다. Ⅰ기보다 취락의 규모, 자체 토기생산은 더욱 확대되고, 주거군 간 차이 역시 확연하다. 주거 수, 주거군 규모, 밀집도, 출토유물에 있어 K군이 주변 주거군에 비해 우위를 보인다.
Ⅲ기(변화기) 5C중반~6C전반	
주거	· 주거 수 41, 주거군 11개(Ⅱ기보다 주거 수 33기↓, 주거군 5개↓) / 'x'자형 구하도를 따라 10개(A~K), 맞은편 북서 사면부에 1개(L) 분포 / 주거군은 평탄부에 밀집 · 분포되어 취락의 중심부가 이동 · 중심 주거군 - J-1군 : 2동. 초대형 19호(123㎡)는 남서쪽 가장자리 높고 넓은 공지에 축조. 규모, 구조로 보아 구성원 전체의 집회장소, 외부 집단과의 교류장소, 제의적 목적의 공동 시설물로 추정. 취사 · 저장용기, 배식기, 위세품 구슬, 의례 · 외래용기 고배 등이 출토 · 주변 주거군 - A-1군 : 주거지 4동, 지상건물지+수혈 각 1동. 의례용기 고배-109 · 111호, 내박자-109호 출토. 남동쪽에 3 · 4호 가마가 위치하고 있어 토기제작 장인 및 집단이 거주(추정) · 방형건물지(추정) : 방형인 7 · 10 · 11호 구는 13~31m 대형급. 수혈 주거지보다 후대
구획	· 구하도 : 공간구획의 역할. 주거요소들 군집별로 배치
저장	· 지상건물지 : 수혈 주거지의 4배인 169기가 남서쪽 평지 구하도 양쪽 가장자리에 밀집 · 분포. 주거군과 함께 조성되기도 하지만 대부분 주거군을 피해 별도 공간에 군집을 이루며 축조. 남동 · 북쪽 가장자리의 중 · 대형 건물지(1×1칸) 4호(40.3㎡) · 155호(33.6㎡)는 높고 넓은 곳에 단독으로 축조되어 취락 전체를 관망할 수 있는 관측 시설물로 판단
생산	· 토기가마 : 북서쪽의 높고 넓은 곳에 3 · 4호 가마가 나란히 위치. 인접하여 지상건물지, 수혈이 군집을 이루며 조성. 내박자(109호)가 출토되어 가마 관련 시설물로 판단 · 제철유구 : 구하도 합류지점으로 주변 보다 약간 높은 곳에 위치. 슬래그, 노벽, 송풍관편 철재, 내박자, 지석(179호) 출토 · 저수유구 : 1 · 2호는 60m 떨어져 있고, 바닥에 목재시설이 확인. 바닥이 구하도보다 낮아 물을 집수하기에 용이
분묘	· 제형분 : Ⅱ기의 2 · 3호분 폐기 후 4호분 축조. 남서쪽에 조성된 올챙이형의 45~51호 수혈은 고분과 중복되지 않고, 일정한 간격을 이루어 고분 관련 시설물로 판단
의례	· J-1군 19호 수혈주거지 : 초대형(123㎡)으로 다량의 취사 · 저장용기, 배식기, 위세품, 의례 · 외래용기 등 출토. 집회 · 교류장소, 제의적 시설물로 판단 · K-1군 39호 지상건물지 : 초대형, 3칸×7칸(68.8㎡). 특수목적 건물 내지 제의적 시설물로 판단
유물	· 위세품 : 옥(구슬)-19호 · 의례 · 외래용기 : 유공광구소호-84 · 102호, 대부직구호-40호, 직구호 · 장경호-19호, 고배-19 · 20 · 109 · 111호, 컵-57호
성격	규모는 중형취락, 위계는 주거+저장+생산+분묘+의례공간으로 구성된 중심취락이다. 구하도를 중심으로 공간구획이 이루어지고 다양한 주거 요소들이 군집별로 배치되어 더욱 정연한 구조로 변화되었다. 수혈 주거지는 축소되었으나 새로운 주거시설로 방형 · 지상건물지가 축조되었다. 남동쪽 · 남서쪽 가장자리에 특수목적의 공공 제의시설을 두고, 북쪽 · 남동쪽 가장자리에는 대규모 관측시설을 설치하여, 취락 전체를 관망하였다. 별도로 공동 창고군을 두었는데, 창고군과 대규모 의례 행위를 관장했던 권력자는 J-1군 19호에 거주했던 이들로 추정된다.

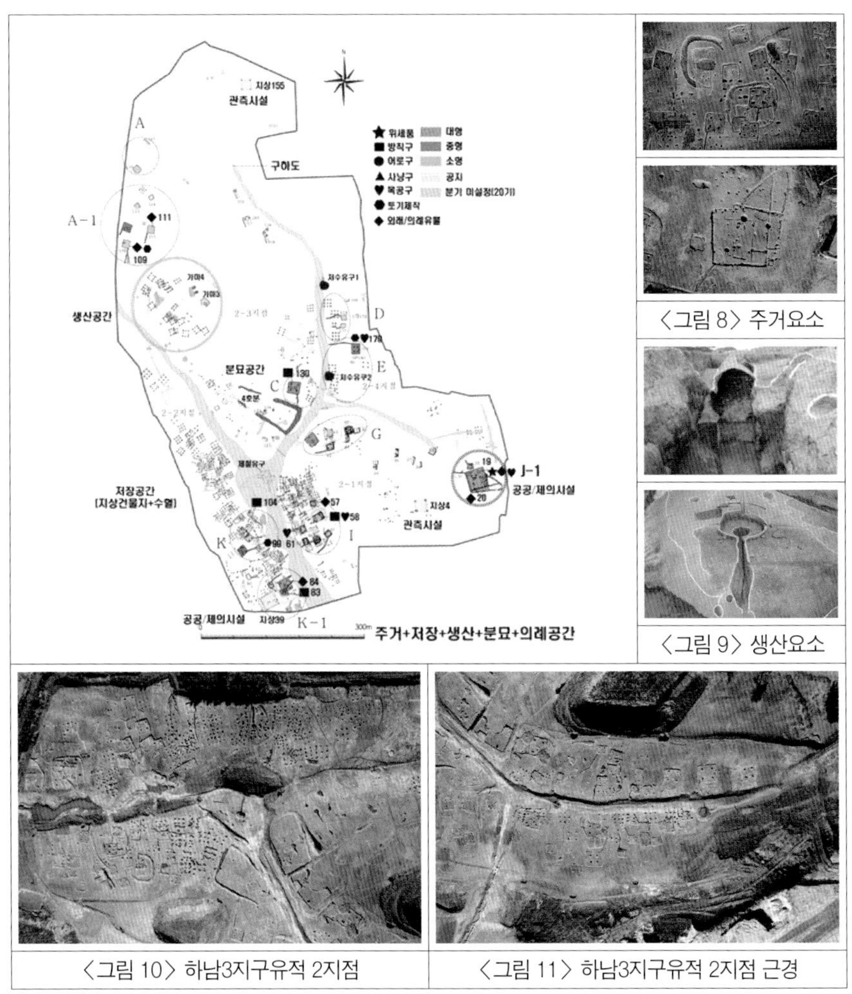

〈그림 8〉 주거요소

〈그림 9〉 생산요소

〈그림 10〉 하남3지구유적 2지점

〈그림 11〉 하남3지구유적 2지점 근경

(3) 광주 하남동유적

유적은 하남3지구유적의 남쪽에 인접한 남-북 방향의 3개 구릉상에 위치한다. 유구는 서쪽 구릉 양측 사면부(1구역), 동쪽 구릉 서사면부(2구역), 남동쪽 구릉 가지능선 말단부(3구역)에 조성되었다. 조사결과 주거지 346기, 지상건물지 29기, 수혈 21기, 구 75기, 분구묘 14기가 확인되었다.

유적은 3C~6C까지 축조되었고, 4C~5C대에 주거지의 밀집도가 높다라고 보고되었다. 본인의 편년에 따르면 Ⅰ기(형성기) 3C중반~4C중반, Ⅱ기(성장기) 4C후반~5C전반, Ⅲ기(변화기) 5C중반~6C전반으로 편년된다.

〈표 8〉 주거구조와 출토유물

구분	Ⅰ기(형성기) 3C중반~4C중반	Ⅱ기(성장기) 4C후반~5C전반	Ⅲ기(변화기) 5C중반~6C전반
평면	방형 76 > 장방형 10	방형 103 > 장방형 25	방형 81 > 장방형 12
면적	대형 2, 중형 20, 외 소형	대형 2, 중형 49, 외 소형	대형 1, 중형 31, 외 소형
구조	무주식 66 > 사주식 20(중 · 대형 12)	무주식 132 > 사주식 64(중 · 대형 40)	무주식 54 > 사주식 39(중 · 대형 22)
노지	북 20 > 서 12	북 29 > 서 26 > 북동 2 · 동 2	북 32 > 서 16 > 동 2 > 북서 1
출토유물	공통 : 취사용기(발 · 장란형토기 · 시루 · 파수부토기), 저장용기(옹 · 호 · 이중구연호)		
	배식기(연질완), 방직구(방추차)	취사(주구토기), 저장(뚜껑), 배식기(완), 위세품 철기(철겸), 방직구(방추차)	취사(주구토기), 저장(직구호 · 뚜껑), 배식기(완), 의례 · 외래(대부완, 유공광구소호 · 고배 · 개배 · 기대 · 파배), 위세품옥, 철기(철정 · 철부), 방직구(방추차), 어로구(어망추), 토기제작(도지미 · 모루받침)

〈표 9〉 도시 구성요소

Ⅰ기(형성기) 3C중반~4C중반	
주거	· 주거 수 86기, 주거군 17개 / 구릉 양측 사면부에 14개(A~N), 맞은편 구릉 서쪽 사면부에 2개(O~P), 남쪽 가지능선 말단부에 1개(Q)가 분포. 정상부와 동쪽 사면부는 소형 주거지만 확인 · 중심 주거군 - H군 : 9동. 3열로 열상배치. 방직구(방추차)-181호 출토 - I군 : 6동. 대형인 192호(42.0㎡)에서 경질무문토기만 출토
구획	· 자연지형인 'U'자형 구릉에 의한 공간구획. 주거군은 정상부 및 상단부, 하단부에만 조성. 훼손 가능성도 있으나 처음부터 차별화를 위해 조성하지 않았을 것으로 판단
성격	규모는 대형취락, 위계는 주거공간만으로 구성된 일반취락이다. 'U'자형 구릉에 의해 공간이 구획되었고, 주거구조와 규모, 밀집도에서 H · I군이 약간 차이를 보일 뿐 주거군 간의 현저한 차이는 보이지 않는다.

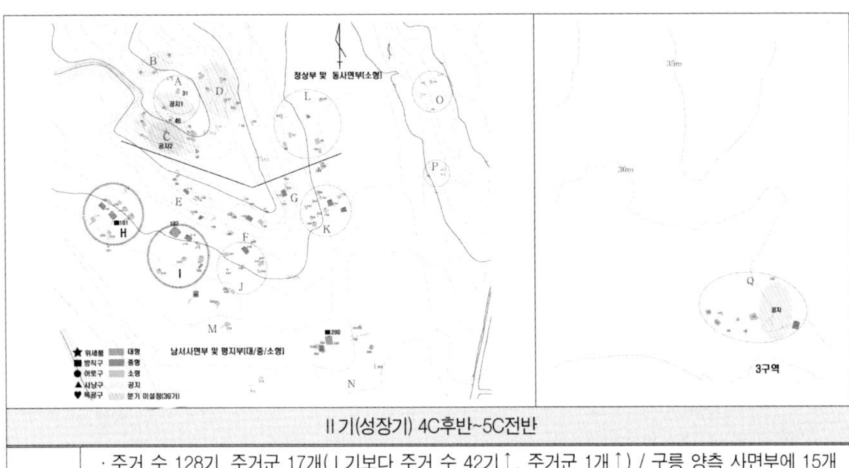

II기(성장기) 4C후반~5C전반	
주거	· 주거 수 128기, 주거군 17개(I 기보다 주거 수 42기↑, 주거군 1개↑) / 구릉 양측 사면부에 15개 (A~N), 맞은편 구릉 서쪽 사면부에 2개(O~P)가 분포 · 주거군은 정상부 및 상단부와 I 기보다 아래인 하단부에 밀집 · 분포 · 중심 주거군 - H군 : 12동. 공간범위는 더욱 확대. 높은 중첩율 · 밀집도. 무주식이 많은 다른 주거군에 비해 사주식이 9동 밀집. 방직구(방추차)-113호 출토 - J군 : 16동. 위세품인 철기(철겸)-249호, 방직구(방추차)-240호 출토
구획	· 자연지형인 'U'자형 구릉에 의한 공간구획
분묘	· 옹관묘, 제형분 : 별도 공간인 남쪽 가지능선 말단부에 옹관묘 2기, 제형분 14기 축조
유물	· 위세품 : 철기(철겸)-249호
성격	규모는 대형취락, 위계는 주거+분묘공간으로 구성된 일반취락이다. I 기보다 취락의 규모는 더욱 확대되고, 주거군 간 차이 역시 확연하다. 주거 수, 주거군 규모, 밀집도, 출토유물에 있어 H · J군이 주변 주거군에 비해 우위를 보인다. 'U'자형 구릉에 의해 공간이 구획되었고, 주거공간 이외 별도의 공간에 분묘군이 함께 조성되었다.

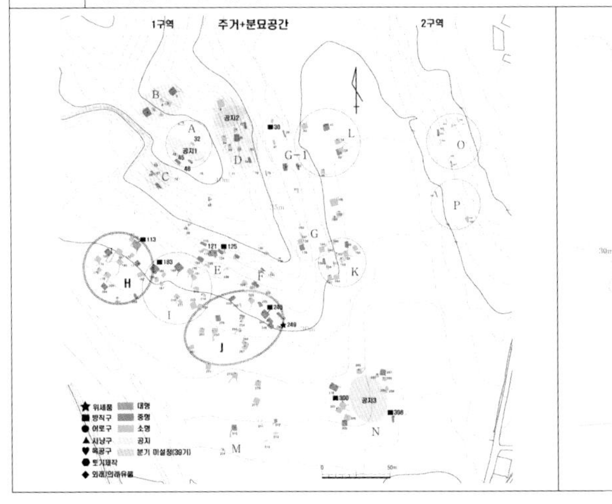

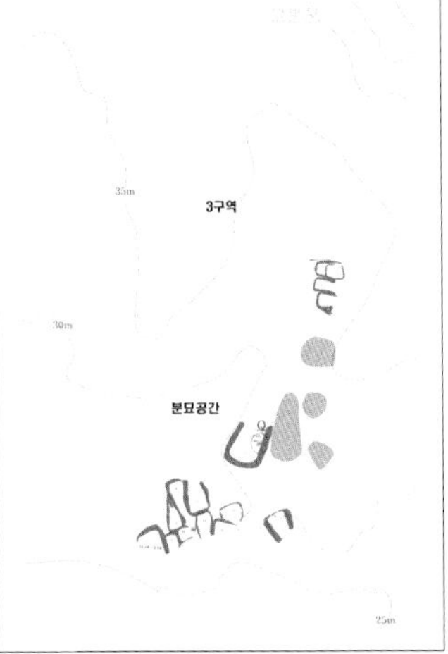

	Ⅲ기(번성기) 5C중반~6C전반
주거	· 주거 수 93기, 주거군 21개(Ⅱ기보다 주거 수 35기↓, 주거군 4개↑) / 구릉 양측 사면부에 17개(A~N), 맞은편 구릉 서쪽 사면부에 2개(O~P), 남쪽 가지능선 말단부에 1개(Q)가 분포 · 주거군은 하단부와 평지부에 밀집 · 분포되어 취락의 중심부가 이동 · 중심 주거군 - I군 : 공지1을 중심으로 수혈 주거지 7동, 지상건물지 2동 위치. 부뚜막 둑에서 위세품인 철기(철정) 5점-258호 출토되어 제의 관련 유물로 추정 - K-1군 : 중형의 사주식 주거지 107호를 중심으로 북서쪽에 주거지 5동, 북쪽에 지상건물지 2동 환상배치. 다량의 취사 · 저장용기, 위세품 관옥, 의례 · 외래용기 고배-107호 출토 - N군 : 공지2를 중심으로 북동쪽은 주거지, 서 · 동쪽 가장자리는 지상건물지 4동이 환상배치. 위세품 철기(철부)-288호, 의례 · 외래용기 배-290호, 어로구(어망추)-279호 출토
구획	· 구 : 구릉 동 · 서 사면부와 평지부에 조성된 구획구는 주거요소 간 공간구획의 역할을 했을 것으로 추정. 주거요소들 군집별 배치
저장	· 지상건물지 : 주거군 내 별도 공간에 축조되어 개별 창고군으로 활용 · 수혈 : 13호는 깊이 1.78m로 완, 자배기, 호, 벼루 등 출토. 남쪽으로 지상건물지 6동이 열상배치
생산	· 토기제작 : B군 2 · 11호에서 도지미, 모루받침, D군 23호 · D-1군 90호에서 모루받침이 출토. 정상부를 중심으로 환상 배치된 상단부 주거군으로 토기제작 관련 집단이 거주(추정)
분묘	· 제형분 : 3구역 분묘군은 Ⅲ기에도 지속적으로 조영
의례	· 구 : 1구역 9 · 17 · 18호 구, 2구역 57호 구는 제의 관련 구들로 동 · 서 사면부를 따라 축조되어 사이인 곡간부 일대가 제의 공간으로 변화 - 9호 구 : 단면 'V'자형으로 환호와 유사. 유물 484점 중 호류 268점, 그 외 분주토기, 등잔, 병, 유공횡병 등 제의 관련 유물로 일정한 간격을 두고 파쇄된 경우도 있지만 대부분 완형에 가까운 형태로 정치하거나 도치 · 지상건물지 : 상단부 B군 서쪽 가장자리를 따라 축조된 1~4호는 제의 관련 구, 토기제작 관련 주거군과 함께 축조된 것으로 보아 특수목적 내지 제의 관련 시설물로 판단
유물	· 위세품 : 옥(관옥)-107호, 철기인 철정 5점-258호, 철부-288호 · 의례 · 외래용기 : 대부완-13호, 유공광구소호-100호, 고배-89 · 107호, 개배-13 · 72 · 290호, 기대-325호, 파배-72호, 배형토기-41호
성격	규모는 대형취락, 위계는 주거+저장+생산+분묘+의례공간으로 구성된 중심취락이다. 구획구를 중심으로 공간구획이 이루어지고 다양한 주거 요소들이 군집별로 배치되어 더욱 정연한 구조로 변화되었다. 정상부와 곡간부 일대에 대규모 제의 공간을 두고, 하단부와 말단부 평지에는 일반 거주구역을 두어 차별화하였다. 주거군 내에 개별 창고군을 두었다. 전체 평면구획에 있어서 의도적 · 계획적으로 공간구획이 이루어져 비교적 안정적인 취락의 형태가 형성된 시기로 판단된다.

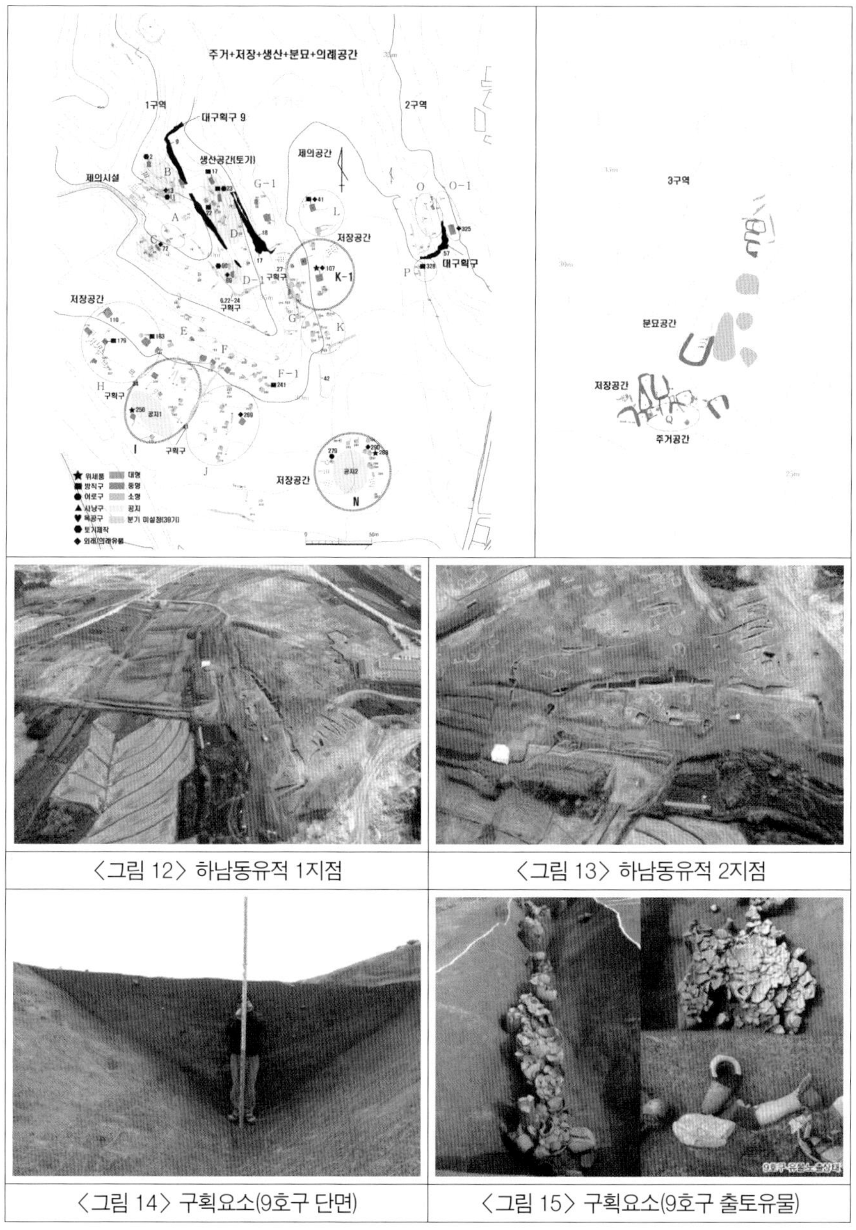

〈그림 12〉 하남동유적 1지점

〈그림 13〉 하남동유적 2지점

〈그림 14〉 구획요소(9호구 단면)

〈그림 15〉 구획요소(9호구 출토유물)

(4) 광주 산정동유적

유적은 하남동유적의 남쪽에 인접한 동-서 방향의 2개 구릉상에 위치한다. 북쪽 구릉 북사면부와 충적지(1구역), 동사면부(2구역), 말단부(3구역)에 조성되었다. 조사결과 주거지 65기, 방형건물지 28기, 지상건물지 35기, 수혈 29기, 구 50기, 요지 3기, 소결유구 1기, 고분 3기가 확인되었다.

유적은 Ⅰ기 4C~5C 주거공간으로 활용된 시기, Ⅱ기 5C후반 이후 주거지의 밀집도가 낮아지고, 방형건물지, 구, 고분, 생산시설이 축조된 시기로 보고되었다. 본인의 편년에 따르면 Ⅰ기(형성기) 3C중반~4C중반, Ⅱ기(성장기) 4C후반~5C전반, Ⅲ기(변화기) 5C중반~6C전반으로 편년된다.

〈표 10〉 주거구조와 출토유물

구분	Ⅰ기(형성기) 3C중반~4C중반	Ⅱ기(성장기) 4C후반~5C전반	Ⅲ기(변화기) 5C중반~6C전반
평면	방형 12 > 장방형 4	방형 18 > 장방형 4	방형 17 > 장방형 4 > 凸자형 2
면적	중형 2, 외 소형	중형 6, 외 소형	중형 2, 외 소형
구조	무주식 13 > 사주식 3(중형 1)	무주식 12 > 사주식 10(중형 6)	무주식 16 > 사주식 7(중형 2)
노지	북 5 > 서 2 > 북서 · 동 1	북 9 > 서 3 > 북동 · 북서 2 > 동 1	북 12 > 북서 3 > 북동 · 서 1
출토유물	공통 : 취사용기(발 · 장란형토기 · 주구토기 · 시루), 저장용기(옹 · 호)		
	취사(양이부발), 배식기(연질완)	취사(파수부발), 저장(이중구연호 · 광구호 · 뚜껑), 배식기(완), 위세품 철기(철정), 방직구(방추차)	취사(파수부토기 · 아궁이틀), 저장(이중구연호 · 광구호), 배식기(완), 의례 · 외래(대부완 · 고배 · 개배 · 기대), 위세품 철기(철겸), 방직구(방추차), 토기제작(도지미 · 모루받침)

〈표 11〉 도시 구성요소

<table>
<tr><th colspan="3">Ⅰ기(형성기) 3C중반~4C중반</th></tr>
<tr><td>주거</td><td>· 주거 수 16기, 주거군 4개(A~D)
· 중심 주거군
- B군 : 5동. 소형 주거로만 구성. 공지1을 중심으로 북쪽 2동, 남쪽 3동 배치</td><td rowspan="2"> 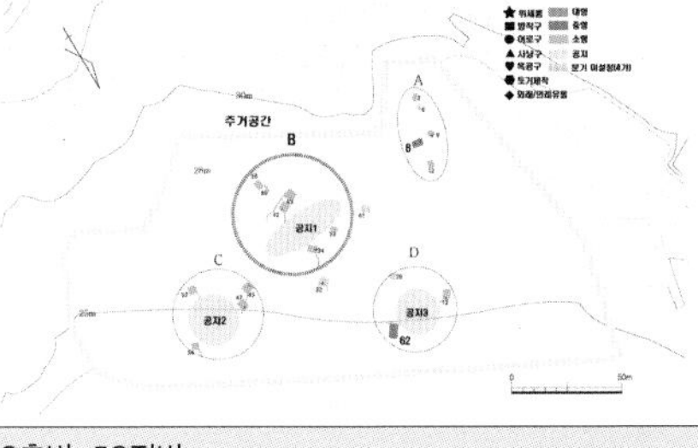</td></tr>
<tr><td>성격</td><td>규모는 소형취락, 위계는 주거공간만으로 구성된 일반취락이다. 주거구조와 규모, 밀집도에서 B군이 약간 차이를 보일 뿐 주거군 간의 현저한 차이는 보이지 않는다.</td></tr>
<tr><th colspan="3">Ⅱ기(성장기) 4C후반~5C전반</th></tr>
<tr><td>주거</td><td>· 주거 수 22기, 주거군 3개(A~D)(Ⅰ기보다 주거 수 6기↑, 주거군 1개↓)
· 중심 주거군
- B군 : 11동. ‘ㅜ’자형 배치. 공간 범위는 더욱 확대되고, 높은 밀집도</td><td rowspan="2"> 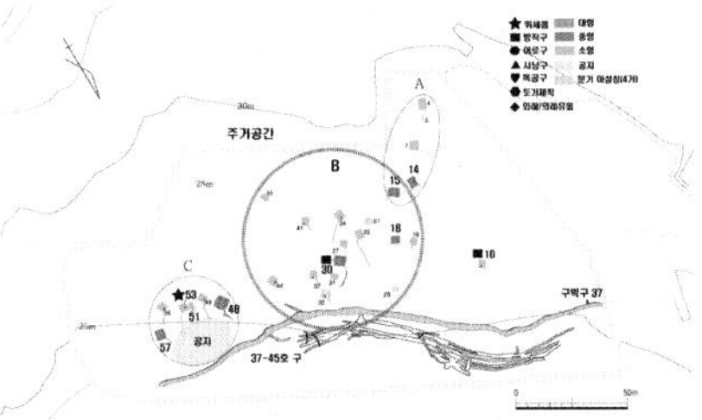</td></tr>
<tr><td>구획</td><td>· 구 : 북쪽 가장자리에 등고선과 평행한 구(37~45호) 조성. 구(선축)→20호 수혈(후축). 약간의 굴곡을 이루며, 유물은 미확인. 취락 내 식수, 배수, 수로 등으로 이용. 북쪽 외곽에 유구는 확인되지 않고, 넓은 충적지가 조성되어 있어 주거군 간의 경계 및 공간구획의 역할도 했을 것으로 판단</td></tr>
<tr><td>유물</td><td colspan="2">· 위세품 : 철기(철정)-53호</td></tr>
<tr><td>성격</td><td colspan="2">규모는 소형취락, 위계는 주거공간으로 구성된 일반취락이다. Ⅰ기보다 취락의 규모는 더욱 확대되고, 주거군 간 차이 역시 확연하게 나타난다. 주거 수, 주거군 규모, 밀집도, 출토유물에 있어 B군이 주변 주거군에 비해 우위를 보인다.</td></tr>
<tr><th colspan="3">Ⅲ기(변화기) 5C중반~6C전반</th></tr>
<tr><td>주거</td><td colspan="2">· 주거 수 23기, 주거군 4개(A~D)(Ⅱ기보다 주거 수 1기↑, 주거군 1개↑)
· 중심 주거군
- B군 : 13동. 공지를 중심으로 환상배치. 동쪽에 장축방향이 같은 소형 주거지 4동이 2열로 열상배치. 35호는 외부구가 있는 구조. 백제계 ‘凸’자형 주거지 17 · 25호 확인. 주거지 폐기 이후 방형건물지, 지상건물지, 구 등 축조. 방형건물지(16호→17호) 간 중첩관계로 보아 최소 두 세대에 걸쳐 유지된 건물로 판단. 의례 · 외래용기인 고배-23호, 토기제작 관련 유물인 모루받침-21호, 방직구(방추차)-26 · 40호 출토
· 방형건물지 : 3지점에 군집을 이루며 축조. 9 · 10호는 13m 내외의 대형급. 1~10호는 서쪽 가장자리 별도의 공간에 축조되었고, 중첩이 심함. 13~23호는 B군 일대 등고선과 평행하게 일렬로 축조. 24~28호는 C군 일대 단독으로 환상배치. 유물은 의례 · 외래용기가 주를 이룸 → 특수 목적 내지 제의 관련 시설물로 추정</td></tr>
</table>

구획	· 구 : II기 때 조성된 37호 구는 일부 지상건물지에 의해 유실되거나 매몰되었으나 대부분은 유지. 18호 구는 방형건물지보다 후행. 서쪽으로 3열의 주공열이 등 간격으로 확인 1 · 2 · 18호 구를 중심으로 서쪽에는 방형건물지만, 동쪽에는 수혈 주거지, 방형 및 지상건물지가 확인되어 방형 건물지인들과 수혈 주거인들의 공간을 구분했던 것으로 판단. B군 27호 구 또한 동일한 구조로 남쪽으로 2열의 주공열이 확인
저장	· 지상건물지 : 하단부에 밀집 · 분포. 주거지, 고분, 요지, 구 보다 후행. 방형건물지와는 중복되지 않고 있어 동시기로 판단
생산	· 가마 : 토기가마, 소결 유구는 북쪽 하단부에 3기, 남서쪽 상단부에 1기. 연질의 취사용기가 주를 이루어 경질토기는 자체 제작되거나 외부와의 교류를 통해 소비되었을 것으로 추정 · 수혈 : 38~45호 구가 폐기된 이후에 7호 수혈 축조. 어로구(어망추) 18점 확인되어 어업과 관련되어 공동 작업이나 저장시설로 활용(추정)
분묘	· 원형분 : 동쪽 가장자리 별도공간에 3기 축조. 1 · 2호분은 분구 중앙에 목관 안치
의례	· 방형건물지 : 내부에 사주식 주공과 외곽에 구를 둘러 외부와 구분하였고, 가장자리에 소주공을 두른 구조. 대형급은 동 · 서쪽 가장자리에 주로 분포. 중형 · 소형급은 중앙에 주거군과 공존하거나 후대에 축조. 유물은 의례 · 외래용기인 기대, 유공광구소호, 유공횡병 등이 출토되어 수혈 주거지와는 차별되는 특수목적 내지 제의관련 시설로 판단
유물	· 위세품 : 철기(철겸)-50호 · 의례 · 외래용기 : 대부완-2호, 고배-11 · 23 · 63호, 개배-50 · 63~66호, 발형기대-63호
성격	규모는 소형취락, 위계는 주거+저장+생산+분묘+의례공간으로 구성된 중심취락이다. 구획구를 중심으로 공간구획이 이루어지고 다양한 주거 요소들이 군집별로 배치되어 더욱 정연한 구조로 변화되었다. 변화의 주도는 비교적 큰 규모로 별도 공간에 축조된 방형건물지의 거주자로 추정된다. 방형건물지가 축조될 시점에 창고군, 분묘군, 생산시설 등도 새롭게 조성되었다.

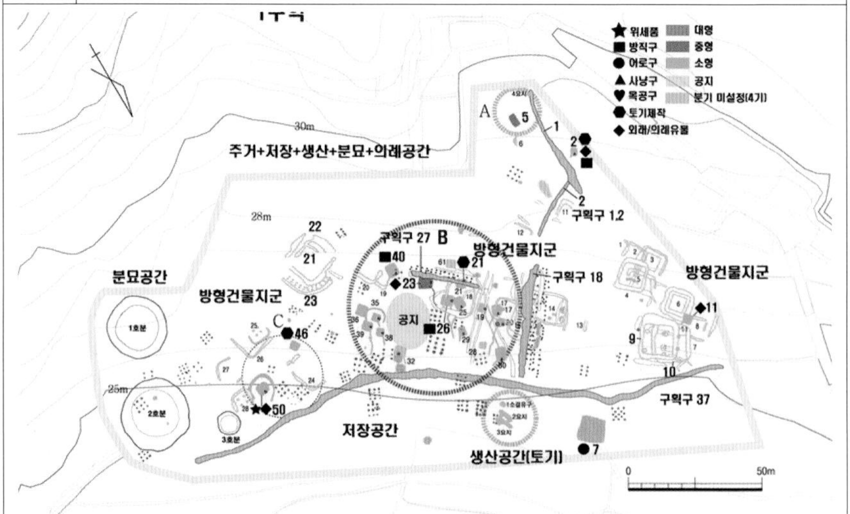

〈그림 16〉 산정동유적 전경
〈그림 17〉 산정동유적 1지점
〈그림 18〉 주거요소
〈그림 19〉 분묘요소
〈그림 20〉 생산요소

3. 광주 하남지구 마을의 형성과 발전과정

1) Ⅰ기(3C전반~4C중반) : 마한취락 형성기

취락은 하천 주변의 구릉 정상부와 사면부, 충적지에서 확인되어 농경에 유리한 곳에 입지해 있다. 주거면적은 소형이 대부분이고, 중형은 30동 이내로 확인된다.

공간구획은 자연지형을 활용하여 유리한 입지를 선택하고, 다른 주거군과의 차별을 두었다. 하남동유적의 주거군이 'U'자형 자연 구릉을 활용하여 정상부와 상단부, 하단부에 주로 밀집 · 분포하거나 하남3지구유적의 'X'자형 구하도 양쪽 가장자리, 오선동유적의 곡간 소로를 따라 분포하는 형태 등이다. 저장유구인 지상건물지와 수혈은 소수 확인되어 개별 창고로 활용되었고, 생산유구로 토기가마, 분묘유구로 마한 재지계인 제형분만이 확인되었다.

유물은 경질무문토기와 연질토기가 공반되는 시기로 경질무문토기 제작기법이 남아 있지만 타날문토기 제작기술이 압도적으로 증가한다[12]. 유적은 대형-일반취락인 오선동 · 하남3지구 · 하남동 · 산정동 · 산정동 지실유적을 중심으로 주변에 중 · 소형-일반취락인 가야 · 흑석동유적 등이 위치해 취락 양상을 공유하는 소집단이 산발적으로 분포한다.

따라서 Ⅰ기 취락은 규모로는 소형 · 대형취락이, 위계로는 주로 주거공간만이 확인된 일반취락이 대부분이다. 규모와 밀집도에서 1~2개군이 우위를 보일 뿐 뚜렷한 차이는 보이지 않아 구성원간에 사회적 지위 차이는 거의 드러나지 않는 평등한 관계를 유지했던 것으로 보인다. 생산단위는 농경 위주의 매우 단순한 생산 · 소비경제 체제로 운영되었을 것으로 판단된다.

2) Ⅱ기(4C후반~5C전반) : 마한취락 성장기

취락 입지는 이전 시기와 동일하나 주거구조에 있어서는 변화가 확인된다. 주거구조는 사주식 주거가 확산되면서 부뚜막은 취사와 난방을 겸한 일자형, 굴절형 등 다양해지고, 벽구, 벽구 내 소주공, 타원형구덩이, 배수구를 갖춘 구조가 일반화된다. 내부구조의 변화로 주거면적 또한 증가되어 중형이 50동 이내로 확대되고, 대형도 2~3동씩 확인된다. 장축방향, 내부시설, 공지 등을 공유하고, 밀집도와 중첩율 또한 높아 취락의 점유기간이 오래 지속되었음을 알 수 있다.

공간구획은 Ⅰ기와 마찬가지로 자연지형을 활용한 유리한 입지 선택과 산정동유적 처럼 다수의 구를 축조해 주거군과 외곽의 생산지를 구분한 경우도 확인된다. 지상건물지와 수혈은 여전히 개별 창고로 소수 확인된다.

생산유구로 토기가마 이외에 철기 단야 공방지도 확인되는데, 같은 구릉을 공유하고 있지만 주거군 내 혹은 별도의 공간에 축조하였다. 오선동유적은 가장자리에 단야 공방지를, 중심 주거군 내에 단야로를 축조하였고, 주위에 관련 시설물로 추정되는 구 · 지상건물지 · 수혈 등도 함께 조성하였다. 소수의 특정 장인들이 제품들을 자체 생산하거나 소비한 구조로 판단된다.

분묘유구는 Ⅰ기와 동일하게 제형분만 확인되는데, 대부분 취락 내 별도공간에 축조되지만 하남동유적처럼 단독 구릉(3구역)에 조영되기도 한다.

유물은 타날문토기 제작기술이 각 기종에 적극적으로 반영되고, 일부 경질토기가 생산되는 시기이다. 4세기 중반 이후 경질토기로 저장용기들이 대체되고, 경질토기 영향을 받은 배식기가 새로운 기종으로 분화된다[13]. 'C'자형 경부가 발달되고, 외래문화 유입으로 가야계 승문호도 확인된다.

유적은 취락의 규모가 더욱 확대되고, 취락 간 구성요소를 공유하고 유기적인 관계를 맺어 큰 규모의 집단을 형성하였다. 이들은 마한 재지계 중심으로 하나의 정치체를 이루었을 가능성이 높다.

따라서 Ⅱ기 취락은 규모로는 대형취락이, 위계로는 주거+생산+분묘공간으로 구성된 일반취락이 확인되었다. 규모와 밀집도에서 Ⅰ기보다 확대되고, 주거군 간 차이 역시 확연하게 나타난다. 자체 토기제작 뿐만 아니라 철기제작 단야 공방지가 확인되어 철기제작 기술에 대한 정보도 유입되었음을 알 수 있다. 생산단위는 여전히 농경 위주의 생업활동이 이루어졌으나 좀 더 발전된 생산 · 소비경제 체제로 운영되었을 것으로 판단된다.

3) Ⅲ기(5C중반~6C전반) : 마한취락 변화기

영산강유역에 대한 백제 진출과 가야, 왜 등 외래 문화요소가 유입되면서 취락구조에도 큰 변화가 발생되는 시기이다.

취락 입지는 이전 시기에 비해 낮은 구릉 말단부나 충적지로 변화되는데, 주로 교통의 요충지에 축조된다. 수혈 주거지가 Ⅱ기에 비해 크게 줄고, 외부구 주거지, 백제계 '凸'자형 주거지, 방형건물지로 보고된 벽주 건물지가 새롭게 나타난다. 방형건물지는 10~15m의 대형급으로 위세품, 의례 · 외래용기가 많이 출토되고, 대부분 10동 내외로 확인되는데, 산정동유적에서는 28동이 군집을 이루며 확인되어 취락 집단 제사와 관련된 시설물[14]로 보기도 한다. 모두 백제 주거형태로 보다 견고한 토목 · 건축기술이 유입되었음을 알 수 있다.

공간구획은 의도적 · 계획적으로 구획구를 활용한 전체 평면구획이 이루어지고, 다양한 주거요소들이 단독 내지 군집을 이루며 배치되었다.

개별 창고였던 지상건물지와 수혈은 다수가 군집을 이루고, 별도 공간에 축조되어 공동 창고군으로 변화가 확인된다. 하남3지구유적은 수혈 주거지 41기 대비 169기, 오선동유적은 79기 대비 88기가 확인되었다. 넓은 생산지가 있어 잉여 생산물을 보관하는 창고 기능 이외에 주변 취락과의 관계 속에서 발생된 생산물의 수취와 보관이라는 측면[15]에서 취락의 위계와도 관련된 요소로도 볼 수 있다.

또한 지상건물지는 지상식 주거시설일 가능성도 있다. 하남지구는 과거 풍영정천이 범람하거나 잦은 홍수 등 자연재해가 많이 발생했던 곳으로 점차 생활공간을 지상화할 수밖에 없었던 곳임을 추정해 본다면 일부는 공동 창고군으로, 일부는 지상식 주거시설로 활용되었을 것으로 판단된다.

이 시기에는 생산을 전담하는 전업 집단도 확인된다. 비아동유적에서 확인된 4기의 토기가마는 토기의 대량 생산을 가능하게 하였고, 하남3지구 · 산정동유적에서도 3~4기 확인되어 주변지역에 분배했을 것이다. 철기제작도 더욱 두드러지는데, 오선동유적의 단야 공방지는 이 시기에도 지속되었고, 하남3지구

유적에서는 제철유구도 확인되었다. 별도 공간에 관련 시설물과 함께 축조되어 보다 전문화된 생산체제가 이루어졌음을 알 수 있다.

분묘유구는 오선동유적에서 제형분과 방형분이 동일 묘역을 공유하면서 축조되었고, 산정동유적에서는 별도 공간에 원형분이 축조되었다.

의례유구로 초대형 수혈 주거지, 방형건물지, 대형급 지상건물지, 대형 구 등 제의적 목적의 건축물도 확인된다. 특히, 하남동유적의 대형 구들은 동·서쪽 사면부에 축조되어 곡간부 전체가 제의공간으로 활용되었고, 의례 관련 유물이 거의 완형으로 출토되어 '대구(大溝) 제사'를 대표로 하는 집단 의례행위가 전개된 것[16]으로 이해되기도 한다.

유물은 본격적인 경질토기 생산과 백제, 가야, 왜 등 외래문화 요소의 영향으로 의례·외래용기인 직구호, 유공광구소호, 고배, 기대, 아궁이틀 등과 같은 신기종이 증가된다.

유적은 대형-중심취락인 하남동·산정동유적[17]을 중심으로 주변에 대형-거점취락인 오선동유적, 중·소형-일반취락인 비아·성덕·신완·가야·흑석동·흑석동 나·다유적 등이 분포한다. 이전 시기에는 볼 수 없었던 고대 도시 구성요소를 갖추어 취락 내 위계관계와 기능 분화는 더욱 명확해지면서 마한 재지계 취락의 중심지로서 역할하였을 것으로 판단된다.

따라서 Ⅲ기 취락은 규모로는 대형취락, 위계로는 주거+저장+생산+분묘+의례공간+공간구획으로 구성된 거점·중심취락이 확인된다. 계획적인 공간구획이 이루어지고, 취락 구성요소가 군집별로 배치되는 경관 구조의 변화가 보인다.

주거시설로 수혈 주거지 이외에 방형건물지와 지상건물지가 축조되고, 창고군, 생산시설, 제품을 수송하기 위한 도로, 인공수로나 저수시설, 방형분·원형분이 축조되는 등 취락은 더욱 정연한 구조로 변화되었다. 생산단위는 다량의 의례·외래용기와 수공업 관련 유물로 보아 농경 이외의 수공업, 외부와의 교류와 관련된 전문 종사자의 등장 등 다양한 생산 · 소비경제 체제로 전개되었을 것으로 판단된다.

4. 주변 지역과의 관계

광주에는 7개 정도의 영산강 지류들이 확인된다. 특히, 풍영정천, 광주천, 평동천 일대는 대규모 취락 · 분묘유적이 밀집 · 분포되어 있고, 수공업 생산시설 또한 다른 지역보다 현저하게 높은 특징을 보인다. 이들 지역은 3~4세기 형성기부터 대형-일반취락의 형태로 시작해 4세기 중반을 거치면서 대형-거점취락으로 급성장한 후 이를 기반으로 5세기 중반 이후 외래문화의 수용으로 대형-중심취락으로 발전된 대규모 취락유적이 다수 확인된다.

풍영정천의 오선동유적과 하남동 · 산정동유적, 광주천의 동림동유적, 평동천의 선암동유적과 연산동유적[18]이 대표적이다.

광주천 일대에는 4세기대 취락과 5세기대에 새롭게 변화된 취락이 확인된다. 4세기대 유적은 오룡동 · 신창동 · 용두동 · 용봉동 · 쌍촌동유적, 5세기 유적은 동림동 · 외촌 · 연제동 외촌유적 등이 있다.

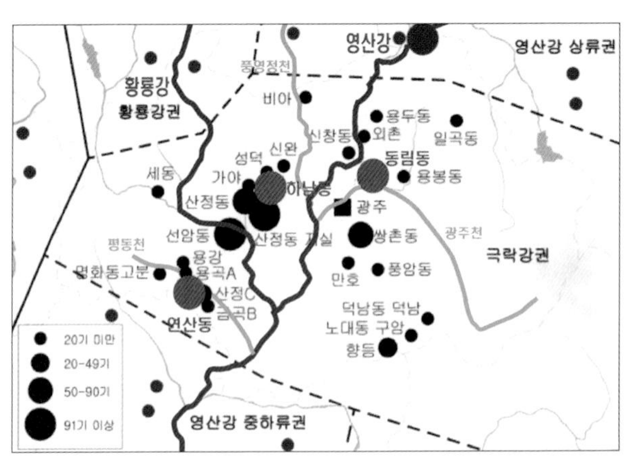

〈그림 21〉 광주 취락유적 분포도

3~4세기대 쌍촌동유적은 주거+분묘공

간으로 구성된 일반취락이고, 상단부 주거군이 폐기된 이후 분묘공간으로 변화된 유적이다. 은운모와 표준화된 이중구연호 29개체로 보아 전문적인 장인 집단에 의해 토기제작이 이루어졌고, 제작된 토기는 주변 유적들에 분배되었을 가능성이 있다.

5세기대 거점취락으로 변화된 동림동유적은 주거+저장+생산+의례공간+공간구획으로 구성되었고, 중앙부 외곽 넓은 공지에 고층의 65호 목조건축물을 세워 일반민 주거구역과 구분하였다. 대량의 창고시설을 축조하여 생산물을 보관 · 관리하고, 인공수로와 도로, 우물, 농업 생산량을 극대화하기 위한 수리시설(보)을 설치하여 취락을 운영하였다. 3,500여점의 유물은 마한토기를 비롯한 백제, 가야, 왜 등이 포함되어 있어 외래문화의 요소가 대량 유입되었음을 알 수 있다. 의도적 · 계획적으로 축조된 대표적인 거점취락이다.

평동천에서도 4세기 유적으로 선암동 · 도산동 · 평동 · 연산동 · 연산동 산정 · 용강 · 용곡A · B · 금곡A · B · 산정C · 월전동 · 명화동 주거지, 5세기 새롭게 변화된 광주 선암동 · 평동 · 연산동 · 연산동 산정유적 등이 있다.

3~4세기대 산정C유적은 주거공간과 별도의 분묘공간(금곡B유적)으로 구성된 일반취락이다. 제형분 군집으로 인근의 장성 환교유적과 유사하다. 용강 · 용곡A · B유적은 명화동 전방후원형분이 자리한 곳에 위치해 있다.

5세기대 선암동유적은 주거+저장+생산+분묘+의례공간+공간구획으로 구성된 중심취락이다. 옥 제작 거푸집과 철기제작 관련 송풍관 등이 확인되어 2차 생업경제(토기 · 철기 · 옥)가 전문 장인과 전업 집단에 의해 이루어졌음을 알 수 있다. 생산된 제품의 유통을 위해 도로를 개설하고 대규모 창고건물을 조성하였으며, 원형분만이 확인된 유적이다.

연산동유적 또한 선암동유적과 동일한 고대 도시 구성요소를 갖추었고, 창고군 외곽으로 원형분이 새롭게 조성되었으며, 5세기 후반에 단야 시설인 생산공간도 마련된다. 이들 유적들은 일반취락과 비교하여 규모뿐만 아니라 각종 생산 · 소비체계 및 전문화 정도에 차이가 있음을 알 수 있다.

이와 관련하여 『삼국사기』 동성왕조의 기록에 의하면 동성왕 20년(498)에 탐라가 공물과 조세를 바치지 않는 것을 구실삼아 무진주(광주)까지 친정하게 된다. 5세기 후반 이전에 백제의 지배지역으로 재편되었다는 것인데, 광주지역 취락자료에 의하면 외래문화 유입기인 Ⅲ기 5세기 중반으로 볼 수 있다.

백제는 광주지역에 대한 지배력을 넓히기 위해 관리 · 흡수 차원에서 거점-중심취락을 형성했을 것이다. 풍영정천 일대는 하남동, 광주천은 동림동, 평동천은 연산동 집단이 그 중심에 있었을 것으로 판단된다. 이들 취락은 백제 영역화 이전인 3~4세기대 부터 마한 재지세력의 중심취락으로 성장하여 5세기 중반 이후 외래문화의 수용으로 더욱 번창한 취락들이다.

여기서 주목되는 점은 백제 영역화 과정에서 마한 재지세력과 백제 세력의 충돌양상이 확인되지 않는다는 점이다. 즉 전쟁에 의한 대규모 화재 주거지가 확인되지 않고, 철기 중 무구류 급증 양상도 보이지 않아 전쟁은 없었을 가능성이 높다. 즉, 마한 재지세력에 의해 성장한 취락 요소들은 점차 소멸 · 해체되어 갔고, 백제의 선진적인 기술 · 문화를 수용한 재지세력들은 자연스러운 흡수 아래 거점-중심취락으로 성장했을 것으로 판단된다.

따라서 이들 거점-중심취락은 수계별로 유기적인 결합에 의해 각각 하나의 읍락 정도의 지역 정치체를 이루었을 것이다. 나아가 복수의 읍락 중 복합도와 밀집도가 높은 중심읍락이 결합되어 하나의 국(國) 단위 정치체로 발전했을 것인데, 적어도 하남동 · 동림동 · 연산동 집단의 결합은 국(國)의 기능을 하였을 것으로 추정된다.

5. 맺음말

지금까지 광주 하남지구 마을유적을 통해 마한(고대) 도시 형성과 발전과정, 주변 지역과의 관계에 대해 간략히 살펴보았다. 시기별 취락의 구조와 위계관계를 고대도시 구성요소를 통해 파악한 결과 취락 간에는 규모 외에 각종 생산 · 소비체계, 전문화 정도에 따라 사회적 위계화에 차이가 있음을 알 수 있었다.

특히 하남지구 대형-중심취락의 변화는 규모와 복잡도에서 형성기(3C중반~4C중반) → 성장기(4C후반~5C전반) → 변화기(5C중반~6C전반)라는 일정한 정형성이 보인다. 이에 비해 주변의 중 · 소형-일반취락은 성장기 이후 대형-중심취락에 흡수되거나 자체 소멸되는데, 외부 지역과의 교류 정도가 취락의 성장과 소멸에 중요한 요소로 작용했음을 알 수 있다. 이는 마한 재지계 취락의 쇠퇴와 백제계 취락의 본격화를 의미하기도 한다. 동시에 5세기 전반까지 급성장한 대규모 마한계 취락들의 양상으로 볼 때 내재적인 성장 · 발전에 기반한 백제계 취락의 성장이라고 판단된다.

이 글은 2022년 광주광역시가 주최하고 마한연구원이 주관한 학술회의(『광주지역 고대도시 Ⅰ(마한 · 백제)』)에서 발표한 필자의 발표문(「광주 하남지구 마을과 주변지역과의 관계」)을 보완한 것임.

【 주석 】

1) 정 일, 2022,「영산강유역의 마을과 교통로」,『영산강유역의 마한과 백제』, 제46회 백제학회 정기학술회의, 백제학회.
2) 오대종, 2020,「전남지역 마한 · 백제 중심지와 중심취락 고찰」, 전남대학교대학원 석사학위논문.
3) 이동희, 2012,「삼국시대 호남지역 주거 · 취락의 지역성과 변동」,『중앙고고연구』 10, 중앙문화재연구원; 김승옥, 2014,「취락으로 본 전남지역 마한 사회의 구조와 성격」,『백제학보』 11, 백제학회; 이영철, 2015,「영산강유역 고대 취락 연구」, 목포대학교대학원 박사학위논문.
4) 서현주, 2008,「영산강유역권 3~5세기 고분 출토유물의 변천양상」,『호남고고학보』 28, 호남고고학회; 김은정, 2017,「호남지역의 마한토기」, 전북대학교대학원 박사학위논문.
5) 곽명숙, 2011,「광주 하남동유적 주거지 연구」, 목포대학교대학원 석사학위논문; 이영철, 2013,「호남지역 원삼국~삼국시대의 주거 · 주거군 · 취락구조」,『주거의 고고학』 제37회 한국고고학전국대회, 한국고고학회.
6) 이영철, 2011,「영산강 상류지역의 취락변동과 백제화 과정」,『백제학보』 6, 백제학회.
7) 김승옥, 2000,「호남지역 마한 주거지의 편년」,『호남고고학보』 11, 호남고고학회.
8) 이영철, 2015,「영산강유역 고대 취락 연구」, 목포대학교대학원 박사학위논문.
9) 김은정, 2017,「호남지역의 마한토기」, 전북대학교대학원 박사학위논문.
10) 정 일, 2022,「영산강유역의 마을과 교통로」,『영산강유역의 마한과 백제』, 제46회 백제학회 정기학술회의, 백제학회.
11) 분석대상인 원삼국~삼국시대 유구를 대상으로 파악하였다.
12) 김은정, 2017,「호남지역의 마한토기」, 전북대학교대학원 박사학위논문.
13) 이영철, 2015,「영산강유역 고대 취락 연구」, 목포대학교대학원 박사학위논문.
14) 이영철, 2014,「고대 취락의 제사」,『호남지역 선사와 고대제사』, 제22회 호남고고학회 학술대회, 호남고고학회.
15) 권오영, 2008,「백제의 생산기술과 유통체계 이해를 위하여」,『백제 생산기술의 발달과 유통체계 확대의 정치사회적 합의』, 학연문화사.
16) 이영철, 2014,「고대 취락의 제사」,『호남지역 선사와 고대제사』, 제22회 호남고고학회 학술대회, 호남고고학회.
17) 하남동 · 산정동유적은 하남3지구 · 하남동 · 산정동 · 산정동 지실유적 모두를 지칭한다.
18) 연산동유적은 연산동 · 연산동 산정유적을 지칭한다.

【그림 출전】

〈그림 1〉 이영철 2015(수정 · 인용)

〈그림 3~7〉 대한문화재연구원 2018

〈그림 8~11〉 한강문화재연구원 2017

〈그림 12~15〉 호남문화재연구원 2008

〈그림 16~20〉 호남문화재연구원 2008

〈그림 21〉 김은정 2017(수정 · 인용)

【인용 · 참고문헌】

〈단행본〉

(재)대한문화재연구원, 2018, 『광주 오선동유적』.

전남대학교박물관, 1999, 『광주 쌍촌동 주거지』.

(재)한강문화재연구원, 2017, 『광주 하남3지구 유적』.

(재)호남문화재연구원, 2008, 『광주 하남동유적 Ⅰ · Ⅱ · Ⅲ』.

(재)호남문화재연구원, 2008, 『광주 산정동유적』.

(재)호남문화재연구원, 2007, 『광주 동림동유적 Ⅰ~Ⅳ』.

(재)호남문화재연구원, 2012, 『광주 선암동유적 Ⅰ · Ⅱ · Ⅲ』.

〈논문〉

곽명숙, 2011, 「광주 하남동유적 주거지 연구」, 목포대학교대학원 석사학위논문.

권오영, 2008, 「백제의 생산기술과 유통체계 이해를 위하여」, 『백제 생산기술의 발달과 유통체계 확대의 정치사회적 합의』, 학연문화사.

김승옥, 2000, 「호남지역 마한 주거지의 편년」, 『호남고고학보』 11, 호남고고학회.

김승옥, 2014, 「취락으로 본 전남지역 마한 사회의 구조와 성격」, 『백제학보』 11, 백제학회.

김은정, 2017, 「호남지역의 마한토기」, 전북대학교대학원 박사학위논문.

서현주, 2008, 「영산강유역권 3~5세기 고분 출토유물의 변천양상」, 『호남고고학보』 28, 호남고고학회.

오대종, 2020, 「전남지역 마한 · 백제 중심지와 중심취락 고찰」, 전남대학교대학원 석사학위논문.

이동희, 2012, 「삼국시대 호남지역 주거 · 취락의 지역성과 변동」, 『중앙고고연구』 10, 중앙문화재연구원.

이영철, 2011, 「영산강 상류지역의 취락변동과 백제화 과정」, 『백제학보』 6, 백제학회.

이영철, 2013, 「호남지역 원삼국~삼국시대의 주거 · 주거군 · 취락구조」, 『주거의 고고학』 제37회 한국고고학전국대회, 한국고고학회.

이영철, 2014, 「고대 취락의 제사」, 『호남지역 선사와 고대제사』, 제22회 호남고고학회 학술대회, 호남고고학회.

이영철, 2015, 「영산강유역 고대 취락 연구」, 목포대학교대학원 박사학위논문.

정 일, 2022, 「영산강유역의 마을과 교통로」, 『영산강유역의 마한과 백제』, 제46회 백제학회 정기학술회의, 백제학회.

송공선 (재)호남문화재연구원

1. 머리말
2. 광주 평동지구 마을 구조
3. 마을 형성과 발전과정
4. 주변지역과의 관계
5. 맺음말

1. 머리말

광주 평동지구는 영산강 본류와 황룡강이 합류하는 곳의 서쪽에 해당하고, 어등산-복룡산-병풍산-금성산으로 이어지는 산줄기의 동쪽에 형성된 낮은 구릉과 하상충적지대로 이루어졌으며, 현재는 행정구역상 나주시 노안면과 구분되어 있다.

광주 평동지구의 고대 마을의 존재는 광주 월전동유적에 대한 발굴조사를 통해 확인되었다[1]. 이후 평동산업단지의 확장과 관련하여 대단위 발굴조사를 통해 평동유적과 연산동유적 등의 대규모 복합유적이 드러나게 되었다. 또한 선운지구 택지개발을 통해 어등산 자락의 선상퇴적지형에서 대규모 취락유적인 선암동유적이 조사되었다.

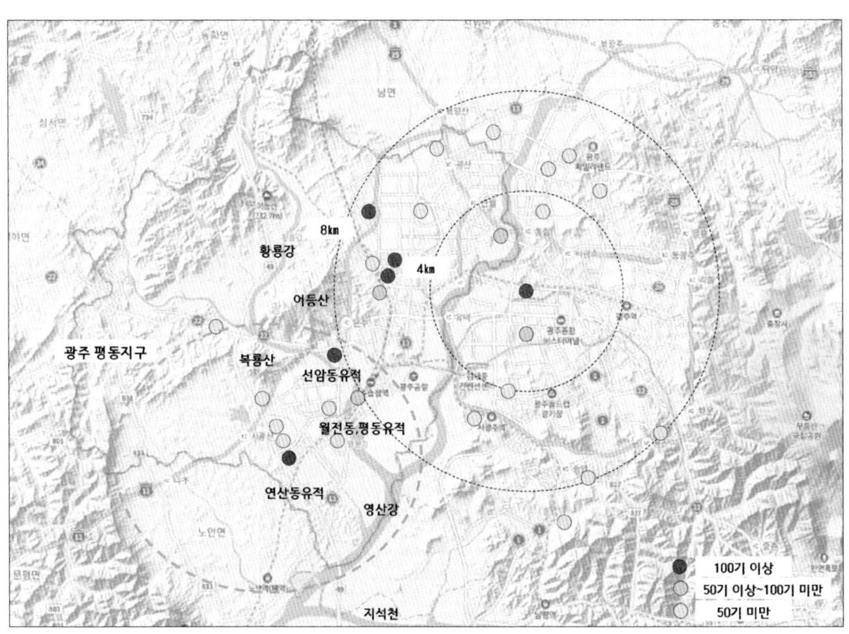

〈그림 1〉 광주지역 취락유적 분포 현황

이 지역은 위치상 광주-담양의 영산강 상류와 영산강 중류지역 중심지인 나주의 중간 지점에 해당한다. 그리고 황룡강을 통해 장성과 함평 월야로 이어지는 길목으로서 선암동유적 인근에 과거 '선암도(仙巖渡)'라는 포구가 있었다고 한다[2]. 또한 지석천이 합류하는 지점까지의 거리 또한 그리 멀지 않는 지리적으로 매우 중요한 곳이라 할 수 있다. 한편, 평동지구 일대에 백제 복룡현이 있었던 것으로 추정되고 있으며, 현재 복룡산(伏龍山) 남쪽의 광산구 용동 일대로 알려져 있다[3].

이 글에서는 영산강 서쪽의 충적지대와 황룡강변에서 확인된 대표적 유적을 중심으로 고대 마을구조에 대해 살펴보고자 한다.

2. 광주 평동지구 마을 구조

1) 광주 평동유적

광주 평동유적은 평동 2차 산업단지 조성에 따른 발굴조사로 확인된 대규모 복합유적으로서 영산강과 황룡강이 합류하는 곳에 위치한다. 이 유적에서는 청동기시대부터 조선시대에 이르는 다양한 유구와 유물이 조사되었는데 생활유구로는 수혈주거지 · 수혈 · 구 · 우물 · 집수정 · 수레바퀴자국, 매장유구로는 석관묘 · 분구묘 · 옹관묘 · 토광묘 등이 확인되었다.

수혈주거지는 A구역의 중앙부를 중심으로 조사되었고, 제형분구묘보다 후대에 18기가 조성된 것으로 확인되었다. 또한 주거지는 모두 중첩양상이 확인되지 않았으며, 출토유물을 통해 볼 때 동시기성으로 추정된다. 이 주거지들의 평면형태는 방형으로 내부에 부뚜막이 시설되었으며 보조주공, 벽구 등이 확인되

〈 청동기~초기철기시대 유물 〉

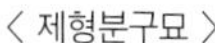

〈 제형분구묘 〉

〈 옹관묘와 출토유물 〉

〈 방형 · 원형분구묘 〉

〈 분구묘 출토유물 〉

〈 목조우물 〉

〈그림 2〉 광주 평동유적 청동기~삼국시대 유구 · 유물

었다. 한편, 주거지군의 남동쪽에 위치한 A-1호 목조우물은 해발 13m의 비교적 낮은 지대에서 조사되었다. 평면형태 'ㅍ'자형으로 판재와 각재를 혼용하여 축조하였으며 판재의 비율이 더 높은 것으로 확인되었다. 북쪽과 남쪽벽면 부재들의 양 끝단에 단면 'ㄱ'자 형태의 가공을 실시하고 동쪽과 서쪽벽면 부재들은 가공 없이 북쪽과 남쪽의 부재 사이에 끼워 넣음으로써 'ㅍ'자 형태의 우물이 축조되었던 것으로 보인다. 또한 A-1호 우물은 수종분석과 AMS 분석, 식생대 파악을 위한 종자분석 등이 이루어졌는데, AMS 측정 결과에 따르면 이 우물은 6세기 중엽에서 후엽 사이에 사용되었던 것으로 추정되고 있다.

분구묘는 모두 85기로 평면형태는 방형분과 제형분이 주류를 이루고 있다. 이 중 A구역에서는 제형분과 방형분, B구역에서는 제형분과 원형분이 주로 분포하고, A구역에서 B구역으로 갈수록 제형분에서 원형분으로 형태적인 변화가 보이는 것으로 파악된다. 분구묘에서는 호형토기가 352점으로 다른 기종에 비해 출토율이 높게 나타났다[4]. 호형토기 출토양상은 직치되거나 횡치되어 눌린 상태로 집중적으로 확인되었는데 이는 매장과정과 관련된 의례행위에서 '훼기(毁器)'라는 행위에 의해 매납된 것임을 추정케 한다[5].

이러한 평동유적은 청동기시대부터 시작하여 광주지역 마한의 제형분구묘·옹관묘, 수혈주거지군+원형분구묘+목조우물의 시기적 연속성이 확인되는 중요한 유적으로 여겨지고 있다.

2) 광주 선암동유적

광주 선암동유적은 어등산(해발 340m)의 남쪽에 위치하며, 산사면 말단부와 황룡강이 만나 형성된 선상퇴적지에 입지한다. 이 유적은 윗마을과 아랫마을이 얕은 하천을 사이에 두고 공존하는 경관으로 파악되었고, 윗마을은 삼국시대 주거지 221기 · 지상건물지 12기 · 수혈 19기 · 구 17기 · 고분 10기 · 말목열 2군, 아랫마을에는 삼국시대 주거지 89기 · 수혈 1기 · 고분 8기 · 삼국시대 이후 구 3기가 확인되었다. 세부적으로 살펴볼 때, 1기(형성기) 3세기 중반~4세기 중반, 2기(성장기) 4세기 후반~5세기 전반, 3기(번성기) 5세기 중반~6세기 전반으로 볼 수 있다.

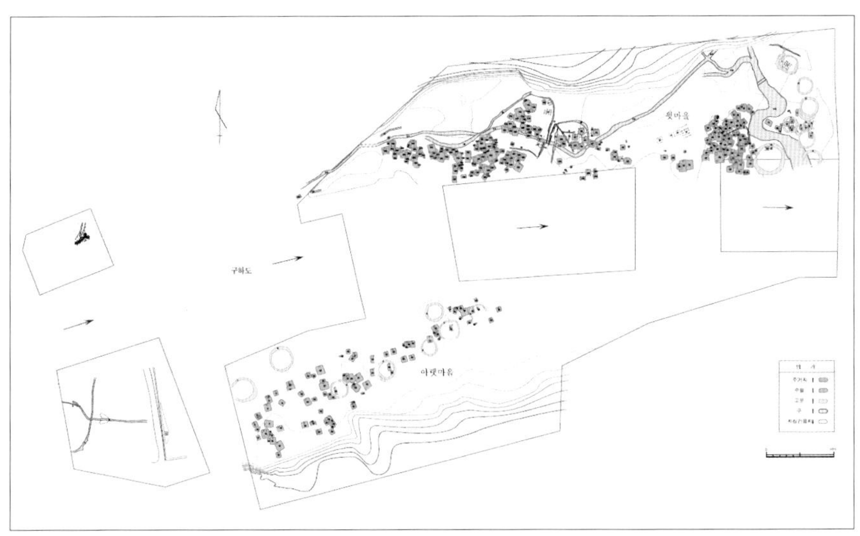

〈그림 3〉 선암동유적 유구분포도

〈그림 4〉 선암동유적 전경

〈 유리옥 거푸집과 출토 상태 〉

〈 원형분구묘와 출토유물 〉

〈 구 내부의 목주열 〉

〈 주거지와 출토유물 〉

〈그림 5〉 선암동유적 유구 · 유물

선암동유적의 유리구슬 관련 유물은 거푸집을 비롯한 송풍관, 슬래그, 유리구슬 등 다수 출토되었다. 그리고 완제품으로는 윗마을 141호주거지에서 마노둥근구슬이, 1-2호구에서 유리둥근구슬이 출토되었으며, 윗마을과 아랫마을 주변에서 벽옥제 대롱구슬과 유리둥근구슬이 수습되었다. 아랫마을 79호주거지에서는 동일재질로 제작된 굽은구슬 · 대롱구슬 · 둥근구슬 거푸집 세트와 더불어 평면형태 원형의 둥근구슬 거푸집이 출토되어 단일유구로는 최대 출토량을 보인다.

거푸집은 모두 부뚜막에서 출토되어 유리구슬 제작이 부뚜막에서 직접적으로 이루어졌음을 알 수 있고, 이와 관련된 것으로 보이는 호와 옹이 다량 출토되었다. 유리구슬 거푸집은 쌍을 이루지 않고 단품으로 제작되어 유리구슬을 생산하였던 것으로 추정되며 이는 쌍으로 이루어진 청동기 거푸집과는 다른 양상이라고 할 수 있다.

Winded 또는 Core기법(말은기법, 김주홍 2007)
Folded기법(접은기법, 박준영 2016)
Moulded기법(주조기법, 한신대학교박물관 2006)
Drawn기법(늘인기법, 박준영 2016)

〈그림 6〉 유리구슬의 제작기법

이처럼 동일한 재질로 제작된 굽은구슬 · 대롱구슬 · 둥근구슬의 거푸집 세트는 현재까지 출토된 예가 없어 중요한 의미를 가지고 있으며, 특히 대롱구슬 거푸집은 한반도에서는 최초로 확인된 것으로 유리대롱구슬의 제작방법을 연구하는데 중요한 정보를 제공하고 있다. 이러한 선암동유적에서는 주조기법 뿐만 아니라 늘인기법이나 감기기법이 모두 사용되어 유리구슬을 제작하였을 것으로 추정된다.

선암동유적은 어등산으로부터 이어지는 선상퇴적지형 조건으로 인해 지속적으로 용수가 유입되고 있어 이와 관련되어 보이는 다수의 구가 유적의 취락 공간을 둘러싸고 있다. 이중 1-2호구는 윗마을 동쪽구간을 남-북으로 가로질러 흐르고, 어등산의 동쪽에서 유입되는 용수를 방출하기 위한 수로가 'S'자로 곡류하며, 이는 구를 중심으로 서쪽에 주거지군이 형성되어 있는 점에서 수로의 물이 마을로 유입되는 것을 막기 위해 유속 조절의 기능을 하였을 것으로 추정되고 있다. 구에서는 수로 호안시설로 추정되는 목주열이 확인되는데, 출토된 유물의 양상으로 볼 때, 마을이 형성된 시점부터 고분 축조 이후까지 수로의 기능을 하였던 것으로 판단된다.

3) 광주 연산동유적

광주 연산동유적은 평동3차산업단지 조성에 따른 발굴조사를 통해 확인된 복합유적으로서 구릉 정상부에서 평지까지(해발 16~35m) 유적이 분포하고 있다. 조사결과 수혈주거지 456기 · 지상건물지 146기 · 주구부건물지 11기 · 수혈 144기 · 가마 8기 · 제철유구 3기 · 고분 24기 확인되었으며, 3세기~6세기 전반에 해당하는 삼국시대 취락이 형성되었다.

구릉에 위치한 수혈주거지는 대체적으로 4세기를 전후하여 축조된 반면, 5세기를 전후해서는 사면부 중위 및 말단부로 공간적 변화가 있었던 것으로 추정된

〈그림 7〉 연산동유적 전경(左:서→동, 右:동→서)

다. 최대 90기 정도가 동시기성을 가지며, 정상부의 공지를 중심으로 한 동심원 배치방식을 볼 때 일정한 계획 아래 취락이 형성된 것으로 여겨진다. 주구부건물지는 연기 대평리유적과 유사하게 공방의 성격으로 추정되기도 하지만, 광주 산정동유적처럼 또 다른 성격의 시설물로서 가능성 또한 배제하기는 어렵다. 한편, 출토된 유공광구소호의 형태로 보아 5세기 말을 전후하는 것으로 보이며, 수혈주거지에 비해 후축된 것으로 판단된다[6].

생산시설로서 토기가마와 제철유구로 추정되는 방형의 유구가 확인되었다. 토기가마는 지하식 또는 반지하식, 그리고 소성실의 경사도가 7~25°로 확인되

〈그림 8〉 연산동유적 수혈주거지와 출토유물

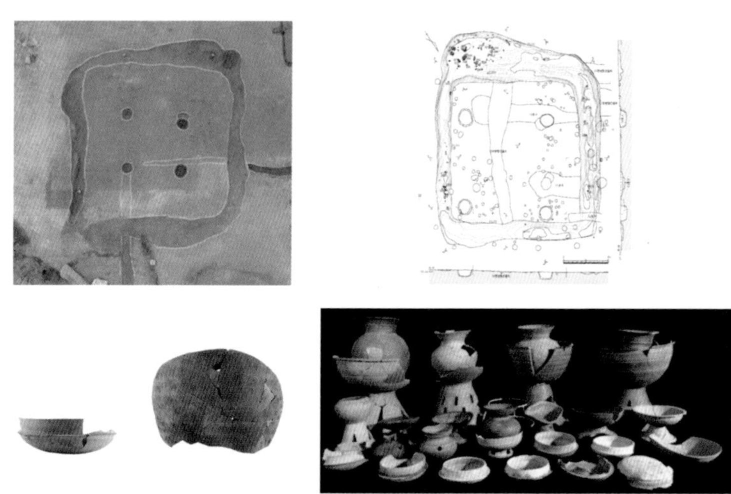

〈그림 9〉 연산동유적 주구부건물지(비교:광주 산정동유적 주구부건물지(右))

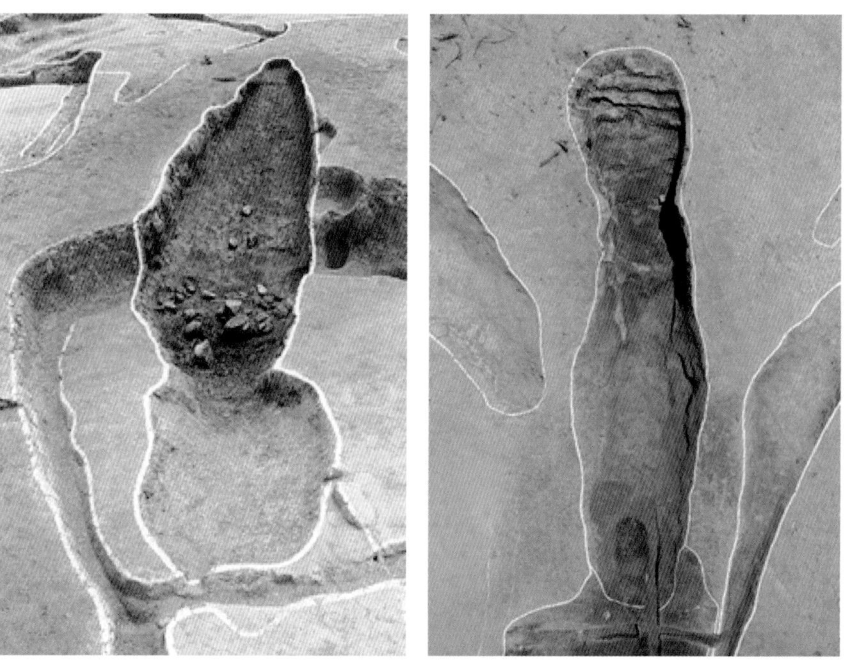

〈그림 10〉 연산동유적 토기가마

었으며, 내부에서 거치문의 옹을 비롯하여 격자타날 호형토기편, 직구소호, 도지미가 출토되었다. 그리고 폐기장은 일부 가마와 중복되어 가마의 시기적 차이를 보여주고 있다. 토기가마는 4세기를 전후하여 5세기 중엽~6세기 초까지 운영된 것으로 보인다. 한편, 폐기장이 확인되지만, 토기가마 주변에 공방으로 추정할 수 있는 유구가 확인되지 않아 전문적인 생산시스템이 확립되지 않은 것으로 판단된다. 다만, Ⅱ-2호 가마에서처럼 수직연소식 구조와 계단식 바닥시설은 5세기중엽 광주 행암동 유적을 필두로 도입된 신기술로서 고화도의 토기를 생산

〈그림 11〉 연산동유적 제철유구(비교:완주 운교유적 제철유구(下))

할수 있는 토기가마를 축조하였던 것으로 보인다[7].

제철유구는 모두 3기가 조사되었고, 1호 제철유구→2호 제철유구→3호 제철유구 순으로 선후관계가 확인되었다. 내부의 수혈에서 철가루 등이 확인되었다. 유구의 평면형태는 내부 수혈을 감싸는 외부구는 'ㄷ'자 또는 'ㅁ' 형태로 추정되고, 노벽이 주변에서 확인되었다. 이러한 형태의 제철유구가 잘 확인된 곳은 완주 운교유적을 들 수 있다. 한편, 주변의 주거지와 수혈 등에서 철도자 · 철부 · 철겸 · 철촉 등 15점의 철제유물이 출토되었다.

분구묘는 제형계 · 원형계 · 방형계 등 모두 조사되었다. 제형계 분구묘에서

〈그림 12〉 연산동유적 분구묘

는 호형토기 비율이 압도적으로 많고, 방형계 분구묘는 완형토기, 원형계 분구묘는 호형토기와 완형토기가 혼재되어 확인된다. 또한 원형계는 이른 시기의 연질 또는 연경질제, 방형계는 경질제만 출토되었다. 분구묘는 구릉 정상부를 중심으로 축조된 방형분구묘를 시작으로 하여 주변으로 제형과 원형분으로 확대되는 양상으로 보이며, 기존의 연구에 비추어 볼 때 그 시기는 3세기 중반에서 5세기 후반까지 폭넓게 형성된 것으로 판단된다[8].

개별 유구의 공간적 분포양상과 출토유물 및 절대연내 측정결과를 토대로 볼 때, 광주 연산동 산정유적은 4세기를 전후한 시점에 일정한 계획 아래 구릉 정상부 일원은 생활범위, 사면 말단부는 생산범위로 구분되어 조성되었다. 5세기 전엽을 전후한 시점에 이르러 수혈주거지의 밀집범위가 구릉정상부에서 사면부 중위 및 말단부로 이동하여 기존 생산유구가 있던 사면 말단부 일원까지 생활공간의 범위가 확대된 것으로 보인다. 이와 함께 4세기후엽을 전후한 시점에 이르러 본 유적의 구릉 정상부 중심으로 제형계 고분과 원형계 고분이 축조되며, 5세기 중엽을 전후하여 기존 생활공간인 구릉 정상부 일원 내 원형계 고분이 축조되는데, 이는 취락의 공간구성의 전환을 의미하는 것으로 추정된다. 이후 생활공간은 구릉에서 저지대로 이동한 반면, 분묘공간은 구릉 정상부를 중심으로 입지하는 것으로 추정된다. 6세기 전엽을 전후한 시점에 이르러 방형계 분구묘는 보다 저지대로 이동하고, 곡부를 중심으로 주구부건물지가 입지한다. 그리고 생활공간은 보다 동쪽의 저지대로 이동하여 취락 중심지가 변화한 것으로 추정된다.

3. 마을 형성과 발전과정

광주 평동유적은 대부분 분묘유적이 분포하고 있으며, 이중 제형분구묘 이후

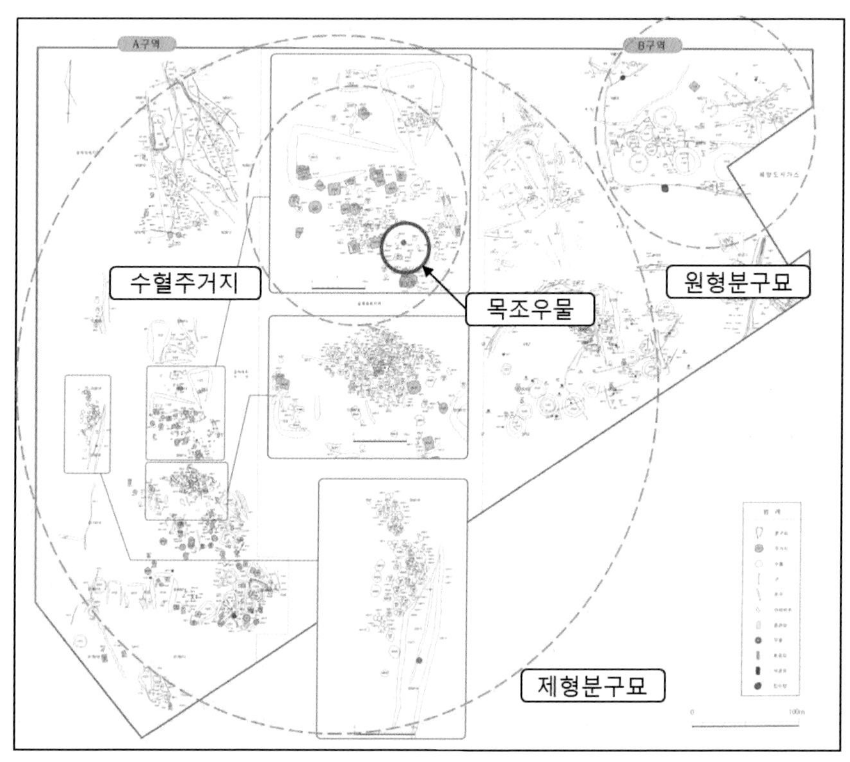

〈그림 13〉 평동유적 마을 형성과정

에 수혈주거지와 목조우물이 축조되는 양상이 확인된다. 한편, 이전 시기의 평동유적에서는 초기철기시대의 경질무문토기가 다량으로 출토되는 수혈이 다수를 점하고 있는 형태에서 제형분구묘가 조성되는 과정을 거치는 것으로 파악되고 있다. 즉, 평동유적은 청동기~초기철기시대 경질무문토기 단계에서는 생활유적으로 공간이 점유되었다가 3세기 이후 분묘공간으로 전환이 이루어지고, 5세기 중엽경에 일부분에 수혈주거지를 바탕으로 소단위 마을이 조성되어 목조우물이 운영되기까지 유지되었던 것으로 추정된다. 이와 함께 유적의 동쪽으로 원형분구묘가 축조되는 과정을 걷게 되었다고 볼 수 있다.

선암동유적은 크게 3기에 걸쳐 마을구조가 변화하는 양상으로 확인된다. 1기는 기원후 3세기 중반~ 4세기 중반으로 윗마을은 중앙공지를 중심으로 소규모 주거군이 자리하고, 이 중 중심 주거군은 중형 주거지를 포함하고 있다. 그리고 아랫마을은 3개 주거군으로 세분되고, 이중 중심 주거군은 중형 주거지를 포함하고 있다. 이 시기의 각 주거군의 규모와 밀도에 있어 현저한 차이는 확인되지 않는다.

2기는 기원후 4세기 전반~5세기 전반으로 윗마을은 중앙공지를 중심으로 소규모 주거지군이 조성되는데 각 주거군의 수가 증가하는 양상이 파악된다. 그리고 이 시기의 중심 주거군은 대형 · 중형주거지를 포함하고 있다. 아랫마을은 4개로 조성되었고, 이중에서 특정 주거군이 확대되는 양상이며, 중심 주거군은

〈그림 14〉 선암동유적 마을 형성과정

중형 주거지를 포함하고 있다. 그리고 각 주거군 차이가 심화되는 양상이 보이는데, 윗마을 중첩율 및 개별주거 수가 증가하고, 개별 주거의 규모뿐만 아니라 위세품(구슬, 철기) 발견 등에서 주변 주거군에 비해 우위를 보이는 양상이 파악된다.

3기는 기원후 5세기 중반~6세기 전반으로 윗마을은 일부 소규모 주거군이 축소 또는 소멸되는 것으로 파악된다. 또한 중앙공지에 창고군이 위치하고, 제의시설로 추정되는 단독 지상건물지도 확인되며, 동쪽 가장자리에 분묘군이 조성되었다. 이 시기의 중심 주거군은 대형 · 중형주거지를 포함하고 주거군 규모가 가장 크며, 주거 수에서 압도적인 우위를 보이는데 위세품(구슬, 철기)과 구슬 거푸집, 송풍관, 방직구, 어로구, 사냥구 등을 비롯하여 토기제작 관련 유물이 출토되는 것으로 보아 선암동유적에서 제품생산 관련 전업집단이 형성되는 것으로 판단된다. 아랫마을은 5개 주거군이 확인되고, 이 중 특정 주거군이 증가하는 양상이며, 주변에 분묘군이 위치하고 있다. 이 시기에는 11개 주거군으로 이루어져 있으며, 주변에 2개 분묘군과 2개 창고군(지상건물지, 수혈)을 비롯하여 제의시설(지상건물지), 보시설(목주열)이 확인된다. 또한 주거수 · 주거군은 축소되었으나 취락구조는 더욱 확대 및 정비되었으며, 주거군 간 차이 역시 증대되었다. 그리고 이러한 특징은 주거간의 중첩율이 낮아지거나, 5세기 후반부터 축조된 원형분구묘와의 공존양상으로 나타난다.

연산동유적은 크게 3기에 걸쳐 마을구조가 변화하는 양상으로 확인된다. 1기는 기원후 3세기~4세기 중반으로 수혈주거지가 구릉 정상부에 분포하고, 그 일대에 방형분구묘와 제형분구묘, 그리고 토기가마가 분포하는 모습이다. 2기는 기원후 4세기 후반~5세기 전반으로 주거공간이 구릉 하단부로 확장되며, 소규모의 주거군이 조성되고, 공동저장소인 지상건물지가 분포하게 된다. 이와 함께 제형분구묘가 지속되고 있다. 1기보다는 주거 수가 증가하고, 주거군내에서

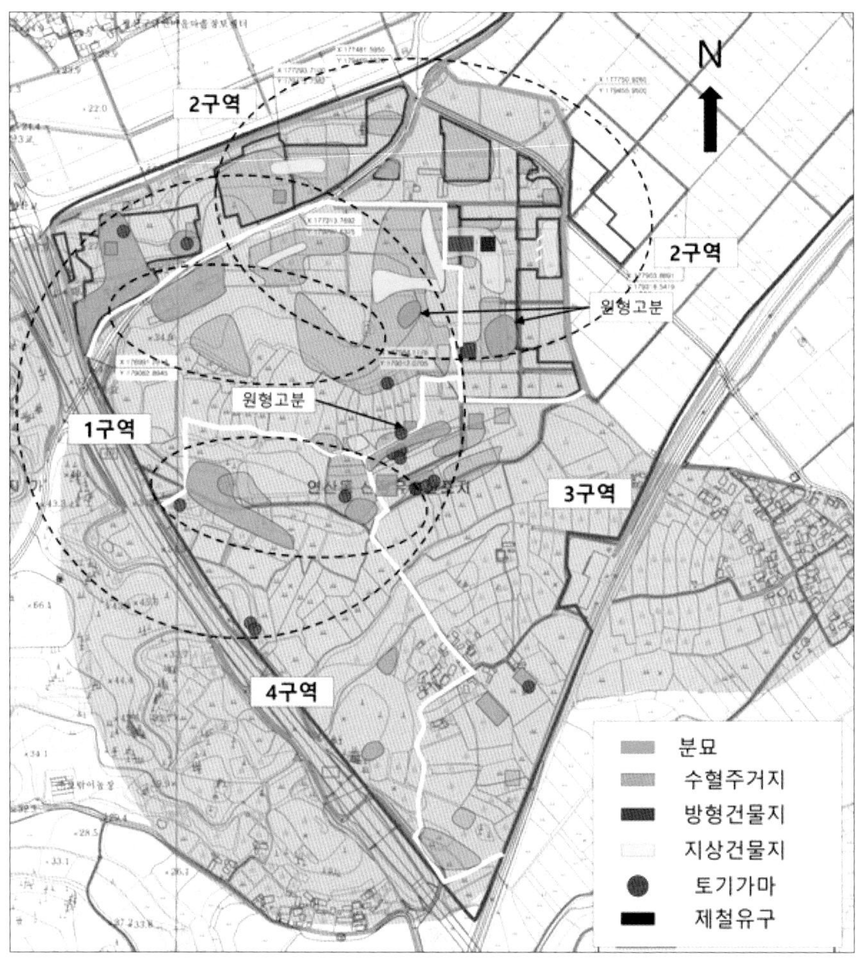

〈그림 15〉 연산동유적 마을 형성 과정

는 대형, 중형, 그 외 소형으로 어우러진 모습이 나타난다.

한편 이 시기부터 대 · 소 구획구가 확인되는데 Ⅱ구역의 1-3지점 북쪽 곡간부를 따라 15호와 직교한 6호, 남쪽 곡간부 가장자리 유적 경계 지점에 117호 · 118호 구와 직교한 87호와 평행한 102호, 2지점 사면부에서 평탄부로 이어지는 변곡점에 67 · 68호 구가 조성되었으며, 이러한 구획구에 의해 구분된 공간에 군집별로 분포하는 취락의 특징이 보인다. 한편, 주거군은 중심부 2개소와 주변부 9개소로 구분되고, 주거군 간 차이도 심화되어지는 것을 확인할 수 있다.

중심부 주거군에서 위세품인 철촉이 출토된 중형 사주식 67호주거지와 공존하고, 주거지 7동이 환상배치 되어 있으며, 공지에 공동 저장 시설물로 추정되는 지상건물지 1동 확인된다. 주변부 주거군은 2~5동으로 구성되어 있다. 3기는 기원후 5세기 중반~6세기 전반으로 대 · 소구획구에 의한 공간구획 설정되고, 주거군 중심지가 구릉 하단과 평지로 이동된다. 이와 함께 다수의 지상건물

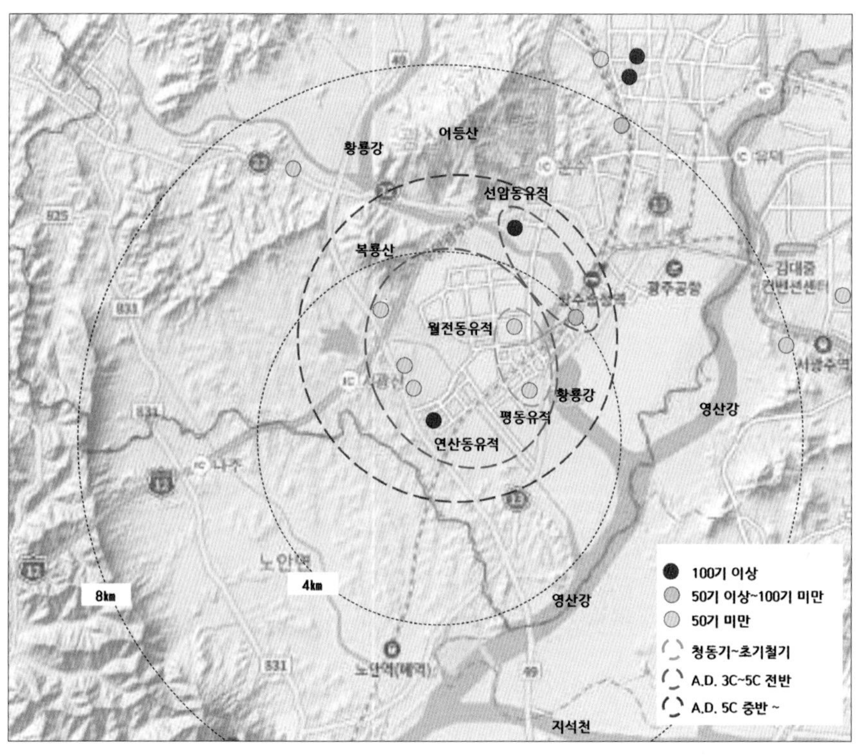

〈그림 16〉 광주 평동지구 마을 발전과정

지군이 조성되며, 철기와 외래토기가 확인되고 있다. 또한 원형분구묘가 조성되고, 주구부건물지가 별도로 조성되며, 철기를 생산했던 것으로 추정되는 유구가 확인된다. 즉, 내부공간구획을 설정하여 주거, 분묘, 저장, 생산 공간이 마련되는 마을구조 변화가 이루어졌다고 볼 수 있다.

이러한 평동지구 마을은 영산강으로 합류하는 황룡강변에 평동유적과 복룡동유적에서 초기철기시대 다수의 경질무문토기를 비롯하여 화천이 확인되었다. 이후 삼국시대 마을이 구릉과 산사면을 중심으로 조성되었고, 주거공간과 별도로 제형분구묘가 인근에 축조되었다. 마을의 주거공간은 점차 대형화되고, 주거군이 형성되며, 저장공간(지상건물지)과 생산시설(토기가마, 제철유구, 구슬 공방) 등의 특수공간이 시설되었다. 주거공간이 구릉 하단과 평지로 확대되면서, 구를 통한 공간구획이 이루어졌다. 마을 내에 가마를 비롯한 자체 생산시스템이 이루어지지만, 대외적인 교류가 형성되는 전업생산시스템은 형성되지 못하였다. 이러한 마을 변화과정은 광주 신창동유적을 시작으로 하남동, 산정동유적과 비슷한 양상으로 판단된다.

4. 주변지역과의 관계

광주 평동지구 마을은 지리적으로 영산강, 황룡강을 중심으로 남쪽으로 지석천까지 고대에도 일반생활권에 포함되었을 것으로 보인다. 이곳에서 확인되는 유적들의 양상으로 볼 때, 주변지역과의 관계는 광주 복룡동유적[9)]의 토광묘에서 출토된 화천(貨泉)과 구슬을 통해 초기철기시대부터 직접적인 자료를 찾아볼 수 있을 것이다. 중국 신나라(新, 8~23년) 화폐인 화천을 통해 영산강을 통한 대외 교류가 이루어졌던 것으로 볼 수 있으며, 당시 이 지역의 중요성을 반증하

〈그림 17〉 광주 복룡동유적

는 자료라 할 수 있다. 또한 이 시기에 평동지구는 평동유적의 경질무문토기를 중심으로 확인된 다수의 수혈 등의 생활유적을 통해 당시의 비교적 큰 마을이 존재하였던 것을 엿볼 수 있다.

이후, 평동 · 선암동유적과 연산동유적의 수혈주거지와 방형 · 제형분구묘를 중심으로 하는 마을이 형성되는데, 평동유적을 제외하고 모두 구릉 정상부 및 사면을 중심으로 수혈주거지를 주거공간으로 하는 마을이 형성되는 양상을 보인다. 이와 함께 토기가마를 통한 자체적인 토기생산이 시작되고, 이는 각 유적별로 소규모에 해당하는 것으로 보인다.

한편, 4세기를 전후하여 마을은 개별 유적 내에서 더욱 확대되는데 이는 주거지 수와 주거지 규모를 통해 확인된다. 또한 연산동유적에서 확인되는바 토기가마의 수가 증가하는 것은 그만큼 토기제작의 수요가 증가하였다는 점을 말해 준다. 그리고 평동지구 서쪽에 해당하는 낮은 구릉상에 분포하는 광주 산정·기용유적과 나주 장등유적 등 다수의 제형분구묘가 조영된 분묘유적들[10]은 당시 이 일대의 마을 범위를 짐작케 한다.

4세기 후반의 평동지구 마을은 개별적으로 공간이 구릉 하단부로 확대 및 이동이 이루어지고, 잉여생산을 통한 공동저장소로 추정되는 지상건물지군이 별도의 공간에 조성되는 양상이 보인다. 또한 연산동유적처럼 소구획구를 통한

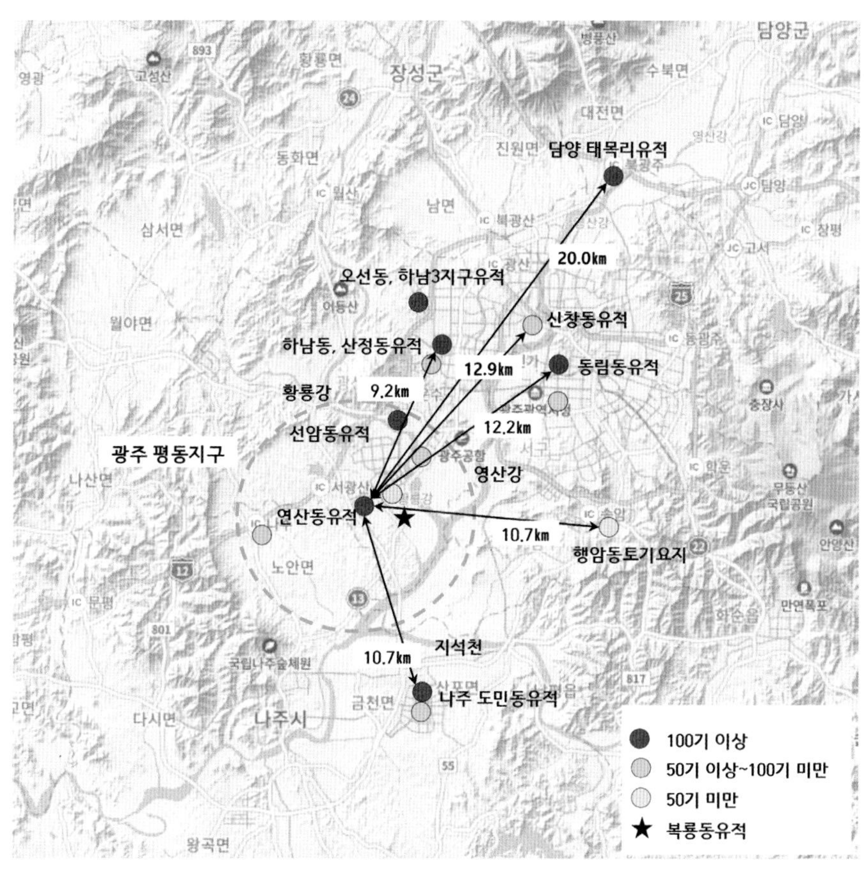

〈그림 18〉 광주 평동지구 마을과 주변지역과의 관계

마을 내 공간분할을 통한 공간적 성격(주거, 생산, 제의 등)이 규정되어지는 것으로 추정되고, 주변 마을과의 차별화가 이루어지지 않았을 것으로 판단된다.

5세기 대에는 연산동유적의 토기가마와 제철유구를 통해 고화도 조업기술의 가능성이 확인되었고, 이와 함께 선암동유적에서는 유리구슬 거푸집이 다양하게 출토됨에 따라 각 마을별 주된 생산물을 통해 주변 지역과의 차별화를 파악할 수 있다. 다만 연산동유적에서 고화도 조업이 가능한 구조의 토기가마는 2기에 불과하여 일상생활의 자체수요는 해결할 수 있겠지만, 대량의 의례행위와 대외적인 수요를 충족할 수 있는 대량생산 시스템은 아님을 알 수 있다[11]. 특히, 평동유적 분구묘의 주구에서 확인된 토기 훼기라는 의례행위를 위한 토기의 대량 공급이 이루어질 수 있어야 하는데 현재까지 파악되는 평동지구 마을의 토기 생산시스템으로는 무리일 것으로 추정되며, 이는 지석천 지류에 위치한 광주 행암동 토기요지에서 공급되었을 가능성이 매우 높을 것으로 보인다.

또한 유리구슬 거푸집이 확인된 선암동유적에서는 2차 생산으로 유리구슬을 만들었을 것으로 보고 있으며, 출토된 완형 구슬은 거푸집의 크기와 제작기법으로 보아 또 다른 구슬을 만들기 위한 재료의 가능성으로 추정되고 있다[12]. 이는 유리구슬 제작을 위한 원재료(또는 완형 구슬)는 자체 생산보다는 교역을 통해 획득되었을 것으로 보인다.

5세기 중엽 이후 6세기 대에는 연산동의 주구부건물지와 대구획구를 통한 공간분할이 이루어진 연산동유적을 중심으로 원형분구묘의 축조가 평동지구 전체에 이루어지는데, 이전 시기에 개별 유적 내 소규모 주거지군에서 이루어졌던 차별화를 넘어서는 양상이 확인된다. 이는 평동지구가 인접한 하남동, 동림동, 신창동과는 별도의 생활권역을 형성하였다고 볼 수 있으며, 이러한 계기는 선암동유적에서 확인되는 유리구슬 제작을 위한 재료와 그 생산품의 수요공급 대외교류를 통한 도시화 과정에 가능성이 있을 것으로 보인다[13]. 또한 이러한 유리구슬의 대외교류는 평동지구의 부족한 토기생산량을 외부에서 충당할 수 있는 화폐적 가치로서 교환이 이루어졌을 것으로 보인다.

5. 맺음말

광주 평동지구 마을은 영산강 · 황룡강을 중심으로 인근에 지석천을 두고 형성되어진 하나의 고대 마을 생활권역이라고 할 수 있다. 현재 광주의 남서쪽의 나주와 경계를 접하고 있지만, 과거 백제 복룡현으로 추정되는 곳이기도 한다. 그리고 강을 통해 광주 동림동 · 행암동, 담양 태목리, 나주 반남 · 복암리 일대, 장성, 화순 등을 연결할 수 있는 지리적 요충지에 해당한다. 이에 광주 평동지구 마을은 비록 토기가마와 제철유구 등을 통한 생산물을 공급할 수 있는 정도는 아니지만, 대외교역의 화폐적 가치 수단으로서 고가의 유리구슬과 이들을 유통할 수 있는 황룡강 · 영산강 수로를 최대한 활용한 마을구조와 시스템을 갖추었을 것으로 추정해 볼 수 있겠다.

이 글은 2022년 광주광역시가 주최하고 마한연구원이 주관한 학술회의(『광주지역 고대도시 Ⅰ(마한 · 백제)』)에서 발표한 필자의 발표문(「광주 평동지구 마을과 주변지역과의 관계」)을 보완한 것임.

【 주석 】

1) 전남대학교박물관, 1996,『光州 月田洞 遺蹟』.

2) 변주승, 2009,『여지도서 44 - 전라도 Ⅰ』, 전주대학교.
"선암도(仙巖渡) · 병화로진(倂火老津) 이상 두 곳은 관아의 서쪽 30리에 있다."

3)『高麗史』
伏龍縣本百濟伏龍縣【一云盃龍】, 新羅景德王, 改名龍山, 爲武州領縣. 高麗, 復古名, 來屬
"복룡현(伏龍縣)은 본래 백제(百濟)의 복룡현(伏龍縣)【배룡(盃龍)이라고도 한다.】으로, 신라(新羅) 경덕왕(景德王) 때 이름을 용산(龍山)으로 고치고, 무주(武州)의 영현(領縣)이 되었다. 고려(高麗)에 와서 옛 이름으로 복구하고, 〈나주목에〉 내속(來屬)하였다."

4) 광주 평동유적 분구묘에서 출토된 유물은 토기류 1,418점, 석기류 24점, 토제품 14점, 철기류 2점 등이다. 이 중 호형토기는 약 1/4 정도의 비율을 차지한다.

5) 노미선 · 강병선, 2012,「영산강유역 호형토기의 조업과 훼기연구-광주 평동유적 분구묘 출토품을 중심으로」,『야외고고학』제14호.

6) 원해선, 2015,「유공광구호의 등장과 발전과정」,『한국고고학보』94, 한국고고학회.

7) 이지영, 2021,『영산강유역 삼국시대 토기의 생산과 유통 연구』, 목포대학교대학원 박사학위논문; 이지영, 2023,「호남지역 마한 · 백제 토기가마의 특징과 신기술 도입 양상」,『백제학보』46권, 백제학회.

8) 오동선, 2015,「전남지역 마한분구묘의 구조와 출토유물」,『마한 분구묘 비교검토』, 학연문화사.

9) (재)동북아지석묘연구소, 2018,『광주 월전동 하선 · 복룡동 · 하산동유적』.

10) (재)호남문화재연구원, 2007,『나주 장등유적』; (재)호남문화재연구원, 2009,『광주 산정 · 기용유적』.

11) (재)호남문화재연구원, 2007,『나주 장등유적』; 2009,『광주 산정 · 기용유적』.

12) 이지영, 2021,『영산강유역 삼국시대 토기의 생산과 유통 연구』, 목포대학교대학원 박사학위논문.

13) 구슬은 三國志魏志東夷傳 韓傳의 "구슬을 재보로 삼아 옷에 매달아 장식을 하거나 목이나 귀에 매달지만, 금은과 비단 · 자수는 보배로 여기지 않는다(以纓珠爲財寶 或以綴衣爲飾 或以懸頸垂耳 不以金銀繡爲珍)" 내용처럼 마한의 대표적인 고분 부장품으로서 원삼국 초기부터 위신재로 사용된 것으로 여겨진다, 특히, 이러한 고가의 구슬은 마한 엘리트 간 네트워크를 상징하는 위신재로 쓰이면서 교역 · 교환의 통제 및 해상교역 관련 경제활동이 마한의 권력 창출의 주요 수단으로 자리매김한 것으로 보고 있다(『三國志』); 허진아, 2018,「마한 원거리 위세품 교역과 사회정치적 의미-석제 카넬리안 구슬을 중심으로」,『호서고고학』41; 허진아 2019,「초기철기-원삼국시대 구슬 해상교역과 환황해권 정치 경관의 변화」,『한국상고사학보』106; 허진아, 2022,「정치경제적 관점에서 본 5-6세기 영산강 고분사회의 구슬 교역 · 유통 · 소비」,『한국고고학보』123권 2호.

【그림 출전】

〈그림 2〉 (재)호남문화재연구원, 2012, 『광주 평동유적 Ⅰ~Ⅲ』.
〈그림 3〉 (재)호남문화재연구원, 2012, 『광주 선암동유적 Ⅰ~Ⅲ』.
〈그림 4〉 (재)호남문화재연구원, 2012, 『광주 선암동유적 Ⅰ~Ⅲ』.
〈그림 5〉 (재)호남문화재연구원, 2012, 『광주 선암동유적 Ⅰ~Ⅲ』.
〈그림 6〉 한신대학교박물관, 2006, 『풍납토성Ⅶ』
김주홍, 2007, 「고대 유리옥 제작기술연구」, 목포대학교대학원 석사학위논문.
박준영, 2016, 「한국 고대 유리구슬의 특징과 전개양상」, 『중앙고고연구』19호.
〈그림 7〉 (재)대한문화재연구원, 2020, 『광주 연산동유적 Ⅰ』.
〈그림 8〉 (재)영해문화유산연구원, 2020, 『광주 연산동 산정유적(Ⅰ구역)』.
〈그림 9〉 (재)대한문화재연구원, 2020, 『광주 연산동유적 Ⅱ』.
(재)호남문화재연구원, 2008, 『광주 산정동유적』.
〈그림 10〉 (재)대한문화재연구원, 2020, 『광주 연산동유적 Ⅰ』.
〈그림 11〉 (재)대한문화재연구원, 2020, 『광주 연산동유적 Ⅱ』.
(재)호남문화재연구원, 2013, 『완주 운교유적』.
〈그림 12〉 (재)영해문화유산연구원, 2020, 『광주 연산동 산정유적(Ⅰ구역)』.
(재)대한문화재연구원, 2020, 『광주 연산동유적 Ⅰ · Ⅱ』.
〈그림 17〉 (재)동북아지석묘연구소, 2018, 『광주 월전동 하선 · 복룡동 · 하산동유적』.

【인용 · 참고문헌】

〈단행본〉
『三國志』.
『高麗史』
변주승, 2009, 『여지도서 44 - 전라도 Ⅰ』, 전주대학교.
(재)대한문화재연구원, 2020, 『광주 연산동유적 Ⅰ · Ⅱ』.
(재)동북아지석묘연구소, 2018, 『광주 월전동 하선 · 복룡동 · 하산동유적』.
(재)영해문화유산연구원, 2020, 『광주 연산동 산정유적(Ⅰ구역)』.

(재)호남문화재연구원, 2007,『나주 장등유적』

(재)호남문화재연구원, 2008,『광주 산정동유적』.

(재)호남문화재연구원, 2009,『광주 산정 · 기용유적』.

(재)호남문화재연구원, 2012,『광주 평동유적 I ~III』.

(재)호남문화재연구원, 2012,『광주 선암동유적 I ~III』.

(재)호남문화재연구원, 2013,『완주 운교유적』.

전남대학교박물관, 1996,『光州 月田洞 遺蹟』.

한신대학교박물관, 2006,『풍납토성VII』

〈논문〉

김주홍, 2007,「고대 유리옥 제작기술연구」, 목포대학교대학원 석사학위논문.

노미선 · 강병선, 2012,「영산강유역 호형토기의 조업과 훼기연구-광주 평동유적 분구묘 출토품을 중심으로」,『야외고고학』제14호.

박준영, 2016,「한국 고대 유리구슬의 특징과 전개양상」,『중앙고고연구』19호.

박준영, 2021,「마한-백제 권역 출토 유리구슬의 생산과 유통」,『아시아의 옥 문화』, 국제학술심포지움 발표자료, 국립나주박물관 · 전라남도.

원해선, 2015,「유공광구호의 등장과 발전과정」,『한국고고학보』94, 한국고고학회.

오동선, 2015,「전남지역 마한분구묘의 구조와 출토유물」,『마한 분구묘 비교검토』, 학연문화사.

이지영, 2021,『영산강유역 삼국시대 토기의 생산과 유통 연구』, 목포대학교대학원 박사학위논문.

이지영, 2023,「호남지역 마한 · 백제 토기가마의 특징과 신기술 도입 양상」,『백제학보』46권, 백제학회.

허진아, 2018,「마한 원거리 위세품 교역과 사회정치적 의미-석제 카넬리안 구슬을 중심으로」,『호서고고학』41.

허진아, 2019,「초기철기-원삼국시대 구슬 해상교역과 환황해권 정치 경관의 변화」,『한국상고사학보』106.

허진아, 2022,「정치경제적 관점에서 본 5-6세기 영산강 고분사회의 구슬 교역 · 유통 · 소비」,『한국고고학보』123권 2호.

광주 동림지구 마을

임동중 국립아시아문화전당

1. 머리말
2. 광주 동림지구 마을 검토
3. 광주 동림지구 마을의 형성과 발전과정
4. 주변 지역과의 관계
5. 맺음말

1. 머리말

광주지역은 마한 · 백제 사람들이 살았던 취락유적이 다른 지역에 비해 많이 확인된 곳이다. 현재까지 40곳 이상의 유적에서 2,000개가 넘는 주거지가 발굴되었다. 특히 최근에는 광주 동림동, 선암동, 쌍촌동, 하남동, 산정동, 오선동 등 일대에 큰 마을들이 있었음이 확인되었다. 또한 이 지역은 '사주식(四柱式) 주거'라고 불리는 중심 기둥을 네 개 세운 형태가 다른 지역에 비해 많이 발견되는 곳이라는 특징이 있다.

고대 광주지역에는 하남지구, 평동지구, 동림지구, 신창지구 등을 중심으로 마을이 형성되었던 것으로 보인다. 이 중 광주 동림지구 마을은 영산강에서 동쪽으로 흐르는 광주천 주변 동림동, 동천동, 쌍촌동 일대에 자리 잡고 있었다.

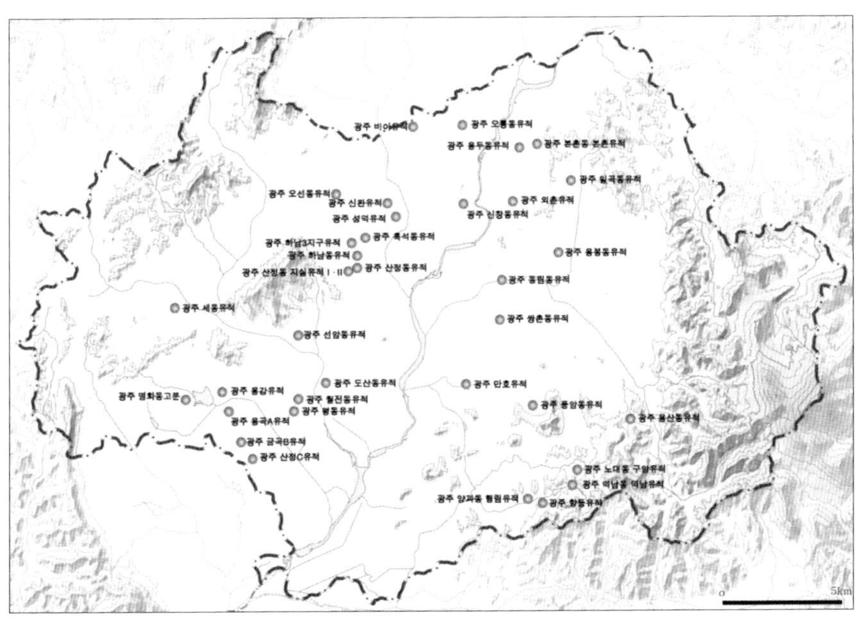

〈그림 1〉 광주지역 주요 취락유적 분포

2. 광주 동림지구 마을 검토

광주 동림지구 마을의 주요 유적으로는 광주 동림동유적, 쌍촌동유적이 있다. 광주 동림동유적은 광주천 주변의 해발 20m 정도 되는 충적 대지 위에, 쌍촌동유적은 해발 60m 정도 되는 언덕의 남쪽 경사면에 자리하고 있다. 이 두 유적은 광주천을 사이에 두고 대략 1.5킬로미터 떨어져 있다.

광주 동림동유적에서는 주거지 99기와 지상건물지 65기, 나무 구조물, 우물 2기 등 다양한 유구들이 확인되었다. 주거지의 평면형태는 대부분 방형이며, 주거지 안에서는 노시설, 벽구, 장타원형수혈(긴 타원형의 구덩이) 등의 시설들이 확인되었다. 또한 발형토기, 호형토기, 장란형토기 등 다양한 종류의 토기들이 출토되었다.

〈그림 2〉 광주 동림동유적의 위치

〈그림 3〉 광주 동림동유적 전경1

〈그림 4〉 광주 동림동유적 전경2

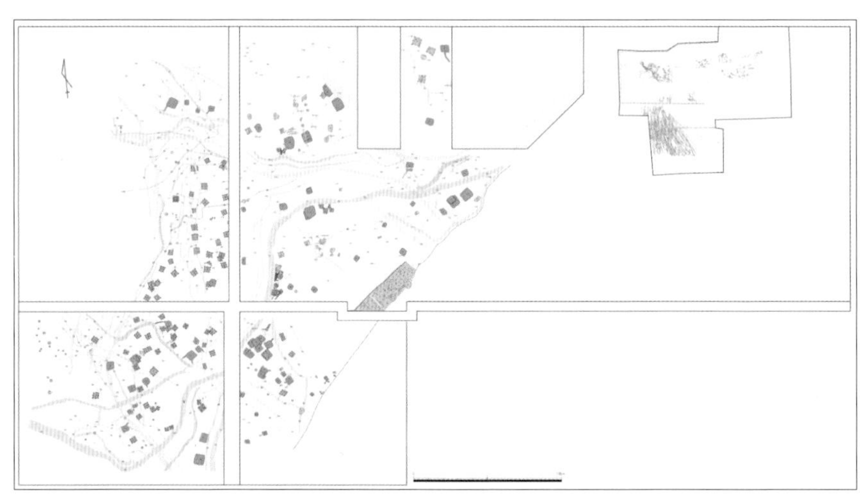

〈그림 5〉 광주 동림동유적 유구 분포

유적 북동쪽 구역에서는 10m가 넘는 길이의 나무 구조물 3개가 연결된 형태의 구조물이 확인되었다. 이 유구에서는 연질타날문토기편, 개, 배, 적층목편 등이 출토되었다. 이들 유구와 유물로 미루어 보아, 이 유적에는 3세기에서 6세기 전반에 걸쳐 사람들이 거주하였던 것으로 보인다.

광주 쌍촌동유적에서는 주거지 79기, 고분 3기가 확인되었다. 주거지 대부분은 산의 남쪽 사면, 해발 45~55m와 40~50m 사이에서 확인되었다. 평면형태는 모두 방형이며, 주거지 안에서는 노시설, 벽구, 장타원형수혈 등 다양한 내부 시설들이 확인되었다. 또한 발형토기, 장란형토기, 단경호, 이중구연토기, 주거토기 등 다양한 종류의 토기들도 출토되었다. 이들 유구와 유물로 미루어 보아, 이 유적에는 3세기부터 4세기 사이에 사람들이 거주하였던 것으로 보인다.

〈그림 6〉 광주 쌍촌동유적 전경1

〈그림 7〉 광주 쌍촌동유적 전경2

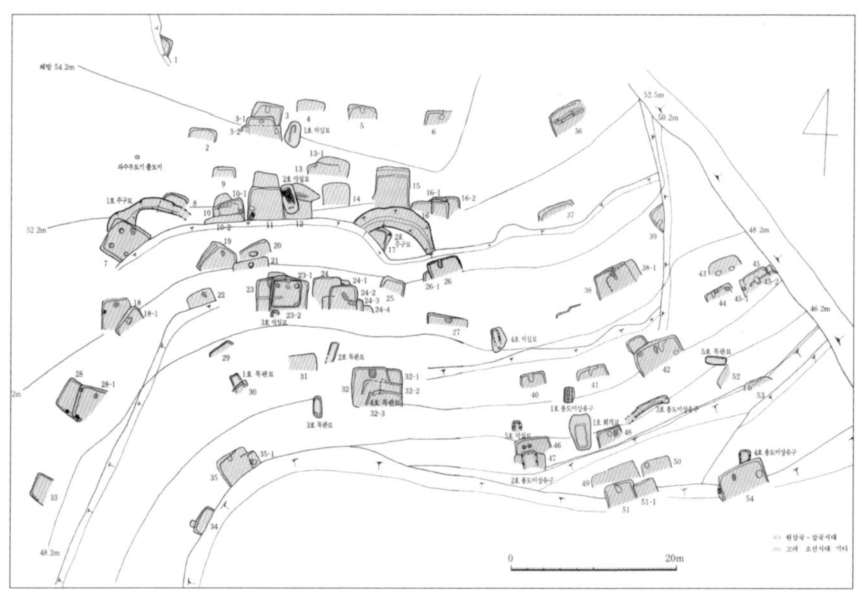

〈그림 8〉 광주 쌍촌동유적 유구 분포

1) 유구

① 주거지

광주 동림동유적에서는 유적 전반에서 주거지가 확인되며, 주로 남서쪽과 북동쪽에 집중적으로 분포하고 있다. 광주 쌍촌동유적에서는 구릉의 남쪽에서 서쪽 해발 45~55m, 동쪽에서는 40~50m 정도에 집중적으로 분포하고 있다.

평면형태는 집 내부 구조와 지붕 형식을 이해하는 데 중요한 역할을 하며, 동시에 거주하는 사람의 생활 방식에 큰 영향을 미친다. 평면형태는 크게 방형계와 원형계로 나눌 수 있는데, 광주 서부지역에서 확인된 주거지는 일부 원형계를 제외하면 대부분은 방형계이다. 광주 동림지구 마을에서 확인된 주거지 역시 대부분 방형계에 속한다.

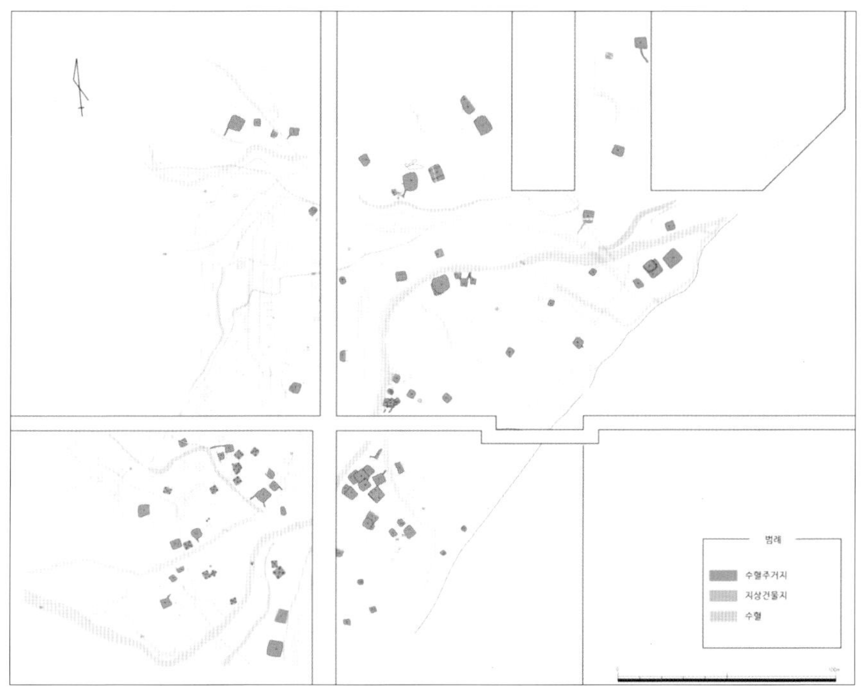

〈그림 9〉 광주 동림동유적 주거지 분포

건물을 지탱하는 기둥은 구조물의 중요한 요소 중 하나이다. 기둥은 바닥에서부터 지붕과 같은 상부의 무게를 받아들여 건물을 지탱한다. 이렇게 배치된 기둥을 통해 건물의 형태, 내부 공간 활용, 견고함을 알 수 있다. 기둥은 건물의 상부 구조물을 지지하는 역할을 하는 중심 기둥과 중심 기둥을 보조하거나 벽체를 만들기 위해 설치되는 보조 기둥으로 나눌 수 있다. 이러한 기둥의 흔적은 '주공(柱孔)'을 통해 알 수 있다. 주거지의 크기나 중심 주공의 위치에 따라 약간의 차이가 있을 수 있지만, 당시 지붕의 형태는 대부분 맞배지붕 혹은 모임지붕으로 예상된다. 이러한 건물 구조는 중심 기둥을 세운 뒤에 보(건물 앞뒤를 연결하고, 지붕의 무게를 기둥으로 전달하는 구조)와 도리(건물의 좌우 기둥을 연결하여 서

〈그림 10〉 주거지 복원도

까래를 받는 역할)를 올리고, 그 위에 서까래와 지붕재를 얹는 형태이다.

특히 이 지역에서는 중심 기둥이 네 개인 사주식주거가 많이 발견된다. 이러한 주거는 주로 천안 이남 지역에 분포하며, 마한계 주거[1])로 알려져 있다. 광주 동림지구 마을에서는 50기의 사주식주거가 확인되었는데, 동림동유적은 48기, 쌍촌동유적은 2기로 유적에 따라 큰 차이를 보인다.

벽구는 주거지 내부에서 확인되는 도랑 중 주거지의 벽을 따라 돌아가는 시설을 말한다. 물을 모으는 집수[2]), 집안 내부의 물을 빼거나 외부에서 집안으로 흘러들어오는 물을 외부로 빼는 배수[3]), 집의 벽체를 만들기 위해 기초부를 묻었던 홈[4])으로 사용되었다. 또한 주거지 내부에서 물을 배수하기 위한 시설로서 주거지 외부에 배수구가 연결된 경우도 있다. 배수구는 대부분 주거지의 낮은 부분에 설치되고, 주거의 입지와 지형과 관련이 깊은 것으로 보인다.

광주 동림동유적에서는 총 57기의 주거지에서 벽구가 확인되었으며, 20기의 주거지에서 외부로 연결된 배수구가 확인되었다. 광주 쌍촌동유적에서는 63기의 주거지에서 벽구가 확인되었지만, 유구의 하단부가 대부분 삭평되어 외부 배수구의 유무를 확인할 수 없었다.

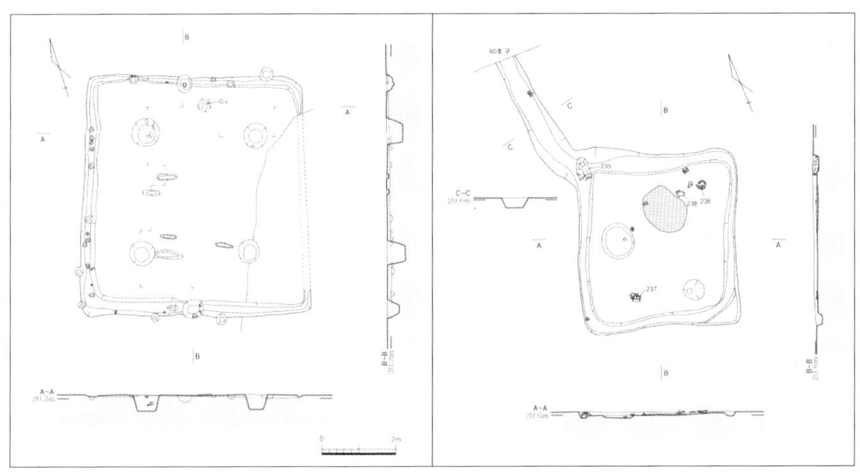

〈그림 11〉 광주 동림동유적 22호(左) · 43호(右) 주거지 평 · 단면도

장타원형수혈은 주거지 내에 아주 긴 타원형으로 확인되는 시설이다. 이러한 구조물은 주거지의 평면형태, 규모, 기둥 배치와는 관계없이 발견되며[5], 수혈의 수는 일반적으로 주거지가 클수록 많이 확인되는 경향이 있다. 장타원형수혈은 벽구와 관련하여 배수, 외부에서 유입되는 물을 모으는 집수, 주거지 내부 공간을 분할하기 위한 칸막이 등의 기능을 했을 것으로 보인다[6]. 또한 복층 주택에서 사용되는 사다리를 지지해 주거나 출입을 위한 시설로 활용하였을 가능성도 있다[7].

광주 동림동유적에서는 20기의 주거지에서 장타원형수혈이 확인되었으며, 주로 주거지 중앙에서 1개 혹은 2개가 횡방향으로 확인되었다. 7개 이상의 많은 수의 장타원형수혈이 확인된 경우도 있다. 광주 쌍촌동유적에서는 4개의 주거지에서 확인되었다.

면적은 실제 생활공간의 크기와 매우 밀접한 관련이 있다. 이는 실제로 거주한 사람들의 수를 추정하는 데 도움이 되는 수치로 사용될 수 있다. 또한 면적의 차이는 거주자들 간의 차이를 나타내며, 특히 대형 주거지는 건축에 투입된 노

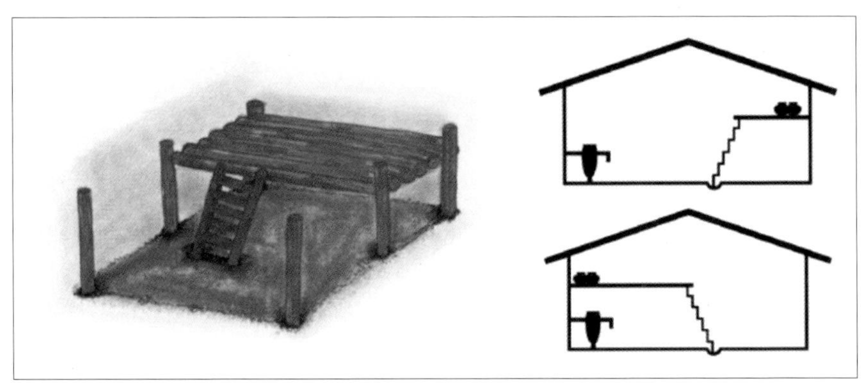

〈그림 12〉 장타원형수혈의 기능 추정도

동력과 재력의 차이를 보여줄 수 있어서 상대적인 사회적 위계를 나타낼 수 있다. 대형 주거지는 대개 취락 내의 정치적 혹은 종교적 특수 공간으로 인식되고 있다. 동림지구 마을에서는 대형 주거지로 볼 수 있는 주거지가 동림동유적에서 1기(39호) 확인되었다.

〈그림 13〉 광주 동림동유적 39호 주거지 전경

② 지상건물지

광주 동림동유적에서는 총 65개의 지상건물지가 확인되었다. 이 건물들은 주로 유적의 북서쪽에 집중되어 있어, 주거지의 분포와는 차이를 보인다.

지상건물지는 2칸×2칸, 2칸×3칸, 건물지군 형태로 나뉜다. 2칸×2칸의 지상건물지는 주로 창고의 기능을 했던 것으로 추정할 수 있으며, 2칸×3칸의 지상건물지는 2칸×2칸과 비교해 규모 면에서 차이가 있어 다른 용도로 사용했을 것으로 보인다.

건물지군[8]은 유적 중심부에서 확인되었는데 4개의 건물이 연달아 있는 형태이다. 이 건물지군은 중앙에 대형 건물지 하나(6칸×4칸, 약 15m×9m), 그 양편에 중형 건물지 두 개(3칸×4칸, 약 8m×7.2m), 그리고 가장 바깥쪽에 소형 건물

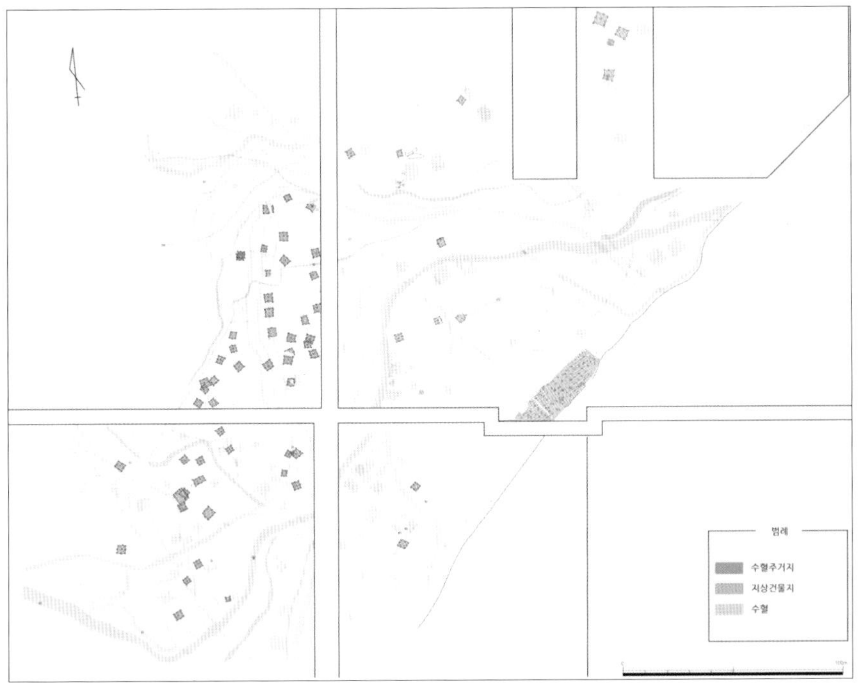

〈그림 14〉 광주 동림동유적 지상건물지 분포

지 하나(2칸×3칸, 약 5.5m×4m)로 구성되어 있다. 건물지군 주변을 구상유구 1기가 둘러싸고 있어 다른 공간과 구분된다. 주로 주공만 확인되었고, 출토된 유물도 많지 않아 정확한 성격을 파악하기는 어렵지만, 단순한 창고나 평범한 건물이 아닌, 제의적인 목적이나 집회 장소로 사용되었을 가능성이 높을 것으로 보인다. 또한 이곳을 취락 내 최고 권력자가 관리하고 사용했을 가능성도 있다[9].

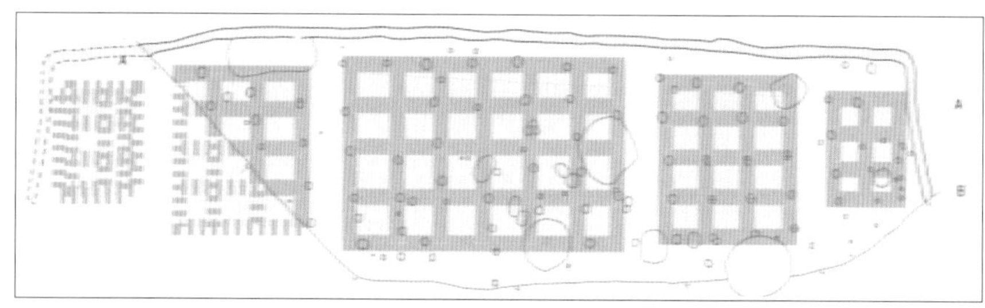

〈그림 15〉 광주 동림동유적 65호 건물지군 평면도

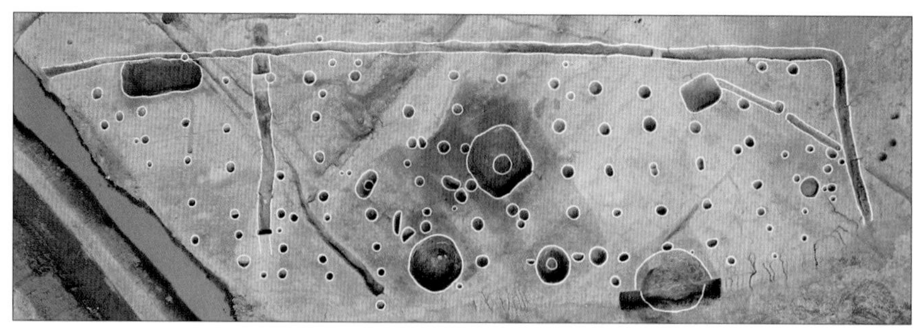

〈그림 16〉 광주 동림동유적 65호 건물지군 전경

③ 목조구조물

목조구조물은 광주 동림동유적의 북동쪽에서 확인되었다. 이 목조구조물은 횡목, 걸침목, 말목을 사용하여 만들어진 10m 이상의 소형구조물 3개가 하나로 이어지는 형태이다. 이는 하천변에 설치된 보(洑)시설로 추정되며, 대부분 횡목은 긴 통나무를 일부 다듬어 사용하고, 걸침목은 끝을 말목처럼 다듬어 사용했다. 말목은 가장 윗단에 놓인 횡목을 고정하는 역할을 했다.

〈그림 17〉 광주 동림동유적 목조구조물 평 · 단면도

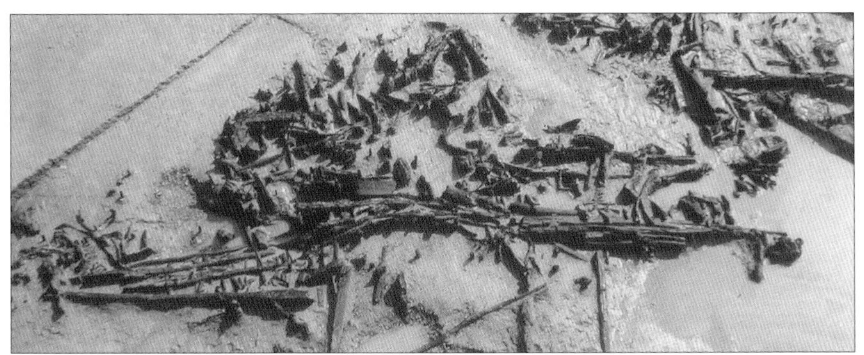

〈그림 18〉 광주 동림동유적 목조구조물 전경

우측 구조물은 나뭇가지, 자갈, 진흙 등으로 구조물을 만든 후 말목과 걸침목으로 고정한 형태이다. 걸침목 상부에 초본류를 덮었을 것으로 보이며, 그 위에 자갈과 진흙 등을 얹어 보강하였을 것으로 추정된다.

〈그림 19〉 광주 동림동유적 우측 구조물 세부

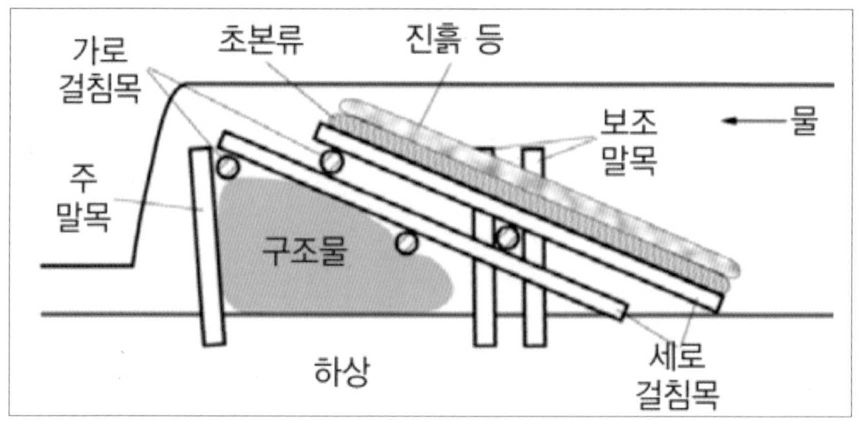

〈그림 20〉 보 구조 복원도

구조물 내부에서는 연질타날문계 토기와 개(蓋), 배(杯) 등의 토기류가 출토되었으며, 주로 중앙과 좌측 구조물 내부에서 확인되었다.

④ 도로유구

유적에서는 수레바퀴 흔적이 40x40m 범위에서 밀집된 양상으로 확인되었다. 이러한 흔적은 북-남동 방향으로 길게 이어지며, 북쪽으로 갈수록 더 밀집

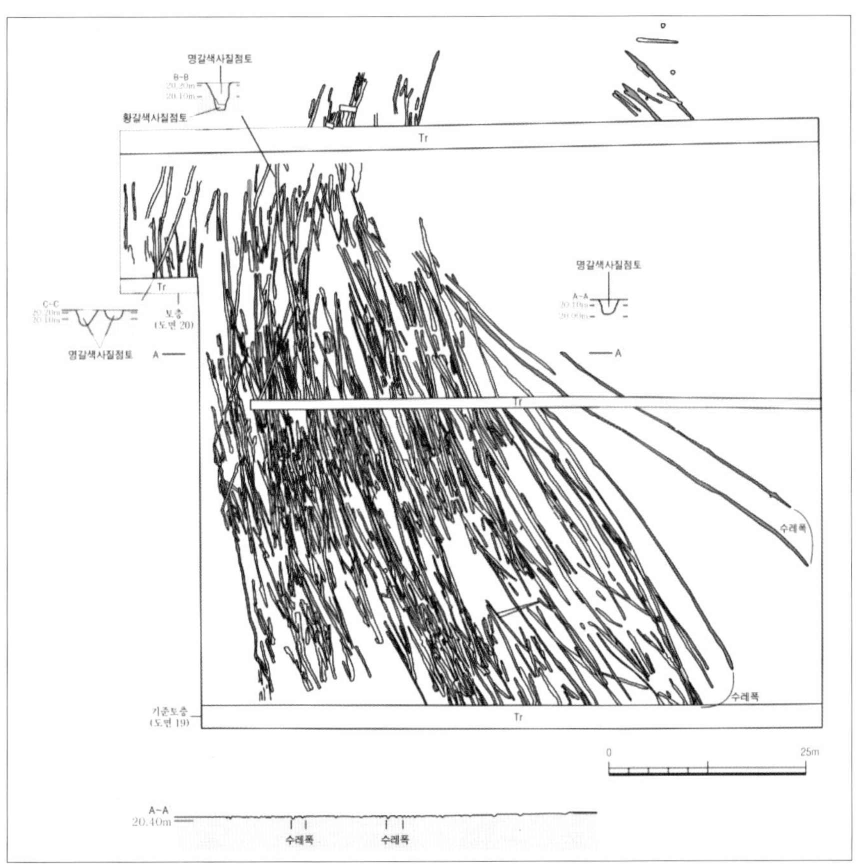

〈그림 21〉 광주 동림동유적 도로유구 평 · 단면도

되는 양상을 보인다. 각 바퀴 자국의 폭은 보통 10~30cm이며, 깊이는 10~25cm 정도이다. 바퀴 자국의 단면은 주로 반원형이거나 'U'자 형태이지만, 일부는 'V'

〈그림 22〉 광주 동림동유적 도로유구 전경

자 모양에 가까운 경우도 있다. 또한 도로에서 약 120~140cm 간격으로 2줄의 나란한 도로선이 확인되어 있어, 당시 수레바퀴 사이의 대략적인 간격이 120~140cm이었을 것으로 추정케 한다.

⑤ 구(溝)상유구

구상유구는 수혈식 유구중에서 길게 뻗어 도랑의 형태를 가진 유구를 의미한다. 이러한 유구는 유적 전반에서 확인되며, 총 237기가 조사되었다. 그중 17기는 총길이가 100m 이상으로 매우 긴 형태를 보인다.

유적에서 확인되는 구의 성격은 크게 두 가지로 나눌 수 있다. 첫째는 도랑의

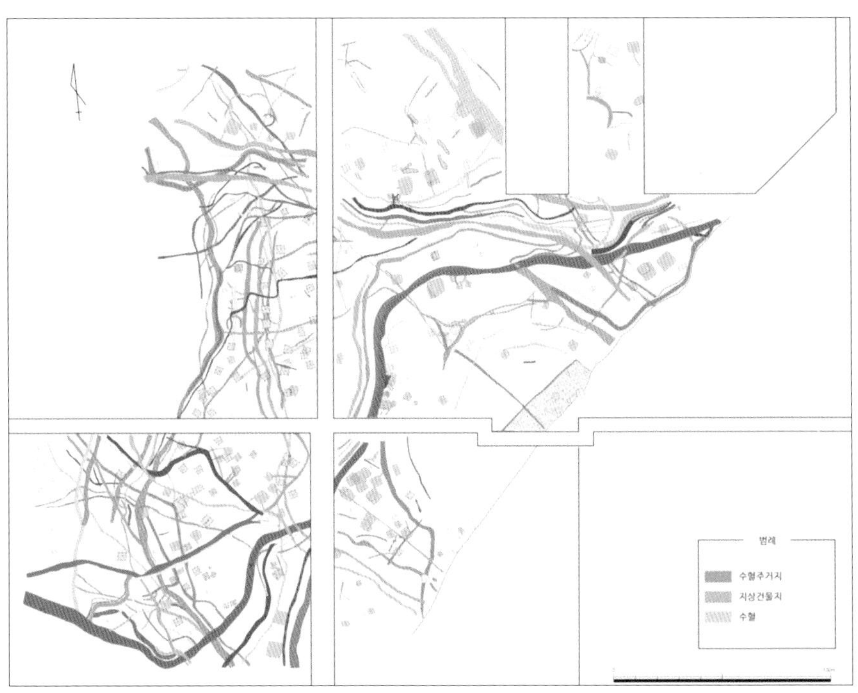

〈그림 23〉 광주 동림동유적 구상유구 분포

성격으로, 이는 취락 내 물과 관련된 주입 및 배수의 기능을 하였거나 수전과 관련된 수로의 기능을 가졌던 것으로 보인다. 둘째는 환호 기능의 구상유구로, 일반적인 도랑과 같은 기능을 가지면서도 축조된 위치가 전체 유적 내에서 방어나 공간분할 등과 같은 의미를 가지는 경우이다. 이러한 유구는 비교적 큰 규모를 가지고 있다는 특징이 있다.

⑥ 수혈

용도가 정확하지 않은 수혈식(竪穴式) 유구를 수혈로 통칭할 수 있다. 이러한 유구는 총 114기가 확인되었다. 평면형태는 원형, 방형, 부정형 등 다양한 형

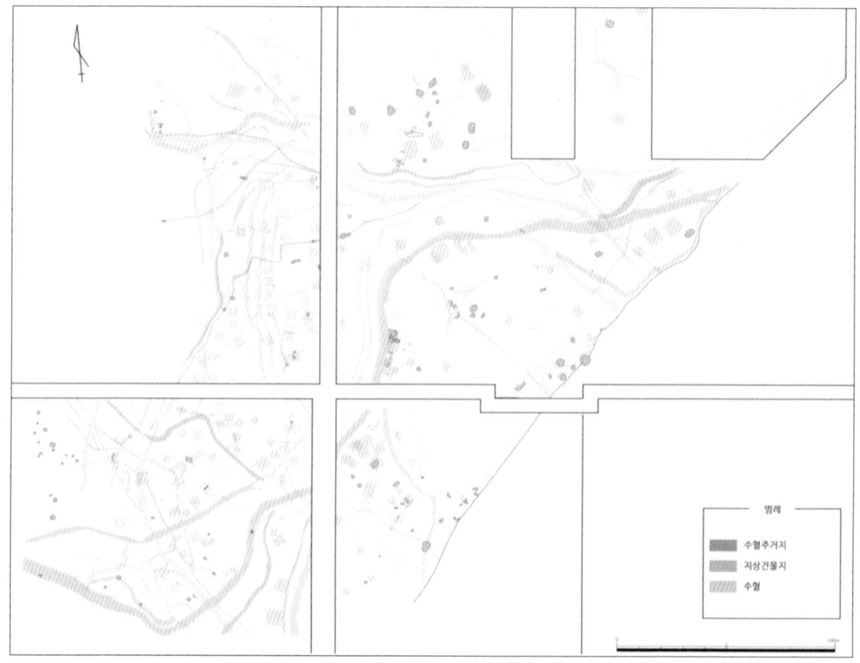

〈그림 24〉 광주 동림동유적 수혈 분포

태가 있으며, 단면형태는 'U'자형, 'V'자형, '凹'자형 등이 확인되었다. 수혈의 형태가 다양하고, 유물이 거의 출토되지 않아 그 용도를 파악하기란 쉽지 않다. 하지만 대부분의 수혈이 주거지와 유사한 분포를 보이고, 출토된 유물이 주거지의 것과 유사한 점으로 미루어 보건데, 주거지와 관련된 저장시설과 같은 부속시설로 볼 수 있다.

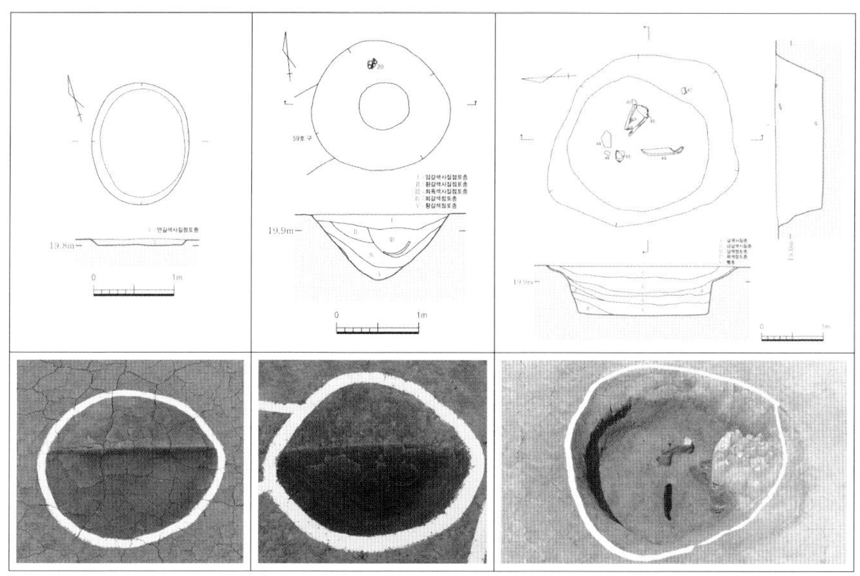

〈그림 25〉 광주 동림동유적 1호(左) · 33호(中) · 53호(右) 수혈 평 · 단면도

2) 출토 유물

토기는 광주 동림지구 마을에서 출토된 유물 중 가장 많은 부분을 차지한다. 이 중에서도 장란형토기, 시루, 발형토기, 호형토기 등이 주로 출토되었다. 광주 동림지구 마을의 유물의 변화양상을 기종별로 간략히 살펴보면 다음과 같다. 심발

형토기는 세장한 형태에서 기고가 낮은 형태로 변화하고, 장란형토기는 세장한 형태로 변화한다. 호형토기는 편구형에서 구형의 형태로 변화한다. 또한 발형토

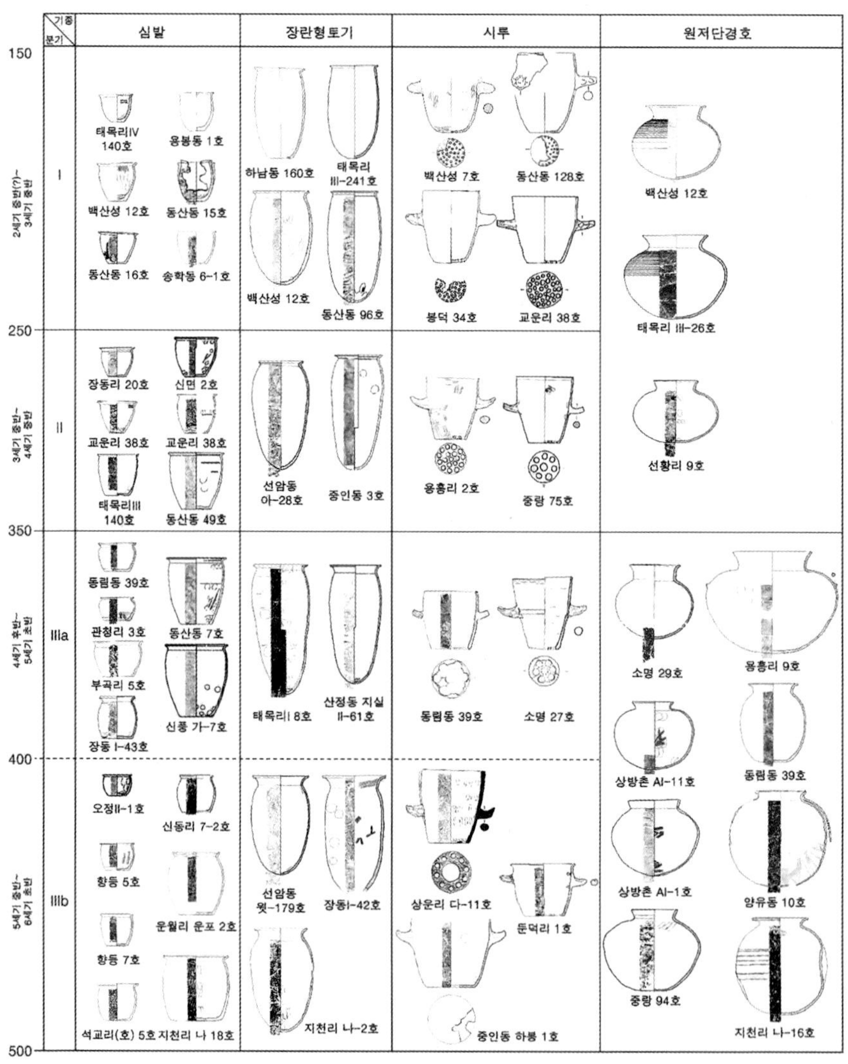

〈그림 26〉 호남 서부지역 토기 형식 변천

기, 장란형토기와 같은 자비용기는 연질계토기가 지속해서 확인되지만, 호형토기와 같은 저장용기는 경질화되는 양상이 보인다. 구연부는 대부분 직구 또는 외반구연에서 'C'자형의 경부가 발달하고, 구순부가 발달하는 방향으로 변화한다.

이외에도 왜계 유물과 소가야계 유물이 다량 출토되었다. 왜계 유물로는 60·101·140호 구상유구에서 출토된 3점의 스에키 토기가 있다. 모두 회청색경질의 개배류로 회전깎기 기법으로 기면을 조정하였다. 소가야계 토기는 기종구성이 다양하고, 현지에서 모방 또는 절충한 토기도 다수 포함되어 있다. 이와 함께 개배류, 아궁이틀 등이 출토되었다.

또한 조사 구역 북동쪽에서 조사된 목조구조물에서는 목피(木皮)를 수십 겹

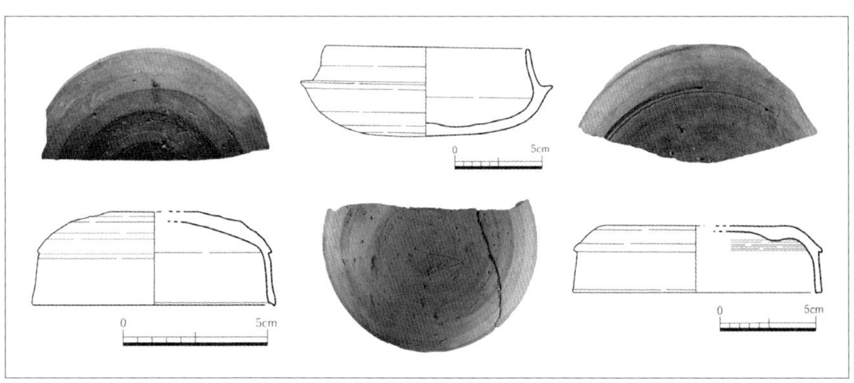

〈그림 27〉 광주 동림동유적 출토 왜계유물

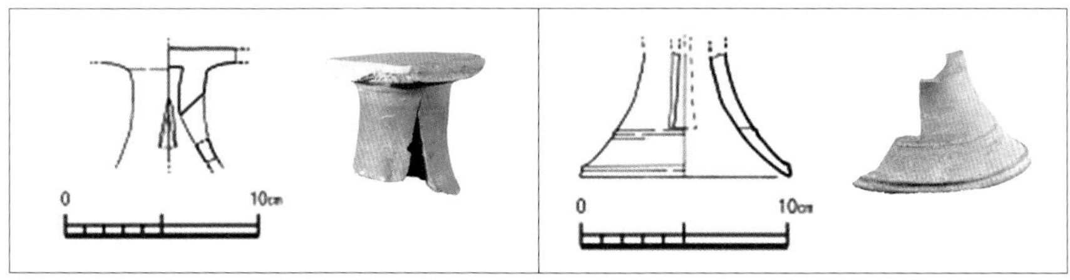

〈그림 28〉 109호 수혈 출토 삼각투창고배(左), 33호 주거지 출토 고배(右)

이상으로 겹친 상태에서 압축된 것으로 보이는 유물이 1점 출토되었다. 보고자는 이 유물을 적층목편(積層木片)이라고 명명하였다. 수종은 노박덩굴과 사철나무속으로 분석되었다. 이 적층목편은 두께 4㎜ 안팎 되는 얇은 나무 편을 층층이 압착한 것으로, 너와집이나 목피 지붕과 같은 지붕 재료일 것으로 보인다.

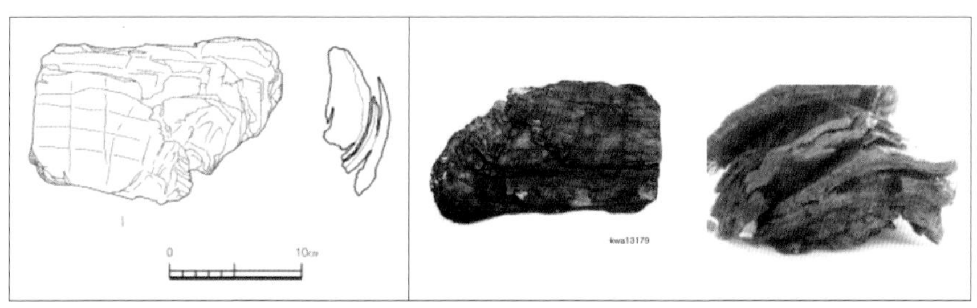

〈그림 29〉 광주 동림동유적 목조구조물 출토 적층목편

기존 연구 성과를 바탕으로 광주 동림지구 마을의 출토 유물의 변화양상을 살펴보면 크게 3시기에 걸쳐 변화한다. Ⅰ기에는 경질무문토기가 일부 확인되며 연질계 토기가 주로 확인된다. 토기 문양은 격자문이 주를 이룬다. Ⅱ기에는 경질계토기가 확인되기 시작하며, 토기 문양은 격자문 이외에 집선문계가 등장하게 된다. Ⅲ기에는 기존의 토기에 더해 유공광구소호, 아궁이틀 등의 토기와 가야계 · 왜계 토기가 추가로 확인된다.

3. 광주 동림지구 마을의 형성과 발전과정

광주 동림지구 마을이 위치한 광주천 일대에서는 하남지구, 평동지구, 신창지구 마을 등에 비해 취락유적이 상대적으로 적게 확인되었다. 이로 인해 이 지역의 마을 형성 과정에 대한 이해는 어려운 상황이다. 실제로 광주광역시 전체적으로 약 40개의 취락유적이 확인되었지만, 동림지구 일대에서 확인된 취락유적은 광주 동림동유적, 쌍촌동유적뿐이다. 그러나 광주 동림동유적과 쌍촌동유적에서 수 세기에 걸친 다수의 유구가 확인된 것은 이 지역이 당시 마한 사람들의 활동 중심지였음을 시사한다.

광주 동림지구 마을은 3세기 전후부터 4세기 중반(Ⅰ기), 4세기 후반부터 5세기 전반(Ⅱ기), 5세기 중반에서 6세기 전반(Ⅲ기) 등 세 시기에 걸쳐 형성, 발전하는 모습을 보여준다.

3세기 전후부터 4세기 중반(Ⅰ기)에는 광주천 일대에 광주 동림지구 마을이 형성되는 시기다. 이 시기에는 광주 동림동유적, 쌍촌동유적에서 소수의 주거지만 확인되어, 마을이 형성되어가는 시기로 볼 수 있다.

4세기 후반에서 5세기 전반 시기에 들어 주거지의 수와 규모가 증가한다. 마한의 특징이라고 볼 수 있는 사주식주거지의 수도 증가한다. 다양한 크기의 주거지가 확인되며, 주거지 간 면적의 차이도 이전 시기보다 더 커지게 된다. 또한 유적 간 차이도 보이는데, 광주 쌍촌동유적에서는 유구가 소수만 확인되는데 반해, 광주 동림동유적에서는 유구가 오히려 증가하는 양상이 보인다. 이는 이시기에 광주 동림동 유적을 중심으로 광주 동림지구 마을이 성장 · 발전했음을 알 수 있게 해준다.

5세기 중반에서 6세기 전반에 이르면, 광주 쌍촌동유적에서는 더 이상 유구가 확인되지 않고 동림동유적에서만 유구가 확인된다. 또한 다른 주거지와 확연한 규모 차이를 보이는 대형주거지와 주거지와 분포를 달리하는 지상건물지, 보의 역할을 했던 것으로 추정되는 목조구조물이 확인된다. 이 시기에는 가야계, 왜계 유물이 출토되는데, 이는 당시 광주 동림지구 마을이 백제, 가야, 왜와 관련이 있었음을 추정케 한다. 다시말해 5세기 중반 이후 광주 동림지구 마을이 영산강 상류 지역의 중요한 교역로로 발전한 것을 시사한다.

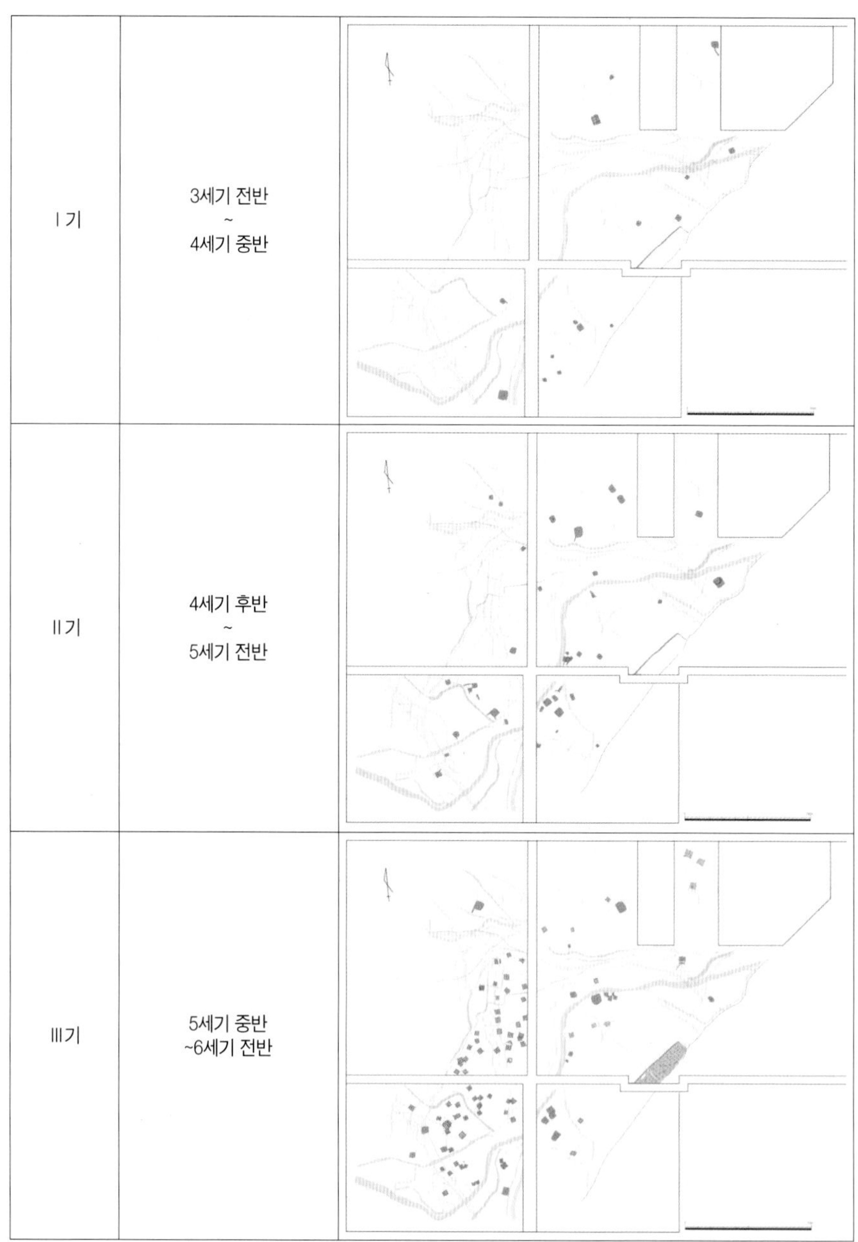

시기	연대
Ⅰ기	3세기 전반 ~ 4세기 중반
Ⅱ기	4세기 후반 ~ 5세기 전반
Ⅲ기	5세기 중반 ~6세기 전반

〈그림 30〉 광주 동림동유적 시기별 유구 현황

4. 주변 지역과의 관계

유구의 분포와 수계를 중심으로 광주지역 내 마한 세력을 구분하면 하남지구 마을을 중심으로 하는 풍영천권, 평동지구 마을을 중심으로 하는 평동천-황룡강권, 동림지구 마을을 중심으로 하는 광주천유역, 신창지구 마을을 중심으로 하는 영산강 상류권, 만호유적과 풍암동유적이 있는 지역 등 5개의 권역으로 나눌 수 있다.

풍영정천 서쪽과 어등산 동쪽 사이의 풍영천권에서는 광주 산정동, 하남동, 하남3지구유적 등 최근 들어서 대규모 취락유적이 많이 확인되고 있다. 이 지역의 변화 과정을 살펴보면, 산정동 지실, 산정동, 하남동, 오선동 등에서 마을이 먼저 형성되고, 4세기를 거치며 일부 유적은 성장을 멈추고, 일부 유적은 지속해서 발전하는 등 유적마다 변화하는 과정이 달라진다. 특히 5세기 이후에는 산

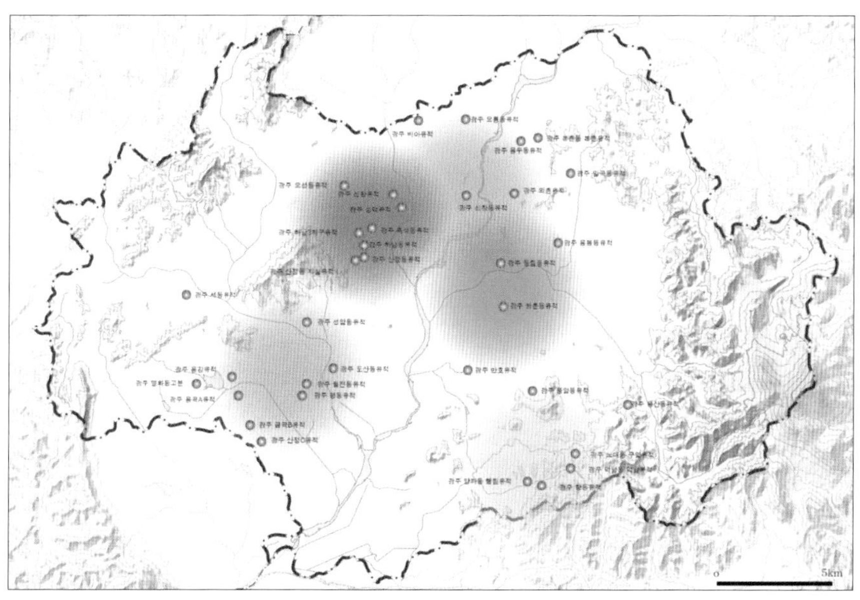

〈그림 31〉 광주지역 취락유적 분포와 권역

정동, 하남동, 오선동 유적이 더욱 성장하는 모습을 보여준다.

평동천-황룡강권역에서는 3세기 전후부터 취락이 형성되어, 평동천권은 3~4세기까지만 확인되며, 황룡강권의 선암동, 월전동, 평동유적은 6세기 전반까지 성장 발전하는 양상을 보인다.

광주 동림동유적과 쌍촌동유적이 있는 광주천 유역은 쌍촌동유적이 3~4세기에만 확인되지만, 동림동유적은 4~6세기 전반까지 성장한다는 차이를 보인다. 이러한 차이는 광주천 유역의 발전 과정과 시기적인 변화를 나타내는 중요한 지

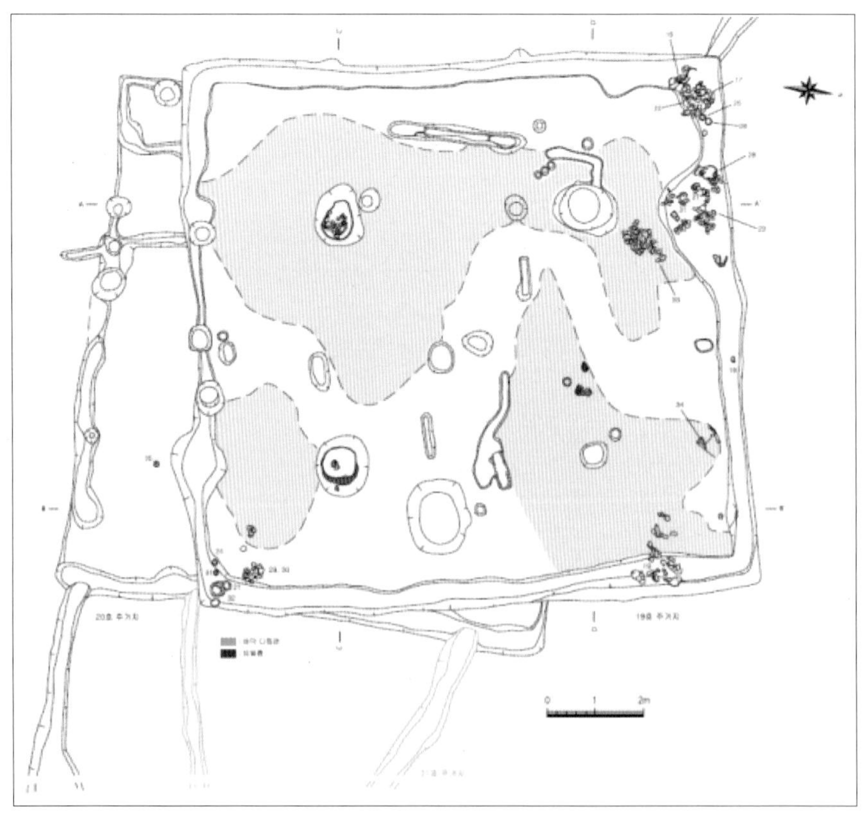

〈그림 32〉 광주 하남3지구 19 · 20호 주거지 평면도(대형주거지)

표가 될 수 있다.

광주 만호유적과 풍암동유적이 있는 지역은 주로 4세기 후반에서 5~6세기 사이의 유적들이 소규모로 확인되고 있다. 아직 부분적으로 발굴 조사가 이루어져 있어서 향후 발굴 결과를 지켜봐야 할 것으로 보인다. 영산강 본류 상류권은 자료가 많지 않아서 정확한 성격을 파악하기 어렵다. 그러나 광주 신창동유적을 중심으로 마을이 형성되어 발전하는 모습이 확인된다. 앞으로 추가적인 조사가 이루어지면서 해당 지역의 특징을 더욱 정확히 파악할 수 있을 것으로 보인다.

이러한 각 권역의 양상을 종합하면 전반적으로 광주지역에서는 3세기 전반부에 마을이 형성되며, 4세기를 기점으로 일부 유적은 성장을 멈추는 반면, 일부 유적은 5세기 초반에서 6세기 전반까지 지속해서 성장 발전하는 추세를 보인다. 특히 동림동, 하남동 · 산정동, 연산동, 오선동 등 일대의 유적을 중심으로 성장 발전하는 양상이 보인다. 이와 함께 3세기에서 4세기, 그리고 5세기를 거치며, 주거지의 면적이 증가하는 추세를 확인할 수 있다. 더불어, 개별 주거지 간에 면적 차이가 나타나기

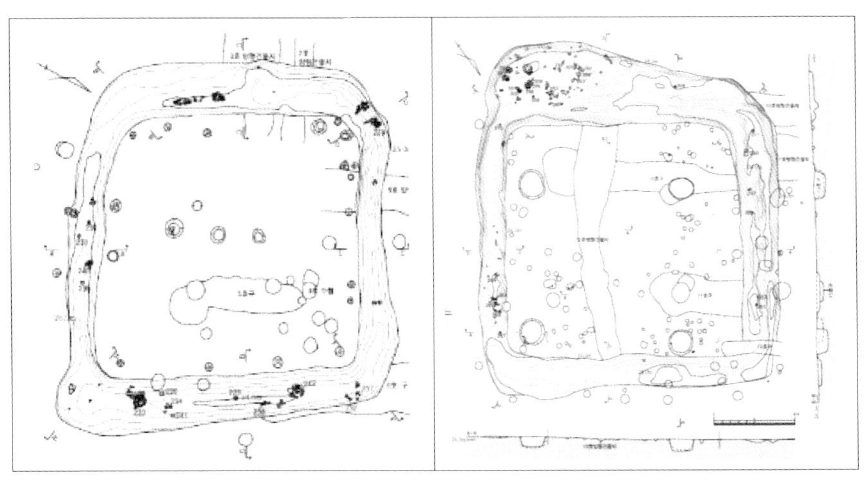

〈그림 33〉 광주 산정동유적 4호(左) · 9호(右) 방형건물지 평면도

시작한다. 특히 5세기 후반에는 60㎡ 이상의 대형 주거지와 100㎡ 내외의 방형 건물이 확인된다. 이 시기부터 주거지의 계층 구조가 명확해지는 것으로 보인다.

이외에도 광주 지역에서 특징적으로 보이는 유구는 방형건물지인데, 이 유구는 공주 · 부여지역에서 확인되는 벽주(대벽) 건물지와는 형태적 차이가 있다. 공주 · 부여지역에서 확인되는 벽주(대벽) 건물은 네 벽의 하부에 구(溝)를 파고 그 안에 주주(主柱)와 간주(間柱)를 세운 후, 점토로 벽체를 마무리한 건물 형태를 가리킨다[10]. 우리나라에서는 1996년 공주 정지산 유적에서 처음 조사되었으며, 이후 부여, 익산, 순천 등 각지에서 확인되고 있다. 벽주건물은 백제 웅진 · 사비기를 대표하는 건물로, 한성기 후반부터 나타나기 시작하여 웅진 · 사비기에는 본격적으로 나타나 주류가 되고 있다[11].

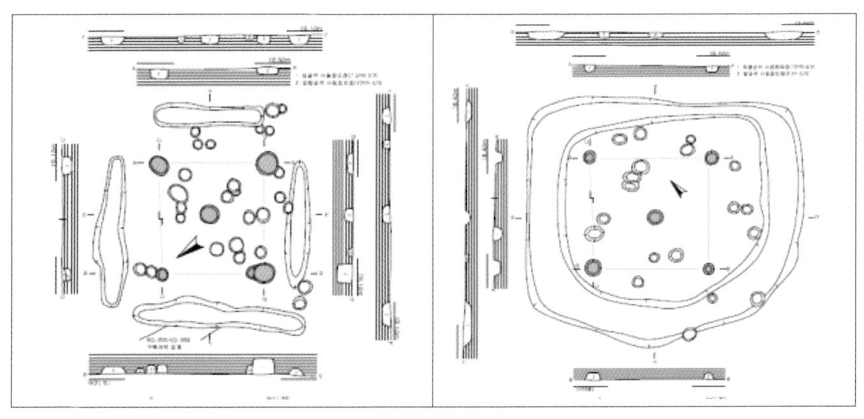

〈그림 34〉 연기 나성리유적 2호(左) · 6호(右) 주구부 건물 평 · 단면도

광주지역에서 보이는 방형건물지는 주로 건물 외부에 도랑을 두른 형태이다. 벽체보다는 구획에 가까운 역할을 했을 것으로 보이며 주변의 다른 주거지와 규모와 형태 면에서 뚜렷한 차이를 보인다. 이는 연기 나성리유적에서 확인된 주

구부 건물과 형태적으로 유사하다. 광주지역에서는 산정동유적(28기)과 오선동유적(6기), 연산동유적(4기)에서 방형건물지가 확인되는데, 세 유적에서 확인된 방형건물지는 형태적인 차이와 군집 양상에 있어 차이가 보이기 때문에 일괄적으로 용도를 추정하기는 어렵지만 특수 신분의 구성원, 또는 취락단위의 상장의례와 관련된 인물이 거주하였던 곳으로 추정된다[12].

5. 맺음말

동림지구 마을은 광주광역시 북구 동림동 · 동천동 · 쌍촌동 일대로, 영산강 본류에서 동쪽으로 뻗어 나온 광주천 주변에 자리하고 있다. 이곳에는 동림동유적과 쌍촌동유적이 광주천을 사이에 두고 위치한다. 동림동유적은 광주천 주변의 해발 20m 내외 충적 대지 상에 자리하며, 쌍촌동유적은 해발 60m 정도 구릉의 남사면에 자리하고 있다.

광주 동림지구 마을은 크게 3기로 나누어 변화하는 것으로 볼 수 있다. Ⅰ기는 3세기 전반에서 4세기 중반까지의 시기로, 광주천 일대 유적에서 유구가 소수 확인되며 취락이 형성되는 시기이다. Ⅱ기는 4세기 후반에서 5세기 전반까지로, 유적 간 차이는 보이지만 전반적으로 마을이 성장하는 시기이다. Ⅲ기는 5세기 중반에서 6세기 전반까지로, 다른 주거와는 규모가 확연한 차이가 보이는 대형주거지가 확인되고, 지상건물지와 대형건물지군, 보의 기능으로 보이는 목조구조물도 확인된다. 또한 이 시기에 들어서면 가야계, 왜계 등 다양한 유물이 출토된다. 이를 통해 5세기 중반 이후 백제, 가야, 왜와 관련이 있는 중요한 위치로 성장하였음을 알 수 있다. 다시 말해 5세기 중엽 이래 광주 동림지구 마을은 영산강 상류 지역에 위치하면서 백제와 가야, 왜의 중심 교역로로 중요한 위치였다고 볼 수 있다.

광주지역의 마한 취락은 신창지구 마을 등을 비롯하여 3세기 이전부터 형성되기 시작하나, 아직까지 동림지구 마을에서는 3세기 이후 자료밖에 확인되지 않아 이글에서는 3세기 이후의 양상을 살펴보았다. 3세기 이후의 동림지구 마을의 변화 양상은 광주지역의 다른 마을과 비슷한 발전 양상을 보인다. 특히, 5세기 중반 이후에 마을별로 기존의 유구와는 성격의 차이가 있는 유구가 확인되는데, 이 시기를 전후하여 광주지역 전반에 급격한 변화가 있었던 것으로 보인다.

지금까지 광주 동림동유적을 중심으로 광주 동림지구 마을의 형성과 발전 과정 그리고 주변 지역과의 관계에 대해 간략히 검토해 보았다. 광주 동림지구 마을은 주변의 다른 지역과 유사한 형성 과정을 통해서 성장 발전해 가는 모습을 확인할 수 있었다. 특히 유적에서 출토된 유물로 보건대 광주지역 내에서도 교역의 중심지 역할을 하였을 것으로 보인다.

이 글은 2022년 광주광역시가 주최하고 마한연구원이 주관한 학술회의(『광주지역 고대도시 Ⅰ(마한 · 백제)』)에서 발표한 필자의 발표문(「광주 동림지구 마을과 주변지역과의 관계」)을 보완한 것임.

【 주석 】

1) 김승옥, 2004, 「전북지역 1~7세기 취락의 분포와 성격」, 『한국상고사학보』 44, 한국상고사학회, 62쪽.
2) 최몽룡 · 이성주 · 이근욱, 1989, 「낙수리 낙수 주거지」, 『주암댐 수몰지구 발굴 조사 보고서 VI』, 전남대학교박물관, 56쪽.
3) 이영철, 1997, 「전남지방 주거지의 벽구시설검토」, 『박물관연보』 6, 목포대학교박물관.
4) 조형래, 1996, 「수혈주거의 벽과 벽구에 관한 연구」, 부산대학교대학원 석사학위논문.
5) 김은정, 2017, 「마한 주거 구조의 지역성-호남지역을 중심으로」, 『중앙고고연구』 24, 27~28쪽.
6) 국립나주문화재연구소, 2012, 『옹관고분사회 주거지』, 163쪽.
7) 김은정, 2017, 「마한 주거 구조의 지역성-호남지역을 중심으로」, 『중앙고고연구』 24, 28~29쪽.
8) 보고서 내용으로 보았을 때, 지상건물지군으로 추정한 주공열을 동일한 시기로 보고 지상건물지군과 수혈의 중첩 관계를 보면, 수혈의 상면에서 주공열이 확인되었다는 점에서 수혈 → 지상건물지군으로 선후관계를 살펴볼 수 있다. 조성 시기는 내부에서 고배, 개배류의 유물이 확인된 수혈의 폐기가 완전히 이루어진 상면에서 건물지군의 일부 주공열이 확인된다는 점으로 보았을 때, 보고자가 추정한 시기보다 늦을 가능성도 높다. 또한 일부 수혈(85호, 86호, 88호) 내에서는 지상건물지군의 주공과 나란한 배열의 주공이 확인된다는 점으로 보았을 때 지상건물지군으로 본 주공열이 모두 동일한 시기에 조성되지 않았을 가능성도 있을 것으로 보여, 향후 '65호 지상건물지군'으로 명명한 유구에 대해서 재검토할 필요성이 보인다.
9) 이영철, 2009, 「백제 수취취락의 일례」, 『현장고고』 1, 대한문화유산연구센터; 이영철, 2016, 「백제 地方都市의 성립과 전개」, 『한국고대사연구』 81, 한국고대사학회.
10) 권오영 · 이형원, 2006, 「삼국시대 벽주건물 연구」, 『한국고고학보』 60.
11) 서현주 · 이솔언, 2021, 「백제 사비도성 일대 고분의 분포양상과 의미」, 『한국상고사학보』 114.
12) 이영철, 2015, 『영산강 유역 고분 취락 연구』, 목포대학교대학원 박사학위논문, 100쪽.

【그림 출전】

〈그림 2~5, 9, 11, 13~19, 21~25, 27~29〉 호남문화재연구원 2007
〈그림 6~8〉 임영진 · 서현주 1999
〈그림 10〉 정일 2007
〈그림 12〉 김은정 2017a
〈그림 20〉 권지영 · 김도헌 2011
〈그림 26〉 김은정 2017b
〈그림 32〉 한강문화재연구원 2017
〈그림 33〉 호남문화재연구원 2008
〈그림 34〉 한국고고환경연구소 2015

【인용 · 참고문헌】

〈단행본〉
국립나주문화재연구소, 2012, 『옹관고분사회 주거지』.
임영진 · 서현주, 1999, 『광주 쌍촌동 주거지』, 전남대학교박물관.
최몽룡 · 이성주 · 이근욱, 1989, 「낙수리 낙수 주거지」, 『주암댐 수몰지구 발굴 조사 보고서 Ⅵ』, 전남대학교박물관.
한강문화재연구원, 2017, 『광주 하남 3지구 유적』.
한국고고환경연구소, 2015, 『연기 나성리유적』.
호남문화재연구원, 2007, 『광주 동림동유적 Ⅰ · Ⅱ · Ⅲ · Ⅳ』.
호남문화재연구원, 2008, 『광주 산정동유적』.

〈논문〉
권오영 · 이형원, 2006, 「삼국시대 벽주건물 연구」, 『한국고고학보』 60, 한국고고학회.

권지영 · 김도헌, 2011,「원시 · 고대 보 시설의 조사 방법과 구조 복원에 대한 시론」,『야외고고학』 11, 한국문화유산협회.

김승옥, 2004,「전북지역 1~7세기 취락의 분포와 성격」,『한국상고사학보』 44, 한국상고사학회.

김은정, 2017a, 김은정, 2017,「마한 주거 구조의 지역성-호남지역을 중심으로」,『중앙고고연구』 24.

김은정, 2017b,『호남지역의 마한 토기』, 전북대학교대학원 박사학위논문.

서현주 · 이솔언, 2021,「백제 사비도성 일대 고분의 분포양상과 의미」,『한국상고사학보』 114.

이영철, 1997,「전남지방 주거지의 벽구시설검토」,『박물관연보』 6, 목포대학교박물관.

이영철, 2009,「백제 수취취락의 일례」,『현장고고』 1, 대한문화유산연구센터.

이영철, 2015,『영산강 유역 고분 취락 연구』, 목포대학교대학원 박사학위논문.

이영철, 2016,「백제 地方都市의 성립과 전개」,『한국고대사연구』 81, 한국고대사학회.

정일, 2007,「사주식주거지의 상부구조 복원 시론」,『연구논문집』 7, 호남문화재연구원.

조형래, 1996,「수혈주거의 벽과 벽구에 관한 연구」, 부산대학교대학원 석사학위논문.

제2부 통일신라 · 고려 · 조선시대의 광주

광주 무진도독성의 구조와 축조배경 임영진

광주 무진고성의 시기별 성격 이정민

무진주와 광주목 사찰문화유산 황호균

광주읍성의 구조와 관아건물의 위치비정 양해웅

임영진 마한연구원

1. 머리말
2. 무진도독성의 위치
3. 무진도독성의 규모
4. 무진도독성의 구조
5. 무진도독성의 축조 시기와 배경
6. 맺음말

1. 머리말

광주는 통일신라 때 9주5소경의 하나였던 무진주의 치소가 되어 14군 44현을 관할하였다. 무진주는 현재의 전북 고창 지역을 포함한 전라남도에 해당하는 지역으로서 북으로는 현재의 전주가 관할했던 전주, 동으로는 현재의 진주가 관할했던 강주와 접하였다. 광주는 조선시대 13도 개편에 따라 전남의 중심도시가 되었던 1896년 보다 1,200여년 앞서 이 지역의 중심 도시가 되었던 것이다.

통일신라 이전의 상황은 약간의 문헌 자료와 고고 자료를 통해 파악해 볼 수 있다. 백제 시기에는 영산강 중류지역에 위치한 나주가 이 지역의 중심이었으며 광주는 마한 사회 초기부터 백제에 걸쳐 영산강 상류지역에서 중심 거점을 이루고 발전해 왔다.

마한 시기의 광주는 『삼국지』나 『후한서』에 나오는 마한 54개 소국 가운데 구사오단국(臼斯烏旦國)에 해당하는 것으로 보는 견해가 있는데[1] 구사오단국은 장성 진원면이나 전북 김제 금구에 있었다고 보기도 한다[2]. 또한 임소반국(臨素半國)이나 신운신국(臣雲新國)이 광주 광산구 일대에 위치하였던 것으로 보는 견해도 있다[3].

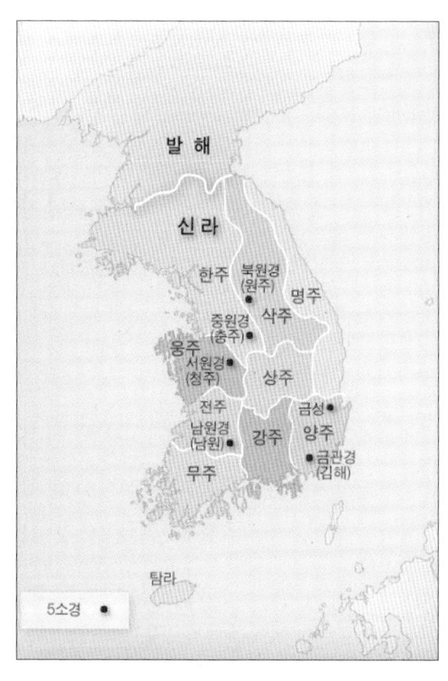

〈그림 1〉 9주5소경의 위치

삼국시대에는 『삼국사기』 동성왕 20년(498)에 관련 기사가 보이는데 탐라가 공물을 바치지 않자 동성왕이 직접 무진주에 출병하였다는 내용[4]이 그것이다.

광주는 통일신라 신문왕 6년(686)에 무진주 치소가 되어 그 위상에 걸맞는 도시 구조를 갖추었는데 문헌에는 무진도독성(武珍都督城)이라 기록되어 있다. 무진도독성에 관한 첫 기록은 『세종실록지리지』에 보이는데 그 내용은 '周回2,560步'라는 규모에 대한 것 뿐이다. 위치에 대해서는 『신증동국여지승람』에 처음 나오는데 '在縣北五里'라 기재되어 있다. 이는 당시 광주읍성에서 북쪽으로 5리 떨어진 지점을 지목한 것이므로 현재의 임동과 북동 일대에 해당하는 셈이다. 하지만 아직까지 그곳에서는 성곽으로 추정되는 유적이 확인된 바 없다.

무진도독성은 문헌 기록이 충분하지 않기 때문에 위치를 비롯하여 규모, 구조 등 보다 자세한 사항에 관해서는 제한적인 연구가 이루어질 수밖에 없었다[5]. 특히 위치에 대해서는 광주읍성에서 동북동으로 3km 가량 떨어져 있는 무등산 잣고대 일대에서 석축 산성이 확인되고, 산성 내부에 '도독골'이라는 지명을 가진 곳이 있기 때문에 『세종실록지리지』의 '在縣北五里'는 '在縣東五里'의 오기라 보고, 이 산성을 무진도독성으로 비정하기도 하였다[6].

1986년에는 전라남도 광주시가 광주직할시로 승격되면서 무등산 잣고개의 산성이 부각되었다. 광주가 1896년에 처음으로 전남의 중심지가 된 것이 아니라 통일신라때 이 지역의 중심도시가 되었음을 입증해 주는 역사적 상징물로 선정되어 정비복원이 추진된 것이다. 그 과정에서 광주직할시는 이 산성의 규모 · 축조방법 · 내부시설물 등 정비복원에 필요한 기초자료를 구하고 역사적 성격을 규명하고자 전남대박물관에 발굴조사를 의뢰하였다.

조사 결과 이 산성은 통일신라때 축조되었지만 무진도독성일 가능성은 없다는 결론과 함께 '무진주 시대의 옛 성'이라는 의미로 '무진고성(武珍古城)'이라 칭하는 것이 바람직하다는 제안이 나왔고[7], 이어 무진도독성은 광주 구시가지[8]의 격자가로망 범위에 해당한다는 견해가 제시되었다[9].

이 글에서는 그동안 광주에서 조사된 고고학 자료와 그동안 이루어진 9주5소경의 조사 · 연구 성과를 바탕으로 무진도독성의 위치, 규모, 구조 등 기본적인 사항들을 검토하고 당시 전남 지역의 중심지가 나주에서 광주로 바뀌게 된 배경에 대해서도 살펴보도록 하겠다.

2. 무진도독성의 위치

무진도독성의 위치는 조선시대 『신증동국여지승람』 이후 여러 문헌에서 '在縣北五里'나 '在州北五里'로 기록하고 있다. 이는 조선시대 이 지역 관리들이 당시 이 지역의 치소였던 광주읍성에서 그다지 멀지 않은 북쪽에 통일신라 무진도독성이 있었다고 인식하고 있었음을 말해주는 것이다. 조선시대 광주읍성은 20세기초에 해체되었지만 광주 구시가지의 중심부에 해당하므로[10] 통일신라 무진도독성은 광주 중심지에서 멀지 않은 곳에 위치한다고 보아야 할 것이다.

무진도독성과 관련된 문헌 자료를 더 이상 찾아보기 어려운 현재의 상황 속에서 무진도독성의 보다 정확한 위치를 파악하기 위해서는 고고학 자료들을 검토해 볼 수 밖에 없다. 무등산 잣고개에서 확인된 산성은 무진주 행정의 중심지였던 무진도독성으로 보기 어렵기 때문에 그동안 광주 구시가지 일대에서 확인되었던 다른 고고학 자료들을 살펴보아야 할 것이다.

① 광주 누문동 통일신라 건물지[11]

1994년, 누문동에 위치한 광주제일고등학교의 교사 신축 공사 과정에서 통일신라 유물들이 노출되었다. 이에 따라 긴급발굴이 이루어졌는데 충장로에 인접하여 충장로와 나란한 장축을 가진 통일신라 건물지가 확인되었다. 출토된 유물은 당초문 와당과 선조문 · 방격문의 평와편들이 주류를 이루며, 통일신라 전

〈그림 2〉 광주 누문동 통일신라 건물지

기에 해당하는 인화문토기편들도 출토되었다. 이 건물지는 파괴된 상태로 조사되었지만 적심석 일부와 장축 방향의 배수구가 잘 남아 있고 출토유물로 미루어 8~9세기에 해당하는 것으로 추정된다. 중요한 사실은 이 건물의 장축 방향이 광주 구시가지의 핵심도로인 충장로와 평행하다는 점인데 이는 이 건물이 축조되었던 시기에 이미 충장로가 도로로 사용되고 있었음을 알 수 있게 해 준다.

② 광주 구시가지 격자가로망[12)]

〈그림 3〉 광주 구시가지 격자가로망

1917년 「광주지형도」를 보면 근현대의 새로운 도로망이 형성되기 이전 시기에 금남로와 충장로를 장축으로 정연한 격자가로망이 존재하였음을 알 수 있다. 하지만 구체적인 자료가 없어 그 형성 시기를 알기 어려웠는데 누문동 광주제일고등학교 운동장에서 충장로와 평행하는 통일신라 건물지가 확인됨에 따라 충장로를 포함하는 격자가로망이 통일신라에 해당할 가능성이 높다는 것을 알 수 있게 되었다.

③ 광주 금남로 우물지[13)]

〈그림 4〉 광주 지하철 구간 유적 조사

1998년과 1999년, 광주 지하철 1호선의 금남로 공사 구간에서 조선시대 우물 6개소가 조사되었다. 출토된 유물은 통일신라 기와편 · 토기편, 고려시대 기와편 · 청자편, 조선시대 기와편 · 분청사기편 · 질그릇편 등 다양하다. 조사된 우물의 석재와 축조 방식은 통일신라 우물과는 차이가 있고 그 위치가 조선시대 광주읍성 내부에 해당하기 때문에 조선시대 우물임을 알 수 있지만 통일신라 유물들이 섞여있다는 것은 인근 지역에 통일신라 유적이 존재하고 있음을 말해 준다.

④ 광주읍성 하부 건물지[14)]

〈그림 5〉 광주읍성 성벽(우측) 하층 건물지(좌측)

2006년, 옛 전남도청 주차장 부지에서 조선시대 광주읍성 잔존 성벽이 발굴되면서 그 하층에서 통일신라 건물지와 기와편이 확인되었다. 이 건물지는 광주읍성 성벽 아래로 이어지고 있어 전모가 파악되지 못하였지만 층서 관계와 출토유물로 미루어 통일신라 무진도독성의 일부 시설을 이루다 폐기된 후 그 상부에 광주읍성이 축조되었던 것임을 알 수 있게 한다.

⑤ 광주 구시가지 외곽 사찰지[15]

광주 구시가지 외곽에는 통일신라에서 고려에 걸치는 시기의 사찰 유적이 있고, 석탑 · 불상 · 석등 등이 남아 있다. 동구 지산동의 오층석탑[光州東五層石塔]은 9세기에 해당하는데 이 일대에는 백천사(栢川寺)가 있었던 것으로 추정되고 있다. 광주공원의 오층석탑[光州西五層石塔]은 고려 전기에 해당하며 성거사(聖居寺)와 관련된 것으로 추정되고 있다. 구 도청에는 고려 초에 해당하는 오층석탑 옥개석과 11세기의 석등이 남아 있는데 대황사(大皇寺)와 관련된 것으로 추정되어 오다가 최근 선원사(禪院寺)로 보아야 한다는 견해가 나왔다. 북구 임동의 옛 농고부지는 십신사(十信寺)가 있었던 곳으로 추정된다. 이처럼 광주 구시가지 주변에는 통일신라에서 고려에 해당하는 사찰 유적들이 분포되어 있는데 이는 그 사찰들로 둘러싸인 광주 시가지가 당시의 중심 거주지였음을 말해준다.

〈그림 6〉 광주 도시 외곽 사찰지 분포도

⑥ 광주 구시가지 채집 와편[16]

그동안 광주 구시가지에서 채집되었던 통일신라 와편은 상당한 수량에 달한다. 대표적인 예는 일제강점기에 수집되었던 帝塚山古瓦資料와 北城町 출토품으로 보고된 것들이다. 帝塚山古瓦資料는 당시의 院村 · 瑞南里 · 樓門里 · 北城町 · 西城町 · 不動町 · 弓町 등 여러 지점에서 채집된 것이며, 北城町 출토품으로 간략하게 보고된 와편은 가릉빈가 문양을 가진 와당편으로 통일신라 중심지인 경주지역에서도 찾아보기 어려운 것으로 평가된 바 있다[17].

帝塚山古瓦資料　平丸瓦出土地名表

番号	郡市	面	里洞町	出土地
1	光州市			壮元寺
2	光州市			尺峴山城（光山城）
3	光州市		院村	高等普通学校
4	光州市		院村	
5	光州市			鉄仏堂
6	光州市		北城町	
7	光州市		北城町	蚕業取締所構内
8	光州市		北城町	旧北門付近
9	光州市		北城町	全南育英会構内
10	光州市		北城町	地方法院横手下水道工事ノ際出土
11	光州市		花園町	旧光州北門址
12	光州市			師範学校寄宿舎構内
13	光州市			光州女学校前
14	光州市		西城町	
15	光州市		瑞南里	配水池
16	光州市			光州公園（塔付近）
17	光州市			光州郡庁付近
18	光州市		弓町	
19	光州市			[illegible]製糸会社裏手丘陵
20	光州市			道庁付近
21	光州市			面事務所付近
22	光州市			東門通（址）
23	光州市			南門通
24	光州市		樓門里	
25	光州市		不動町	
26	光州市			社稷壇址
27	光州市			物産陳列所構内
28	光州市			専売局光州出張所構内
29	光州市			忠[illegible]碑
30	光州市			動物園
31	光州市		西光山町	旧光山館址付近
32	光州市			旧邑門址付近
33	光州郡	池漢面	洪林里	北方ノ寺
34	光州郡	池漢面	洪林里	南方ノ寺
35	光州郡	池漢面	洪林里	南北両寺中間畑間小溝ノ内
36	光州郡	瑞坊面	豊郷里	
37	光州市			無等山証心寺
38	光州市			無等山証心寺上方中＊廃寺址
39	光州市			無等山東方山腹現地蔵庵下
40	光州市			無等山圭峰寺址

〈그림 7〉 帝塚山古瓦資料(부분)

이상 광주 구시가지 일대에서 확인되었던 여섯 가지 고고학 자료들을 소개하였는데 그 가운데 가장 핵심적인 자료는 격자가로망이다. 광주광역시에는 다양한 규격과 다양한 방향의 도로가 있고 대부분 20세기 중엽 이후 광주 시가지의 발전에 따른 것이기 때문에 주민들의 기억과 행정 서류들이 존재한다. 이와 달리 격자가로망에 대한 기록은 전혀 찾아볼 수 없지만 다른 9주5소경의 격자가로망과 상통하는 것이므로 통일신라 무진주와 관련된 것이라는 점에 대해서는 이론을 제기하기 어렵다.

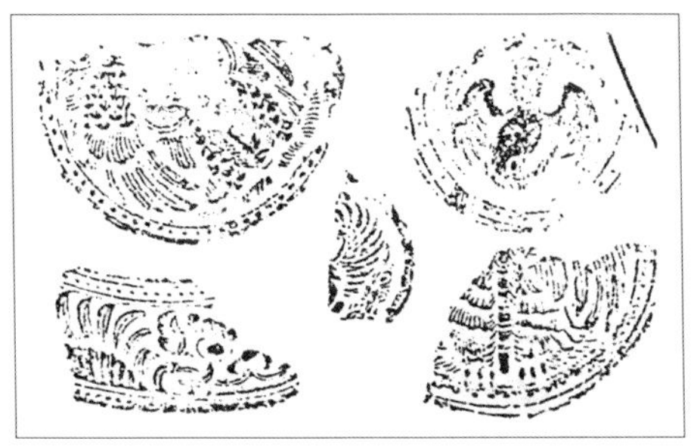
〈그림 8〉 北城町 출토 와당

광주 구시가지의 격자가로망은 조선시대 광주읍성을 내포하고 있는데 조선시대 여러 사서에서는 광주읍성 '北五里' 지점에 무진도독성이 위치하였다고 기록하고 있다. 이는 이미 오래 전에 통일신라 무진도독성이 폐기되어 정확한 범위를 모르고 있었기 때문이다. 『대동여지도』에서 광주읍성 북서쪽에 '古邑'을 표기한 것이나, 『동여비고』에서 광주읍성 북서쪽에 '十信寺'와 나란히 '武珍都督城'을 표기한 것은 그 위치가 통일신라 무진도독성에서 중요한 지점이라고 인식하고 있었기 때문일 것인데 이에 대해서는 뒤에서 검토하도록 하겠다.

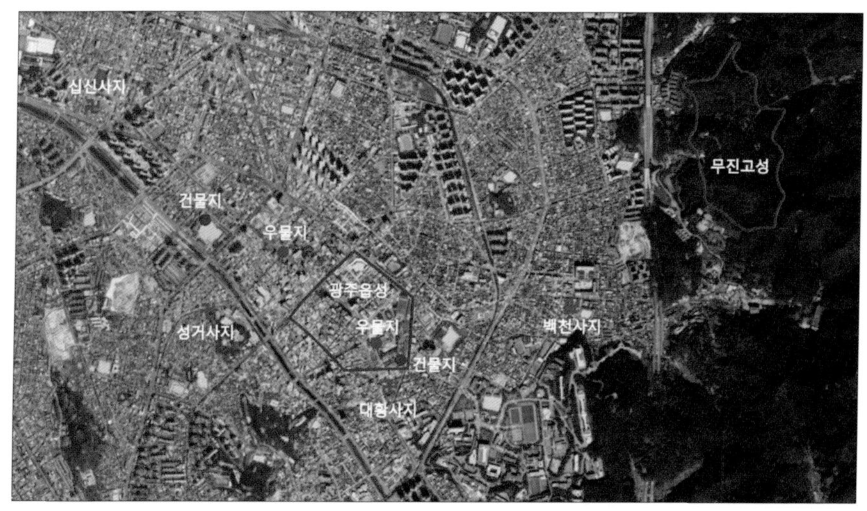

〈그림 9〉 광주 구시가지 일대 관련 유적 분포도

3. 무진도독성의 규모

무진도독성의 규모는 둘레가 『세종실록지리지』에서는 2,560步라 했고, 『신증동국여지승람』부터는 32,448尺이라 하여 차이가 크다. 아직 고고학적인 조사가 이루어지지 않은 상황에서는 1917년의 「광주지형도」에 반영된 격자가로망을 통해 개략적으로 파악해 볼 수 밖에 없다. 이 지도에서는 현재의 금남로와 충장로를 중심으로 하여, 장축은 임동에서 남광주에 이르는 약 2,200m 구간, 단축은 광주천에서 계림동에 이르는 약 900m 구간에 격자가로망이 남아있어 전체 둘레는 약 6,200m 정도라고 추산된바 있다[18].

이 수치는 지도상에 보이는 격자가로망의 흔적을 바탕으로 산출된 개략적인 것이므로 실제 크기와는 차이가 있을 것이다. 따라서 향후 정확한 측량이나 발굴조사를 통해 보완되어야 할 것이지만 이 글에서는 일단 이를 바탕으로 『세종실록지리지』를 비롯한 몇몇 조선시대 사서에 언급되어 있는 규모와 비교해 보도록 하겠다.

〈표 1〉 문헌기록에 나타난 무진도독성의 규모

문헌(발행시기)	명칭	내용	비고(광주읍성)
世宗實錄地理志 (世宗 14년, 1432)	武珍都督時古土城	周回2,560步	周回972步
新增東國與地勝覽 (中宗 26년, 1530)	武珍都督古城	在縣北五里土築周32,448尺	周8,253尺
輿地圖書 (英祖 41년, 1765)	武珍都督古城	在州北五里土築周32,448尺 今廢	周8,253尺
東國文獻備考 (英祖 46년, 1770)	武珍都督古城	在北五里土築周32,448尺 今廢	周8,253尺
光州牧誌(正祖 末年) (1798-1800년)	武珍都督古城	在州北五里土築周32,448尺 今廢	周8,253步
大東地志 (金正浩, 1866년)	古城	卽武珍都督時城北五里土築周32,448尺	周8,253尺

무진도독성의 규모는 『세종실록지리지』에 2,560보로 처음 기재된 이후 『신증동국여지승람』부터 32,448척으로 나온다. 한편 무진도독성의 일부에 해당하는 광주읍성은 『세종실록지리지』에 972보, 『신증동국여지승람』부터 8,253척으로 나온다. 『세종실록지리지』의 步 단위가 『신증동국여지승람』부터 尺으로 바뀐 것이지만 그 내용은 그렇게 단순하지 않다.

『세종실록지리지』에서는 무진도독성이 광주읍성 보다 2.634배(2,560보:972보) 크다고 되어 있는데 『신증동국여지승람』부터는 무진도독성이 광주읍성

보다 3.932배(32,448척:8,253척) 크다고 되어 있어 차이가 있다. 무진도독성과 광주읍성의 규모를 각각 『세종실록지리지』의 步와 『신증동국여지승람』의 尺 수치만 단순 비교한 무진도독성 1:12.675(2,560보:32,448척)와 광주읍성 1:8.491(972보:8,253척)의 차이도 마찬가지이다. 이처럼 조선시대 문헌기록에 나타난 무진도독성과 광주읍성의 규모가 일관되지 못한 데에는 이유가 있을 것이므로 그에 대해 먼저 검토해 볼 필요가 있다.

조선시대에는 황동척(黃鍾尺) · 주척(周尺) · 영조척(營造尺) 등 몇가지 척도들이 시기에 따라, 지역에 따라, 혹은 사용처에 따라 다르게 적용되었다. 도성과 남대문루의 실측치를 보면 태종대와 세종대의 척도는 영조척에 해당하지만[19] 같은 영조척이라 하더라도 태조대는 32.21cm이고, 세종 12년의 교정척도는 31.24cm로 차이가 있다. 1보의 경우에도 초기에는 영조척 6척에 해당하였다가 세종 12년에는 주척 5척에 해당하는 등 일정하지 않았다. 『세종실록지리지』의 광주읍성 972보는 『신증동국여지승람』 이후 8,253척으로 바뀌었으므로 1보는 8.491척으로 환산된다.

『신증동국여지승람』 이후 일관되게 나타나는 광주읍성의 규모는 8,253척이다[20]. 이를 태조대 영조척 32.21cm로 환산하면 2,658m이고, 세종 12년 이후의 영조척 31.24cm로 환산하면 2,578m이다. 1977년 『전국문화유적총람』의 측정치 2,476m[21]를 감안하면 1척이 30.00cm인 셈이고, 1997년 광주민속박물관의 측정치 약 2,500m[22]를 감안하면 1척이 30.29cm 정도인 셈이 된다. 또한 2,428m로 측정하여 『신증동국여지승람』 이후 광주읍성에 적용되었던 척도는 세종 12년 이후의 영조척일 가능성이 높다고 본 견해도 있다[23]. 광주읍성의 규모는 1917년의 「광주지형도」를 토대로 산출한 것이기 때문에 측정자에 따라 차이가 있지만 영조척으로 측정한 것이라고 보는 점에 있어서는 이견이 없다.

성곽의 규모는 척도에 따라 수치는 다르게 나오겠지만 측정 위치가 같다면 전체 규모 자체가 다르게 측정되기는 어려울 것이다. 조선시대의 사서별 측정 위치가 성벽 정상부의 중앙인지, 기저부의 안쪽인지 바깥쪽인지 등을 확인하기는 어렵지만 일정한 측정 기준이 있었을 것이므로 규모가 다르게 측정되기는 어려웠을 것이고, 광주읍성은 석성이므로 토성보다 더 정확하게 측정되었을 것이다.

『세종실록지리지』의 광주읍성 972보를 정확한 측정치라고 보면 무진도독성 2,560보는 그 2.634배이므로 광주읍성의 현대 측정치인 2,428~2,500m의 2.634배, 즉 6,395~6,585m에 해당할 것이다. 이 수치는 『신증동국여지승람』의 무진도독성 32,448척을 주척(20.81cm)으로 환산한 6,752m와 상통하지만 세종 12년 이후의 영조척(31.24cm)으로 환산한 10,137m와는 큰 차이가 있다.

『신증동국여지승람』에서는 무진도독성은 주척으로, 광주읍성은 영조척으로 측정하였을 가능성을 상정해 볼 수 있을 것이지만 이는 수용하기 어렵다. 비록 수백년 전의 일이지만 광주라는 동일한 지역에서 동일한 시기에 두 성곽의 규모를 측정하면서 각기 다른 척도로 측정하였을 가능성은 높지 않았을 것이므로 오히려 어느 한 성곽의 규모를 잘못 파악하였다고 보는 것이 합리적이다.

먼저 『세종실록지리지』의 광주읍성 972보는 석성을 측정한 것이고 현대의 실측치와 큰 차이가 없으므로 잘못 측정되었을 가능성은 없다고 보아야 할 것이다. 무진도독성 2,560보는 광주읍성 972보의 2.634배이므로 광주읍성 2,428~2,500m의 2.634배, 즉 6,395~6,585m에 해당할 것이므로 앞서 소개한 1917년 「광주지형도」의 측정치인 약 6,200m와 큰 차이가 없는 편이다. 따라서 『세종실록지리지』의 무진도독성이 잘못 측정되었을 가능성은 그다지 높다고 보기 어려울 것이다.

문제의 『신증동국여지승람』에서는 광주읍성과 무진도독성이 각각 8,253척과 32,448척으로 되어 있다. 이는 『세종실록지리지』의 2.634배와 달리 3.932배로 커진 것이며 『세종실록지리지』의 광주읍성이 정확한 것이라면 『신증동국여지승람』의 무진도독성이 부정확한 것이라는 결론에 이르게 된다. 따라서 무진도독성의 규모는 34,448척이 아니라 광주읍성 8,253척의 2.634배에 해당하는 21,738척 내외가 되어야 합당할 것이며 광주읍성에 적용된 영조척 31.24cm로 환산하면 6,791m로 산출될 것이다. 이는 현재 광주시가지에 남아있는 격자가로망의 추정 둘레인 약 6,200m에 근접하면서 『신증동국여지승람』의 무진도독성 규모가 실제보다 더 크게 측정되어 있음을 말해줄 것이다.

무진도독성의 규모가 34,448척이 아니라 21,738척 내외에 해당한다면 앞에서 이해하기 어려웠던 문제점도 해결된다. 무진도독성은 『세종실록지리지』에는 2,560보로 되어 있고 『신증동국여지승람』에는 32,448척으로 기록되어 있어 두 사서간의 비율이 1:12.675에 해당하지만 광주읍성의 경우에는 두 사서간의 비율이 1:8.491로 다르게 나타나는 이유가 설명될 수 있는 것이다. 즉 무진도독성이 34,448척이 아니라 21,738척 내외로 수정된다면 그 비율은 1:8.491(2,560보:21,738척)로서 광주읍성의 1:8.491(972보:8,253척)과 일치하게 된다. 여기서 양자의 비율이 1:8.491로 소수점 아래 3자리까지 일치하는 것은 우연한 것이겠지만 그만큼 『신증동국여지승람』의 무진도독성 규모가 실제보다 더 크게 측정되었을 가능성이 높다는 것을 암시해 줄 것이다.

이상 살펴본 바와 같이 동일한 시기에, 동일한 지역에서, 동일한 유형의 대상에 대해 동일한 척도로 측정하였을 가능성이 높다고 보면, 『세종실록지리지』의 무진도독성 2,560보와 광주읍성 972보는 신뢰할 수 있고, 『신증동국여지승람』 이후의 광주읍성 영조척 8,253척도 신뢰할 수 있을 것이다. 그러나 『신증동국여지승람』의 무진도독성은 영조척 32,448척에서 21,738척으로 수정되는 것이 옳을 것이다. 무진도독성의 규모가 『신증동국여지승람』에 32,448척으로 기록된 이유는 당시 무진도독성이 많이 파괴되어버린 상태에서 실제보다 넓은 범위가 측정되었기 때문일 가능성이 크다고 추정되는데 향후 무진도독성의 규모가 확인된다면 보다 정확한 이유가 밝혀질 수 있을 것이다.

4. 무진도독성의 구조

1) 외곽 시설

무진도독성의 기본 골격을 이루는 격자가로망은 당시 경주 왕경을 모델로 한 것이다. 1917년 「광주지형도」를 통해 추정되는 격자가로망은 길이 2,200m 내외, 너비 900m 내외, 둘레 6,200m 내외의 장방형을 이루며 서북-동남을 장축으로 하고 있다. 당시 이상적인 도시는 방형을 기본으로 하는 것이었지만 현지의 지형 조건에 따라 장방형을 띠는 곳이 적지 않으며 河西州(溟州, 강릉), 首若州(朔州, 춘천), 西原小京(청주), 中原小京(충주) 등이 그에 해당한다.

무진도독성의 격자가로망 외곽에서는 별도의 시설이 확인된 바 없다. 『신증동국여지승람』 이래 일관되게 '築土城'이라 기록하고 있지만 토성의 흔적은 찾아볼 수 없는 것이다. 하지만 『여지도서』부터는 '今廢'가 추가되어 있기 때문에 그 이전의 『세종실록지리지』와 『신증동국여지승람』 발간시에는 토축 성벽이 남아있었을 가능성을 생각해 볼 수도 있을 것이다.

1917년의 「광주지형도」를 보면, 무진도독성의 서쪽은 광주천, 동쪽은 동계천에 접하는데 광주천은 자연스럽게 곡류하는데 반해 동계천은 직선에 가까우면

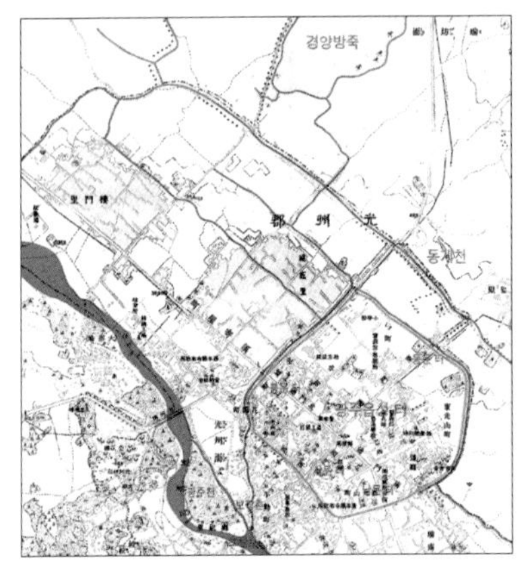

〈그림 10〉 광주천과 동계천

〈그림 11〉 동계천 복개지(상;동계천로-지호로, 중;대인시장입구, 하;수창초교담장옆)

서 부분적으로 제방이 표시되어 있다. 이 제방이 언제 축조된 것인지 단언하기 어렵지만 격자가로망의 범위가 제방 안쪽에 해당하는 점을 감안하면 무진도독성을 조성하는 과정에서 동계천을 직선화하면서 쌓은 제방일 가능성을 배제하기 어렵다.

그러므로 여러 기록에 일관되게 보이는 무진도독성의 '築土城'은 동계천 제방을 염두에 둔 것이 아닌가 생각된다. 『여지도서』부터 '今廢'가 추가되어 있는 것은 『신증동국여지승람』 이후 『여지도서』가 편찬되기까지 200여년이 경과하면서 이 제방이 무너지는 등의 변화가 생겼기 때문일 가능성이 높을 것으로 추정된다.

2) 격자가로망

무진도독성은 9주5소경 가운데 비교적 격자가로망이 잘 보존되어 있는 곳이다(〈그림 3〉). 1917년「광주지형도」를 보면 남아있는 방의 수효는 단축방향(列) 6방, 장축방향(行) 12방 정도로 추정되는데 5방×6~9방으로 보거나[24], 5방×9방 혹은 6방×10방으로[25] 보기도 한다. 다른 9주5소경 역시 연구자에 따라 다르게 보는 경우가 적지 않은데 특히 장방형 도시가 그러하다. 방형에서는 9방×9방 혹은 10~11방×10방을 기본으로 하면서 완산주와 같은 약간의 변이가 보이지만 장방형에서는 지형 조건에 따라 상당히 다른 구조를 보여주고 있다.

무진도독성의 각 방의 크기는 두 번째 열에 해당하는 현재의 금남로와 충장로 사이가 너비 100m, 길이 160m 정도이고 나머지는 160×160m 내외인데 1917년의「광주지형도」에서 측정한 것이면서 방과 방 사이의 도로 폭을 포함한 것이므로 실제 방의 규모와는 다소 차이가 있을 것이다.

다른 9주5소경에서도 각 방들의 형태와 크기는 현지 지형 조건에 따라 차이가 있지만 경주 왕경에서 7세기 후반 이후의 2단계 도시구획에서 확인되는 440×440척(고구려척 5척 1보 기준 156.2m)이 일반적이므로[26] 7세기 후반에 조성되었던 무진도독성이 경주 왕경 2단계의 440×440척에 준하는 것으로 본다면 방 자체의

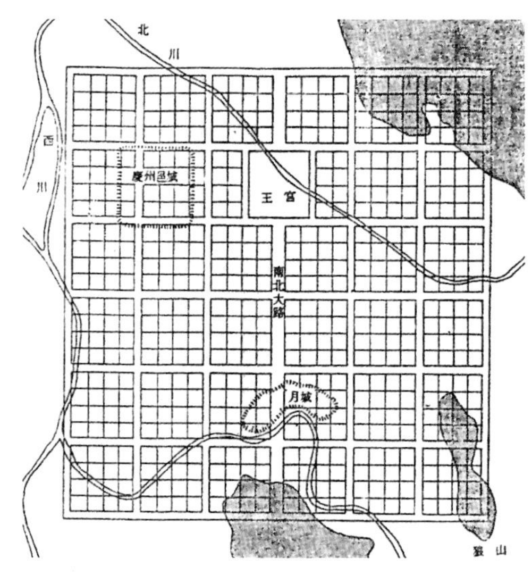

〈그림 12〉 경주 왕경 복원안(윤무병)

크기는 156.2m에 해당할 가능성이 높을 것이다.

다만 무진도독성에서는 격자가로망이 약하나마 평행사변형을 띠고 있어 예각 85도 내외, 둔각 95도 내외에 해당하기 때문에 156.2m로 단정하기 보다는 약 160m로 표기하는 것이 이를 반영함과 동시에 방 사이의 도로도 포괄할 수 있을 것이다. 남원소경이나 沙伐州(상주), 菁州(康州, 진주) 등 다른 지방도시도 방의 규모를 160×160m 정도로 보고 있다[27].

한편 각 방에는 당나라 장안성의 경우와 마찬가지로 담장과 문을 설치하여 주민들을 통제하였다고 보기도 하는데 발굴조사가 이루어지기 전에는 확인해 보기 어려운 일이다.

3) 중축대로

무진도독성의 격자가로망은 약 160×160m 크기의 방으로 구획되어 있지만 현재의 금남로와 충장로 사이는 폭이 100m 정도에 불과하다. 이 범위는 서쪽에서 2번째 열에 해당하는데 이를 중축대로라고 추정하기도 하고[28] 변형된 방으로 보기도 한다[29]. 현재 9주5소경 당시의 격자가로망은 후대의 시가지 개발로 인해 원형을 찾기가 어렵지만 확인된 격자가로망 가운데에는 다른 방보다 폭이 좁은 방이 중앙열을 이루는 경우가 적지 않다. 무진주 외에도 南原小京(남원)·金官小京(김해)·沙伐州(상주)·熊川州(공주)·菁州(진주)·漢山州(廣州)·歃良州(양산)·首若州(춘천) 등지가 그러하며 그 폭은 80~100m 정도이고 중축대로라고 보는 견해가 많은 편이다.

왕경이었던 경주에는 120m 폭의 중축대로가 있다는 견해[30]가 일반적이었다가 존재하지 않는다는 발굴조사 보고가 있었고[31] 왕경에서 확인되지 않은 중축대로가 지방도시에 설치되기 어려웠다거나[32] 원래 중축대로는 도성 궁궐 남쪽에 위치하여 왕조의례를 행한 공간이므로 지방도시에 설치한다면 지역세력이 반란을 일으킨 경우에 그 타당성을 만들어 줄 수 있기 때문에 중앙부에 의도적으로 폭이 좁은 방을 설치했을 뿐이라고 보는 견해도 나왔다[33]. 이 새로운 견해는 기존 견해를 부정하는 것인데 이 부정설이 설득력을 얻기 위해서는 왜 왕경을 비롯한 많은 지방도시에서 중앙열이 다른 열들보다 좁게 조성되었는지에 대해 보다 충분하게 설명할 필요가 있다.

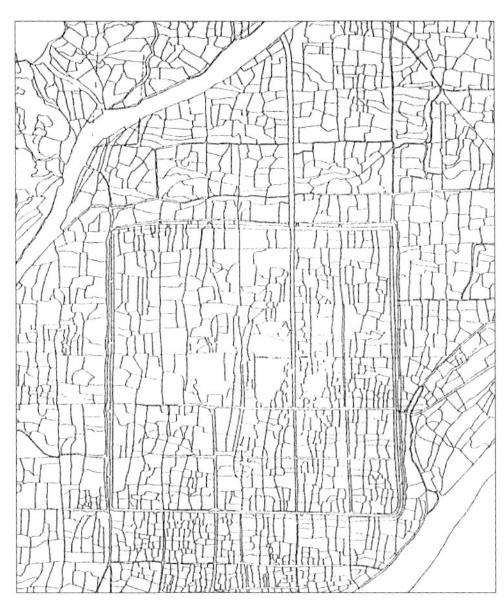

〈그림 13〉 남원소경 격자가로망
(중앙 큰 방형 구역은 조선시대 읍성)

현재 무진도독성의 폭이 좁은 열에는 수 많은 건물들이 밀집되어 있고 그 양쪽에 충장로와 금남로가 나있는데 이는 고려를 거쳐 근대에 이르기까지 광주읍성을 중심으로 시가지 변화 속에서 원래 중축대로였던 공간 양쪽에 충장로와 금남로를 통행로로 남기고 그 사이를 관아지역이나 상업지역 등으로 개발하였기 때문일 가능성이 높다고 판단된다. 이 가운데 금남로의 경우에는 1910년대까지는 도로라고 하기 어려웠다가 1920~1930년대에 도로다운 도로가 되었고, 1968년의 확장공사를

〈그림 14〉 무진도독성 중축대로(추정)

통해 현재와 같은 도로가 되었음을 상기할 필요가 있다. 다른 도시들 역시 원래 중축대로였던 공간에 후대에 건물들이 축조되었다면 원래부터 중축대로가 아니었던 것으로 오해될 수 있을 것이다. 그 폭은 대부분 80~100m 정도로 왕경의 120m와 차이가 나는데 이는 왕경과 지방도시의 위계 차이에 해당할 것이다.

이 도로가 격자가로망 중앙에 위치하지 않은 것은 원래 광주천을 포함시키려던 계획이 달성되지 못하였기 때문일 가능성이 높다고 생각되며, 이는 동남쪽 격자가로망이 정연하지 않은 것과 무관하지 않을 것 같다. 광주천 방향으로의 확대를 대신하여 동남쪽 방향으로 확대되면서 격자가로망이 흐트러졌을 것이다.

4) 관아

무진도독성은 14군 44현을 관장하였던 무진주의 치소였던 만큼 행정을 총괄하는 큰 규모의 관아 시설들이 존재하였을 것이다. 『신증동국여지승람』의 '在縣北五里'는 광주읍성 북쪽으로 2km 가량 떨어진 지점을 가리키는 것이며, 조선시대 광주읍성은 무진도독성의 남쪽 일부에 자리잡고 있었으므로 '在縣北五里'는 무진도독성의 북쪽 일부를 가리키는 셈이다. 조선시대 사서에서 무진도독성의 위치를 그렇게 기록한 것은 그곳이 특별한 의미를 가지고 있기 때문이었을 것인데 아마도 무진도독성의 중심 시설인 관아의 위치가 그곳이었다고 인식하고 있었기 때문일 것이다.

앞에서 언급한 『대동여지도』의 '古邑'이나 『동여비고』의 '武珍都督城' 위치가 그곳을 가리키는 것은 그와같은 사서의 내용을 반영한 것일 것이다. 특히 『동여비고』에서는 무진도독성 옆에 '十信寺'가 표기되어 있는데 이 십신사는 현재의 임동에 있었던 것으로 알려져 있으므로 나란히 표기된 武珍都督城 역시 임동에 해당할 것이다. 이는 『대동여지도』에 표기된 古邑의 위치와도 일치한다. 하지만 아직까지 '在縣北五里' 지역에서는 직결된 고고 자료가 확인된 바 없으므로 향후 조사를 통해 확인해 볼 필요가 있다.

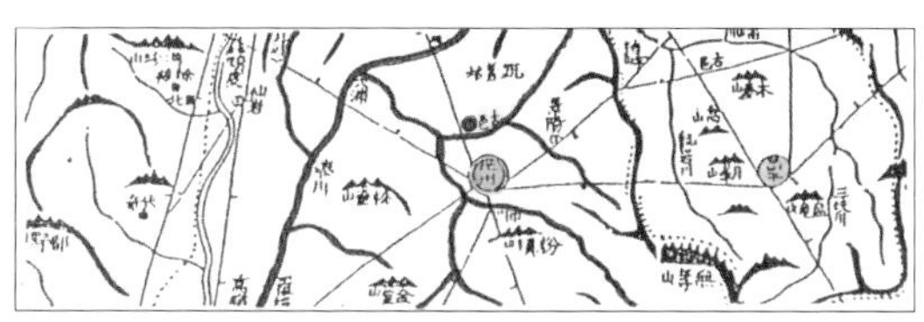

〈그림 15〉『대동여지도』광주 古邑

한편 광주읍성 하층에서 확인된 통일신라 건물지를 주목해 볼 필요가 있다. 앞에서 소개한 바와 같이 2006년 광주읍성 아래층에서 확인된 통일신라 건물지는 무진도독성과 관련된 것으로서 그 위치가 갖는 공간적인 성격은 조선시대 광주읍성과 상통하기 때문에 통일신라 무진주의 관아와 관련되었을 가능성을 배제하기 어렵다고 판단된다.

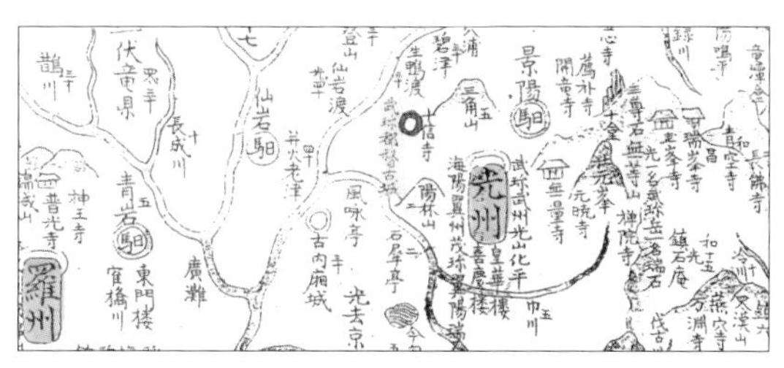

〈그림 16〉『동여비고』광주 武珍都督城, 十信寺

무진주 관아의 위치 문제는 향후 '北五里' 일대에 대한 조사가 이루어져야 해결될 수 있을 것이지만, 현재의 자료만으로 본다면 '北五里'는 무진도독성의 위치에 대한 조선시대의 불명확한 인식을 보여주는 것이라고 판단된다.

5. 무진도독성의 축조 시기와 배경

무진도독성의 축조 시기에 대한 직접적인 문헌 기록은 없다. 간접적인 기록으로는 문무왕 18년(678)에 아찬 천훈(天訓)이 무진주 도독으로 파견되었다는 『삼국사기』 기사가 있으므로[34] 이때 무진도독성의 축조가 시작되었을 가능성이 높을 것이다. 그후 신문왕 원년(681)에 이 지역 중심이 발나주(發羅州)로 교체되었다가 신문왕 6년(686)에 무진주로 환원되는 변화가 있었으므로[35] 무진도독성의 축조가 순조롭게 이루어졌다고 보기는 어려울 것 같다.

통일신라 9주5소경은 통일 이후 일시에 설치된 것이 아니라 통일 이전부터 설치되기 시작하였는데 그 배경과 시기에 따라 3기로 구분된다. Ⅰ기는 지증왕 6년(505)부터 진덕왕 원년(647) 사이에 영역 확대에 따라 군사 · 행정 양면의 기능을 가졌던 시기이고, Ⅱ기는 무열왕 5년(658)부터 문무왕 8년(668) 사이에 지방제도가 전시체제로 편성된 시기이며, Ⅲ는 문무왕 9년(669)부터 신문왕 11년(691) 사이에 중앙의 일관된 정책 아래 완비된 시기이다[36]. 이 가운데 9주5소경들이 방제의 도시계획에 따라 본격적으로 정비되는 시기는 왕경의 계획도시화가 최종 단계에 접어든 신문왕대인데 685년 서원소경과 남원소경 설치, 687년 사벌주 재설치를 끝으로 완비된다[37].

이와같은 상황을 감안하면 무진도독성도 신문왕대에 완성되었을 가능성이 높다고 할 수 있을 것이다. 무진도독성은 방의 규모가 도로를 포함하여 약 160×160m인데 이는 경주 왕경의 7세기 후반 이후 2단계 도시구획의 방의 규모 156.2m와 상통하는 점에서도 추정해 볼 수 있을 것이다. 그러나 무진도독성의 일부 방들은 방향이 일치하지 않거나 크기에 차이가 있기 때문에 일시에 완성되었다기 보다는 후대에 부분적으로 확장되었을 가능성도 있다고 볼 수 있을 것이다.

한편 무진도독성으로 비정되는 격자가로망의 범위에서는 주로 통일신라 자료들이 확인되고 있기 때문에 마한 · 백제 시기에는 광주의 중심지가 다른 곳이었다가 통일신라 때 이곳으로 옮겨졌던 것으로 추정된다. 광주 지역에서 확인된 마한 · 백제 관련 유적은 하남동, 흑석동, 산정동, 월전동, 평동, 동림동 등 극락강과 황룡강을 낀 서부 지역에 집중되어 있으므로 이 지역에 마한 소국이 위치하였던 것으로 추정되는데[38] 『삼국사기』 동성왕 20년(498)에 동성왕이 출병하였다고 한 지역도 이곳이었을 것이다. 통일신라는 무진도독성을 건설하면서 기존 중심지인 서부지역을 피해 동부지역을 택하였던 것이다.

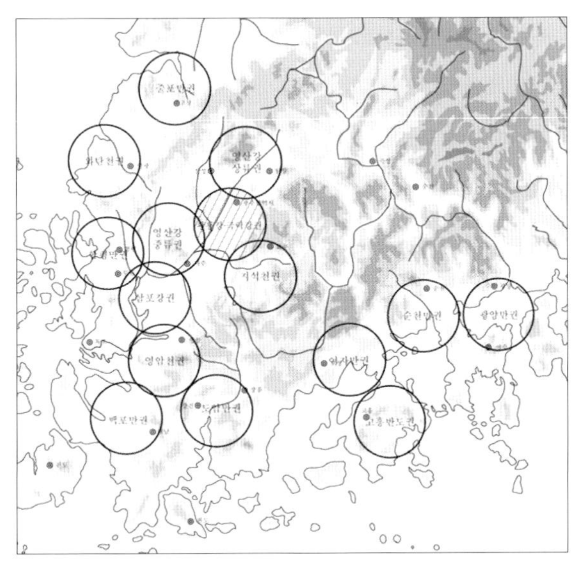

〈그림 17〉 광주 · 전남지역 마한 소국의 추정 위치

이와같은 현상은 청주에서도 찾아볼 수 있다. 미호천의 지류인 무심천 일대는 개방형 분지를 이루는데 원삼국~삼국시대 유적은 주로 무심천과 미호천이 합류하는 송절동 일대에 집중되어 있고, 통일신라~고려 유적은 청주분지 안쪽에 해당하는 문화동 일대의 격자가로망 지역에 집중되어 있기 때문에 7세기 후반경에 청주지역 거점이 이동하였음을 알 수 있다[39]. 이는 685년에 서원소경이 설치되었다는『삼국사기』기록과 상통한다.

『삼국사기』백제 동성왕대에 나오는 무진주는 통일신라 문무왕 18년(678)에 아찬 천훈이 파견되었던 무진주(武珍州)나 신문왕 원년(681)에 바뀐 무진군(武珍郡)과 신문왕 6년(686)에 환원된 무진주(武珍州)와 한자가 같은데 무진(武珍)이라는 지명이 시작된 시기에 대해서는 검토가 필요하다.

무진이 광주라는 것은 통일신라 제의체계에서 소사(小祀)에 편제되었던 무진악(武珍岳)[40]이 광주 무등산을 가리킨다는 점을 통해 알 수 있다.『대동지지』에서는 백제 때 노지(奴只)를 무진군으로 고쳤다고 하였으므로 노지가 무진보다 먼저였음을 알 수 있다[41]. 노지는 무진과 달리 한자음을 취한 전통적인 지명이

자 백제의 지명이고[42] 무진은 무진악, 즉 무등산과 관련된 지명이다. 무진주는 경덕왕 16년(757) 무주(武州)로 바뀌었는데[43] 이른바 한화정책에 따른 것이다.

그렇다면 가장 이른 시기의 명칭인 노지는 광주 서부지역 마한 · 백제 유적들과 관련되었을 가능성이 높고, 무진주는 광주 동부 무진악에 인접한 통일신라 유적들과 관련되었을 가능성이 높을 것이다. 노(奴)를 '내[川]+받침시옷', 즉 '냇'의 음차로 보는 견해[44]를 감안하면, 노지는 서부지역의 극락강과 황룡강을 낀 충적평야에 집중되어 있는 마한 · 백제 유적들과 직결되는 지역이고, 무진주는 무등산인 무진악에 인접한 무진도독성 지역이었다고 할 수 있는 것이다. 그 중간에 위치한 동림동 유적은 5세기 후엽경부터 백제 관련 자료가 나오기 시작하는 유적으로서 498년 백제 동성왕이 출병한 이후 광주의 중심이 서부지역 마한사회에서 동부지역 통일신라 무진도독성으로 옮겨가는 과정에서 형성되었던 유적일 가능성이 있을 것이다.

그러므로 광주에서는 마한 · 백제 시기의 중심지역과 통일신라 시기의 중심지역이 다른 셈이며, 정치적인 변화에 수반되어 중심지역이 바뀌었음을 말해준다. 이는 백제가 영산강유역을 병합한 다음 기존 중심지인 나주 반남 세력 보다 복암리 세력을 중시하였던 것과 상통한다[45]. 앞에서 언급한 바와 같이 통일신라는 문무왕 18년(678)에 광주에 무진주를 두고 아찬 천훈(天訓)을 도독으로 파견하였지만 신문왕 원년(681)에 이 지역 중심을 발나주(發羅州)로 바꾸었다가 신문왕 6년(686)에 무진주로 환원한 바 있다.

이는 통일신라 초기에 나주 세력과 광주 세력 사이에서 주도권 다툼이 이루어지면서 중심지 이동이 수반되었음을 추정해 볼 수 있게 한다. 통일신라에서는 새로 편입한 광주 · 전남지역에 차득(車得)을 파견하였는데 그 까닭은 안길(安吉)을 중심으로 한 광주지역 토착 세력으로 하여금 신라에 협조하는 조건으로 광주에 무진주를 설치한 것과 관련되었다고 보고 있다[46]. 서원소경 · 중원소경 · 북원소경 등을 신도시로 건설한 이유에 대해 소경 거주 귀족에 대한 회유책의 일환으로 보는 견해[47], 중앙권력의 통제력을 강화하기 위한 집권화 시책으로 보는 견해[48], 기존 현지세력에 대한 약화와 견제로 보는 견해[49] 등은 이와 상통하는 견해들이다.

고고학 자료로는 아직 무진도독성의 축조 시기를 단정하기 어렵지만 남아있는 문헌 자료에 따라 아찬 천훈이 무진주 도독으로 파견되었던 문무왕 18년(678) 즈음에 시작되어 신문왕7년(687) 즈음에 기본적인 골격이 완성되었을 가능성이 높다고 보는 것이 합리적일 것이다. 무진도독성의 배후산성인 무진고성은 고고학적으로 8세기말~9세기초에 축조되었다고 추정되는데 이는 남원소경을 비롯하여 사벌주, 청주 등지에서 시가지 주변에 산성을 축조한 것[50]과 상통한다. 무진고성이 무진도독성 보다 1세기 가량 늦게 축조되었던 것은 행정적인 기능을 담당하였던 무진도독성의 축조 이후 점차 군사적 필요성이 커짐에 따라 배후산성으로 축조하게되었음을 말해줄 것이다[51].

이 문제에 있어서는 후대의 기록이지만 『고려사』에 소개된 '무등산가'가 주목된다. 비록 그 가사는 기재되지 않았지만 그 노래가 만들어진 배경이 다음과 같이 소개되어 있다. '무등산은 광주의 진산이다. 광주는 전라에 위치하는 큰 고을인데, 이 산에 성을 쌓자 주민들이 평안하였으므로 즐겁게 노래하였다[52].'는 내용이다. 조선시대 『대동지지』에도 비슷한 내용이 나오는데, '무등산고성'의 협주를 보면, '유지가 있다. 백제때 이 성을 쌓자 주민들이 평안하였으므로 즐겁게 노래하였는데, 민간에 무등산곡이 있다[53].'는 내용이 그것이다.

『고려사』와 『대동지지』에 소개된 '무등산가'와 '무등산곡'은 모두 무등산에 축조된 성을 주제로 한 노래이지만 『대동지지』에는 『고려사』에서 언급되지 않은 이 성의 축조시기가 백제라고 기록되어 있다. 이는 당시의 인식을 반영한 것이겠지만 현재까지 밝혀진 자료에 따르면 무등산에는 백제 때 축조되었다고 확인된 성은 없다. 무진고성이 가장 이른 시기에 해당하는 것이고 그 시기는 통일신라 후기의 혼란했던 때였으므로 불안했던 시대 상황 속에서 무진도독성의 배후산성으로 이 성이 축조됨으로써 무진주 사회가 보다 안정을 찾을 수 있었음을 말해주는 노래였다고 판단된다.

6. 맺음말

광주는 1896년 전남의 중심도시가 되었다고 보는 것이 일반적이다. 마한과 백제에서는 중심지가 나주였고, 고려~조선에 걸쳐서도 중심지는 나주였기 때문에 광주가 전남의 중심지가 된 것은 그 이후인 근세부터라고 인식하는 것이다. 그러나 광주가 통일신라때 무진주로서 전남의 중심도시였던 것은 명백한 역사적 사실이다.

광주시는 1986년 광주직할시로 승격되면서 통일신라 무진주 시기의 무진도독성을 광주의 역사성을 보여주는 중요한 상징물로 선정하여 정비복원을 추진한 바 있다. 조사가 충분하지 않았던 당시 상황에서는 무등산 잣고개에 위치한 산성을 무진도독성으로 지목할 수 밖에 없었겠지만 이 성은 부분적인 발굴조사를 통해 무진도독성과 관련된 배후산성일 가능성이 높다는 사실이 밝혀져서 무진고성으로 불리게 되었다.

그 후 새로운 조사, 연구를 통해 무진도독성의 위치가 광주 구도심지에 해당한다는 사실과 함께 현재까지 통일신라 9주5소경에 해당하는 다른 어느 도시보다 광주가 정연한 격자가로망을 유지하고 있다는 사실이 밝혀졌다. 특히 무진도독성의 중심을 이루었을 관아의 위치가 고지도에 표시된 임동 일대이거나 통일신라 건물지가 확인된 광주읍성 일대일 가능성이 높으므로 향후 구도심지 재개발 과정에서 관아 유구를 확인해 나가는 동시에 도로, 시장, 공방 등 관련 도시 시설에 대한 조사도 이루어져야 할 것이다[54].

다른 한편으로는 무진도독성에서 확인된 유구와 함께 배후산성인 무진고성을 정비복원해 나간다면 통일신라 무진주 관련 유적들이 종합적인 유적공원으로서 쾌적한 휴식공간을 제공하고 유구한 역사를 알려주는 교육 및 관광자원으로 활용될 수 있을 뿐만 아니라 광주광역시는 한국의 고대 계획도시 가운데 행정치소와 배후산성이 함께 잘 정비된 대표적인 역사도시가 될 수 있을 것이다.

〈그림 18〉 1951년 광주 구시가지 격자가로망 전경(아래 중앙 큰 건물들이 전남도청임)

이 글은 2023년 광주광역시가 주최하고 전남대학교박물관이 주관한 학술회의(『광주 무진주의 형성과 변천』)에서 발표한 필자의 발표문(「광주 무진주의 도시 구조」)을 보완한 것임.

【 주석 】

1) 최몽룡, 1979,『광주시사(유적편)』.
2) 이병도, 1976,『한국고대사연구』, 박영사.
3) 천관우, 1989,『고조선사 · 삼한사연구』, 일조각.
4)『三國史記』백제본기 동성왕 20년조 '八月, 王以耽羅不修貢賦, 親征至武珍州'.
5) 박태우, 1987,「통일신라시대의 지방도시에 대한 연구」,『백제연구』18, 충남대백제연구소; 임영진 · 황호균 · 서현주, 1995,「광주 누문동 통일신라건물지 수습조사보고」,『호남고고학보』2, 81쪽; 이경찬, 2002,「고대 한국 지방도시 격자형 토지구획의 형태특성에 관한 연구」,『건축역사연구』11-4; 임영진, 2003,「光州의 古代都市－武珍都督城의 位置問題를 중심으로－」,『광주 · 전남의 도시발달과 그 문화적 맥락』(역사문화학회 발표자료집); 山田隆文, 2008,「新羅の九州五小京城郭の構造と實態について－統一新羅による計劃都市の復元研究－」,『考古學論攷』31.
6) (사)향토문화개발협의회, 1988,『無等山』, 463~496쪽.
7) 임영진, 1989,『武珍古城 I』, 전남대박물관, 120~121쪽.
8) 현재 광주광역시의 중심지는 시청사가 위치한 상무지구에 해당한다고 할 수 있겠지만 조선시대 광주읍성에 이어 전남도청이 위치하였던 금남로와 충장로 일대가 여전히 중심지로서의 위상을 유지하고 있기 때문에 이 글에서 사용하는 중심지나 시가지는 금남로와 충장로 일대를 지칭하는 것으로 하겠다.
9) 임영진 · 황호균 · 서현주, 1995,「광주 누문동 통일신라건물지 수습조사보고」,『호남고고학보』2, 81쪽; 임영진, 2003,「光州의 古代都市－武珍都督城의 位置問題를 중심으로－」,『광주 · 전남의 도시발달과 그 문화적 맥락』(역사문화학회 발표자료집).
10) 정기진 · 장제근 · 이계표, 1997,『광주읍성』, 광주광역시립민속박물관; 전남대박물관, 2002,『광주읍성 유허 지표조사 보고서』.
11) 임영진 · 황호균 · 서현주, 1995,「광주 누문동 통일신라건물지 수습조사보고」,『호남고고학보』2, 69~97쪽.
12) 김광우, 1994,「20세기초 광주시가지 형성에 관한 계획사연구」,『국토계획』29-3, 대한국토도시계획학회, 125~146쪽.
13) 임영진 · 양해웅 · 이정민, 2002,「광주도시철도 TK-1공구 우물지」,『나주 청동유적』, 전남대박물관, 45~109쪽.
14) (재)전남문화재연구원, 2008,『광주읍성 I』, 222쪽.
15) (사)향토문화개발협의회, 1988,『無等山』, 231~346쪽. (대황사는 일제강점기 신흥사찰인 대황사 소속 약사함에서 와전되었고『신증동국여지승람』에 나오는 '禪院寺'와 관련된 것이라고 본다. 황호균, 2023,「무진주와 광주목 사찰문화유산」,『광주 무진주의 형성과 변천』(학술회의자료집), 마한연구원)
16) 日本 京都大學 吉井秀夫 교수 목록 제공
17) 大曲美太朗, 1930,「全南光州より出土せし各種の土瓦に就て」,『考古學雜誌』20-6, 50~52쪽.

18) 임영진, 2008, 「통일신라 무진도독성의 위치와 규모」, 『지방사와 지방문화』 11.
19) 박홍수, 1977, 「도량형」, 『서울육백년사』, 534~539쪽.
20) 광주목지에는 步로 표시되어 있지만 이는 尺을 步로 誤記한 것으로 보아야 할 것이다.
21) 문화재관리국, 1977, 『문화유적총람』(전라남도편), 172쪽.
22) 정기진 · 장제근 · 이계표, 1997, 『광주읍성』, 광주광역시립민속박물관, 69쪽.
23) 김동수, 2002, 「광주읍성의 연혁」, 『광주읍성유허지표조사보고서』, 전남대박물관, 42쪽.
24) 이경찬, 2002, 「고대 한국 지방도시 격자형 토지구획의 형태특성에 관한 연구」, 『건축역사연구』 11-4, 53~54쪽.
25) 山田隆文, 2008, 「新羅の九州五小京城郭の構造と實態について－統一新羅による計劃都市の復元硏究－」, 『考古學論攷』 31, 24쪽.
26) 황인호, 2014, 「신라 9주5소경의 도시구조 연구」, 『중앙고고연구』 15, 138쪽.
27) 박태우, 1987, 「통일신라시대의 지방도시에 대한 연구」, 『백제연구』 18, 76쪽.
28) 이경찬, 2002, 「고대 한국 지방도시 격자형 토지구획의 형태특성에 관한 연구」, 『건축역사연구』 11-4, 53~54쪽.
29) 山田隆文, 2008, 「新羅の九州五小京城郭の構造と實態について－統一新羅による計劃都市の復元硏究－」, 『考古學論攷』 31, 24쪽.
30) 윤무병, 1987, 「신라 왕경의 방제」, 『이병도박사구순기념한국사학논총』, 42쪽.
31) 국립경주문화재연구소, 2003, 『경주 인왕동 556 · 566번지유적 발굴조사보고서』.
32) 황인호, 2014, 「신라 9주5소경의 도시구조 연구」, 『중앙고고연구』 15, 137쪽.
33) 이은석, 2011, 「상주 복룡동 유적과 경주 왕경」, 『영남문화재연구』 24, 169쪽.
34) 『三國史記』 신라본기 문무왕 18년조 '夏四月, 阿湌天訓爲武珍州都督'.
35) 『三國史記』 신라본기 신문왕 6년조 '發羅州爲郡 武珍郡爲州'.
36) 박태우, 1987, 「통일신라시대의 지방도시에 대한 연구」, 『백제연구』 18.
37) 황인호, 2014, 「통일신라시대의 지방도시에 대한 연구」, 『중앙고고연구』 15, 108쪽.
38) 임영진, 2013, 「고고학 자료로 본 전남지역 마한 소국의 수와 위치 시론」, 『백제학보』 9, 56쪽; 최영주, 2021, 「삼국 · 통일신라시기 광주 중심지 연구」, 『역사학연구』 83.
39) 윤여헌, 2022, 「청주분지내 원삼국~통일신라시대 지역거점 형성과 변천과정 연구」, 『중앙고고연구』 39, 87~123쪽.
40) 『三國史記』 잡지1 제사조 '月奈岳(夾註;月奈郡) 武珍岳(夾註;武珍州)'.
41) 『三國史記』 잡지5 지리3 武州 '本百濟地 神文王六年 爲武珍州 景德王改爲武州 今光州'
42) 『三國史記』 잡지6 지리4 백제 '武珍州(夾註; 一云奴只)
43) 『三國史記』 신라본기 경덕왕 16년조 '(改)武珍州爲武州, 領州一郡十四縣四十四'.
44) 김기혁 외, 2010, 『한국지명유래집－전라 · 제주편』, 국토지리정보원; 조강봉, 2016, 「武珍, 無突 · 馬珍 · 馬等良, 難珍阿 · 月良, 難等良, 月奈에 대하여」, 『지명학』 24, 한국지명학회.
45) 임영진, 2000, 「영산강유역 석실봉토분의 성격」, 『지방사와 지방문화』 3-1, 251쪽.
46) 변동명, 2012, 「무진주의 성립과 車得 · 安吉 설화」, 『역사학연구』 48, 37~71쪽.
47) 박태우, 1987, 「통일신라시대의 지방도시에 대한 연구」, 『백제연구』 18, 59쪽.

48) 양기석, 1993, 「신라 오소경의 설치와 서원경」, 『호서문화연구』 11.

49) 윤여헌, 2022, 「청주분지내 원삼국~통일신라시대 지역거점 형성과 변천과정 연구」, 『중앙고고연구』 39, 114쪽.

50) 박태우, 1987, 「통일신라시대의 지방도시에 대한 연구」, 『백제연구』 18, 75쪽.

51) 임영진, 1989, 『武珍古城 I』, 전남대박물관, 121쪽. 한편 무진고성은 초축 이후 9세기말에 수축이 이루어졌는데 이는 892년 무주를 점령한 견훤에 의한 것으로 본다(이정민, 2023, 「발굴조사를 통해 본 무진고성의 성격」, 『후백제 왕도 재조명, 광주』(학술회의자료집), 101쪽.)

52) 『高麗史』 三國俗樂 百濟 無等山 '無等山 光州之鎭 州在全羅爲巨邑 城此山 民賴以安 樂而歌之'.

53) 『大東地志』 全羅道 光州 城池 無等山古城(夾註; 有遺址 百濟時 城于此山 民賴以安 樂而歌之 俗有無等山曲').

54) 이 책자 편집이 마무리될 즈음에 최근의 발굴조사 자료와 일제강점기에 보고되었던 유물에 대해 알게 되었다. 전자는 동구 남동 99-3번지 일원에서 전남문화유산연구원에 의해 발굴된 고려 청자편과 기와편, 조선 백자편과 기와편 등 30점과 적심, 주공열 등의 조선시대 건물지인데 그 위치는 조선시대 광주읍성 남문과 가까운 성외부이다. 후자는 1936년에 광주경찰서에서 조선총독부로 보낸 공문서로서 光州府昭和町235番地 거주 김일남(金一南)이 1936년 8월 5일 '光州府大和町五一番地三' 경작 중 지면하 '約1尺五寸' 지점에서 발견한 '青磁象嵌菊文筒宛其他' 80여점에 관한 것인데 그 위치는 광주읍성 남문과 가까운 성내부이다.

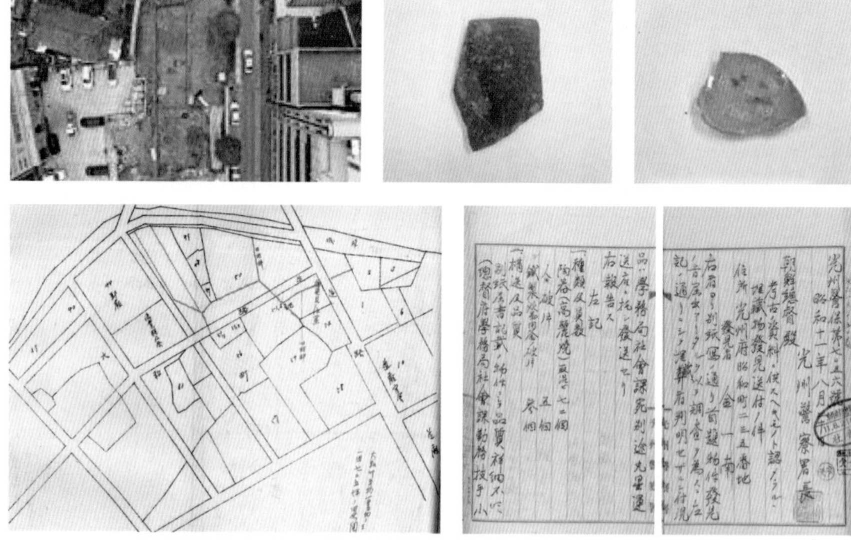

〈그림 19〉 남동 발굴자료(상)(유적전경 · 고려기와 · 조선백자), 일제강점기 보고자료(하)

【그림 출전】

〈그림 2〉 임영진 · 황호균 · 서현주 1995
〈그림 4〉 임영진 · 양해웅 · 이정민 2002
〈그림 5〉 필자촬영(이하 생략)
〈그림 6〉 임영진 2008
〈그림 7〉 日本 京都大學 吉井秀夫 교수 제공
〈그림 8〉 大曲美太朗 1930
〈그림 10〉 광주역사민속박물관 2020
〈그림 12〉 윤무병 1987
〈그림 13〉 박태우 1987
〈그림 17〉 임영진 2013
〈그림 18〉 1951년 이경모 촬영, 광주광역시 시청각자료실
〈그림 19〉 전남문화유산연구원 2024; 光州警察署長 1936(국립중앙박물관 일제강점기 자료)

【인용 · 참고문헌】

〈단행본〉
『三國史記』, 『高麗史』, 『大東地志』
국립경주문화재연구소, 2003, 『경주 인왕동 556 · 566번지유적 발굴조사보고서』.
김기혁 외, 2010, 『한국지명유래집－전라 · 제주편』, 국토지리정보원.
문화재관리국, 1977, 『문화유적총람』(전라남도편).
(사)향토문화개발협의회, 1988, 『無等山』.
이병도, 1976, 『한국고대사연구』, 박영사.
임영진, 1989, 『武珍古城 I 』, 전남대박물관.

전남대박물관, 2002,『광주읍성 유허 지표조사 보고서』.

(재)전남문화재연구원, 2008,『광주읍성 I 』.

정기진 · 장제근 · 이계표, 1997,『광주읍성』, 광주광역시립민속박물관.

천관우, 1989,『고조선사 · 삼한사연구』, 일조각.

최몽룡, 1979,『광주시사(유적편)』.

〈논문〉

김광우, 1994,「20세기초 광주시가지 형성에 관한 계획사연구」,『국토계획』29-3, 대한국토도시계획학회.

김동수, 2002,「광주읍성의 연혁」,『광주읍성유허지표조사보고서』, 전남대박물관.

박태우, 1987,「통일신라시대의 지방도시에 대한 연구」,『백제연구』18.

박홍수, 1977,「도량형」,『서울육백년사』.

변동명, 2012,「무진주의 성립과 車得 · 安吉 설화」,『역사학연구』48.

양기석, 1993,「신라 오소경의 설치와 서원경」,『호서문화연구』11.

윤무병, 1987,「신라 왕경의 방제」,『이병도박사구순기념한국사학논총』.

윤여헌, 2022,「청주분지내 원삼국~통일신라시대 지역거점 형성과 변천과정 연구」,『중앙고고연구』39.

이경찬, 2002,「고대 한국 지방도시 격자형 토지구획의 형태특성에 관한 연구」,『건축역사연구』11-4.

이은석, 2011,「상주 복룡동 유적과 경주 왕경」,『영남문화재연구』24.

이정민, 2023,「발굴조사를 통해 본 무진고성의 성격」,『후백제 왕도 제조명, 광주』(학술회의자료집).

임영진, 2000,「영산강유역 석실봉토분의 성격」,『지방사와 지방문화』3-1.

임영진, 2003,「光州의 古代都市－武珍都督城의 位置問題를 중심으로－」,『광주 · 전남의 도시발달과 그 문화적 맥락』(역사문화학회 발표자료집).

임영진, 2008,「통일신라 무진도독성의 위치와 규모」,『지방사와 지방문화』11.

임영진, 2013,「고고학 자료로 본 전남지역 마한 소국의 수와 위치 시론」,『백제학보』9.

임영진 · 황호균 · 서현주, 1995, 「광주 누문동 통일신라건물지 수습조사보고」, 『호남고고학보』 2.

임영진 · 양해웅 · 이정민, 2002, 「광주도시철도 TK-1공구 우물지」, 『나주 청동유적』, 전남대박물관.

전남문화유산연구원, 2024, 「광주문화전당주변도로(광산길) 확장부지내 유적 정밀발굴조사 약식보고서」.

조강봉, 2016, 「武珍, 無突 · 馬珍 · 馬等良, 難珍阿 · 月良, 難等良, 月奈에 대하여」, 『지명학』 24, 한국지명학회.

최영주, 2021, 「삼국 · 통일신라시기 광주 중심지 연구」, 『역사학연구』 83.

황인호, 2014, 「신라 9주5소경의 도시구조 연구」, 『중앙고고연구』 15.

황호균, 2023, 「무진주와 광주목 사찰문화유산」, 『광주 무진주의 형성과 변천』(학술회의 자료집), 마한연구원

大曲美太朗, 1930, 「全南光州より出土せし各種の土瓦に就て」, 『考古學雜誌』 20-6.

光州警察署長, 1936, 「光警報第七0五六號」(국립중앙박물관 일제강점기 자료).

山田隆文, 2008, 「新羅の九州五小京城郭の構造と實態について－統一新羅による計劃都市の復元硏究－」, 『考古學論攷』 31.

광주 무진고성의 시기별 성격

이정민 전남대학교박물관

1. 머리말
2. 무진고성 발굴조사 성과
3. 무진고성 단계 및 사용시기 검토
4. 무진고성의 특징과 성격
5. 맺음말

1. 머리말

무진고성은 광주광역시에서 동북쪽으로 인접한 장원봉(386m)을 중심으로 축조된 포곡식 산성이다. 평면은 부정형으로 그 규모는 남북 1㎞, 동서 0.5㎞ 정도이며 전체길이는 3.5㎞ 정도이다.

〈그림 1〉 무진고성 위치와 범위

광주는 통일신라시대 9주 5소경의 하나인 무진주가 되면서 무진도독성이 축조되었는데 이에 대한 내용은 조선시대의 『世宗實錄地理志』와 『新增東國輿地勝覽』에 기록되어 있다. 『세종실록지리지』에는 규모만 언급되어 있을 뿐이고, 『신증동국여지승람』에서 처음으로 그 위치에 대해 '在縣北五里'로 기록하고 있다.

이는 무진도독성이 조선시대 광주읍성에서 북쪽으로 5리 떨어진 곳에 위치하였다는 내용이지만 북쪽 5리에 해당하는 지역 일대에서는 성곽으로 추정되는 유적이 알려진 바 없으며 광주읍성 동북동쪽의 무등산 자락에서 포곡식 산성이 확인되었을 뿐이다[1].

당시 무진도독성의 위치가 학계의 적지 않은 관심 속에 논의되었는데 무등산의 포곡식 산성이 무진도독성이었을 가능성이 제기되면서 1988년 향토문화개발협의회에서 무등산 일대 문화유적 지표조사를 실시하여 성의 규모와 건물지에 대한 상세한 조사가 이루어졌다[2]. 이러한 사정 속에서 『세종실록지리지』의 '在縣北五里'는 '在縣東五里'의 오기일 것이며 광주읍성 동북동쪽의 무등산 자락에 위치한 포곡식 산성이 무진도독성일 것이라는 견해[3]들이 나오게 되었다.

그 후 광주시에서는 무등산에 자리한 포곡식 산성을 통일신라의 무진도독성으로 간주하고 복원계획을 추진하는 한편, 성의 규모 · 축조방법 · 내부시설물 등 복원에 필요한 기초자료를 구하고 성의 역사적 성격을 보다 정확히 규명하고자 전남대학교박물관에 발굴조사를 의뢰하였다[4].

전남대학교박물관에서는 1988년과 1989년 두 차례에 걸쳐 각각 3개월간 발굴조사를 실시하였는데 조사 결과 이 성이 통일신라시대에 축조되었지만 무진도독성일 가능성은 없는 것으로 판단되었기 때문에 '무진주 시대의 옛 성'이라는 의미로 '무진고성'이라 부를 것을 제안하였고[5] 현재까지 무진고성의 명칭이 그대로 쓰이고 있다.

이 글에서는 1988년과 1989년 두 차례에 걸쳐 조사가 이루어진 무진고성의 발굴성과를 재정리하고, 이를 토대로 사용시기를 3단계로 구분한 후 출토유물을 중심으로 성의 단계별 사용시기를 검토하도록 하겠다. 또한 각 시기별로 무진고성이 사용되었던 특징과 성격을 통해 무진고성 축조의 역사적 의의를 살펴보도록 하겠다.

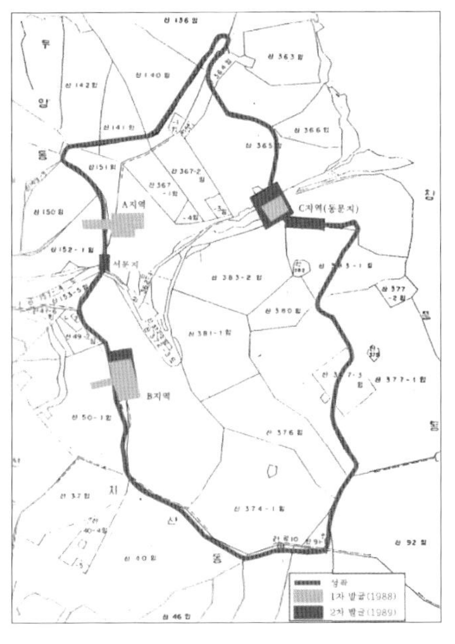

〈그림 2〉 무진고성 평면도와 발굴지역 위치

〈표 1〉 무진고성 유구 현황

구분	유구		
A지역	성벽조사		
	건물지	상층	북쪽건물지
			동쪽건물지
			서쪽건물지
			남쪽건물지
		하층	하층건물지
B지역	성벽소사		
	건물지	상층	북쪽건물지
			一자형건물지
			단칸건물지
		하층	하층건물지
C지역(동문지)	동문지 성벽(협축 성벽)		초축 성벽
			수축 성벽
	동문지 남벽 성벽(편축 성벽)		
	집수시설		
서문지	성벽조사		

2. 무진고성 발굴조사 성과[6)]

1) 성벽 조사

(1) A지역

능선의 경사면을 L자로 깎은 후 바닥에 20~30㎝ 크기의 잘 다듬은 돌을 4~5단 60㎝ 내외의 높이로 쌓았다. 두 번째 돌은 3~4㎝ 정도, 그 다음 돌들은 1~2㎝ 정도 들여쌓기 하였다. 석축과 자연경사면 사이는 잡석으로 채웠는데 이 잡석

채움부는 40° 정도의 경사를 이루면서 석축 위쪽의 능선 정상부로 이어지는 경사면과 만난다. 즉 성벽 정상부가 능선 정상부와 이어지지 않고 능선 중간에서 끝나는 구조이다. 석축 하부부터 성벽 정상부까지의 수직 높이는 4.7m이다. 성벽 축조와 관련된 유물은 출토되지 않았다.

(2) B지역

자연경사면인 암반층을 깎은 후 바닥에 두께 20㎝, 너비 50㎝ 내외의 할석을 5단으로 높이 105㎝ 이상 쌓았다. 두 번째 단의 돌은 10㎝ 들여쌓기하고, 그 윗단부터는 3~4㎝씩 들여쌓기 하였다. 석축과 자연경사면 사이는 잡석으로 채웠다. 이 잡석 채움부는 45° 정도의 경사를 이루면서 석축 위쪽의 능선 정상부와 동일한 수평면을 이루는데, 성벽 정상부에는 약 1.5m의 폭으로 납작한 돌이 편평하게 깔려있다.

A지역과는 달리 능선 정상부가 성벽 정상부로 이어진다. 석축 하부부터 성벽 정상부까지의 수직 높이는 3.2m이다. 평행집선문, 어골문, 격자문, '國'명 기와편이 출토되었다.

〈그림 3〉 B지역 성벽 석축(서에서)

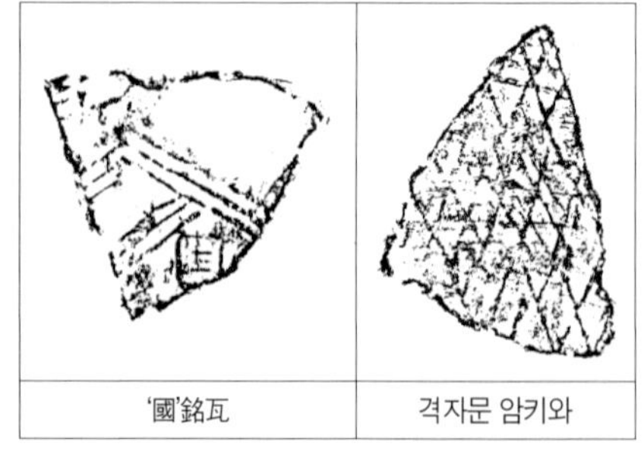

〈그림 4〉 B지역 성벽 출토유물

2) 건물지 조사

(1) A지역 건물지

서문지로 추정되는 잣고개에서 북쪽 능선으로 이어지는 등산로를 따라 150m 정도 올라가면 능선 경사면을 깎아 만든 평탄지가 나오는데 몇 개의 초석과 기와편들이 드러나 있었다. 하층 건물지 1기와 상층 건물지 4기, 총 5기의 건물지가 확인되었다.

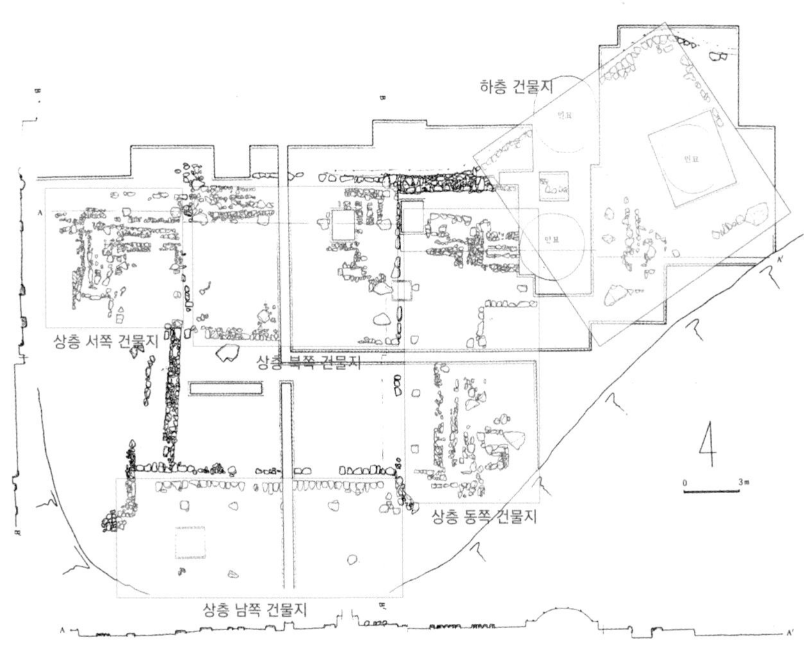

〈그림 5〉 A지역 건물지 평 · 단면도

① 하층

북쪽과 남쪽에서만 석축이 확인되었는데 남쪽 석축은 대부분 파괴되고 일부만 남아있다. 북쪽 석축은 자연 경사면을 L자 형태로 깎아내고 쌓았으며 동북쪽 끝부분에서는 90°로 꺾이지 않고 弓形을 이루도록 하였다. 하층 건물지의 동단과 서단은 알 수 없고 건물지 내부에는 3기의 민가가 자리잡고 있어 제한된 발굴만 이루어진데다가, 발굴된 부분에서도 적심석이나 다른 시설물이 확인되지 않아 건물의 구조를 파악할 수 없다. 유물은 평기와가 출토되었는데, 암키와는 대부분 격자문이 주류를 이루며 선조문과 무문도 일부 출토되었다. 수키와는 격자문과 선조문이 시문된 토수기와만 확인되었다.

② 상층

㉮ 북쪽 건물지

북쪽으로 능선 경사면을 등에 업고 남쪽 서문지를 바라보는 중심지점에 위치한 건물지이다. 동서 11.8m, 남북 8.7m 크기의 장방형 축대 안에 전면 4열, 측면 4열의 초석을 가진 전면 3칸, 측면 3칸의 건물로 추정된다. 초석은 11개만 조사되었는데 그 중 2개는 초석이 아닌 적심석만 남아있다. 내부에서는 부분적으로 고래시설이 확인되었다.

㉯ 동쪽 건물지

북쪽 건물지와 남쪽 건물지 동편에 인접하여 위치한 것으로 남북 16m, 동서 3.3~6.4m 크기의 전면 5칸, 측면 1~2칸의 건물로 추정된다. 이 건물지는 역'ㄱ'자형으로 들어서 있는데 남북으로 5칸을 구성하고 맨 북쪽 칸에 이어 동쪽으로만 1칸을 뻗고 있어서 역'ㄱ'자형을 띠게 된 것이다. 초석은 9개 확인되었는데 초석간의 거리는 3.2m로 일정하다. 내부에서 구들과 아궁이 시설이 확인되었다.

㉰ 서쪽 건물지

북쪽 건물지 서편에 인접하여 확인되었는데 동서 5.9m, 남북 6.1m 이상의 규모를 가진 건물로 추정된다. 초석은 5개가 각각 2개와 3개씩 2열을 이루고 있는데 초석간의 거리는 2.8m이다. 'ㄱ'자로 꺾인 고래시설만 일부 남아있어 자세한 규모와 구조는 알 수 없다. 다만 북쪽 건물지에 가까운 초석이 북쪽 건물지의 서쪽 석축에서 불과 50㎝ 정도밖에 떨어져 있지 않기 때문에 북쪽 건물지와 연결되었을 가능성도 있다.

㉣ 남쪽 건물지

북쪽 건물지의 남쪽 맞은편에 위치한다. 동서 4칸, 남북 1칸의 맞배 일자형 건물로서 동서칸의 간격은 2.8m, 남북칸의 간격은 3.4m이다. 전체규모는 동서 11.2m, 남북 3.4m이다.

A지역 상층 건물지에서는 막새, 평기와, 토기, 청자, 철기 등의 유물이 출토되었다. 막새는 일휘문 · 연화문 수막새와 일휘문 암막새가 출토되었다. 수키와는 모두 토수기와로 문양은 격자문, 선조문, 변형어골문 등이다. 암키와는 무문을 제외하면 어골문과 선조문이 대부분을 차지하고, 나머지는 격자문, 선점문이다. 명문와는 총 8점이 출토되었는데 모두 어골문과 결합되었고, '柒', '吐', '仁倉', '王', '大', '卍'자가 시문되어 있다. 청자는 순청자와 상감청자가 출토되었는데 기종은 호, 대접, 접시, 잔, 개 등이다.

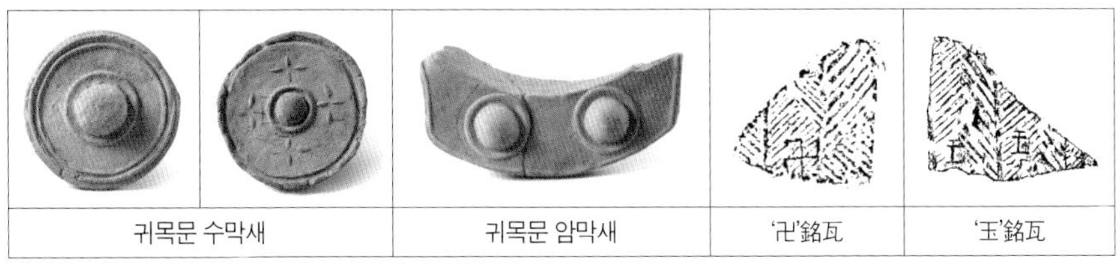

귀목문 수막새
귀목문 암막새
'卍'銘瓦
'王'銘瓦

〈그림 6〉 A지역 상층 건물지 출토유물

(2) B지역 건물지

서문지로 추정되는 잣고개에서 남쪽으로 이어지는 능선을 따라 250m 정도 올라가면 평탄지가 나오는데 남쪽의 높은 부분을 깎아내고 북쪽의 낮은 부분을 성토하여 조성한 것이다. 몇 개의 초석과 기와편들이 드러나 있었는데 상층에서는 3기의 건물지, 하층에서는 1기의 건물지가 확인되었다.

① 상층

상층 건물은 대지 서쪽으로 치우쳐 높이 20~30㎝, 길이 20~70㎝ 정도 크기의 다듬은 돌을 1열로 연결하여 전체길이 45.5m에 달하는 축대로 삼았다. 이에 대응하지만 서로 연결되지 않은 동쪽 축대는 18.5m만 동북쪽에 국한하여 축조하였던 것으로 보인다. 두 축대 내부에는 남북 4칸, 동서 5칸으로 추정되는 건물지와 그 건물 서남쪽에서는 동서 1칸, 남북 5칸의 一자형 건물지가 확인되었다. 2차 조사에서는 단칸 건물지가 추가로 확인되었다.

㉮ 북쪽 건물지

11자로 대응하는 동서간격 16.7m, 남북길이 18.5m의 축대 범위 안에 동서 2.5~2.8m, 남북 4.7~4.8m 간격의 초석을 각각 동서 5칸, 남북 4칸으로 배치한 동서 14.5m, 남북 18.5m 규모로 남북이 약간 긴 장방형 건물이다.

㉯ 一자형 건물지

북쪽 서남쪽에 위치한 一자형 건물은 동서 2.5m, 남북 4.8m 간격으로 초석이 배치되어 있어 전체규모가 동서 2.5m, 남북 24m 정도이다. 서쪽 축대 밖에서 기와편들이 집중적으로 출토되는 것으로 보아 지붕의 형태가 석축이 있는 성벽 쪽으로만 기운 단면경사 지붕이었을 가능성이 크다.

㉰ 단칸 건물지

2차 조사에서는 1차 조사시 확인된 상층 건물지와 10m 정도 떨어진 지점에서 건물지 1기가 추가로 확인되었다. 동서 4.2m, 남북 2.9m 간격으로 4개의 초석을 둔 단칸 건물로 3개의 초석은 그 하부 적심석과 함께 잘 남아있으나 서북쪽 끝의 초석은 유실되고 적심석만 남아있다. 이 건물은 1차 조사 때 확인된 상층 건물지의 부속시설로 보이는데, 단칸 건물이라는 점과 주변보다 높으면서 트인 전망을 조망하는 데 가장 유리한 지섬이라는 점에서 일종의 전망대 혹은 亭閣과 같은 성격의 건물지로 보인다.

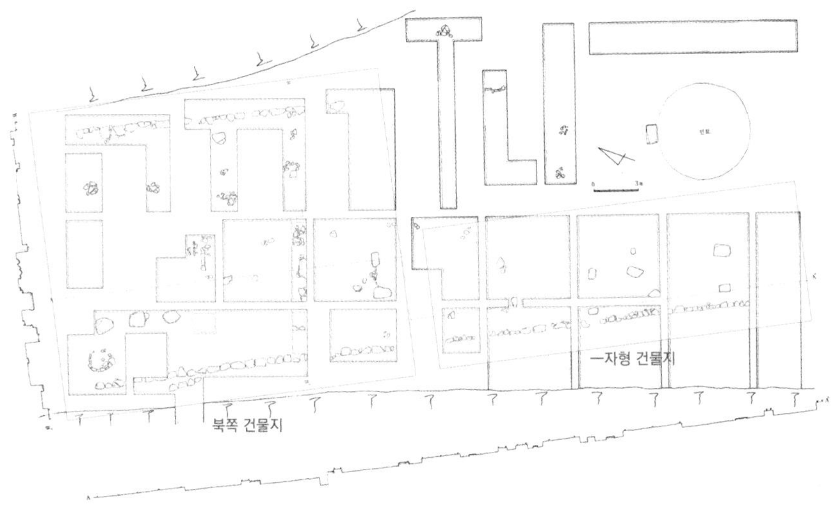

〈그림 7〉 B지역 상층 북쪽 건물지와 ㅡ자형 건물지 평 · 단면도

상층 건물지 3기에서는 수막새, 암막새, 평기와, 명문기와, 청자, 토기, 철기, 전 등의 유물이 출토되었다. 수막새는 서조문으로 두 종류의 것이 확인되었는데 기본 모티브는 같지만 세부적인 부분에서 차이가 있다. 수막새와 동일한 장

소에서 귀면문 암막새도 출토되었다. 수키와는 절반 이상 남아있는 것이 10여 점 출토되었는데 주로 토수기와이고 미구기와는 2점 뿐이다. 문양은 선조문과 격자문이 독립적으로 전면 시문된 것과 선조문 위에 커다란 삼각형과 마름모꼴 등이 복합된 것이다. 와도질 방향은 대부분 내측이지만 일부는 외측인 것도 있다. 암키와는 총 12,000여 점이 출토되었는데 문양은 무문을 제외하면 어골문, 격자문, 선조문이 대부분이다. 당초문, 비늘문, 조문 등 소량의 특수문양은 一자형 건물지 주변에서 암 · 수막새와 함께 출토되었다. 명문와는 '城' · '間城' · '官城' · '國城' · '㖾城' · '官' · '大官' · '眞官' · '大官草' · '太目干' · '禾' · '秀' · '沙' · '沙㖾' · '卍' · '京' · '田' · '袮' 銘 등이 확인되었다.

B지역 상층 건물지에서는 기와류 이외에도 청자가 총 9점 출토되었는데 모두 순청자이다. 대접 3점, 접시 2점, 병 1점, 기종을 알 수 없는 저부편 2점, 기타 용도미상품 1점인데 6점에는 문양이 전혀 없고, 기형을 알 수 없는 저부편 1점의 내저면에 당초문이 음각되어 있다. 이외에도 소량의 토기편과 塼이 출토되었다.

〈그림 8〉 B지역 상층 건물지 출토유물

② 하층

하층 건물지는 상층 건물지와 동일한 방향으로 들어서 있는데 전체적인 규모와 구조에서는 차이가 있다. 하층 건물지는 능선 정상부를 평탄하게 한 후 들어선 것으로 상층 건물보다 규모가 작으면서 약간 북쪽으로 치우쳐 있다. 상층 건물지에 비해 파괴 정도가 심해 서쪽 외곽 석축은 거의 1/3정도 유실되었으며 내부 초석은 남아있지 않고 적심석만 일부 남아있다. 전체 유구의 범위는 길이 30m, 폭 7.4m 정도이다. 일부분이 파괴되었고 일부분은 나무로 인해 전모를 확인하기는 어렵지만, 전체적으로 긴 一자형의 1칸 건물에 서쪽에 툇마루가 딸렸으며 그 툇마루 외곽으로 축대가 마련된 단순한 구조로 추정된다. 유물은 소량의 토기편과 많은 양의 기와편이 출토되었다. 기와의 문양은 모두 굵은 격자문과 선조문이 주를 이루고 있으며 수키와는 토수기와만 확인되었다.

〈그림 9〉 B지역 하층 건물지 평 · 단면도

3) 문지 일대 조사

동문지는 잣고개에서 아스팔트 도로를 따라 4수원지 방향으로 800m 정도 가다보면 계곡부에 위치하고 있다. 동문지 일대는 크게 계곡의 협축 성벽과 능선사면의 편축 성벽으로 구분할 수 있다. 계곡에 축조된 협축 성벽의 서쪽 성내부에서는 집수시설도 조사되었다.

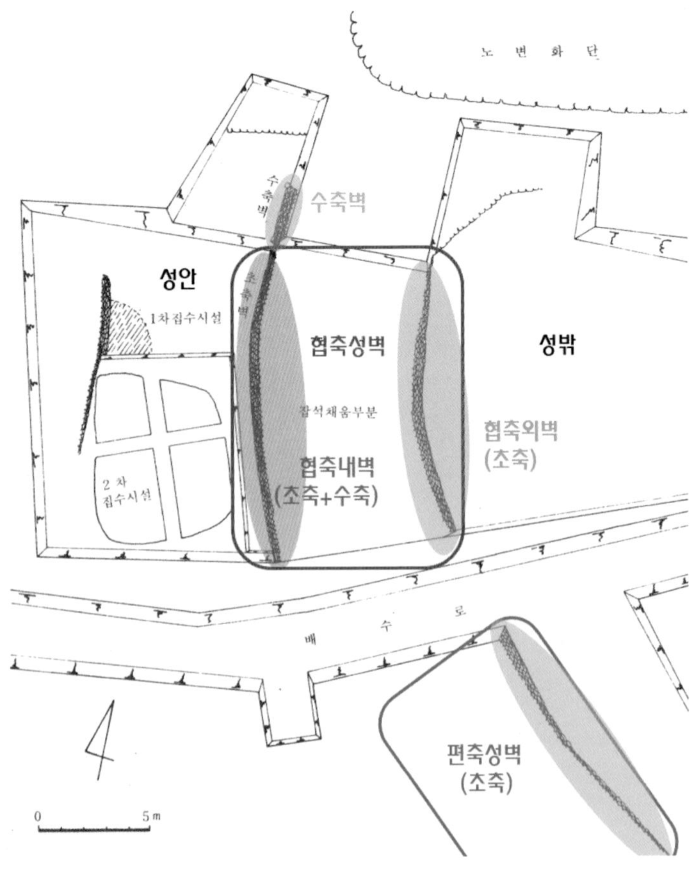

〈그림 10〉 동문지 일대 평면도

(1) 동문지 협축 성벽과 집수시설

협축 성벽의 외벽은 13m 정도 확인되었는데 전체적인 평면형태는 성 안쪽으로 약간 휘어져 있다. 성벽의 축조는 높이 20㎝ 내외, 폭 30~60㎝ 크기의 비교적 잘 다듬은 돌을 쌓아 올라가면서 그 내부는 30~50㎝ 크기의 잡석으로 채워나가되, 한층 한층 올라갈 때마다 4~5㎝ 안쪽으로 들어오게 축조하였다. 성벽 최하단에서는 장방형의 출수구 2개소가 확인되었다. 남아있는 석축 성벽의 높이는 지대가 낮은 남쪽 출수구쪽이 약 2m 내외, 가장 높은 북쪽이 0.4m 정도인데, 내면 석축의 잔존상태로 보아 원래의 성벽 전체 높이는 4.5~5m에 달했을 것으로 추정된다. 한편 정연한 석축이 끝나는 북쪽 지점에서는 약 115°로 벌어지는 1단의 석축열이 확인되었는데 이는 동문을 감싸는 옹벽의 일부로 추정된다. 유물은 토기 뚜껑편과 동체부편, 선조문 · 격자문 · 어골문 등의 평기와류가 출토되었다.

〈그림 11〉 동문지 협축 성벽(외벽) 입면도

〈그림 12〉 동문지 협축 성벽(외벽) 전경

협축 성벽의 내벽은 외벽과 거의 평행하게 18m 정도 조사되었다. 내벽의 석축은 외벽에 비해 상부까지 남아있는데 가장 높은 중앙부분의 높이는 4.2m에 달한다. 또한 입수구가 3개소 확인되었는데 맨 바닥에서 장방형의 입수구가 2개, 성벽 중간높이에서 궁륭형의 입수구가 1개 확인되었다. 성벽의 축조방법, 입수구의 위치를 통해서 볼 때 내벽 일부가 후대에 축조되었음을 알 수 있다.

성벽의 아래부분은 외벽과 같은 방법으로 정연하게 축조한 데 비해, 그 위쪽으로는 돌의 크기가 일정하지 않아 석축의 각 단이 수평을 이루지 못하고 불규칙할 뿐만 아니라 남쪽 입수구 바로 위쪽에는 궁륭형의 입수구가 다시 만들어졌으며, 성 내부에서 조사된 상층의 집수시설이 바로 이 궁륭형의 입수구와 연결

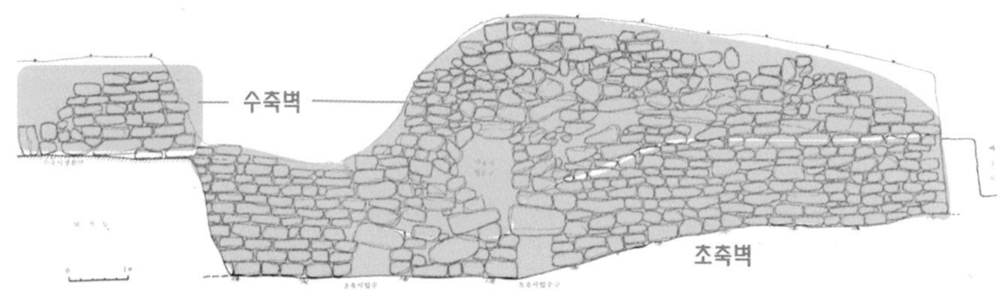

〈그림 13〉 동문지 협축 성벽(내벽) 입면도

〈그림 14〉 동문지 협축 성벽(내벽) 전경

되어 있다. 더불어 성벽의 북쪽 3m 부분은 그 시작면이 상층 집수시설면에 있으면서 다른 부분 성벽 외면보다 약 30㎝ 정도 돌출되어 있어서 초축벽과는 뚜렷이 구분되고 있다.

결국 이 내벽은, 본 성이 축조된 이후 얼마동안 유지되다가 무너져 내렸고, 곧바로 수축되지 않고 방치됨에 따라 성 내부에 계속 퇴적토가 쌓이게 되었으며, 이 퇴적토의 두께가 남쪽 입수구 바닥으로부터 1.5m에 이르게 되자 이 퇴적면을 새로운 생활면으로 하여 무너진 성벽을 축조하면서 이미 파묻혀버린 2개의 입수구 대신 새로운 궁륭형의 입수구를 설치한 것이다. 유물은 토기편, 격자문 · 선조문 평기와편, 순청자편 등이 출토되었다.

집수시설은 협축 성벽의 서쪽에서 인접하여 확인되었는데 7×6m 정도의 규모로 평면 말각장방형이다. 가장 깊은 곳은 깊이는 85㎝ 정도이다. 내부에는 밝은 회청색 뻘이 가득 차 있고, 바닥에는 잔돌들과 토기편, 와편, 복숭아씨 등이 널려 있을 뿐 석축과 같은 뚜렷한 구조물은 확인되지 않았다.

(2) 동문지 편축 성벽(남쪽 성벽)

산사면과 거의 직교하는 방향, 즉 산사면을 거슬러 올라가는 방향으로 성벽을 축조하였다. 외벽만 쌓은 편축으로 성 내부쪽으로는 잡석을 채워나가되 정상부에서 얼마간 편평하게 만든 다음 비스듬히 경사지게 하여 마무리하였다. 남아있는 외벽의 높이는 위쪽으로 갈수록 낮아져서 계곡쪽 아랫부분은 2m 내외, 맨 위쪽은 0.5m에 불과하고 가장 낮은 계곡쪽은 동문지 성벽과 이어졌을 것이므로 최소한 3.5m 이상은 되었을 것으로 추정된다.

따라서 높이 3.5m의 성벽 위에 최소한 폭 2m 내외의 평탄면을 만들고 성 내부쪽으로는 30° 정도의 경사를 유지하면서 비스듬히 이어지는 내벽을 만들었

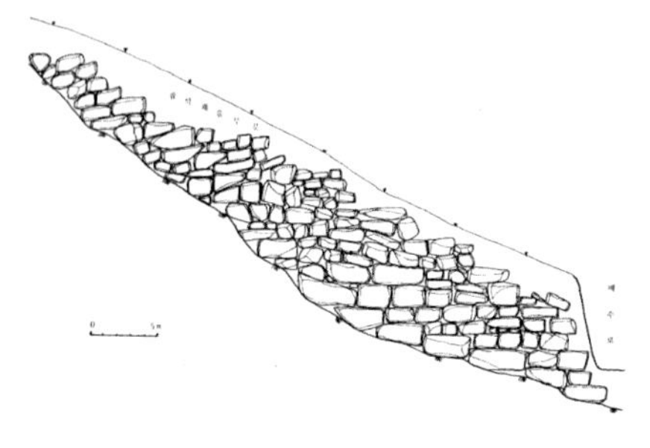

〈그림 15〉 동문지 편축 성벽 입면도

〈그림 16〉 동문지 편축 성벽 전경

다면 그 기저부의 폭은 최소한 7~8m로서 동문지 성벽의 폭과 거의 같은 규모가 되었던 것으로 추정된다. 회백색연질토기 구연부편, 회청색경질토기 구연부편과 저부편, 청자편이 출토되었는데 청자편은 무진고성의 수축단계와 관련된 것으로 판단된다.

(3) 서문지 성벽

무등산국립공원의 비석이 있는 '잣고개'라는 명칭으로 널리 알려진 곳이다. 약 40° 내외의 능선 경사면을 따라 편축한 성벽으로 암반층과 접하는 기저부에는 두드러지게 큰 장대석을 수평으로 놓았는데, 이때 자연 암반층을 계단식으로 약간씩 깎아냄으로써 장대석이 수평을 유지하도록 하였다. 가장 잘 남아있는 부분은 5단으로 높이는 1.5m 내외이다.

이 일대는 서문에서 바로 북쪽으로 이어지는 성벽이기 때문에 원래의 석축성벽은 거의 성벽 정상부까지 축조되었던 것으로 보인다. 회백색 선조문 암키와편, 회청색경질토기 동체편과 저부편, 적갈색연질토기 저부편이 출토되었다.

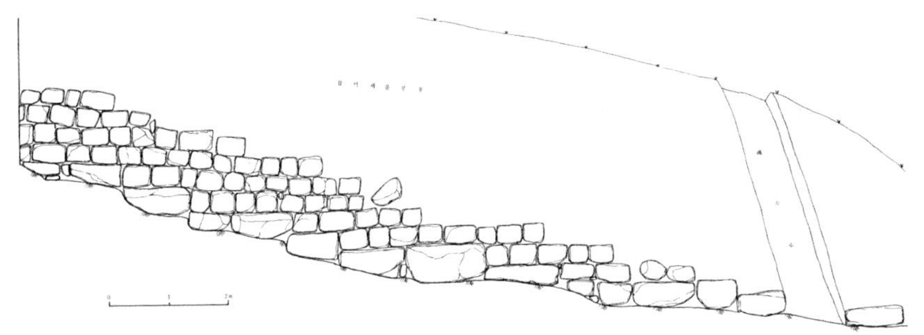

〈그림 17〉 서문지 외벽 입면도

〈그림 18〉 서문지 외벽 전경

3. 무진고성 단계 및 사용시기 검토

1) 무진고성 단계

(1) 1단계

무진고성의 초축과 관련된 시기로 A지역과 B지역의 하층 건물지, 서문지, 동문지(C지역)의 초축 성벽 등의 유구가 해당한다. 초축 시기 유구의 대표적인 특징은 성벽을 축조할 때 내 · 외벽 모두 자연 계곡의 암반층에 위에 긴 장대석을 놓았고, 그 윗단부터는 잘 다듬어진 장방형의 석재를 이용하여 쌓았다. 석재를 쌓는 방법에 있어서도 자연 암반과 접하는 장대석만 형태와 크기에서 차이가 있을 뿐 그 윗단부터는 석재의 높이를 거의 일정하게 함으로써 정연한 수평면을 유지한 채 한 단 한 단 축조하였다. 수구의 축조에 있어서도 입수구와 출수구 모두 성벽 축조과정에서 일부 구간을 비워두고 성벽을 쌓은 다음 빈 공간위에 장대석 1매씩을 걸침으로써 자연스러운 장방형 수구가 형성되도록 하였다.

초축시기의 유구별 출토유물의 양상은 대체로 비슷한데, 토기의 경우 출토량이 많지 않아 비교 분석에 어려운 점이 있지만 낮은 대각이 달린 토기 등은 통일신라시대 후기로 편년할 수 있다. 기와류는 굵은 격자문 · 선조문 계통의 평기와가 주로 출토되었다. 어골문 평기와도 출토되었지만 극히 소량이다. 선조문과 격자문은 삼국시대와 통일신라시대의 대표적인 문양으로 장판 타날이 등장한 이후에는 어골문, 복합문과 같은 다양한 문양이 나타난다. 또한 초축시기 유구에서 출토된 수키와는 모두 토수기와이고, 일부 유물에서 외측 방향에서의 와도질이 확인된다. 막새와 청자는 출토되지 않았다.

〈표 2〉 무진고성 1단계 시기 유구와 주요 출토유물

유구명	규모(m)	주요 출토유물	비고
A지역 하층건물지	(13)×10.7	격자 · 선조문 기와, 원반형 와제품, 토수기와만 출토	초석
B지역 하층건물지	30×7.4	소량의 토기편, 격자 · 선조문 기와, 토수기와만 출토	적심
서문지	5단, 남은높이(1.5)	토기편, 선조문 암키와	기단부 장대석
동문지 협축성벽	(13)~(15)×(2)	토기편, 선조 · 격자 · 어골문 기와 (어골문기와는 극히 소량 출토)	수구 2개소
동문지 편축성벽	(12)×(0.5)~(2)	토기편	기단부 장대석

(2) 2단계

무진고성의 수축과 관련된 시기로 B지역 상층 건물지, 동문지 일대 수축 성벽과 성 내부 집수시설 등의 유구가 이 단계에 해당한다. 수축 시기 성벽 축조의 대표적인 특징은 암반층 상부에 형성된 퇴적토 위에 성돌을 쌓았다. 특히 동문지 일대 내벽은 퇴적층이 두꺼워 외벽 쪽보다 1.5~2m 정도가 높은 퇴적토면을 새로운 생활면으로 하였기 때문에 내외면 성벽의 높이차가 1.5~2m에 달한다.

석재는 거의 가공하지 않은 자연 할석도 섞여있으며, 석재를 쌓는 방법에 있어서도 초축시의 잔존 성벽을 그대로 두되 무너진 부분에는 크기가 각각 다른 면석을 정연하지 않게 쌓아올렸다. 특히 퇴적면까지 허물어져 버린 일부 구간에서는 초축면에서 30㎝ 정도 성 내부로 들어오게 쌓아 수축시의 면과 일치하지 않다. 성벽에서는 궁륭형의 수구 1개가 확인되었다.

〈표 3〉 초축과 수축 성벽의 차이점[7)]

	초축성벽	수축성벽
기저면	자연계곡의 암반층	암반층 위의 퇴적면
석 재	장방형의 가공석	부정형의 미가공석
축조방법	정연한 수평맞춤	허튼층 막쌓기
수 구	장방형	궁륭형

유물은 서조문 수막새, 귀면문 암막새, 평기와, 명문와, 토기, 청자 등 다양한 종류가 출토되었다. 특히 B지역 상층 건물지에서는 서조문 수막새와 귀면문 암막새, 명문와 등이 확인되었다. 서조문 수막새는 파편을 포함해서 18점 정도인데 대부분 一자형 건물지의 남쪽 석축 밖에서 출토되었다. 직경은 22㎝ 내외로 일반적인 수막새에 비해 크기가 크다. 문양은 2종류로 날카로운 부리와 날개를 가진 새라는 점에서는 동일하지만 세부적인 표현에 있어 차이가 있다. 이 새는

실존하는 새가 아닌 상상 속의 새이거나, 특정한 새의 복부와 날개를 강조한 것으로 보인다. 귀면문 암막새 역시 一자형 건물지 주변에서 출토되었는데 문양이 2종류인 점과 귀면문 양쪽에 날개를 표현한 방식이 서조문 수막새와 동일한 것으로 보아 세트일 가능성이 크다.

기와는 수키와에 비해 암키와가 훨씬 많이 출토되었는데 무문을 제외하면 50% 이상이 어골문이고, 격자문과 선조문이 각각 10% 내외로 출토되었다. 명문와는 전체 암키와 중 약 15%를 차지하는 높은 비율을 보여주고 있고 내용도 다양하다. 가장 높은 비율을 차지하는 것은 '城'으로서 단독으로 쓰인 3종의 左書를 포함해서 字體만 24종이나 되고, 다른 명문과 결합된 것도 '間城', '官城', '國城', '𡔜城' 등이 있다. '城' 다음으로 많은 비율을 차지하는 명문은 '官'이다. '官' 역시 단독으로 쓰인 예는 10종인데, 그 중 3종은 左書이다. 또한 다른 명문과 함께 쓰인 예는 '官城', '大官', '眞官', '大官草'등인데 그 중 '大官'에는 좌서도 섞여있다. 다른 명문으로는 '太目干', '禾', '秀', '沙', '沙𡔜', '卍', '京', '田', '袮' 등이 있는데 '沙', '沙𡔜'를 제외하면 불과 두서너 점씩에 불과하다. 청자는 B지역 상층 건물지와 동문지 수축성벽에서 녹청자와 순청자가 출토되었다.

〈표 4〉 무진고성 2단계 시기 유구와 주요 출토유물

<table>
<tr><th>유구명</th><th>규모(m)</th><th colspan="2">주요 출토유물</th><th>비고</th></tr>
<tr><td>B지역 상층
북쪽건물지</td><td>14.5×18.5,
동서5칸, 남북4칸</td><td>순청자, 塼, 토기편,
어골 · 격자 · 선조문 평기와</td><td rowspan="2">명문와
(城, 間城, 國城, 京,
官, 太目干, 沙, 卍,
大官草 등)</td><td>초석, 적심</td></tr>
<tr><td>B지역 상층
一자형건물지</td><td>2.5×24,
동서4칸, 남북1칸</td><td>서조문수막새, 귀면문암막새,
순청자, 토기편, 어골 · 격자 ·
선조문 평기와,</td><td>초석</td></tr>
<tr><td>B지역 상층
단칸건물지</td><td>(3)×(4.5),
동서1칸, 남북1칸</td><td colspan="2">녹청자, 청자</td><td>초석</td></tr>
<tr><td>동문지
수축성벽</td><td>(15)×(3)</td><td colspan="2">토기편, 선조문 기와, 녹청자, 청자</td><td>궁륭형수구</td></tr>
<tr><td>집수시설</td><td>7×6</td><td colspan="2">토기편, 선조 · 격자문 기와</td><td>말각장방형</td></tr>
</table>

(3) 3단계

수축된 무진고성이 한동안 사용되지 않다가 다시 건물이 축조되는 시기로 A지역 상층 건물지가 이에 해당한다. A지역 상층에서는 총 4기의 건물지가 확인되었다. 이 지역 건물지들의 전체적인 배치는 '回'자형으로 서 · 북 · 동쪽에 들어선 '冂'자형 건물의 중앙을 中庭으로 하고, 그 중정 남쪽에 석축 배수로를 사이에 두면서 남쪽 건물이 들어섰던 것으로 보인다.

유물은 막새, 평기와, 토기, 청자, 철기 등이 출토되었다. 막새는 5점으로 귀목문 수막새 3점, 귀목문 암막새 1점, 연화문 수막새 1점이다. 이 막새 5점은 북쪽 건물지 석축의 서남모서리 외곽에서 함께 출토되었는데 건물 붕괴시 땅으로 떨어진 상태에서 그대로 남아있던 것으로 판단되므로 최소한 북쪽 건물지의 전면에는 막새가 사용되었을 것으로 보인다[8]. 또한 북쪽 건물지의 전면은 서문지를 바라보고 있고, 이곳에서만 막새가 출토되었기 때문에 A지역 상층건물 중에서 중심건물이었을 것으로 판단된다. 수키와는 많은 양이 출토되지 않았지만 모두 토수기와로 문양은 격자문, 선조문, 변형어골문 등이다. 와도질 방향은 대부분 내측이고 일부 외측이 확인된다. 암키와는 많은 양이 확인되었는데 절반 정도를 차지하는 무문을 제외하면 어골문과 선조문이 대부분을 차지하고, 나머지는 격자문이나 선점문이다.

명문와는 총 8점이 출토되었는데 모두 어골문과 결합되었고, '柒', '吐', '仁旮', '玉', '犬', '卍'자가 보이지만 '卍'자 이외에는 무엇을 의미하는지 알 수 없다. 청자는 거의 전 지역에서 출토되었는데 몇 점만 상감청자이고 나머지는 순청자이다. 기종은 호, 대접, 접시, 잔, 개 등이다.

〈그림 19〉 연화문 수막새

<표 5> 무진고성 3단계 시기 유구와 주요 출토유물

<table>
<tr><th>유구명</th><th>규모(m)</th><th colspan="2">주요 출토유물</th><th>비고</th></tr>
<tr><td>A지역 상층
북쪽건물지</td><td>11.8×8.7,
동서 3칸, 남북 3칸</td><td>귀목 · 연화문수막새,
귀목문 암막새, 평기와,
토기, 순청자, 상감청자</td><td rowspan="4">명문와
('柒','吐', '仁昚',
'王', '大','卍')</td><td>초석, 적심</td></tr>
<tr><td>A지역 상층
동쪽건물지</td><td>16×3.3~6.4,
남북 5칸, 동서 1~2칸</td><td>평기와, 토기, 순청자,
토제벼루, 청동그릇,</td><td>'ㄱ'자형</td></tr>
<tr><td>A지역 상층
서쪽건물지</td><td>(5.9)×(6.1)</td><td>평기와, 토기, 순청자,
상감청자</td><td>초석, 적심</td></tr>
<tr><td>A지역 상층
남쪽건물지</td><td>11.2×3.4,
동서 4칸, 남북 1칸</td><td>평기와, 토기, 순청자</td><td>'ㅡ'자형</td></tr>
</table>

2) 무진고성 사용시기 검토

무진고성은 1단계 초축 - 2단계 수축 - 3단계 재사용의 총 3단계로 구분할 수 있으며, 단계별 특징과 과정, 주요 출토유물을 정리하면 아래의 모식도와 같다. 이 절에서는 각 단계별 시기를 출토유물 중심으로 검토하고, 무진고성이 어떠한 배경에서 초축, 수축, 재사용되었는지 간략하게 추론해 보기로 하겠다.

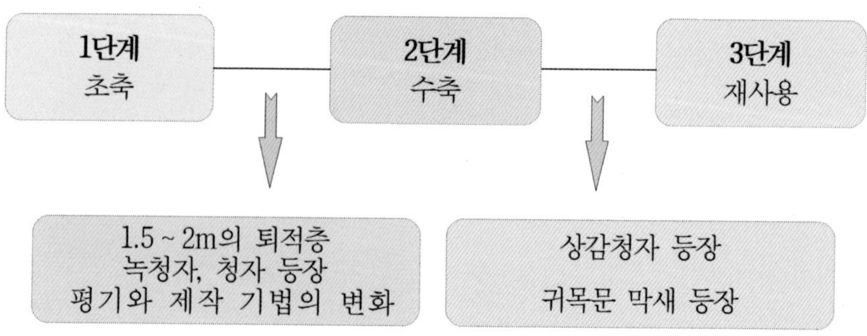

<그림 20> 무진고성 단계 모식도

(1) 1단계

1단계와 2단계의 사용시기를 살펴보는 데 있어서 가장 중요한 기준이 되는 것은 청자의 출토 여부라고 할 수 있다. 청자는 1단계에서 출토되지 않고 2단계에서 출토되기 때문에 초축과 수축의 단계를 나누는 기준이 될 수 있다. 특히 B지역 상층 건물지에서 출토된 평저의 녹청자 완과 청자 완이 중요한 기준인데, 해남군 산이면 녹청자의 경우 9~10세기경으로 추정되고 있고[9], 한반도에서 청자의 발생 시기에 대해서는 크게 9세기와 10세기로 보는 경우가 있으므로[10] 아무리 늦어도 10세기 초 · 중반 이후로는 내려가지 않을 것으로 보인다.

따라서 그 앞 단계에 해당하는 초축 시기는 초축 성벽의 존속 기간, 동문지 내벽에서 확인되는 1.5m가 넘는 퇴적층의 형성 기간, B지역 하층건물의 사용 기간 등을 고려해보면 두 번째 단계보다 적어도 수십 년을 앞선다고 보아야 할 것이다.

보다 세부적인 연대는 토기를 통해 확인할 수 있는데 각 지역 최하층에서 출토되는 낮은 대족의 토기편, 편구병, 대상파수 등은 미륵사지, 영암 구림리 출토품과 구분하기 어려울 정도로 흡사한 것이다. 이 유물들이 비교적 많이 연결되고 있는 미륵사지 동원 폐엽 이전에 사용된 것으로 본다면, 동원의 폐기가 청자의 출현 이전으로 추정하는 것과 서로 통하고, 동원 승방지에서 출토된 "大中十二年"(858년)銘 토기편과 구림리 요지의 중심연대를 고려해 볼 때 1단계의 사용시기의 하한은 8세기 말~9세기 초반까지로 볼 수 있을 것이다[11].

따라서 이 단계의 무진고성은 통일신라 초기의 지방관제 정비 이후 7세기 말경 무진도독성과 관련된 배후산성으로 축조되었다가 주변 정세가 안정되면서 피난성으로 활용할 필요가 없자 폐성의 상태로 장기간 방치한 것으로 판단된다.

(2) 2단계

무진고성의 2단계 사용시기는 앞서 언급했듯이 B지역 상층 건물지에서 출토된 녹청자, 청자의 편년과 동문지 내벽에서 확인되는 1.5m가 넘는 퇴적층의 형성기간이 중요한 기준이 될 수 있다.

그 외에도 평기와의 제작기법을 통해서도 2단계의 시기를 대략적으로 추정할 수 있다. 우선 1단계에서는 어골문 기와가 거의 확인되지 않았지만, 2단계에서는 어골문이 50% 이상의 높은 비율로 출토되었다. 어골문은 하남 이성산성과 부여 부소산성의 출토품으로 보아 대략 8세기 중엽에 등장하는 것으로 알려져 있고[12], 청주 흥덕사지에서는 어골문과 '大中三年(849년)'銘이 복합된 평기와가 출토되기 때문에 아무리 늦어도 9세기 중반 이전에 쓰이기 시작했을 것으로 판단된다[13]. 통일신라 말에 등장한 어골문은 조선시대의 집선문과 청해파문이 등장할 때까지 전남지역에서 출토된 기와 문양 중 가장 많은 개체수를 보이는 것으로 대부분 유적에서 출토되고 있다[14].

또한 2단계에 해당하는 유구에서 출토된 수키와의 타날면이 각진 것과 둥근 것이 혼재하고 있다. 기존 연구에 의하면 수키와 타날면 형태는 각진 타날면에서 둥근 타날면으로 변화하는 것으로 알려져 있다. 9세기 후반으로 편년되는 익산 저토성, 그리고 부여 부소산성에서 출토된 '會昌七年(847년)'명과 익산 미륵사지에서 출토된 '大中(847~869)'명 수키와는 각진 타날면이다. 반면 평택 비파산성에서 출토된 '乾德三年(965년)'명과 익산 미륵사지에서 출토된 '太平興國午年…(980년)'명 수키와는 모두 둥근 타날면이며 그 이후에 제작된 기와는 둥근 타날면으로 정형화된다[15]. 즉 수키와의 타날면 형태는 9세기 후반~10세기 중・후반을 전후하여 각진 타날면에서 둥근 타날면으로 변화됨을 알 수 있는데[16], 무진고성 2단계가 각진 타날면에서 둥근 타날면으로 변화하는 과도기적 단계에 해당한다고 볼 수 있다.

수키와의 와도질 방향은 내측에서 외측을 긋거나, 한쪽은 내측→외측, 다른 한쪽은 외측→내측으로 긋는 형태가 확인되고 있는데 이는 주로 나말여초 시기의 기와에서 나타나는 대표적인 특징이다.

따라서 무진고성 2단계의 사용시기는 초축 이후 1.5m가 넘는 퇴적층과 출토유물의 편년을 고려할 때, 9세기 말 전후한 시기를 중심연대로 볼 수 있을 것이다.

결국 2단계는 성의 초축 이후 수십 년이 넘는 기간 동안 1.5m가 넘는 퇴적층이 쌓이도록 폐성되었거나 방치되었다가, 9세기 말경에 혼란한 사회적 분위기 속에서 매우 급하게 그 퇴적층 위에 수축성벽을 쌓아 재사용한 시기이라고 할 수 있다. 본 성의 수축은 분명 혼란한 사회분위기 속에서 급히 이루어졌기 때문에 9세기 말 이후의 광주를 중심으로 한 전남지역에서 일어난 역사적인 사건들을 고려해 보아야만 축조집단의 실체가 규명될 수 있을 것이다[17]. 축조집단의 실체에 대해서는 다음 장에서 후술하기로 하겠다.

(3) 3단계

3단계에 해당하는 유구에서는 귀목문 막새, 상감청자, 평기와가 출토되었다. 이는 무진고성에서 가장 늦은 단계의 것으로 유물의 편년을 통해 3단계의 사용시기로 추정할 수 있다.

귀목문은 통일신라 이후 귀면와의 제작이 줄어들면서 귀면의 눈 부위만 강조하여 만든 것이다[18]. 12세기 이후 전국적으로 유행한 것이며 연화문, 범자문과 함께 고려시대 막새의 대표적인 양식으로 꼽힌다[19].

상감청자는 A지역 상층 건물지에서 3점이 출토되었는데 국화문과 연화문이 시문된 대접과 뚜껑편이다. 상감청자는 우리 민족 특유의 창의적인 기술이 유감없이 발휘된 한국을 대표하는 도자기이며, 강진과 부안은 고려시대 최고의 상감청자 생산지로 알려져 있다[20]. 우리나라 상감청자의 등장 시기는 크게 12세기 중반[21]과 13세기를 전후[22]한 시기에 발생했다는 견해가 있지만, 최근에는 태안 마도 1 · 2호선에서 출수된 자료를 근거로 13세기설로 의견이 모아지고 있는 추세이다.

수키와는 토수기와만 출토되었다. 수키와는 미구와 언강의 유무에 따라, 즉 종단면형태에 따라 미구기와와 토수기와로 구분할 수 있는데[23] 삼국~통일신라시대에는 토수기와가 주로 제작되며[24], 고려시대 이후에는 미구기와가 제작되어 토수기와에서 미구기와로의 변화가 상정된다. 수키와는 고려시대 초에서 11세기 말까지만 토수기와가 제작되며, 12세기를 전후하여 미구기와가 등장하게 된다. 미구기와 등장 이후에도 토수기와는 13세기 중반까지 지속적으로 생산이 이루어지는데, 12세기 초~13세기 초에는 두 종류의 수키와가 동시에 제작되는 시기이다. 13세기 중반 경에는 토수기와가 사라지고 미구기와만 제작 · 사용된다[25].

따라서 3단계의 중심연대는 상감청자가 13세기를 전후한 시기에 등장하고, 토수기와의 하한이 늦어도 13세기 중반임을 고려할 때 13세기 전 · 중반으로 볼 수 있다.

13세기 전 · 중반은 몽고의 잦은 침입으로 인해 고려가 막대한 피해를 입은 시기로 무진고성이 외적의 침입에 대비하기 위한 산성으로 사용되었을 가능성이 있다.

4. 무진고성의 특징과 성격

무진고성은 앞서 살펴본 것처럼 크게 3단계에 걸쳐 사용되었음을 알 수 있으며, 그 시기는 8세기~9세기 초반 - 9세기 후반 - 13세기 전 · 중반으로 검토하였다. 이번 장에서는 각 시기별로 무진고성이 사용되었던 특징과 성격을 살펴봄으로써 무진고성의 역사적 의의에 접근해 보고자 한다.

1) 무진주 치소의 배후산성

신라는 삼국통일 이후에 신문왕 5년(685)에 지방을 9주로 정비하고 서원소경과 남원소경을 설치함으로써 통일신라 지방체제가 이루어졌다[26]. 9주는 신문왕 6년(686)에 사비주를 폐하고 웅천주, 발라주를 폐하고 무진주를 설치[27]하고 신문왕 7년(687)에 일선주를 폐하고 사벌주를 설치함으로써 현재 전해지는 <그림 21>과 같은 지방체제가 완성되었다. 이후 경덕왕 16년(757)에 이름을 한자식으로 바꾸고 9주 아래에 5소경 117군 293현을 두었다[28].

九州 (757년 改名)	州 治	領 屬		
		小京	郡	縣
沙伐州 (尙州)	경북 상주	–	10	30
歃良州 (良州)	경남 양산	金官(경남 김해)	12	34
菁 州 (康州)	경남 진주	–	11	27
漢山州 (漢州)	경기 광주	中原(충북 충주)	27	46
首若州 (朔州)	강원 춘천	北原(강원 원주)	11	27
河西州 (溟州)	강원 강릉	–	9	25
熊川州 (熊州)	충남 공주	西原(충북 청주)	13	29
完山州 (全州)	전북 전주	南原(전북 남원)	10	31
武珍州 (武州)	전남 광주	–	14	44
9州		5小京	117郡	293縣

〈그림 21〉 통일신라시대 9주 5소경

지방의 각 치소는 인근 영속 군현을 거느리기 위해서는 접근성이 좋은 중심지에 위치하였을 것이다. 각 지방의 치소는 경주와 마찬가지로 평지성과 배후산성이 짝하여 나타나는 것으로 알려져있다. 금관소경-분산성, 완산주성-동고산성, 남원소경-교룡산성, 수약주성-봉의산성, 상주성(복룡동 유적)-자산산성 등[29]과 같이 평지에는 격자망의 치소를 건설하고 배후에는 산성을 축조함으로써 정치 · 경제적-군사적 기능을 수행하였음을 알 수 있다.

무진주의 치소는 광주 누문동의 통일신라 건물지, 광주 도심지의 격자가로망, 광주 금남로의 우물지, 광주읍성의 하부 건물지, 광주 도심외곽의 사찰지, 광주도심지 채집 와편 등으로 미루어 보아 광주읍성 부근으로 추정된다[30]. 앞서 살펴본 바와 같이 1단계의 사용시기는 무진주가 9주의 치소가 된 7세기 후반부터이며 그 하한은 8세기 말~9세기 초반으로 볼 수 있다. 무진고성 1단계의 축성기술을 살펴보면 외벽을 장방형의 가공석으로 수평맞춤을 하고 있고 외벽 기저부에 지대석을 배치하고 있다. 특히 성벽 축조에 있어 지대석의 개념은 8세기 전반~8세기 후반에 확립되는 것으로 통일기 이후에 나타나는 특징으로 알려져 있다[31]. 무진고성과 비슷한 축성기술은 전주 동고산성과 남원 교룡산성에서도 확인할 수 있는데 남원 교룡산성의 경우 8세기 중반 무렵에는 축성이 완료되었을 것으로 보고 있다[32].

남원소경이 685년에 설치되고 무진주는 686년에 9주의 치소가 되는 등 비슷한 시기에 지방행정의 중심지가 되는데 평지 치소의 배후성으로서 축조 역시 비슷한 시기에 이루어졌을 것으로 생각해 볼 수 있다. 즉 무진고성은 686년 9주의 치소가 되면서 배후산성으로서 설계되어 축성되기 시작하여 8세기 중반경에 완료되었으며 8세기 말~9세기 초까지 사용되었던 것으로 추정된다. 9세기 이후 무주는 김헌창의 난(822)에 뜻을 같이 하였지만[33] 큰 전투는 일어나지 않았다. 그리고 김우징이 무주를 습격(838)하였을 때도 등장하는데 성 아래에서 주 사람들이 모두 항복하였다는 것[34]으로 보아 만약 무진고성이 그 무대가 되었다면 그 하한은 9세기 중반이 될 가능성도 있다고 생각된다.

2) 견훤의 후백제 건국 기반

잘 알려져 있다시피 9세기 말의 통일신라는 혼란한 시기였으며 892년 견훤이 왕경의 서남쪽과 무주를 점령하였다. 그리고 무진고성의 2단계인 9세기 말 전후는 시기상 견훤의 무주 점령과 겹쳐져 있어 그 관련성을 살펴볼 필요가 있다. 2단계에 해당하는 유구에서 출토된 유물들은 각종 명문와와 막새, 청자 등으로 무진고성 출토품 중에서도 단연 독보적이다. 특히 서조문 수막새는 그 유사한 문양을 찾아볼 수 없을 정도로 독특하다.

견훤이 무주에 자리잡은 과정을 살펴보고 무진고성과의 관련성을 찾기 위해 문헌기록을 살펴보면 다음과 같다.

> 당(唐) 소종(昭宗) 경복(景福) 원년(892)은 신라 진성왕 재위 6년인데 …(중략)… 이에 견훤은 몰래 〔왕위를〕 넘겨다보는 마음[覦心]을 갖고, 무리를 불러 모아 왕경의 서남쪽 주현(州縣)을 돌아다니며 공격하였다. 이르는 곳마다 메아리처럼 호응하여 약 한 달 만에 무리가 5,000명에 달하니 드디어 무진주(武珍州)를 습격하였다. 스스로 왕이 되었으나 다만 감히 공공연하게 왕을 칭하지는 못하였다. 스스로 서명하기를[自署] 신라서면도통(新羅西面都統) 지휘(指揮)·병마(兵馬)·제치(制置) 지절도독전무공등주군사(持節都督全武公等州軍事) 행전주자사(行全州刺使) 겸 어사중승(御史中丞) 상주국(上柱國) 한남군개국공(漢南郡開國公) 식읍(食邑) 2,000호라고 하였다[35].

이 기록에서 주목할 만한 내용은 다음의 몇 가지가 있다. 첫 번째는 견훤이 왕위를 넘겨다보는 마음을 품고 무리를 모으기 시작한 것은 경주의 서남쪽 주현이라는 점이다. 즉 견훤이 방수군으로 복무하다가 군사를 일으킨 곳이 무주가 아니라는 것이다.

두 번째는 견훤이 무리를 이끌고 드디어 무주를 습격했다는 점이다. 습격(襲)은 자신의 기반이 없는 곳이나 반대세력이 있는 곳이라야 사용할 수 있는 단어라는 점을 감안하면 견훤이 무주로 들어올 당시 무주의 지배 세력은 견훤과 같지 않음을 의미한다고 볼 수 있다. 즉 견훤이 무리를 이끌고 무주로 들어왔을 당시 무주의 지배 세력은 통일신라의 세력이었음을 말해준다.

세 번째는 '공공연하게 왕을 칭하지는 못하'고 '신라서면도통'이라 자서하였다는 점이다. 이는 무주를 점령하면서 스스로 최고 우두머리가 되었지만 왕이라 하지 못하고 신라 서쪽 방면의 행정과 군사 등을 총괄하는 '신라서면도통'으로 아직 통일신라와의 연관성을 놓지 않고 있다는 것이다.

이러한 세 가지를 감안해 보면 견훤이 경주의 서남쪽에서 세력을 규합하기 시작하여 무주 점령을 기점으로 우두머리를 칭하였지만 대내외적으로 통일신라의 연관성을 끊어내지 못하였음을 보여준다.

견훤이 습격에 성공하여 무주를 차지하였지만 뒤이어 나오는 '공공연하게 왕을 칭하지는 못하였다'는 내용으로 보아 주변 정세상 아직까지 통일신라의 영향력이 있었음을 알 수 있다. 그 영향력에는 피습을 당하였던 통일신라의 세력을 완전히 장악하지 못하였을 가능성도 있다. 그렇게 생각해 본다면 견훤이 무주를 점령한 시점과 무진고성의 수축 시기가 겹쳐지는 점에서 수축 세력은 발굴조사 보고서에서도 언급[36]된 바와 같이 2가지의 가능성이 있다. 초축 세력과 수축 세력이 동일했을 가능성과 달랐을 가능성이다.

전자는 초축과 수축 세력이 동일하다는 것은 통일신라 세력이었음을 의미한다. 무진고성이 평지성의 배후산성인 만큼 견훤이 무주를 습격해왔을 당시 무주의 지배세력 즉 통일신라 세력은 배후산성으로 대피했을 가능성이 있다. 후자는 초축이 지방행정 조직의 정비 차원에서 된 것이라면 수축 세력은 통일신라 세력이 아닌 다른 세력, 즉 무주를 습격한 견훤이 되는 것이다. 그러나 무진고성 2단계에서 확인되는 서조문 수막새를 생각해 본다면 후자의 가능성이 좀 더 크다[37].

통일신라시대의 조문 막새는 인간의 염원을 전하는 메신저 역할[38]이나 길상[39]

의 의미를 지니고 있는 것으로 알려져 있다. 무진고성 발굴조사 보고서에는 가릉빈가의 변화된 문양[40]으로도 파악하고 있다. 무진고성의 서조문 수막새는 대칭 구조의 단조문으로 문양의 양감이 도드라지는데 이러한 문양은 통일신라시대의 단조 · 쌍조문에서 찾아볼 수 없다.

가릉빈가문 막새 역시 대칭 구성으로 본다면 통도사 성보박물관 소장품과 비슷하지만 연주문에서 차이가 있다. 문양의 양감과 날개의 표현면에서 보자면 출토지 미상품과 비슷하지만 대칭되지 않는다는 점에서 차이가 있다. 그런 점에서 본다면 무진고성의 서조문 수막새는 통일신라시대 막새와는 다르며 그 유례를 찾아보기 힘들다.

분황사 출토
감은사지 출토
무진고성
서조문 수막새
통도사 소장품
출토지 미상
조문 수막새
가릉빈가문 수막새

〈그림 22〉 무진고성 서조문 수막새와 조문 · 가릉빈가문 수막새

후백제의 고고학적 자료로 보여지는 특징 중의 하나는 독특한 수막새가 확인된다는 점을 들 수 있다. 이는 광양 마로산성에서 30종류 이상의 수막새 유형이 확인[41]되고 장수 합미산성과 임실 월평리 산성 출토품처럼 특이한 수막새가 출토[42]된 점에서도 확인할 수 있다. 그러한 점에서 무진고성 서조문 수막새도 다른 곳에서 확인되지 않는 독특하다는 점에서 후백제와 관련될 가능성이 있다.

그리고 통일신라시대의 조문이나 가릉빈가문 막새가 일반적인 건물지에서 확인되는 것이 아니므로 이러한 문양을 사용함으로써 신성함이나 우월성 등을 나타내고자 하는 의도로 제작되었음을 생각해 볼 수 있다. 이는 조문 · 가릉빈가문의 의미를 알고 있는 통일신라의 세력이라면 쉽사리 사용할 수 없었을 것이므로 앞서 살펴본 수축 세력에서 후자인 견훤이라고 볼 수 있다. 즉 서조문 수막새는 통일신라에서 조문 · 가릉빈가문의 상징성을 활용하여 자신의 위상을 높이기 위해서 '신라서면도통'을 자서한 견훤 세력이 제작한 것이라고 생각된다.

이렇게 살펴보았을 때 무진고성은 892년 무주를 점령한 견훤이 초반에 아직 입지가 확고하지 않은 상태에서 사용하였던 것으로 추정된다. 무진고성에서 신라서면도통을 자서하면서 통일신라에서 가지는 새의 상징성을 활용하여 자신의 권위를 높이기 위해 서조문 수막새 등을 제작하여 건물을 장식하였을 것으로 생각된다. 그렇지만 견훤이 900년 완산주로 천도하기 이전까지 계속 무진고성을 사용하지는 않았을 것으로 보인다. 무진고성의 수축 이후 관리가 지속적으로 되지 않은 것으로 보아[43] 어느 정도 무주를 안정화시킨 이후에는 평지성으로 내려왔을 것으로 추정되며 이를 바탕으로 세력을 확대해 나갔을 것이다.

3) 고려시대의 외적 침입 대비 산성

광주는 고려 태조 23년(940)에 무주에서 광주[44]로 명칭이 고쳐졌고 이후 13세기대 몽고 침입기에 무등산 관련 기록이 나온다. 고종 43년(1256) 6월에 차라대(車羅大, 쟈릴타이)가 무등산 정상에 주둔하고 군사를 파견하여 남쪽 지방을 약탈[45]하였다는 것이다. 이로 보아 몽고군은 남부지역까지 내려왔음을 알 수 있고, 고려는 이에 대해 대비하였음을 생각해 볼 수 있다. 고려는 고종 18년

(1231)부터 고종 46년(1259)까지 29년 동안 6차에 걸쳐 몽고의 침입을 받았다. 몽고군의 침입 변화과정[46]을 살펴보면 〈그림 23〉과 같으며 고려 전역이 막대한 피해를 입었음을 알 수 있다.

4차 전쟁 중인 고종 30년(1243) 2월에는 여러 도에 산성 겸 권농별감 37인을 보냈다. 전라주도에는 손습경이 파견되었는데 권농이 목적이 아니라 방비하기 위한 것임이 기록되어 있다[47]. 5차 전쟁 중이던 고종 39년(1252)에는 여러 산성에 방호별감[48], 6차 전쟁 중이던 고종 44년(1257)에는 여러 성에 방호별감을 보냈다[49]. 3차부터 6차에 걸치기까지 고려는 꾸준히 각 지방의 산성을 정비하고 있다. 이러한 상황 속에서 관련 문헌기록은 부재하지만 광주에 위치하고 있는 무진고성 역시 정비가 이루어졌을 것으로 생각된다. 그리고 이 시기가 무진고성의 3단계에 해당하는 13세기 전 · 중반으로 몽고라는 외적의 침입에 대비하기

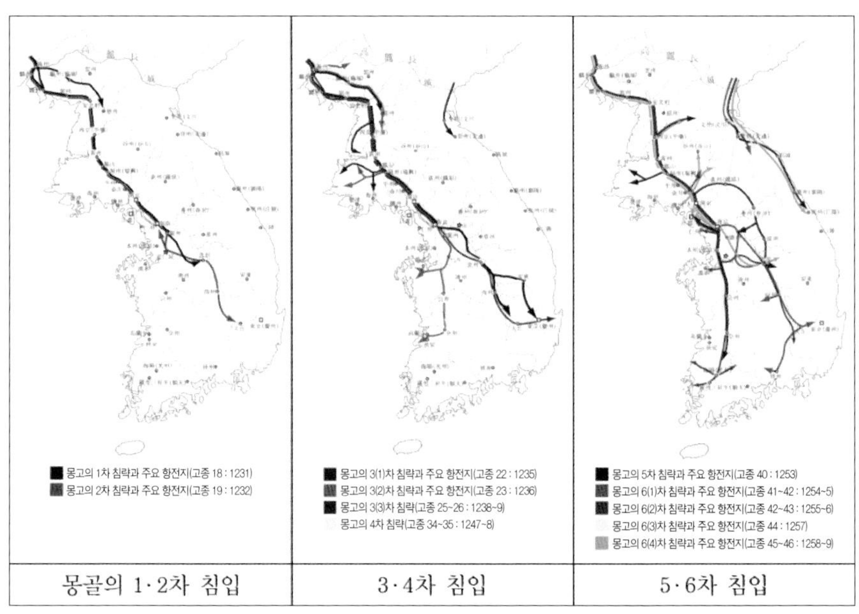

〈그림 23〉 대몽항쟁기 몽골군의 침입 변화과정

위한 산성으로 사용되었을 것이다.

이와 같이 무진고성은 7세기 말~8세기경에 지방행정의 치소를 보호하는 배후산성으로 축조되었고, 그 이후로도 대피 혹은 농성하기 위한 성으로서 사용되었음을 알 수 있다. 무진고성은 초축과 수축, 그리고 고려시대까지 총 3단계에 걸쳐 사용되었는데 성을 쌓음으로써 지역을 보호하는 의의가 있다고 볼 수 있다. 이와 관련해서 『고려사』에 전해오는 다음의 무등산가 관련 내용은 무진고성의 성격을 잘 드러내주는 것이라고 할 수 있을 것이다.

> 무등산(無等山)은 광주(光州)의 진산(鎭山)이다. 광주는 전라도(全羅道)의 큰 읍인데, 이 산에 성을 쌓으니 백성들이 의지하여 안전하게 지내게 되어 즐거워하며 노래를 불렀다[50].

5. 맺음말

무진고성은 통일신라시대부터 고려시대까지 초축-수축-재사용의 총 3단계 과정을 통해 각 단계별로 다른 목적을 위해 활용되었는데, 그 시기는 8세기~9세기 초반-9세기 후반-13세기 전·중반에 해당한다.

1단계의 무진고성은 통일신라 초기의 지방관제 정비 이후 7세기 말경 무진도독성과 관련된 배후산성으로 초축되었고, 주변 정세가 안정되면서 피난성으로 활용할 필요가 없자 폐성의 상태로 장기간 방치되었다.

2단계인 9세기 말 전후는 시기상 견훤의 무주 점령과 겹쳐있는데, 892년 무주를 점령한 견훤이 초반에 입지가 확고하게 다져지지 않은 상태에서 폐성 상태로 방치되었던 성을 수축하여 사용했을 것으로 추정된다. 견훤은 무진고성에서

신라서면도통을 자서하면서 통일신라에서 가지는 새의 상징성을 활용하여 자신의 권위를 높이기 위해 서조문 수막새 등을 제작하여 건물을 장식하였을 것으로 생각된다. 그렇지만 견훤이 900년 완산주로 천도하기 이전까지 계속 무진고성을 사용하지는 않았을 것으로 보인다. 무진고성의 수축 이후 관리가 지속적으로 되지 않은 것으로 보아 어느 정도 무주를 안정화시킨 이후에는 평지성으로 내려왔을 것으로 추정되며 이를 바탕으로 세력을 확대해 나갔을 것이다.

3단계는 13세기 대 몽고의 침입과 관련된 시기로, 고려는 3~6차 전쟁 중에 여러 도와 산성에 권농별감과 방호별감을 파견하여 꾸준히 각 지방의 산성을 정비하였다. 이러한 상황 속에서 관련 문헌기록은 부재하지만 광주에 위치하고 있는 무진고성 역시 이 시기에 정비가 이루어져 몽고의 침입에 대비하기 위한 산성으로 사용되었을 것이다.

이처럼 무진고성은 7세기 말~8세기경에 지방행정의 치소를 보호하는 배후산성으로 축조되었고, 그 이후 고려시대까지 대피 혹은 농성을 위한 성으로 사용되었다.

최근 들어 후백제에 대한 관심이 늘어나면서 무진고성의 사용시기와 성격이 재조명되고 있다. 신라 하대인 889년 전국적인 농민 봉기가 신라 전역에서 일어나고, 이를 기점으로 하여 각 지방에서는 조정에 반기를 들고 자립하는 독자적인 세력이 등장한다. 이러한 세력중의 한 명인 견훤이 892년 무진주에서 자립한 후 완산주로 천도하는 900년까지 이 지역은 약 8년 동안 그의 정치·군사·경제적 기반이 되었다. 그리고 이 시기에 무진고성에서 확인되는 유물들을 후백제와 관련하여 살펴보는 연구가 주를 이루고 있다.

그러나 더 많은 자료가 확보되고 이를 토대로 심도있는 연구가 이루어지지 않는다면 무진고성과 후백제를 연관시키기에는 한계가 있으며 이는 단지 추론에 불과하다. 물론 필자도 서조문 수막새를 후백제의 것으로 인정하고 있지만,

그 외의 '官', '國', '城' 등의 명문와와 평기와, 토기자료들은 후백제와 직접적으로 연결하기는 어렵다

최근 명문와나 토기, 기와 등을 근거로 무진고성의 수축시기가 후백제와 관련된 것으로 보는 견해[51]도 있다. 하지만 무진고성의 초축과 수축단계는 시기적으로도 같은 통일신라에 속하고, 출토유물이나 축조방식에 있어서도 후백제의 것이라고 할 수 있는 독특한 문화양상은 보이지 않는다. 특히 기와의 제작방법이나 토기의 기종 및 속성에 있어서도 이전 시기와 별반 차이가 없다. 이는 견훤세력이 통일신라의 제도를 계승했던 만큼 차이가 없는 것이 당연한 것이며, 더불어 무진주에서 그들만의 특징적인 문화양식을 만들기에는 8년이라는 기간이 짧았던 이유일 것이다.

후백제의 표지적인 유물을 찾는 것은 매우 어려운 일임에 틀림없지만 후백제의 정체성을 밝히기 위해서는 매우 중요한 과정 중 하나이다. 그러기 위해서는 우선 무진고성처럼 후백제와 관련 가능성이 높은 유적에 대한 발굴조사가 이루어질 수 있도록 행정적 뒷받침이 있어야 할 것이다. 이후 발굴조사를 통해 유적의 성격을 살펴볼 수 있는 유물에 대한 세밀한 분석이 진행되어야 할 것이다. 특히 후백제와 통일신라·나말여초 유적에 대한 출토유물의 비교 검토가 이루어지고 그에 대한 연구성과가 축적된다면 향후 후백제의 문화양상을 보다 명확히 밝힐 수 있을 것이다.

이 글은 2023년 순천대학교 문화유산연구소에서 펴낸 『후백제 왕도 광주』(도서출판 이안)에 실린 필자의 글(「발굴조사를 통해 본 무진고성의 성격」)을 보완한 것임.

【 주석 】

1) 林永珍, 2008, 「統一新羅 武珍都督城의 位置와 規模」, 『지방사와 지방문화』 제11권 2호, 역사문화학회, 245쪽.
2) 光州直轄市 · (社)鄕土文化開發協議會, 1988, 『無等山』.
3) 光州直轄市 · (社)鄕土文化開發協議會, 1988, 『無等山』, 463~496쪽.
4) 林永珍, 1989, 『武珍古城 I 』, 全南大學校博物館 · 光州直轄市, 1쪽.
5) 林永珍, 1989, 『武珍古城 I 』, 全南大學校博物館 · 光州直轄市, 120~121쪽; 林永珍, 2008, 「統一新羅 武珍都督城의 位置와 規模」, 『지방사와 지방문화』 제11권 2호, 역사문화학회, 245쪽.
6) 본 장은 무진고성 발굴조사 보고서 내용을 요약 · 정리하였다. (林永珍, 1989, 『武珍古城 I 』, 全南大學校博物館 · 光州直轄市 ; 林永珍, 1990, 『武珍古城 II 』, 全南大學校博物館 · 光州直轄市.)
7) 林永珍, 1990, 『武珍古城 II 』, 全南大學校博物館 · 光州直轄市, 157쪽.
8) 林永珍, 1990, 『武珍古城 II 』, 全南大學校博物館 · 光州直轄市, 45쪽.
9) 木浦大學校博物館, 1987, 『海南郡 山二面 綠青磁陶窯址』.
10) 이종민, 2017, 「나말여초 청자요업의 개시 여건과 고고학적 산물의 검토-塼築窯와 出土品을 중심으로」, 『한국중세고고학』 1, 한국중세고고학회.
11) 林永珍, 1990, 『武珍古城 II 』, 全南大學校博物館 · 光州直轄市, 159쪽.
12) 崔兌先, 1993, 「平瓦製作法의 變遷에 대한 硏究」, 慶北大學校大學院 碩士學位論文; 崔晶惠, 1996, 「高麗時代 평기와의 編年硏究 -文樣形態를 中心으로-」, 慶星大學院 碩士學位論文; 이수경, 2011, 「영산강유역 고려시대 평기와 연구」, 목포대학교대학원 석사학위논문.
13) 李廷珉, 2004, 「全南地域 羽狀紋 평기와의 變遷樣相」, 全南大學校大學院 碩士學位論文, 45쪽.
14) 이정민, 2019, 「전남지역 백제~통일신라시대 기와가마의 구조 변천과 배경」, 『역사학연구』 73, 湖南史學會, 17쪽.
15) 李仁淑, 2004, 「統一新羅~朝鮮前期 평기와 製作技法의 變遷」, 慶北大學校大學院 碩士學位論文, 100쪽; 차인국, 2014, 「전북지역 통일신라~고려시대 평기와 연구」, 『야외고고학』 20, 한국매장문화재협회, 60~61쪽.
16) 차인국, 2014, 「전북지역 통일신라~고려시대 평기와 연구」, 『야외고고학』 20, 한국매장문화재협회, 61쪽.
17) 林永珍, 1990, 『武珍古城 II 』, 全南大學校博物館 · 光州直轄市, 163쪽.
18) 李熙敦, 1987, 「韓國 鬼面紋瓦의 一考察」, 嶺南大學校碩士學位論文, 43쪽.
19) 경희대학교 중앙박물관, 2019, 『한국의 기와』, 160쪽.
20) 윤용이, 2023, 「고려 상감청자의 성립과 발전」, 『미술사와 문화유산』, 명지대학교 문화유산연구소, 8쪽.
21) 姜敬淑, 1989, 『韓國陶磁史』, 一志社, 193쪽; 張南原, 2002, 「高麗中期 靑瓷의 硏究」, 梨花女子大學校博士學位論文, 203~204쪽.

22) 이종민, 2016, 「고려 중기 청자제작의 확산과정과 그 배경」, 『호서고고학』 34, 호서고고학회, 65쪽; 윤용이, 2023, 「고려 상감청자의 성립과 발전」, 『미술사와 문화유산』, 명지대학교 문화유산연구소, 16~21쪽.

23) 수키와에 미구와 언강이 있는 것은 미구기와이고 없는 것은 토수기와이다. 종단면형태로 보았을 때 단이 있는 것은 미구기와(유단식), 단이 없는 것은 토수기와(무단식)이다. 미구기와와 토수기와는 평면형태에서도 차이가 있는데 미구기와는 장방형, 토수기와는 제형이 대부분이다.

24) 삼국시대에도 한성기부터 사비기까지 다양한 형태의 미구기와가 쓰이지만(소재윤, 2013, 「풍납토성 평기와의 제작공정에 따른 제작기법 특징과 변화」, 『야외고고학』 18, 한국매장문화재협회, 144쪽) 아직까지 전남지역에서는 백제로 편년되는 미구기와가 확인되지 않았다.

25) 차인국, 2017, 「호남지역 고려시대 기와가마 출토 평기와 연구」, 『중앙고고연구』 22, 중앙문화재연구원, 12쪽.

26) 『三國史記』 卷8 新羅本紀8 神文王5年 春, 復置完山州, 以龍元為摠管. 挺居列州以置菁州, 始備九州. 以大阿湌福世為摠管. 三月, 置西原小京, 以阿湌元泰為仕臣. 置南原小京, 徙諸州郡民户分居之.

27) 『三國史記』 卷8 新羅本紀8 神文王5年 二月 以泗沘州為郡, 熊川郡為州. 發羅州為郡, 武珍郡為州.

28) 『三國史記』 卷9 新羅本紀9 景德王16年 冬十二月, 改沙伐州為尚州, 領州一 · 郡十 · 縣三十. 歃良州為良州, 領州一 · 小京一 · 郡十二 · 縣三十四. 菁州為康州, 領州一 · 郡十一 · 縣二十七. 漢山州為漢州, 領州一 · 小京一 · 郡二十七 · 縣四十六. 首若州為朔州, 領州一 · 小京一 · 郡十一 · 縣二十七. 熊川州為熊州, 領州一 · 小京一 · 郡十三 · 縣二十九. 河西州為溟州, 領州一 · 郡九 · 縣二十五. 完山州為全州, 領州一 · 小京一 · 郡十 · 縣三十一. 武珍州為武州, 領州一 · 郡十四 · 縣四十四.

29) 황인호, 2014, 「新羅 9州5小京의 都市構造 研究」, 『中央考古研究』 15호, 中央文化財研究院, 113~135쪽; 김세종, 2022, 「남원 교룡산성의 변천 과정과 고고학적 가치」, 『先史와 古代』 70, 韓國古代學會, 80쪽.

30) 林永珍, 2008, 「統一新羅 武珍都督城의 位置와 規模」, 『지방사와 지방문화』 제11권 2호, 역사문화학회, 249~253쪽.

31) 安城賢, 2020, 「慶南地域 古代 城郭의 考古學的 研究」, 昌原大學校 博士學位論文, 250~360쪽.

32) 김세종, 2022, 「남원 교룡산성의 변천 과정과 고고학적 가치」, 『先史와 古代』 70, 韓國古代學會, 83쪽.

33) 『三國史記』 卷10 新羅本紀10 憲德王 14年 三月, 熊川州都督憲昌, 以父周元不得爲王反叛, 國號長安, 建元慶雲元年. 脅武珍 · 完山 · 菁 · 沙伐四州都督, 國原 · 西原 · 金官仕臣及諸郡縣守令, 以爲己屬.

34) 『三國史記』 卷44 列傳4 金陽條 …以三年二月, 入海見祐徵, 與謀擧事. 三月, 以勁卒五千人, 襲武州, 至城下, 州人悉降.

35) 『三國史記』 卷50 列傳10 甄萱條 唐昭宗景福元季, 是新羅真聖王在位六季 …(중략)… 於是, 萱竊有覦心, 嘯聚徒侶, 行擊京西南州縣. 所至響應, 旬月之間, 衆至五千人, 遂襲武珍州. 自王, 猶不敢公然稱王. 自署爲新羅西面都統指揮兵馬制置·持節·都督全武公等州軍事·行全州刺史兼御史中丞·上柱國·漢南郡開國公食邑二千戸.

36) 林永珍, 1990, 『武珍古城Ⅱ』, 全南大學校博物館·光州直轄市, 162~163쪽.

37) 무진고성 2단계에서 출토된 명문와와 청자 등에 대해서는 좀 더 분석이 필요할 것으로 생각되어 이번 글에서는 서조문 수막새에 대해서만 언급하였다.

38) 金有植, 2010, 「新羅 瓦當 硏究」, 東國大學校 博士學位論文, 101쪽.

39) 劉蘭姬, 2005, 「統一新羅時代 鳥文막새에 대한 一考察」, 蔚山大學校 碩士學位論文, 24쪽.

40) 林永珍, 1990, 『武珍古城Ⅱ』, 全南大學校博物館·光州直轄市, 158쪽.

41) 崔仁善, 2010, 「광양 마로산성 출토 막새기와에 대한 고찰」, 『文化史學』 33, 한국문화사학회.

42) 조명일, 2018, 「후백제 산성 출토유물 검토」, 『고고학으로 후백제를 알리다』, 제26회 호남고고학회 학술대회 자료집, 호남고고학회, 139쪽.

43) 林永珍, 1990, 『武珍古城Ⅱ』, 全南大學校博物館·光州直轄市, 164쪽.

44) 『高麗史』 卷2 太祖23年 春三月 改州府郡縣號.

45) 『高麗史』 卷24 高宗43年 6月 車羅大屯海陽無等山頂, 遣兵一千南掠.

46) 김호준, 2014, 「高麗 對蒙抗爭期 險山大城의 入保用山城 出現」, 『先史와 古代』 40, 韓國古代學會, 83쪽.

47) 『高麗史節要』 卷16 高宗30年 2月 遣諸道巡問使, 閔曦于慶尙州道, 孫襲卿于全羅州道, 宋國瞻于忠淸州道. 又遣各道山城兼勸農別監凡三十七人. 名爲勸農, 實乃備禦也. 巡問使尋以煩冗請罷勸農別監. 從之.

48) 『高麗史』 卷24 高宗39年 7月 分遣諸山城防護別監.

49) 『高麗史』 卷24 高宗44年 5月 甲戌 遣諸城防護別監.

50) 『高麗史』 卷71 志25 樂2 三國俗樂 百濟 無等山. 無等山, 光州之鎭. 州在全羅, 爲巨邑, 城此山, 民賴以安, 樂而歌之.

51) 이동희, 2015, 「전남지역의 후백제유적과 역사적 성격」, 『韓國上古史學報』 87, 61쪽; 진정환, 2018, 「후백제 불교미술품과 고고자료의 검토」, 『고고학으로 후백제를 알리다』, 제26회 호남고고학회 학술대회 자료집, 200쪽; 차인국, 2021, 「후백제 고고학의 연구현황과 과제」, 『전북학연구』 4, 45~47쪽; 배재훈, 2021, 「무진주 시기 견훤 정권의 동향」, 『韓國古代史硏究』 103, 327~328쪽; 최영주, 2023, 「고고학적 자료로 본 견훤 도읍기 무진주」, 『견훤의 후백제 건국과 광주』, 후백제의 광주 도읍 1,130주년 기념 학술대회 자료집, 143쪽.

【그림 출전】

〈그림 1〉 네이버 위성지도 활용

〈그림 6〉 국립전주박물관 2020

〈그림 8〉 전남대학교박물관 2015; 국립전주박물관 2020; 국립광주박물관 · 전남대학교 박물관 · 순천대학교박물관 · 목포대학교박물관 2022

〈그림 21〉 두산백과(좌), 황인호 2014(우)

〈그림 22〉 국립경주박물관 2000; 전남대학교박물관 2015

〈그림 23〉 김호준 2014

【인용 · 참고문헌】

〈단행본〉

『高麗史』

『高麗史節要』

『三國史記』

姜敬淑, 1989,『韓國陶磁史』, 一志社.

경희대학교 중앙박물관, 2019,『한국의 기와』.

光州直轄市 · (社)鄉土文化開發協議會, 1988,『無等山』.

〈논문〉

김세종, 2022,「남원 교룡산성의 변천 과정과 고고학적 가치」,『先史와 古代』70.

金有植, 2010,「新羅 瓦當 研究」, 東國大學校 博士學位論文.

김호준, 2014,「高麗 對蒙抗爭期 險山大城의 入保用山城 出現」,『先史와 古代』40.

劉蘭姬, 2005,「統一新羅時代 鳥文막새에 대한 一考察」, 蔚山大學校 碩士學位論文.

배재훈, 2021,「무진주 시기 견훤 정권의 동향」,『韓國古代史研究』103.

소재윤, 2013,「풍납토성 평기와의 제작공정에 따른 제작기법 특징과 변화」,『야외고고학』18.
安城賢, 2020,「慶南地域 古代 城郭의 考古學的 硏究」, 昌原大學校 博士學位論文.
윤용이, 2023,「고려 상감청자의 성립과 발전」,『미술사와 문화유산』, 명지대학교 문화유산연구소.
이동희, 2015,「전남지역의 후백제유적과 역사적 성격」,『韓國上古史學報』87.
이수경, 2011,「영산강유역 고려시대 평기와 연구」, 목포대학교대학원 석사학위논문.
李仁淑, 2004,「統一新羅~朝鮮前期 평기와 製作技法의 變遷」, 慶北大學校大學院 碩士學位論文.
李廷珉, 2004,「全南地域 羽狀紋 평기와의 變遷樣相」, 全南大學校大學院 碩士學位論文.
이정민, 2019,「전남지역 백제~통일신라시대 기와가마의 구조 변천과 배경」,『역사학연구』73.
이종민, 2016,「고려 중기 청자제작의 확산과정과 그 배경」,『호서고고학』34.
이종민, 2017,「나말여초 청자요업의 개시 여건과 고고학적 산물의 검토-塼築窯와 出土品을 중심으로」,『한국중세고고학』1.
李熙敦, 1987,「韓國 鬼面紋瓦의 一考察」, 嶺南大學校碩士學位論文.
林永珍, 2008,「統一新羅 武珍都督城의 位置와 規模」,『지방사와 지방문화』제11권 2호.
張南原, 2002,「高麗中期 青瓷의 硏究」, 梨花女子大學校博士學位論文.
조명일, 2018,「후백제 산성 출토유물 검토」,『고고학으로 후백제를 알리다』, 제26회 호남고고학회 학술대회 자료집.
진정환, 2018,「후백제 불교미술품과 고고자료의 검토」,『고고학으로 후백제를 알리다』, 제26회 호남고고학회 학술대회 자료집.
차인국, 2014,「전북지역 통일신라~고려시대 평기와 연구」,『야외고고학』20.
차인국, 2017,「호남지역 고려시대 기와가마 출토 평기와 연구」,『중앙고고연구』22.
차인국, 2021,「후백제 고고학의 연구현황과 과제」,『전북학연구』4.
최영주, 2023,「고고학적 자료로 본 견훤 도읍기 무진주」,『견훤의 후백제 건국과 광주』, 후백제의 광주 도읍 1,130주년 기념 학술대회 자료집.
崔仁善, 2010,「광양 마로산성 출토 막새기와에 대한 고찰」,『文化史學』33.

崔晶惠, 1996,「高麗時代 평기와의 編年硏究 -文樣形態를 中心으로-」, 慶星大學院 碩士學位論文.

崔兌先, 1993,「平瓦製作法의 變遷에 대한 硏究」, 慶北大學校大學院 碩士學位論文.

황인호, 2014,「新羅 9州5小京의 都市構造 硏究」,『中央考古硏究』15호, 中央文化財硏究院.

무진주와 광주목 사찰문화유산

황호균 광주광역시 문화유산위원

1. 머리말
2. 광주 옛 전남도청 일원 사지
3. 무진주와 광주목 주요 사찰과 사지
4. 맺음말

1. 머리말

광주광역시는 백제 498년(동성왕 20)에 무진주(武珍州)라 기록된 이래 통일신라 757년(경덕왕 16) 12월 9주의 이름을 모두 고칠 때 무주(武州)로 개칭되었다가 고려 940년(태조 23)에 광주(光州)라는 공식 명칭이 확정되었고 이후 여러 차례 변화를 거쳐 오늘날 광주광역시로 이어져 왔다.

광주광역시 관내 통일신라부터 고려시대의 사찰문화유산에 대해서 살펴보려 할 때 가장 참고되는 지리지는 『신증동국여지승람』(1530년) 〈광산현 불우조〉이고 고지도는 『동여비고』(17세기 후반) 〈전라도좌우주군현총도〉이다. 『신증동국여지승람』에는 무등산에 무량사 · 천복사 · 개룡사 · 원효사 · 증심사가 있고 북쪽에 십신사, 동쪽에 선원사, 신증편에 규봉사 · 금석암을 기록하였다. 이러한 문헌과 현장에 유전하는 문화유산을 총체적으로 분석하였다.

지금의 행정구역인 광주광역시 내 사찰문화유산의 문화사적 배경을 살펴보기 위해 '무진주와 광주목 사찰문화유산'이란 이름으로 통일신라부터 고려에 이르기까지 광주광역시 관내의 '사찰문화유산, 유물과 문헌' 대화를 시도해 보려 한다. 지형적 위치와 문화유산의 비중이 가장 큰 '광주 옛 전남도청 일원 사지'는 별도의 장으로 독립하였으며 약사암과 증심사, 원효사, 성거사지와 지산동사지, 십신사지는 '무진주와 광주목 시기의 주요 사찰과 사지'로 묶어 다루었다.

2. 광주 옛 전남도청 일원 사지

일제강점기부터 알려지기 시작한 '재명석등'과 '증심사 철불', 1980년대에 조사된 '고려 석탑재'는 '광주읍성'을 발굴하기 전인 2007년까지만 해도 막연하게 인근 폐사지에서 옮겨왔을 것으로 생각했었다.

그러던 차에 2020년부터 '광주 옛 전남도청 일원 폐사지'에서 유래한 '증심사 철불'의 원소재지를 추적하고 '광주 재명석등'의 이전 전말과 명문 판독사까지 연구하였다[1]. 2022년에 '사지 발굴'의 성과와 아울러 '재명석등', '고려 석탑재'까지 종합하여 단행본에 한 장으로 다루었고[2] 이를 다시 논문 형식으로 가다듬어 중앙 학술지에 실었으며[3] 주요 내용을 간추려 가다듬었다.

1) 광주읍내 철불 · 광주관사내 석등 · 고려 석탑재 유래 사찰 탐색

증심사 철불이 옛 전남도청 부근에 있었던 대황사(大皇寺)의 불상이라는 주장이나 광주재명 석등이 광주읍성 남문 안에 있었다는 일제강점기 기록, 옛 전남도청 6동에서 발견된 고려 석탑재도 광주재명 석등과 함께 '대황사지'의 유물일 거라는 추정 등에서 엉킨 실타래를 하나하나 풀어내 보자. 이들 주장과 추정에는 '대황사(大皇寺)'라는 사찰명이 실제로 존재하는지에 대한 검증작업도 필수적이다.

광주읍성 발굴보고서에서 "3구역에서는 대규모의 적심석과 건물지 등이 확인되었다. 이것은 지금까지 구전으로만 전해지던 傳 대황사와 관련된 건물일 가능성이 있다. … (생략) … 5구역에서는 … (생략) … 통일신라시대 주거지와 통일신라시대~조선시대 이후까지의 생활 유적이 확인되어 이 지역이 장기간 생활공간으로 활용되었음을 알 수 있다[4]."는 내용이 서술되었다. 특히 "(3구역) 적석열 상부에서 나말여초에 해당되는 기와가 다수 출토되었으며 특히 사지와 관련 있는『卍』명,『新德院』명의 명문 기와가 출토되어 최소한 이 지역이 구전으로 전해지던 傳 대황사지 또는 이와 관련된 건물지가 자리하고 있었던 것으로 추정할 수 있다. 따라서 3구역은 1구역과 마찬가지로 읍성이 축조되기 이전 고려시대의 건물지가 자연하천 주변에 위치하면서 담장과 석축을 축조하였고 이후 장기간에 걸친 건물지(적심석들)가 축조되고 폐기되면서 기존 유구가 훼손되고 유물이 혼입되었다[5]."고 하여 사찰과 관련된 유구임을 분명하게 밝히지만 사명은 고증하지 못한 채 구전 수준으로 인용하는 정도에 그치고 말았다.

여기에서 언급하는 3구역은 지금의 문화생태공원 일대로 예전의 전남도청 지사관사 담장 너머 안가네두부 · 호남회관 · 국제보청기 · 눈보안경 일대 지역이다. 5구역은 상무관 뒤편으로 전일주차장과 상무주차장, 고려조삼계탕이 위치한 지역으로 통일신라시대 기와들이 다량 발견되기도 했던 곳이다. 이러한 사실에 비추어 볼 때 "3구역에서는 대규모의 적심석과 건물지 등이 확인되었다. 이것은 지금까지 구전으로만 전해지던 傳 대황사와 관련된 건물일 가능성이 있다."고 하였다. 주거지와 생활 유적으로만 보던 5구역이나 1구역 일대도 통일신라시대 기와의 출토와 인근에서 발견된 통일신라 철불로 미루어 '옛 전남도청 일대사지'의 사역 안에 포함되는 폐사지일 가능성이 매우 커졌다.

2020년 가을에 간단한 몇 가지 검색만으로 대황사가 이름에서 풍기는 것처럼 오래된 절이 아니고 일제강점기에 창건된 광주읍 임정 농업학교 부근의 신흥사찰일 뿐이라는 사실을 처음으로 알게 되었다. 더구나 조선총독부 문서에 등장한 지금의 증심사 철불인 '광주읍내 철불상'이 대황사 소속 약사암에 모셔진 사실을 알아냈고 정확한 지번도 신문기사와 총독부 문서를 통해 밝혀냈다[6]. 다만 그때 촉박한 일정 탓에 '광주관사내 석등'에 대해 그 원소재지가 남문 안이라는 일제강점기 자료만 소개하는 데 그치고 말았다.

이처럼 1구역과 3구역 일대를 포함한 옛 전남도청 일대는 전일빌딩과 상무관 일대인 5구역을 포함해서 광주읍성이 들어서기 이전 시대의 사찰터가 분명하다. 광주읍내 철불상(증심사 철불)이 발견된 대황사 소속 약사암(瑞石町 48垈)은 3구역 일대에서 광주 동구청 방향으로 인접한 도로 건너편이다. 서석동 25번지와 7번지 부근으로 지금의 광주 대성학원 기숙사 일대이다. '고려 석탑재'도 1구역인 전남도청 6동(조립식 건물, 경찰국) 앞 정원에서 처음 조사되었다. 이러한 정보를 종합해 보면 철불 · 석등 · 석탑재는 1 · 3 · 5구역과 약사암 · 남문 일대에 위치한 폐사지에서 유래한 사찰문화유산임이 보다 분명해진다.

'옛 전남도청 일대의 대황사설'은 이미 고찰의 절 이름이 아니라 일제강점기 광주농업학교 일대 신흥사찰의 이름에서 비롯된 것으로 밝혀졌다. 더구나 '옛 전남도청 일대'를 '대황사'라 한 이유는 옛 전남도지사 관사 담장 길 건너에 위치한 대황사 소속의 약사암에서 와전되었음을 알게 되었다. 광주읍내 철불(증심사 철불)도 이곳에서 출토된 매장유물[7]이라는 사실도 함께 말이다.

『朝鮮金石總覽』(1919년) 발간 이전인 조선시대에 광주읍성 남문내 석등을 관찰하고 남긴 기록이 있지 않을까 찾아보았다. 지도군수 오횡묵(1834~1906)[8]이 1896년 9월 13일(을사) 남문안에서 광명석(석등)을 보고 남긴 기록을 발견했다. "南門內有光明石即此邑古蹟(남문 안에 광명석(光明石)이 있는데 이는 이 고을의 고적이다.)[9]"라는 내용이다. 1896년 8월 4일 23부제가 폐지되고 13도제가 실시되면서 전라남도가 개설[10]되는데 그 치소인 관찰부가 광주에 설치되어 보고차 온 것이다. 이 기록은 『全羅道智島郡叢瑣錄』[11]에 들어있다.

2) 광주 옛 전남도청 일원 폐사지의 문화사적 정보

'옛 전남도청 일원 사찰문화유산'의 정체를 밝히는 작업에 좀 더 깊숙이 들어가 보자. 도로 너머의 약사암에 모셔진 철불[12]이나 남문 안에 있었다는 석등의 존재, 전남도청 6동(조립식 건물) 앞 정원에서 처음 발견된 고려 초기 석탑재에서 공통적으로 풍기는 폐사지의 향기는 특정 공간의 일정한 지점을 가리킨다.

사지의 이름이라도 찾아볼 요량으로 그동안 『신증동국여지승람』(1530년, 불우)에서 보았던 '禪院寺在州東二里平地' 기사를 다시금 음미해 본다. 이후『동국여지지』(1656년, 고적)의 '又州東二里平地有禪院寺舊址'와『범우고』(1799년, 사찰)의 '禪院寺在州東二里今廢'에서는 그 폐사 시기가 가늠해진다. 禪院寺는 '東二里平地'로 기록되는『신증동국여지승람』(1530년)에서는 존속하고『동국여지지』(1656년)에서는 '舊址'로 표현되는 상황으로 미루어 16세기 말경에 폐사에 이른 것으로 추정된다. 폐사지로 지목된 3구역 일대는 광주읍성 남문에서 보면 방향은 동남향이고 거리는 2리로 보아도 무방하다. 광산현이나 광주치소에서 동쪽 상간 2리 즉 약 785m 거리에 위치한 고려시대의 평지 사찰은 이곳이 유일하다.

'禪院寺'라는 사명은 은연중에 선종사원임을 표방한다. 옛 전남도청 일대에서 출토된 '광주읍내 철불(증심사 철불)'은 통일신라시대 구산선문 관련 사찰에서 철불이 많이 제작되었던 사실에 비춰보면 '철불'→'선종사찰'→'선원사'로 자연스럽게 이어질 수 있는 통로가 마련된 셈이다. 정리하자면 평지사찰, 동2리 거리, 선종사찰, 철불출토, 禪院寺, 1530년대 존속, 1656년 '舊址'로 점철되는 역사적 정보가 간추려진다.

최근「전라좌도광주지도」(1872년) 내아 밖 3리에 '仙源村'이라 표기해 놓은 것을 보게 되었다. 방향과 거리도 인접하고 발음도 동일하여 '禪院寺'의 '선원'에 담긴 사명(寺名)의 흔적이 '仙源村'으로 면면히 이어져 왔음을 부인할 수 없게 하는 결정적인 근거를 발견한 셈이다.

광주읍성터 발굴에서 고려시대 말엽과 고려 초엽의 토층에서 '光州戊午', '光州己未' 기와편이 출토되었다고 한다[13]. 일제강점기 시대인 1934년에 간행된『광주군사』에 수록된 광주읍성 축성연대 항목에서 "5) 기타 '光州戊午', '光州辛卯', '光州己未' 등의 명각(銘刻)이 있는 기와를 발견하고 있다.…"라고 하여 명문 기와 출토 사실을 수록하였다[14]. 여기에는 아주 중요한 광주읍성 초축연대에 대한 정보가 담겨있다. 일반적으로 1373년 광주목이 설치되면서 광주읍성이 들어서게 된 것으로 알려졌다. 그동안 구체적인 시기에 대해서는 정확한 정보들이 없었다. '光州戊午'와 '光州己未'에 담긴 '光州'라는 고을명 정보는 15세기에 武珍으로 개칭되기 때문에 광주라는 지명을 사용한 시기에 한정해서 환산해 보면 그 시기는 1378년과 1379년에 해당한다[15].

광주읍성 1차 발굴보고서에서는 광주읍성 성벽이 잘 남아 있는 곳 안쪽인 1구역에 건물지와 적심석이 확인된다고 한다. 보고서에서는 "따라서 기와의 연대는 고려시대를 중심으로 볼 수 있지만 그 상한은 나말여초까지 올려볼 수 있으며 하한을 조선초기까지 한정해 볼 수 있다. … 그리고 건물지 편년은 1구역의 적심석과 방형건물지, 담장, 2구역 담장의 연대는 넓게는 나말여초 이래로 고려후기까지 해당되지만 중심연대는 고려 중기와 후기로 볼 수 있고 … 고려시대에 해당되는 건물지의 성격은 … 그리고 중심건물은 '新德院'이라는 건물명이 있었을 것으로 추정되고 … [16]"라 한다. 나아가 이곳이 '新德院'이라는 중심 건물명이 있었을 것이라고 보았다[17].

건물명이거나 성격을 뜻하는 기와는 '新德院'과 '卍'字를 들 수 있다. 이 중 '新德院' 명문기와는 S1E1 칸 성외벽 흑갈색 구지표층(Ⅲ-②)에서 출토되었는데, 읍성 이전의 건물지로 추정하고 있는 적심석 3~5번 주변으로 같은 층에 해당한다. 앞에서 적심석의 상태(이중 석열)와 간격(중심간 350㎝)을 통해 대형건물이 있었음을 언급하였고, 이 건축물의 명칭이 '新德院'일 가능성도 있어서 앞으로 자료 확보 및 문헌 연구가 요구된다[18]. '卍'字 명문은 傳대황사지와 연결해 볼 수 있는데 1~2구역에 비해 최근 조사된 3~4구역에서 '卍'字 명문이 많이 수습되고 있어 그 위치가 3구역일 기능성이 높다[19].

나아가 5구역 수혈 2호에서는 토제품 '布袋和尙' 1점이 출토되었다. 얼굴과 손, 목탁은 의도적으로 옻칠을 한 것으로 보인다. 왼손에는 포대 자루를 쥐고 있고, 오른손은 머리 옆에 살며시 대었다. 눈과 눈동자, 코와 콧구멍, 입과 치아까지 질감 있게 표현하였으며 손과 옷주름 등은 가는 도구를 이용하여 음각으로 섬세하게 표현하였다. 발바닥 중앙에 번조시 파열을 막기 위한 원형공이 있다(높이 7.5㎝, 두께 5㎝)[20]. 광주읍성 보고서에서 '포대화상'으로 언급하였으나 조각상으로의 '포대화상' 출토 사례가 드물고 일본불교의 신상으로 널리 유포되었던 칠복신 중의 하나인 "大黑天像"과 유사하다. 수혈에 매장된 상황이나 형태로 보아 일제강점기의 상으로 추정된다.

〈그림 1〉 5구역 출토 大黑天像

보고서 내용을 잘 음미해 보면 1구역 적심석과 건물지는 광주읍성이나 광주치소와 전혀 상관없는 성격의 건물지로 판단된다. 건물지가 사용된 시기 폭을 나말여초에서 조선 초기라는 것으로 보아 옛 전남도청 일원 사지 사찰문화유산인 광주읍내 철불 · 광주관사내 석등 · 고려 석탑재의 조성연대에 포함되어 광주읍성이나 광주치소가 이곳에 들어서면서 파괴된 폐사지로 판단된다.

발굴결과 유구와 유물로 본 고고미술사학적 판단으로는 옛 전남도청 일대는 통일신라부터 고려시대를 거쳐 정유재란 직전까지 존속한 명찰의 영역이었다. 광주목 설치시기인 1373년 이후 조선시대에 들어서 일부 '寺域'이 광주읍성 내의 아사와 내아에 포함되어 이미 사원의 기능이 일부 중지되었다. 유구의 대량 파괴가 이루어진 후 사세가 급격히 줄어든 상태로 인근 3구역에 작은 규모로 명맥을 유지하다가 언제쯤인지 특정하기 어렵지만 석등은 남문 안으로 이전되고 철불은 땅속에 묻히게 되었다. 석탑재도 주변에 뒹굴다가 전남도청 안에서 발견되기에 이른 것이다.

종합해 보면 5구역 일대의 통일신라시대 주거지와 통일신라 기와의 출토, 1·3구역 일대의 사찰 건물지, '東二里平地'의 禪院寺를 기록하는 『신증동국여지승람』(1530년)과 『동국여지지』(1656년)의 기록으로 미루어 볼 때 사역 일부에 조선시대에 광주읍성과 관아가 들어서면서 사세가 ⅔가량 위축되다가 정유재란(1597~1598년) 당시 왜적의 침탈로 인해 16세기 말경 완전한 폐사에 이르게 된 것으로 추정된다.

다만 1구역 Ⅲ층 출토 '新德院'명과 '光州戊午'명(1378년), 3구역 출토 '卍'명과 '新德院'명의 기와에서 등장한 '新德院'에 대한 해석은 남은 과제이다. 이곳이 '新德院'이라는 중심 건물명이 있었을 것이라거나[21] 선승들의 수행처인 '禪院'의 역할을 한 곳일 수도 있다. 고려시대에는 별도의 역원을 짓기보다는 불교사원으로서 '院'이 세워져 그 역할을 대신하였다. 또한 이곳이 '新德院'이라는 驛院이었을 수도 있고 '新德院'이라는 역원에 납품하고 남은 기와를 재사용했을 개연성이 높다[22]. 하지만 조선시대 각종 지리지에는 '新德院'이란 역원은 검색되지 않는다. '光州戊午'명(1378년)과 '卍'字명, '新德院'명의 기와에 담긴 역사적 정보나 3구역 禪院寺의 폐사에 이르기까지의 추적은 훗날 더 충분한 발굴이 이루어진 다음에라야 소상한 해석이 더해질 수 있을 것이다.

3) 광주관사내 석등(재명석등) 양식사, 명문 판독사, 석탑재

일제강점기에는 '광주관사내 석등'으로 불리던 재명석등(在銘石燈)(광주광역시 유형문화유산, 고려11세기 초)은 현재 국립아시아문화전당 부지인 상무관 앞 정원에 석탑재와 함께 이전 복원되어 있다. 최근까지 옛 전남도청 앞 정문 옆 정원에서 목격되었으나 한때 지하철 공사로 인해 옛 전남도청 후관 통상협력관실 앞 화단으로 옮기기도 하였고 국립아시아전당 부지 발굴을 위해 국립광주박물관 야외전시장으로 옮겨 놓기도 했었다. 이처럼 단 한 차례의 원외로만 반출되었을 뿐 대부분 옛 전남도청부지 내의 이전만 이루어졌다[23].

(1) 광주관사내 석등(재명석등) 양식사

새롭게 추가한 지대석과 상륜부를 제외한 석등의 부재는 연화문 팔각하대석, 팔각간주, 연화문 팔각상대석, 팔각화사석, 팔각옥개석으로 나뉜다.

마멸이 심해 그 자세한 형태의 확인이 어렵지만 하대석에는 8엽복련화문(八葉伏蓮花文)을 새긴 것으로 생각된다. 하대석 위에는 긴 8각형의 간주를 세웠다. 간주(竿柱)에 장방형의 구획을 만들고 그 안에 명문을 오목새김 기법으로 가득 조각해 놓았다. 간주석 위에는 꽃잎이 화사석을 받드는 모습의 8개의 연꽃잎이 새겨진 8엽앙련화문(八葉仰蓮花文) 상대석을 올렸으며 간판(間瓣)은 꽃술형이다. 상대석 위에는 두툼한 화사(火舍) 받침 위에 8각 화사석을 올렸다. 화사석(火舍石)을 중심으로 아래에는 3단의 받침을 두고 위에는 지붕돌과 머리 장식을 올렸다. 받침 부분은 길쭉한 가운데 기둥을 사이에 두고 아래 · 위 받침돌에 연꽃무늬를 대칭적으로 새겼다. 화사석 네 방향에는 불을 밝히는 장방형의 불창(화창)을 뚫었다. 옥개석은 하대석과 간주, 상대석의 석질과 돌 표면색이 화사석이나 옥개석과 크게 다르고 옥개석의 전체적인 비례도 매우 좁아 다른 부재와 혼용된 것이다. 광주 관음사에서 조사된 석등 옥개석은 '재명석등'의 옥개석일 가능성이 매우 크다. 광주 관음사에서 조사된 인왕상이 조각된 상층기단 면석이 광주 옛 전남도청 석탑재일 가능성과 함께 고려해볼 만하다.

전체적으로 통일신라 8각 간주형 석등의 전형적인 모습이다. 일제강점기 도지사 관사 화재의 영향인지 돌 표면색이 짙은 주황색으로 불을 먹은 상태로 변했다. 특히 하대석은 돌 표면이 습기와 화재의 영향으로 상대석에 비해 문양 확

〈그림 2〉 광주읍내 석등 (小川敬吉 1931.3.17)

〈그림 3〉 재명석등(2023.10.19)

인이 어려울 정도로 손상되었다. 대체로 비슷한 시대의 나주 서성문 안 석등에 비해 조각기법이 뒤처진다고 평가하는 경향이 많다. 하지만 상 · 하대석의 연화문과 간주석 명문의 조각 솜씨는 오히려 더 고졸한 맛이 난다.

석등의 제작 시기는 8각석주로 간석(竿石)을 세우거나 간주(竿柱)에 명문을 새기는 기법으로 볼 때 '大安九年(고려 선종 10년, 1093)'명의 나주 서성문안 석등과 전체적인 모습이 비슷한 점에서 고려 초의 작품으로 추정된다. 간주 명문을 '聖壽天長▨戊辰▨'으로 보고 무진년은 1028년, 1088년, 1148년 등으로 나주 서성문안 석등과 비교해 볼 때 11세기를 전후하여 멀지 않은 연대로 추정하는[24] 주장도 있다. 대체적인 평가가 11세기 석등으로 보는 것에는 크게 이견이 없다.

다만 상 · 하대석의 연화문과 간주석 명문의 조각 솜씨가 나주 서성문 안 석등에 비해 오히려 고졸한 표현 형식을 근거로 나주 서성문안 석등보다 빠른 1028년과 1088년 중 '옛 전남도청 내 고려 석탑 옥개석재'와 비슷한 시기인 1028년으로 추정했던 것이다. 하지만 '戊辰'이라는 간지가 현장에서 정확히 확인되지 않아 간지를 근거로 한 연대 추정은 무의미해졌다.

(2) 광주관사내 석등(재명석등) 명문 판독사

8면의 간주 모든 면에는 장방형의 외곽선을 한 단 낮게 다듬고 그 안에 6㎝ 내외 크기의 해서체 명문이 한 면에 한 줄씩 세로로 음각되었다. 현재 두 줄을 제외하고는 마멸이 심해 육안으로 쉽게 판독되지 않는다. 1919년에 간행된『朝鮮金石總覽』에는 4면에 13자 정도만 판독[25]되었고 그 후 1963년 정영호 교수의 「光州有銘石燈」에서는 8면에 35자가 판독 · 수정되었다[26]. 1984년에 들어와서야 허흥식은『韓國金石全文』에서 간지일 가능성을 제시한 선행의 판독본을 아무런 언급 없이 그대로 네모 칸 없이 '戊辰'이라 단정했다. 5행의 하단 미판독 글자 3개를 4개로 늘리고 그 가운데 두 번째를 '修'로, 7행 미판독 첫 글자를 '再'자로 판독하였다. 8행 두세 번째 글자인 '薩?戒?'에서 물음표를 제거하여 '薩戒'로 '戊辰'처럼 단정적으로 확정해 버렸다[27]. 1963년 당시 정영호 교수는 도괴 된 상태의 간주석을 탁본하면서 판독한 때문인지『朝鮮金石總覽』(1919년)보다 많은 글자가 읽어진 것으로 추정해 본다. 1967년 정명호, 황수영에 이르러 비로소 중요한 구절의 판독이 이루어졌고 간지도 포함되어 사실상 텍스트의 구축이 완성된 것처럼 여겨져 왔다.

최근에 여러 차례 햇빛과 탁본, 야간 LED지속광 조명으로 판독을 시도해 본 결과 '戊辰'은 전혀 글자가 보이지도 않고 문맥상 간지가 들어갈 위치도 아닌 것으로 판정했다. 이 밖에도 현장에서 확인된 글자만 학계 연구자들을 위해 '2022년판 지역연구자 판독본'으로 제시하고자 한다[28].

'2022년판 지역연구자 판독본'에서는 다음과 같은 성과를 거두었다. 먼저 1행의 간지 '戊辰'은 글자 모양을 전혀 확인할 수 없었다. 3행 6열은 '塗'가 아니라 '途'로 판정되었다. 4행의 경우 그동안 흔히 '燈龕一座'로 인용되어왔으나 '龕'은 글자 형태가 확인되지 않았다. 5행의 '棟樑乘善消皆▨修▨▨'은 '棟樑▨善洪▨今修洋?'으로 한 글자는 수정되고 다른 한 글자는 추가로 판독되었으며 9열의 글자를 정영호와 같이 '洋?'일 가능성을 제시하였다. 정영호나 허흥식처럼 5행만 특별하게 10열까지 이어지지 않으리라고 보았다. 특히 6행의 1열은 허흥식만 '再'로 판독였으나 전혀 글자 모양을 파악할 수 없었다. 마지막으로 7행과 8행의 3열 이하는 대부분의 연구자가 글자가 없는 것처럼 판독하였으나 정영호만 '以下缺'이라 하여 글자가 있는데 '缺落'된 것처럼 표현하였다. 7행과 8행의 3열 이하를 자세히 살펴본 결과 어느 획이나 삐침같이 분명한 글자 형태를 발견하지는 못했다. 다만 글자가 있었을 가능성만 열어두고자 한다. 앞으로 '3D 스캐너'와 'RTI 촬영기법'을 통한 과학적인 명문 판독이 진행되길 소망한다.

【석등 원문】현장 세로 형식

<table>
<tr><td>右弟子이하글자불분명</td><td>菩薩戒이하글자불분명</td><td>▨後證菩提之▨▨▨</td><td>棟樑▨善洪▨今修洋?</td><td>刹之願燈▨一座令者</td><td>六趣迷倫三途滯▨▨</td><td>穀豊登▨▨▨民安</td><td>聖壽天長▨▨▨▨五</td><td>右弟子</td><td>菩薩戒</td><td>再後證菩提之▨▨▨</td><td>棟樑乘善消皆▨修▨▨</td><td>刹之願燈龕一座令者</td><td>六趣迷倫三塗滯▨▨</td><td>穀豊登▨▨▨民安</td><td>聖壽天長▨戊辰▨五</td></tr>
<tr><td colspan="8">김희태, 황호균, 정선종
(2022)</td><td colspan="8">허흥식『韓國金石全文』
〈戊辰銘石燈〉(1984)</td></tr>
</table>

3행과 4행 2열 사이 모서리에 지름 4㎝, 깊이 1㎝ 정도의 성혈(性穴, cup-mark)을 발견하였다. 이러한 성혈은 청동기시대 이후의 민속신앙으로 다산과 풍요를 기원한 의례행사 흔적이다. 광주재명석등에 나타나는 성혈은 기자신앙(祈子信仰)의 하나로 아들 얻기를 원(願)하는 사람들의 개인적인 소망으로 인한 행위의 결과물로 이해된다.

석등기에는 임금의 장수(長壽)를 비는 등의 발원문과 동량(棟梁) 및 참가한 사람들의 이름이 기록되어 있다.

(3) 광주 옛 전남도청 석탑재

옛 전남도청 6동 앞 정원에서 처음 조사된 이래 지금은 재명석등과 함께 상무관 앞 정원에 나란히 자리한다. 기단부재와 상륜부재는 없고 5개의 옥개석만 남았다. 옥개석의 층급받침은 1층은 4단, 2층은 6단, 3층은 5단, 4층은 4단, 5층은 6단이다. 1층 옥개석 하단부에 사리 뚜껑 공(가로 55㎝, 세로 38.5㎝, 깊이 7㎝)이 발견되었다.

〈그림 4〉 옛 전남도청 석탑재

옥개석의 두께나 크기, 낙수면의 경사나 우동의 처리, 전각의 반전 각도 등을 종합해서 살펴보면 3개의 석탑재가 섞여 있다. 하지만 돌 재질이 유사하고 다른 탑재가 더 발견되지 않은 점 등에서 후대에 한 두 차례 보수가 이루어진 결과로도 해석해 볼 수 있지 않을까 하는 가능성을 제시해 본다.

조성시기도 대체로 재명석등과 같은 시기인 고려 초기 11세기 초경으로 추정된다. 재명석등과 함께 인근 폐사지에서 옮겨왔을 가능성이 크다. 우동마루가 살짝 들리는 반전 기법이나 층급받침의 섬세한 치석, 네 모서리 내림마루의 유려한 표현력은 고려 초기의 조형성을 충분히 보여준다. 인근 광주극장 앞 광주 관음사에서 조사되었던 인왕상이 조각된 상층기단 면석은 크기나 돌 색깔, 제작 연대 등으로 미루어 이 석탑의 부재일 가능성이 매우 높다. 광주 관음사에서 조사된 석등 옥개석이 '재명석등'의 옥개석일 가능성과 함께 고려해볼 만하다.

4) 광주읍내 철불(증심사 철불) 원소재지와 이전사, 양식사

(1) 광주읍내 철불(증심사 철불) 원소재지와 이전사

증심사 비로전의 철불은 그동안 옛 전남도청(현 국립아시아문화전당) 자리에 있었다던 대황사(大皇寺)가 폐사되면서 1934년에 증심사로 옮겨왔다고 알려졌다. 1966년 발간된 『光州市史』나 1973년 최몽룡의 「全南의 古蹟(3)」과 1977년 박선홍의 『無等山』, 1981년 전라남도 『문화재 도록』에서 모두 그렇게들 이야기했다.

2020년 가을에 일제강점기 때의 조선총독부 관보에서 〈사찰건물 폐기처분 허가〉(1934.10.22, 조선총독부관보 제2335호)라는 아주 의미 있는 문건을 발견하게 되었다. 全羅南道 光州郡 池漢面 證心寺 住持 朴秉芸에 의해 신청된 전라남도 광주군 瑞坊面 院村里에 있는 大皇寺의 한 평짜리 목조기와 지붕 건물(木造瓦葺平家)의 폐기처분을 1934년 10월 11일에 허가한다는 내용이다.

1917년~1927년 사이에 생산한 〈고적 및 유물 대장(古蹟及遺物臺帳)〉과 1929년(소화 4년) 조선총독부박물관에서 생산한 것으로 추정된 〈고적 및 유물

등록대장(古蹟及遺物登錄臺帳)> 원고의 교정본, 소화5~7년도 복명서 안에 수록된 1931년 3월 17일 일기) <전라남도 광양군 기타 고적유물 조사보고서>에 토지 · 건물 · 불상 모두 국유로 기록된 광주읍내 철불상이 어떤 과정을 거쳐 증심사로 그 소유가 넘어갔을까? 조선총독부에서는 사찰건물 폐기처분만 허가했을 뿐 철불의 매매나 이전을 승인한다는 내용은 보지 못했다. 그 당시 신청자가 증심사 주지라는 사실은 또 어떻게 해석해야 할까?

그와 관련해 1932년에 조선총독부에서 <각도 소재 고적용지 조사관계 보물고적대장>을 정리한 문건에서 희미하나마 추정 가능한 단서를 찾아본다.

조선총독부의 1932년 12월 2일 공문에 의해 전라남도 소재 고적유물의 조사결과를 전라남도 지사가 총독부 학무국장에게 보고한 문서[지정 01] 각도 소재 고적용지 조사관계 보물고적대장(1932년)에 "소재지는 광주군 광주읍 瑞石町, 소유자 또는 관리자는 광주 證心寺, 리동명은 서석정, 옛지명은 浦川, 지번 지목은 48垈, 建坪 2.20平方m 85坪, 토지소유자 또는 관리자 平野吉三郞이다. 형상구조는 높이 90㎝, 가슴둘레 1.12m, 정강이 둘레 38㎝, 철제의 瞑目坐禪의 약사여래불상이다. 앞에 실은 도면 제2호와 같음. 시대 유래 전설은 大皇寺所屬 藥師庵保存佛이라고 하며 그 藥師庵이 있던 장소는 현재 철불상이 있는 장소라는 傳說이 있다. 현상 및 보존 방법은 건평 2.20平方미터, 처마 높이 2.30m 朝鮮瓦葺의 堂宇 안에 안치되어 있다. (그 당우는) 평상시 종루를 겸한다. 希望者는 證心寺로 許可를 얻어야 한다."라는 흥미로운 내용이 기록되었다.

오가와 케이키치[小川敬吉, 1885~1950]가 작성한 광주읍내 철불상 기록[29]에도 토지 건물 불상은 공히 국유라는 명백한 사실이 기록되었다. 그런데 어쩌다가 그 소유권이 증심사로 넘어가게 되었는지는 밝혀내기 어려웠다. 다만 1929년 1월 13일과 19일 조선일보와 동아일보 신문 기사로 미루어볼 때 복장 시주로 인한 혹세무민하는 물의를 빚은 탓에 1932년에 조선총독부에서 <각도 소재 고

적용지 조사관계 보물고적대장〉에서처럼 광주 서석정 철불상의 관리자를 증심사 주지로 정하고 현상 및 보존 방법으로 希望者는 證心寺로 許可를 얻어야 한다고 명시한 것으로 보아 그 이후 증심사가 移轉 허가를 얻었음을 짐작할 따름이다. 철불 이전 시기는 大皇寺의 한 평짜리 목조기와 지붕 건물(平家)의 폐기처분을 허가한 1934년 10월 22일 직후로 특정된다.

위 문건에서 등장하는 서석정의 구지명인 '浦川'은 『광주군사(光州郡史)』(1934, 광주군교육회, 93쪽)에 "약 17~18년 전까지는 지한면 소태리로부터 수로를 설치하여 현재 광주의원 부지 안을 지나서 서석정에서 도청 뒤의 도랑으로 통하는 작은 물줄기가 있었으나 지금은 중단되었다."고 한다[30]. 말하자면 이 '浦川'은 광주의원 부지 안을 지나서 서석정에서 도청 뒤의 도랑으로 통하는 작은 물줄기를 말한다.

藥師庵은 『광주군사(光州郡史)』(1934, 광주군교육회, 59쪽)에서 광주서석정 논 가운데 조선식 기와지붕을 한 작은 사우에 높이 90㎝ 가슴둘레 1m 남짓인 철제 명목좌선의 약사여래인 불상을 안치하였다고 한다. "임정에 있었다고 하는 대황사 소속인 약사암의 보존불상이다"라는 전설이 있다라며[31] 대황사를 임정에 있었다는 과거 완료형으로 서술한 점이 눈에 띈다.

정리해 보면 광주읍내 철불은 대황사소속 약사암 보존불로 '浦川'[32]이 흐르던 지역의 서석정 조선기와집에 소재하고 현상 및 보존 방법으로 希望者는 證心寺로 許可를 얻어야 한다고 명시했다. 이로써 증심사 철불은 1932년에는 전라남도 도지사 관사 뒤의 계냇게절이라 불리기도 했던 대황사소속 약사암의 보존불이었던 것이다.

大皇寺에 대해 『光州郡史』(1934, 광주군교육회, 58~59쪽)에서는 "소재지를 광주읍 林町 농업학교 부근이며 전설에 따른 것이고 화강석으로 조성된 입불상(미륵불) 높이 약 4m, 둘레는 2m쯤 되는 것이 있으므로 옛 절터였던 것을 想察

할 수 있다."[33]고 명확하게 기술하였다. 말하자면 대황사는 임정 농업학교 부근에 있었던 신흥사찰인 셈이다.

이처럼 그 위치가 어느 하나 명쾌하게 정리되지 않던 차에 광주 철불로 일제강점기 신문을 검색해 보다 아주 흥미로운 기사 3건을 발견했다.

1916년 9월경 도지사 관저 뒤편 논밭 사이에서 아베에게 최초로 목격되던 철불이 13년 뒤 1929년 1월 13일(조선일보)에는 "광주시내 동광산정 지사관사 뒷들판 한가운데 대황사 약사불"로 1929년 1월 19일(동아일보)에는 "광주시 외곽의 원촌리 166번지 두어 칸 오막살이 집"에서 발견된다. 이후 3년 뒤인 1932년에는 조선총독부의 <각 도 소재 고적 용지 조사 관계 보물고적 대장 - 전라남도 소재 고적 및 유물 지정 대장 제87호 증심사 철불상(1932년)>에 광주읍내 철불상이 대황사소속 약사암 보존불로 瑞石町(浦川) 48垈에서 그 행적이 조사되었다. 1년 뒤『光州郡史』(1934, 광주군교육회, 59쪽)에는 광주 서석정 논 가운데 조선식 기와지붕을 한 작은 사우 藥師庵에 철제 명목좌선의 약사여래인 불상이 안치되었다고 한다. 조선총독부 관보의 <사찰건물 폐기처분 허가>(1934. 10. 22, 조선총독부관보 제2335호)는 광주군 서방면(瑞坊面) 원촌리(院村里) 166번지에 있는 大皇寺의 한 평짜리 목조기와 지붕 건물(平家)의 폐기처분을 허가한 것이다.

1916년 9월경 도지사 관저 뒤편 논밭 사이에서 아베에게 최초로 목격되던 철불이 13년 뒤 1929년 1월 13일(조선일보)에는 "광주시내 동광산정 지사관사 뒤들판 한가운데 대황사 약사불"로 1929년 1월 19일(동아일보)에는 "광주시 외곽의 원촌리 166번지 두어 칸 오막살이 집"으로 모시는 장소의 표현이 달라진다. 최초로 목격되던 장소에 오막살이 집을 지은 것인지 아니면 길 건너로 옮긴 것인지 이러한 자료만 가지고는 판단하기 어려웠다. 다만 기사의 뉘앙스로는 최초로 발견된 장소에다 두어 칸 오막살이 집을 짓고 행사 때는 차일을 친 것으로 추정된다.

1929년 1월 13일과 19일 조선일보와 동아일보 신문 기사에서 중대한 차이가 발생한다. 기사의 주요 내용은 철불 복장 헌금 사기 사건이라는 동일한 소재이지만 두 기사에서 철불의 소재지가 다르게 묘사되었다. 조선일보는 "광주시내 동광산정 지사관사 뒷 들판 한가운데 대황사 약사불"이라며 대략적인 절 위치와 절 이름까지 밝혔다. 동아일보는 "원촌리 166번지 두 칸 오막살이"라고 절 이름은 없지만 취재하는 방식이 지번과 사진까지 실어 더 구체적인듯 하지만 기사 내용은 조선일보가 더 풍부하다. 동아일보에 기록된 광주시 외 원촌리 166번지가 실제로 어느 곳에 해당되는지만 밝히면 되는 간단한 일이지만 그것이 쉽지 않다. 광주의 지번은 1930년대 초엽에 변경 후에는 크게 변한 것이 없으므로 서석정 48번지는 현재의 서석동 48번지 일대로 봐도 무방하다. 서석동 48번지는 현재 말소된 상태이다. 서석정 48번지는 동계리 766번지에 해당된다. 이로써 동아일보 기사 중 원촌리 166번지는 신문 활자 식자과정에서 발생한 오식이 분명하다.

조선일보 기사(1929.01.13. 5면)는 좀 더 구체적이다. 들은 바에 의하면 폐찰 후 (철불은) 그 자리에 파묻힌 후 31년 전(1898년, 총독부 문건과 1년 차이) 전라감사 민영철(全羅監使 閔永喆)씨의 마마(부인)에게 현몽되어(전설) 단칸의 와가로 겨우 (눈)과 비(바람)을 피하게 되면서부터 자식비는 부녀며 길흉화복을 비는 모든 부녀들이 날을 따라 늘어가게 되자 순천 선암사의 손말사로 편입한 후 1928년 4월부터 양선근이란 중으로 대황사를 촉탁으로 두게 했다는 것이다. 이 기사로만 보자면 철불은 그 자리에서 출토된 매장문화유산인 셈이고 발견된 연대는 1899년경으로 밝혀졌다.

⑵ 광주읍내 철불(증심사 철불) 양식사

광주 증심사 철조비로자나불좌상(보물, 통일신라 9세기 후기~10세기 초기)

은 무릎이나 어깨보다 부담스럽게 크거나 작지 않고 적당한 비례를 갖춘 상호와 함께 곧게 세운 허리, 힘을 뺀 어깨, 안정적인 결가부좌의 단아한 자태에서 빛을 발한다. 예리한 눈썹 밑에 잠들지 않은 그윽한 눈, 오뚝한 콧날과 부드러운 미소 등이 알맞게 조화를 이룬 인자한 표정이 얼굴 가득 번진다. 깊은 선정에 잠긴 모습처럼 고요하다. 얼굴의 표정에 담긴 알맞은 입체감과 입가에 번지는 부드러운 미소에서 차라리 불상이라기보다는 긴 고행 끝에 해탈의 경지에 들어선 선승 같은 친밀감과 온화함마저 느껴진다.

〈그림 5〉 증심사 철불 1935년 후지타 료사쿠 촬영

양어깨를 모두 걸친 옷자락엔 두 팔과 무릎 위에 무겁지 않게 섬세하면서도 생동감 넘치는 옷 주름을 표현하였다. 인체의 몸매를 드러내지 않으면서 옷 주름만으로도 풍부한 입체감을 선보였다. 사실성에 바탕을 둔 적절한 비례감과 통일된 균형미는 심리적인 안정감마저 느끼게 한다.

이처럼 얼굴표현에서 보이는 뛰어난 사실성과 작은 머리에 어울리는 알맞은 어깨, 늘씬한 허리, 넉넉한 무릎 폭 등 균형 잡힌 몸체의 무리가 없는 비례감으로 주목받아왔다. 국립중앙박물관 소장 철조비로자나불상과 함께 인간적인 매력을 물씬 풍긴 예술품으로 사람들 관심의 대상이었다.

전체적으로 몸매가 늘씬하며 머리와 몸체의 비례가 인체미를 드러내는 황금분할비를 잘 반영했다. 다리와 어깨, 정수리까지 삼각형 구도 안에 신체를 재구성하여 심리적 안정감을 유도하였다. 작은 체구임에도 불구하고 가슴을 편 어깨와 반듯하게 허리를 세운 모습의 당당함이 그만이다.

3. 무진주와 광주목 주요 사찰과 사지

광주광역시의 옛 지명인 무진주와 광주목 시기의 주요 사찰과 사지에 대해서 다뤄보려고 한다. 필자에 의해서 무등산 약사암과 증심사, 성거사지와 지산동사지, 십신사지에 이르기까지 단편적인 연구가 진행되었다[34]. 이번에 이를 다시 가다듬고 원효사를 추가하여 꾸며보았다.

고려시대 광주 사찰을 거론할 때 여러 기록에 등장하는 진국사(鎭國寺)와 무량사(無量寺)의 절터를 찾는 일이 큰 과제이다. 『태종실록』(1407년 12월 2일)에 자은종(慈恩宗) 자복사(資福寺)로 기록된 광주 진국사(鎭國寺)의 위치는 어디일까? 『신증동국여지승람』(1530년)의 광산현 역원조 〈신증〉 항목에서부터 『광주읍지』(1879년, 1899년)에 이르기까지 "진국원(鎭國院)은 주의 북 40리에 있다(鎭國院在州北四十里)."고 하는 기록을 유심히 음미해 보아야 한다. 고봉 기대승이 1565년 12월에 盧守愼이 鎭國院을 지나갈 때 (기대승) 찾아가 人心과 道心에 대하여 논할 때도(高峯先生年譜, 2007, 고봉집 해제) 이곳 진국원이 등장한다. 적어도 1530년 직전의 역원이어서 1407년까지 자복사로 존속했던 진국사가 진국원으로 대체됐다고 해도 전혀 이상하지 않다. 고려와 조선시대 주요 역로망의 역참에 원관(院館) 사찰이 출현하게 되고 다양한 변천과정을 거치는 것에서 미루어 진국사가 진국원으로 자연스럽게 대체되었을 가능성은 충분하다[35]. 방향과 거리상으로만 따져보자면 40리가 15.7㎞이므로 담양 '한재초등학교' 일대가 14.73㎞에 해당하여 가장 유력하다. 인근에서 옮겨왔다는 '담양 한재초교 석불상'(담양 향토문화유산)도 이러한 심증을 뒷받침한다.

일연스님이 수학한 해양 무량사의 위치도 궁금하다. 무등산 무량사는 인각사 보각국사비에 등장한다. 일연(一然)이 1214년 9세에 전라도 해양(海陽, 광주광역시 옛 지명)에서 대웅 밑에서 학문을 닦다가 1219년 14세의 나이로 설악산 진전사에서 출가해 승려가 되었다는 기록이다. 해양 무량사(無量寺)는 『신증동국여지승람(1530년)』 이래로 여러 읍지에 '在無等山'이라고 표현하였다[36].

'담양 개선사지 석등'은 그동안 사명이 명확히 밝혀지지 않았으나 최근에 石保面 옆에 開元寺를 표시한 조선후기 고지도 2건을 발견했다. 『光州邑誌』(1899년)에 "石保面 在州東三十里 今石底"라는 기록을 통해 석보면은 지금의 광주호 부근 김덕령장군 탄생지로 알려진 석저촌(지금의 충효동) 일대로 고증된다. 石保面 옆에 開元寺는 광여도 광주목(18세기)과 호남전도 광주목(영남대학교 박물관)에서 확인된다. 이 두 종의 지도는 거의 동일하다.

이 글에서 다루지 못한 통일신라에서 고려시대의 사찰문화유산에 전하는 광주 장등동사지[37]와 광주 신룡동사지[38]에 대해서는 다음을 기약한다.

1) 약사암

약사암은 조선 후기 읍지에서 전혀 모습을 찾을 수 없다가 1911년 『조선지지자료』에서부터 雲谷里의 약사암으로 세상에 등장했다. 1879년 『광주읍지』에 실린 「광주지도」에는 '藥寺'로만 기록되었을 정도다. 1921년 11월 9일 4면 『每日申報』 신문 기사에 '광주약사암낙성(光州藥師庵落成)'이라며 광주 증심사 약사암 낙성식을 지난 3일에 당시 주지 박병운(朴秉云) 씨와 치른 사실을 기록하였다. 20세기에 들어와서 약사암은 일개 폐사지에서 증심사의 암자로서 그 기능을 수

〈그림 6〉 藥師庵(光州無等山圖 彩色筆寫本 19世紀) 62×103㎝(영남대박물관)

행하기 시작할 뿐이다.

그나마 『광주군사(光州郡史)』(1934, 광주군교육회, 53~55쪽)에서는 연혁편에 "증심사와 같은 시대에 철감국사에 의해서 창설된 것이나 그 후 중창 또는 중수 기록이 없는 것도 필시 증심사의 부속 암자로써 동시에 행하여졌을 것이다."라는 정도의 간단한 이야기만 전한다.

다행히 약사암에 관한 가장 오래된 자료를 발견하게 되었다. 영남대학교 박물관에서 소장 중인 「광주무등산도」(19세기)에는 약사암(藥師庵)의 모습이 아주 자세하다. 주변으로 돌담이 둘러 쌓여있고 팔작 기와지붕 건물 2채를 배경으로 마당에는 상륜부까지 잘 남은 5층 석탑이 우뚝하다. 석불의 모습은 보이지 않지만 두 건물 중 하나의 내부에 모셔졌을 것으로 짐작된다. 이로써 약사암은 적어도 18세기 후반경에 불전과 석탑이 온전한 형태로 유지된 정상적인 암자 형태로 처음 그 모습을 드러낸 것이다.

1980년 대웅전을 중건하기 위해 약사암 전각을 해체하는 과정에서 중수기(重修記)와 상량문(上樑文)이 발견되었다. 「중수약사전기(重修藥師殿記)」는 중수 사실과 시기, 관련된 인물을 한지에 먹으로 기록하였다. 중수기의 끝에 쓰인 '聖上即阼七年丙辰三月十六日'이라는 왕력과 간지를 통해 조선 철종 7년 1856년에 중수한 사실을 알 수 있게 되었다. 「藥師庵重建上樑文」도 중건의 과정과 일시, 관련 인물 등을 한지에 먹으로 기록하였다고 말미에 쓰인 '光武九年秋九月旣望'의 왕력을 통해 대한제국 9년 1905년에 중건된 것임을 알 수 있다. 이처럼

1856년(조선 철종 7) 승려 성암(性庵)이 약사전(藥師殿)을 중수하였고, 1905년에는 승려 선주(善周)가 전라남도관찰사 주석면(朱錫冕)의 도움과 김기창 · 김은수 · 박태환 · 신명균 · 최상석의 시주를 받아 중건하였다.

약사암은 한국전쟁 당시 방화로 소실된 증심사와 원효사와는 달리 무등산에서 유일하게 전화를 입지 않은 사찰이다. 약사암의 통일신라와 고려의 사찰문화유산은 광주 약사암 석조여래좌상(통일신라 9세기)과 광주 약사암 삼층석탑(통일신라 9세기)이 전한다.

(1) 광주 약사암 석조여래좌상

광주 약사암 석조여래좌상(보물, 통일신라 9세기)은 그동안 베일에 싸였다 할 정도로 그 정체가 잘 알려지지 않았다. 조선 시대 문헌이나 일제강점기의 각종 자료나 문서, 심지어는 신문에서조차 그 기록을 발견할 수 없었다.

약사암 석불은 유물로만 보자면 증심사의 그 어떤 문화유산보다 조성연대가 더 빠르다. 증심사에서 가장 이른 시기의 유물인 삼층석탑이 통일신라 말에서 고려 초기 사이에 제작된 것으로 추정하는 일반적인 경향으로만 보아도 약사암 석불은 이보다 적어도 100년 이상 이른 시기인 통일신라 9세기에 조성된 유물이다. 더구나 마당에 복원된 삼층석탑도 증심사 삼층석탑 보다 그 제작연대가 빠른 9세기 유물이다.

무수한 고행 끝에 막 해탈을 이룬 아직 신성성을 갖추기 전의 보살 같은 부처님. 잘록하다 못해 홀쭉한 허리는 고행에서 오는 야윈 모습처럼 애잔함을 자아낸다. 어깨와 허리를 지나 무릎 아래로 늘여진 옷자락은 비단처럼 착 달라붙은 채로 온몸을 감싸고 마지막 한 자락을 내어 발아래에 부채꼴로 펼쳐 놓았다. 하대석에는 세상의 연못에 핀 연꽃을 드리우고 상대석에는 천상의 연

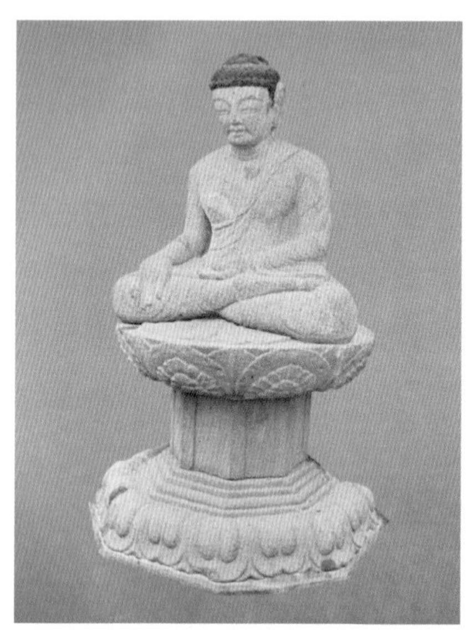

〈그림 7〉 약사암 석불 1979년 이전 사진

꽃을 가져다 부처의 몸을 떠받들게 설계한 석공의 지혜가 그저 놀라울 뿐이다.

불상과 대좌의 비율은 1대 1로 시각적 안정감을 준다. 비록 다소 거친 질감의 화강암 석재이지만 신체나 연꽃무늬들을 섬세하게 표현한 점은 약사암 석불의 매력이다. 이러한 유형의 불상은 석굴암을 정점으로 발전하여 그 이후 전형적인 양식은 점차 사라지지만 독특한 개성을 지닌 모습으로 계승되었다. 약사암 석불도 그러한 특징이 담겼다. 의도적으로 삼각형 구도 틀 속에 인체를 재구성하여 안정감을 유도하였다. 묵직한 무게감과 경직된 추상성을 통해 신성성을 강조하려는 이와 같은 조형성은 대체로 9세기경에 보편화 된 것으로 추정한다.

상체보다 교차하여 얹은 두 다리의 폭은 넓고 낮아서 전체적인 비례는 정수리로부터 양어깨와 무릎으로 이어지는 정삼각형에 가까운 구도로 매우 안정적인 느낌을 준다. 그러나 상체가 상대적으로 짧아지면서 촉지인 팔이 자연스럽게 굽어지지 않고 'ㄴ'자에 가깝게 무릎에 붙인 경직된 모습은 9세기라는 시대와 광주라는 지역적인 특성이 모두 담긴 결과이다.

상대석 윗면에 넓게 펼쳐진 부채꼴 옷 주름. 우리나라 석불상 중에서 석굴암 본존불 다음으로 가장 아름답고 세련된 조형성을 완성한 빼어난 형태미이다. 가운데를 중심으로 왼쪽은 왼쪽으로, 오른쪽은 오른쪽으로 옷자락을 접어 넘긴 좌우 대칭으로 펼쳐 놓았다. 엉덩이 뒤쪽으로 흘러내린 옷자락이 가부좌하는 양다리 사이로 나와 부채꼴 모습으로 펼쳐 놓았다. 이러한 옷 주름은 통일신라의 석굴암 본존불에서 보이는 특징적 요소로 다음 세기에도 그대로 계승된 것이다. 이러한 부채꼴 모습은 인도 초기 불상에서부터 나타나기 시작한다. 석굴암 본존불(8세기)에서 등장하여 마애불이나 조선 후기 목불에 이르기까지 부채꼴 옷 주름의 전통은 면면히 이어져 왔다. 대좌에 새겨진 14기 사례를 분석해 보면 양다리 사이에 직접 조각해 연결한 경우와 상대석 윗면에 별도로 표현한 경우로 나누어진다. 약사암의 경우는 상주 증촌리 석조여래좌상처럼 상대석 윗면 바닥에 널따란 옷 주름을 부채처럼 펼쳐 놓았다. 불상이 앉은 대좌는 전형적인 연꽃무늬 대좌로 각각 한 개의 돌로 상 · 중 · 하대를 모두 마련하였다. 원형과 팔각이 뒤섞인 연화대좌의 비례는 조화롭고 상 · 하대석에 표현된 연꽃은 생동감이 넘친다. 기단석은 네 면 모두 한 면에 세 개의 안상을 마련하였다. 상 · 중 · 하대석과 기단석은 모두 무등산 일대의 석조문화유산에서 흔히 발견되는 붉은 색을 띈 화강암이다.

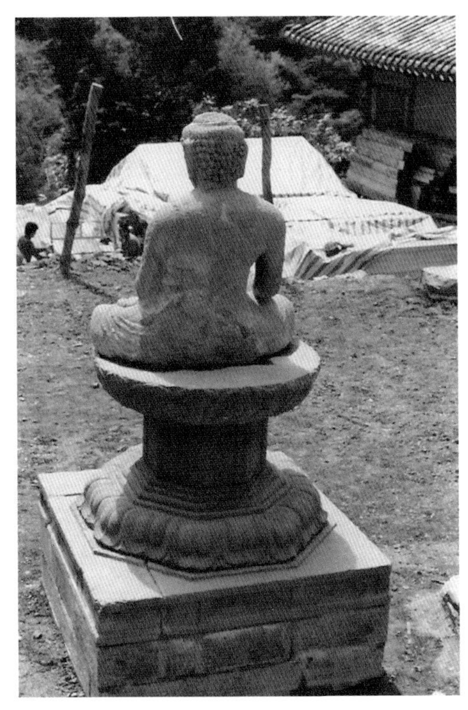
〈그림 8〉 대웅전 해체 후 대좌 노출(1980년)

가는 허리에 상체가 짧고 넓은 무릎에 무릎 높이가 낮아지는 등의 시대적 특

〈그림 9〉 약사암 석불 하대석

〈그림 10〉 약사암 석불 기단석, 하대석

징을 잘 표현한 석굴암 본존불의 전통을 이어온 통일신라 9세기경의 대표적인 불상이다. 전체적인 모습은 8세기 중엽에 조성된 석굴암 본존불(국보 24호)과 유사하다. 원만한 상호와 당당한 어깨, 부드러운 의습의 표현에서도 통일신라 전성기 불상 양식의 특징을 잘 반영한다. 하지만 가슴의 옷깃이 반전된 모습에서는 9세기 불상인 비로사 아미타 석불좌상이 연상되고 유난히 길게 표현된 눈과 짧은 코, 도드라진 짧은 인중, 심하게 잘록한 허리, 앞으로 숙인 머리 등에서 균형감이 상실된 9세기 불상의 특징들도 발견된다.

(2) 광주 약사암 삼층석탑

광주 약사암 삼층석탑(비지정, 통일신라 9세기)은 일부 탑재만 남은 불완전한 상태였으나 1985년에 부족한 부재를 보충하여 대웅전 앞에 복원한 것이다. 옛 부재는 상층기단 갑석, 1 · 2 · 3층의 옥개석, 1층 탑신, 노반, 앙화이다. 굽형 받침대의 1층 탑신 받침과 2단 각호형의 부연이 주목된다. 굽형 받침대는 대구 동화사 비로암 삼층석탑에서 선례를 살펴볼 수 있으며, 2단 각호형의 부연은 증심사삼층석탑의 3단 각호각형 부연과 매우 흡사하다. 이런 독특한 부연은 광주광역시의 석탑 중 이 두 석탑에서만 살펴볼 수 있는 특이한 형태이다. 상층기단 갑석에 마련된 탑신 괴임의 모습이나 각층 옥개석의 4단 층급받침, 완만한 낙수면의 처리, 전각의 반전 각도 등을 볼 때 조성 시기는 통일신라 9세기경으로 추정된다.

〈그림 11〉 약사암 삼층석탑

2) 증심사

증심사(證心寺)는 1530년의 『新增東國輿地勝覽』에 '在無等山'으로 기록된 이래 1656년의 『동국여지지』에 그대로 이어지고 『여지도서』(18세기 중엽)에는 '在州東十五里', 『호남읍지광주사례』(1895년경)에는 '在州東二十里無等山', 『광주읍지』(1879년, 1899년)에는 '澄心寺在州東二十里無等山', 『광주읍지』(1924년)에는 '在州東十里無等山', 『조선지지자료』(1911)에는 '雲谷里'로 기록되는 등

〈그림 12〉 澄心寺(光州無等山圖 彩色筆寫本 19世紀) 62×103㎝(영남대박물관)

거리 표현만 '在州東十五里'에서 '在州東二十里'로 5리가 늘어났다가 다시 '在州東十里'로 줄어든다. 영남대학교 박물관에서 소장 중인 「광주무등산도」(19세기)에는 징심사(澄心寺)로 2층누각과 대웅전, 오백전, 삼층석탑, 건물 7동을 담장 안으로 그려놓았다.

철감선사 도윤이 860년(신라 헌안왕 4)에 창건하였다고 전해진다. 1924년에 간행된 『광주읍지』에는 517년(신라 법흥왕 4)에 중국 양나라 고승인 철감국사가 창건하였다거나 1934년에 간행된 『광주군사』에는 518년(신라 법흥왕 5)에 창건되었다고 기록하는 등 건립연대와 창건주의 역사적 정보는 실증유물로 증명하기 어렵다.

증심사에서 가장 오래된 사찰문화유산 중 하나인 철불은 옛 전남도청 일원 사지에서 옮겨온 것으로 증심사 석조보살입상(고려)도 서봉사 이전설이 전해지고 있어 증심사의 유물은 아니다. 증심사의 통일신라와 고려의 사찰문화유산은 증심사 삼층석탑(통일신라 말~고려 초기)과 증심사 오층석탑(고려 초기)이 전한다.

(1) 증심사 삼층석탑

증심사 삼층석탑(광주광역시 유형문화유산, 통일신라 말~고려 초기)은 증심사 세 종류의 석탑 가운데 가장 고급 소재의 화강암을 사용하여 순백의 단아한 석탑미를 뽐낸다. 오백전 앞마당에 건립되었지만 오백전 중앙에서 약간 서쪽으로 비켜선 상태이다.

높은 이중기단 위에 삼층의 탑신부와 상륜부로 구성된 전형적인 신라석탑 계통을 잇는 탑이다. 지대석은 보이지 않으나 일제강점기 때 촬영된 사진(『유리 원판에 비친 한국의 문화유산-식민지 조선의 고적 조사-』, 성균관대학교박물관, 2012)

에서 하층기단 중석의 일부 지대석 같은 돌이 보인다. 하층기단의 중석은 모서리기둥(우주)과 버팀 기둥(탱주)을 생략하고 네면 모두에 옆으로 긴 가늘고 가지런한 안상을 각 3구씩 배치하였다.

〈그림 13〉 광주 증심사 삼층석탑
1935년 후지타 료사쿠(藤田亮策) 촬영

하층기단 갑석의 윗면은 약간 비스듬히 경사를 이루며 모서리에 합각선이 선명하고 네 귀퉁이의 치켜올림도 약하게나마 보인다. 상층기단 중석받침은 둥글고 각진 형상(角弧角)으로 일반적인 9세기 석탑에 비하여 둥근 부분이 넓다. 상층기단 중석은 각 면의 좌우, 우주와 중앙에 1개의 탱주를 단순하면서도 간략하게 새겼다. 상층기단 갑석은 하면에는 부연 대신 하층기단 갑석에 있는 상층기단 중석받침과 대칭되는 '角弧角' 모양을 만들어 상하 대칭되게 하였다. 상층기단 갑석 윗면은 하층기단과 마찬가지로 경사면, 선명한 합각선, '角弧角'의 탑신받침, 네 귀퉁이의 치켜올림도 하층기단 갑석 윗면보다 조금은 더 강조되었다.

1층 탑신은 양 모서리에 우주만 등장하며 옥개석은 4단의 옥개받침을 두고 모서리에서 치켜올림이 상당한 각도로 급경사를 이룬다. 지붕돌 윗면에는 각형 2단의 탑신받침이 마련되었다. 2층과 3층의 경우 지붕돌은 체감률이 급하지 않지만 몸돌은 2층부터 ⅓정도 높이로 급하게 줄어들었다. 다른 형식은 비슷하다. 3층 옥개석 상면의 노반 받침은 '角弧角' 모양 3단이다.

전체적으로는 순천 선암사 동 · 서 3층 석탑과 모습이 유사하다. 9세기 후반 신라탑 양식이 잘 계승되었으나 상층기단 갑석 아랫면의 '角弧角' 표현이 처음 등장하고 옥개석 밑면에 반영된 네 모서리가 급하게 치켜 올라간 모습 등은 고려시대로 넘어가는 양식이어서 건립연대는 통일신라 말에서 고려 초기로 추정된다.

(2) 증심사 오층석탑

증심사 오층석탑(비지정문화유산, 고려 초기)은 오백전 동쪽에 범자칠층석탑과 나란히 세워 놓았다. 1층 탑신에는 양 우주를 표현하고 그 안쪽으로 얇은 돌대를 두었다. 네 면에는 사각형으로 도안화된 8잎의 꽃무늬가 돋을새김되었다. 1층 옥개석은 밑면에 3단의 옥개받침이 깊게 나 있으며 윗면에는 각형 2단의 탑신 받침을 두었다. 지붕의 경사가 완만하여 전체적으로 얇고 합각부가 뚜렷하다. 2층 탑신에는 돌대 없이 우주만 표현하였다. 4층까지는 동일한 체감률을 유지하였다. 5층 탑신의 하단에는 받침 모양의 두툼한 돌대를 마련하였고 우주가 생략되었다. 5층 탑신은 체감률에 비하여 폭이 좁고 높이가 높아 비율상 어색하다. 옥개석 또한 양식과 석재는 비슷하지만 크기가 현저하게 작은 편이다. 기단 갑석과 옥개석 끝부분이 파손되었다. 전체적으로 체감률이 일정하지 못하였다. 1932년 이 석탑을 보수하는 중에 금동불과 철탑 등이 발견되었다.

〈그림 14〉 증심사 오층석탑
[1935년촬영, 오가와 케이키치]

(3) 증심사 석조보살입상

증심사 석조보살입상(광주광역시 유형문화유산, 고려)는 예전에는 오백전의 왼편에 범자칠층석탑과 나란히 서 있었으나 최근에 대웅전의 오른쪽으로 옮기고 보호각을 세웠다. 이 보살상은 『光州市史』(1966년)에서는 서봉사에서 옮겨 온 것이라고 알려져 왔다. 하지만 박선홍은 『무등산』(4판, 1997년)이라는 책에서 전남도청 옆에 있다가 폐사된 대황사 터에서 1930년 초에 옮겨 온 것이라고 하였다.

〈그림 15〉 증심사 석조보살입상
(1935년 후지타 료사쿠(藤田亮策) 촬영)

서봉사지의 유물이라고 하는 석조물들 예를 들자면 탑재나 석등 · 부도 · 괘불지주 등의 석질은 서봉사 주변 암석을 이용해서 만든 붉은 빛이 도는 치밀한 암석인 반면 증심사의 석조보살입상은 석질이 거칠고 붉은빛이 없는 서로 다른 석질이고 특히 연꽃의 조각방법도 많은 차이를 보여 서봉사 이전설은 수긍키 어렵다.

특히 대황사지에서 1930년대 초에 옮겨왔다는 주장은 1935년 후지타 료사쿠(藤田亮策)에 의해 증심사에서 촬영된 사진과 오가와 케이키치[小川敬吉] [쇼와(昭和) 5~7년도 복명서](전라남도 광양군 기타 고적유물 조사 보고서)의 조사보고서 안에 수록된 일기(1931.3.17)에서 '광주관사내석등'만을 언급하는 것으로 미루어 증심사 불상(철불)이 대황사지에서 왔다고 전해지는 과정에서 발생한

착오일 가능성이 농후하다.

증심사 석조보살입상은 연화대좌와 우뚝한 보관이 인상적이다. 연화대좌는 상 · 중 · 하대석 및 지대석을 모두 갖추었다. 이러한 원형의 연꽃 대좌 위에 큼직한 원통형의 보관을 쓴 보살상이다. 이 보살입상의 조성연대를 밝히는 데 도움이 되는 자료는 발견되지 않아 정확한 제작연대를 말할 수 없으나 원통형의 보관을 쓴 모습이 10세기 고려 불상인 강릉 한송사 석조보살입상(국보 124호)과 오대산 월정사 석조보살좌상(보물 139호) 등에서 발견되기 때문에 부족하지만 방증 자료로 삼을 만하다.

3) 원효사

무등산 원효사(元曉寺)는 신라 원효대사(元曉大師)가 창건하였다고 전해지지만 고증할 만한 자료가 발견되지 않는다. 1530년에 간행된 『신증동국여지승람』 본편에 수록된 것과 1656년의 『동국여지지』에 '在無等山' 기록과 출토유물, 동부도를 근거로 미루어 최소 고려시대에 창건된 것으로 짐작될 뿐이다. 이후 『범우고』(1799년)에 '(寺)今廢'로 기록되어 폐사에 이르렀음이 확인된다. 나아가 『호남읍지』(1872년) '(寺)小庵'으로, 『호남읍지광주사례』(1895년경)의 '(庵)在州東二十五里小庵', 영남대학교 박물관에서 소장 중인 「광주무등산도」(19세기)에는 원효사로 등장하여 18

〈그림 16〉 元曉寺(光州無等山圖 彩色筆寫本 19世紀) 62×103㎝(영남대박물관)

세기에 폐사된 이래 19세기에 작은 사찰로 중창되었음이 확인된다. 다시『광주읍지』(1879년, 1899년)에 '(庵)在無等山今廢'로 기록되어 다시 폐사에 이르렀다가『조선지지자료』(1911년) '(庵)莘村里ニ在リ'하여 암자로 중창되었다.

이러한 지리지와 고지도 기록 외에「원효암중건기」(1847),「원효암중수상량문」(1894)에 원효사의 중건 내력을 적은 기록이 등장한다.「원효암중건기」에는 원효사가 신라 법흥~지증왕 연간에 창건되었으며, 인조 14년(숭정 병자, 1636)에 비구 신원(信元)이 중수를 발원하였고, 1685년에 신옥(信玉)과 정식(淨式)이 지붕과 기와를 수리하였다고 한다. 함명(函溟) 태선(太先)이 쓴「원효암중수상량문」에서 도선국사, 보조국사, 진각국사가 머물렀던 무등산 중턱에 자리잡은 원효사는 신라시대 원효선사가 창건했다고 하지만 문헌이 없어 그 시기를 알 수 없다고 했다. 그리고 영겁의 세월 속에 쇠락해 있는 사찰을 학산대사가 나서서 관가에서 백금의 재물을 시주받고 아전들의 십시일반과 명장의 자발적인 참여로 원효암을 중수했다는 사실만을 전하고 있다.

육당 최남선은 1925년 4월 12일에 원효암을 둘러보고 이를『尋春巡禮』(1925년 3월부터 5월까지 동아일보에 연재, 1926년 단행본 간행)에 기록했다. 최남선은 대웅전 안에서 본존인 석가상과 사자를 등에 진 대법고를 보았으며, 影子殿에 모셔진 달마 원효 청허 瑞月의 영정과 영조 50년 甲午(1774년)에 창평 瑞峰寺本을 이모한 원효의 영정을 모신 사실과 나한전 · 명부전 · 선방 · 칠성각이 있음을 기록하였다.

1934년 간행된『광주군사』에서는 신라 홍덕왕조에 고승 원효국사가 창건하였고 풍치가 아름답고 고우며 광주 제1의 고찰이라 하여 홍덕왕대로 소급하여 설명하였다.

원효사는 한국전쟁으로 대부분의 전각이 화재에 전소되었다. 원효사의 통일신라와 고려의 사찰문화유산은 원효사 출토유물(통일신라~고려후기)과 원효사 동부도(고려), 원효사 탑재(고려), 원효사 석등 하대석(고려)이 전한다.

(1) 원효사 출토유물

원효사 출토유물(광주광역시 유형문화유산, 통일신라~고려후기)은 1980년 원효사 대웅전 중수 작업 중에서 출토된 것으로 당시 국립광주박물관에서 긴급 발굴조사를 하였다. 흙으로 빚은 불상, 금동불상, 청동불상, 소조불두(塑造佛頭), 청동거울, 기와 · 청자 · 백자 등 수백 점의 유물이 출토되었다. 이 중 보존상태가 양호한 금동불상과 청동불상 12점, 소조불두 18점, 청동거울 2점을 일괄해 1987년 광주광역시 유형문화유산으로 지정하였다.

금동불상이나 청동불상의 경우 부식 상태가 심하여 광배나 받침대가 없는 것이 대부분이고 고려시대에 조성된 것으로 판명되었지만 일부 금동불상의 경우 통일신라시대에 조성된 것으로 조사되었다. 전체적으로 10㎝ 안팎 작은 크기로 호신불(護身佛)의 용도이다.

소조불두는 대부분 진흙으로 만들어졌으며 출토된 유물 중에서 가장 많은 양을 차지하고 있다. 고려시대에 만들어진 것으로 보이며 발견된 불두와 조각들을 모아 복원한 결과 불상 대부분이 27㎝ 가량의 크기를 가진 것으로 많은 불두와 조각이 발견되었다. 2점의 청동거울 가운데 하나는 쌍룡문동경(雙龍文銅鏡)으로 두 마리의 용이 상반된 방향을 향하고 각각의 머리와 꼬리 사이에 여의주로 추정되는 보주가 표현되어 있다. 원효사출토유물은 발굴조사를 담당하였던 국립광주박물관에 위탁 보관하였다가 1980년대 초반 동국대학교 박물관의 대여 요청으로 유물 일부를 동국대학교 박물관으로 이전하였다. 2017년 8월 동국대학교 박물관에 있던 유물 12건 34점을 송광사 성보박물관으로 이전하였고, 2017년 9월 국립광주박물관에 보관 중이던 150여 점 등 원효사 관련 600여 점의 유물은 모두 송광사 성보박물관으로 위탁 보관 중이다.

원효사출토유물 중 소조불(塑造佛)의 경우 크기가 25㎝ 안팎의 좌상(坐像)으로 고려 후기에 제작된 것으로 추정되며 형태로 보아 천불(千佛) 중 일부로 추측되어 원효사에 천불전이 있었다는 것을 알려 주는 자료이다.

⑵ 원효사 동부도

원효사 동부도(광주광역시 유형문화유산, 고려~조선 전기)는 대웅전에서 북쪽으로 150여m 떨어진 숲속에 자리한다. 통일신라부터 유행해 온 팔각원당형의 부도형식을 기본형태로 삼았으나 부분적으로 많은 변화를 보인다. 상륜부에 보이는 석재는 원래의 부재가 아니다. 기단부에는 상 · 중 · 하대석을 모두 갖추었다. 지대석과 하대석을 큼직한 하나의 돌로 만든 방형이나 사방 모서리를 모 줄임하여 겹쳐진 8엽의 연꽃이 아래로 덮이듯 피었다. 네 모서리에 표현된 사자상은 중심부를 향하게 엎드렸다. 중대석은 8각이며 각 모서리에 일곱 개의 마디가 표현된 원기둥을 세우고 전 · 후 · 좌 · 우 4면에 중첩된 꽃문양을 장식하고 나머지 4면에는 사자나 용으로 보이는 동물을 돌출되게 새겼다. 원형의 상대석에는 연꽃잎 8개를 위로 피어나는 모습으로 배치하였다. 탑신은 8각이며 위아래에 비해 가운데가 불룩하다. 탑신 전면에는 연화좌 위로 위패형 장식을 구획하여 당호 자리를 마련하였으나 명문은 새기지 않

〈그림 17〉 원효사 동부도

았다. 옥개석은 목조건축 양식을 자세하게 표현하였다. 팔각지붕에 겹처마를 표현한 옥개석은 윗면에는 기와 골과 귀 마루가 뚜렷하고 아랫면은 서까래와 부연을 새겼다. 옥개석 처마 위의 귀꽃자리에 용(3) · 다람쥐(2) · 두꺼비 · 비둘기 · 거북을 조각하였다. 처마 끝은 암 · 수막새로 마감하였다.

통일신라 하대에서 전형양식이 형성되었던 8각원당형의 기본형식을 충실히 따르면서 일부 대좌석에서 보인 4각방형석과 옥개석의 귀꽃 장식이 동물상으로 대치되는 표현 등이 그 제작시대의 분위기를 느끼게 한다. 이러한 특징은 해남 대흥사의 청허당(서산대사)부도에서도 발견된다.

(3) 원효사 탑재

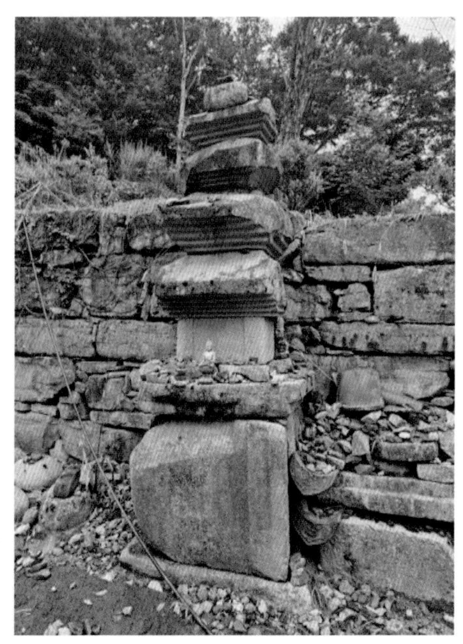

〈그림 18〉 원효사 탑재

원효사 탑재(비지정, 고려)는 대웅전 왼편 축대 옆에 한곳에 모아 놓았다. 갑석과 4면의 기단 면석, 1층 탑신석, 4개의 옥개석이다. 꼭대기 옥개석에는 찰주공이 있어 5층 옥개석으로 판단되며 그 위에 보개를 올려놓았다. 4층 옥개석으로 미루어 5층석탑으로 여겨진다. 탑재 상태를 보면 화재로 인해 불에 튀어 탑재가 파손된 것으로 보인다.

층급받침이 4개로 정연하고 기단과 옥개석의 탱주 조각 형태로 보아 고려시대 탑으로 추정된다. 원효사 '造塔士女氏名開錄之碑(1944년)'에 기록된 내용을 근거로 1944년에 지응현 등이 시주하여 건립한 석가탑과 관음탑의 부재로 6 · 25 전화로 인해 파괴된 것이라는 주장도 등장하였다[39]. 하지만 치석방법이나 제작 형태 등으로 미루어 고려시대 석탑재로 판단된다. 무등산의 약사암과 증심사, 서봉사지에도 모두 고려시대의 삼층석탑이 전할 뿐 아니라 『신증동국여지승람』(1530년)과 『동국여지지』(1656년)에 '在無等山'이라는 기록과 원효사 출토유물, 원효사 동부도, 원효사 석등 하대석의 존재도 방증 자료이다. 아울러 약사암 삼층석탑과 서봉사지 석탑, 서봉사지 부도의 석재와 재질이 같은 붉은색 빛이 도는 단단한 화강암이다.

육당 최남선의 『尋春巡禮』(1925년 3월부터 5월까지 동아일보에 연재, 1926년 단행본 간행)에 탑이 기록되지 않아 정유재란 때의 화재로 파손된 것으로 짐작해본다.

(4) 원효사 석등 하대석

원효사 석등 하대석(비지정, 고려)은 대웅전 왼편 축대 옆에 위치한 석탑 부재 옆에 위치한다. 석재 상태를 보면 화재로 인해 불에 튀어 석등 하대석이 파손된 것으로 보인다. 재질이 탑재와 같은 붉은색 빛이 도는 단단한 화강암이다. 치석방법이나 제작 형태, 연화문의 조형 등으로 미루어 고려시대 석등 하대석으로 판단된다. 『신증동국여지승

〈그림 19〉 원효사 석등 하대석

람』(1530년)과 『동국여지지』(1656년)에 '在無等山'이라는 기록과 원효사 출토유물, 원효사 동부도, 원효사 석탑재의 존재도 방증 자료이다

육당 최남선의 『尋春巡禮』(1925년 3월부터 5월까지 동아일보에 연재, 1926년 단행본 간행)에 석등이 기록되지 않아 정유재란 때의 화재로 파손된 것이다.

4) 십신사지

1530년에 간행된 『신증동국여지승람』에는 "십신사(十信寺): 현의 북쪽 5리 평지에 있는데 범어(梵語)로 쓴 비가 있다"는 기사가 처음 등장한다. 신증편에 실리지 않아 1481년에 발간한 『동국여지승람』의 기록으로 본다면 십신사는 최소 고려시대에 창건한 사찰이다. 이후 1656년(효종 7) 간행된 『동국여지지(東國輿地志)』에서는 옛터(舊址)만 남았다고 기록하였다. 이로 미루어 최소 고려시대에 창건한 뒤 십신사지 범자비와 석불을 남기고 16세기 후반경에 폐사에 이르게 된 사찰이다.

십신사지 범자비와 석불은 네 지역에 자리했으며 모두 세 차례 이동하게 되었다. 십신사지 범자비와 석불, 이전 경위는 2020년 가을에 자세히 고증해 보았다[40].

그 첫 번째는 1917년 발행한 광주지형도에 석비나 석불에 해당하는 부호가 농업학교 교정에 약 130m 간격으로 표시된 지역에서 1960년대에 학교 본관 앞에 마주 보도록 이전하였다. 조선총독부가 생산한 두 건의 문서에서는 구체적인 지번이 등장한다. 1933년 문건은 불상은 96(垈), 비석은 97(畓)으로 1935년 문건은 불상은 92번지, 비석은 97-5번지로 그 번지가 조금 다르게 기재되었다. 아마도 2년 사이에 불상이 옮겨졌다는 것은 아닐 것이고 뭔가 번지의 기재에 이상이 발생한 것이다. 1934년에 간행된 『광주군사(光州郡史)』에서 '전설에 의하면 십신사는 신라시대의 창건으로써 그 위치는 현재 임업시험장 묘포부근이다.'

고 하였다[41]. 1978년 2월 6일에 임동 92-12번지 시유지 공터로 이전해 올 때의 석비와 석불의 원위치와 거리를 짐작할 수 있는 내용이 기록되었다. 석비에서 동북향 약 20m, 석불에서 서북향 약 50m 떨어진 노거수 근처로 이전하기로 결정하였다는 내용이다. 임동 92번지는 농고 본관 앞으로 추정된다.

두 번째는 농고가 이전된 후 이곳에 주택들이 들어설 때 1978년 2월 6일 임동 92-12번지 시유지 주택가 공터로 또 한 번 이전되었다. 그 시기에는 공터 좌우 끝에서 서로 마주 보게 세워 놓았다.

세 번째는 1990년 10월 11일에 광주광역시역사민속박물관 앞뜰로 이전되었다. 이로써 모두 세 번의 이동과 네 군데의 건립 위치를 고증할 수 있게 되었다.

십신사지의 통일신라와 고려의 사찰문화유산은 십신사지 석비(고려후기), 십신사지 석불(고려후기)이 전한다.

〈그림 20〉 광주 북구 광주농학교 교정 석비

〈그림 21〉 광주 북구 광주농학교 교정 석조불상

(1) 광주 십신사지 석비[광주 십신사지 다라니경 석당][42)]

광주 십신사지 석비(광주광역시 유형문화유산, 고려 1377년경)는 비 옥개석의 일부가 파손되었을 뿐 비신 · 거북이 · 지대석을 모두 갖추었다. 비신의 윗부분에는 길이 83㎝, 너비 68㎝로 네모난 구획을 만들어 범자인 '옴' 자를 도상화한 비신 상단부에 '佛頂心印'을 새겼다. 이 지역에 살고 있었던 지역민들의 현실적 어려움을 佛力과 신앙심을 통하여 극복하고자 하는 의도가 내재되어 건립된 것으로 보인다. 비신 상단부에 佛頂心印과 大佛頂尊勝陀羅尼라고 비명을 새긴 것은 영암 師子寺址와 영암 노송리 압곡 유적(永保驛)에서 출토된 대불정다라니 기와와 같은 기법으로 주목된다. 이외에도 불정심인을 새긴 석비는 북한 해주 광석동 석주와 조선초기에 건립된 평창 상원사 적멸보궁 석비에서도 확인되었다.

범자문양 밑에 가로로 "大佛頂尊勝陀羅尼經"이라 제호를 새겼다. 비문은 석질이 약한 탓에 마멸이 심하여 판독이 쉽지 않은 상태이다. 탁본보다 오히려 측광을 받을 때나 야간에 조명을 비춰보면 많은 글씨의 판독이 가능하다. 글씨 형태로 보아 크게 9줄이며 1줄에는 31~32자를 새겼다. 1978년 2월에 이전 작업할 때 9줄의 마지막 부분에서 "丁巳"년이라는 간지가 처음으로 판독되었다.

그동안 '광주 십신사지 석비'라거나 '광주 십신사지 범자비'라 이름하였다. 하지만 『최승불정다라니정제업장주경』을 저본으로 사용한 『불정존승다라니경』을 새긴 석비 형태의 당으로 밝혀졌기 때문에 '광주 십신사지 석비형 대불정존승다라니경 석당'이 가장 바른 이름이다. 줄여서 '광주 십신사지 다라니경 석당'이라 해도 좋다.

(2) 광주 십신사지 석불[43]

광주 십신사지 석불(광주광역시 유형문화유산, 고려 1377년경)은 4m가 넘는 거대한 돌기둥의 앞면에만 인물상을 장승처럼 새겼으며 머리부터 대좌에 이르기까지 1매의 석재로 이루어졌다. 머리는 육계의 표현 없이 삭발한 민머리이며 상호는 장타원형이다. 미간 사이에 백호공이 뚜렷하다. 긴 코에 비해 입술은 얇고 작다. 눈썹과 눈은 가늘며 짧은 삼도가 희미하다. 법의는 양어깨를 보두 덮은 통견으로 몸체에 걸쳐진 옷자락은 상체에서는 희미하나 하체에서는 뚜렷하게 수직으로 좌우대칭이다. 수인은 오른손을 들어 복부에 대고, 왼손으로는 오른팔을 받치고 있는 모습으로 오른손에 들고 있는 원형의 물체는 무엇인지 알 수 없다.

대좌는 앞면에만 형식적으로 3개의 연화문을 위쪽으로 피어나게 조각하였다. 대좌 위에 발가락까지 표현된 두 발을 가지런히 모으고 올라선 석불의 모습은 앙증맞기도 하다.

〈그림 22〉 네발 동물상
(연화대좌 향좌측면)

〈그림 23〉 좌상 인물상
(연화대좌 향우측면)

〈그림 24〉 마름모문양
(연화대좌 밑면)

연꽃무늬 대좌 향우 옆에는 좌상 형태의 인물상 같은 조형물이 묘사되었다. 연꽃무늬 대좌 향좌 옆에도 네 발 달린 동물상이 표현되었다. 연꽃무늬 대좌 아래에도 도깨비 눈 같은 마름모꼴의 문양이 발견되었다. 석불 향좌측 하단 옷자락에 기자치성의 흔적인 성혈(性穴, cup-mark)이 2~3군데 보인다. 이 석인상은 사찰의 전각에 모신 일반적인 부처상과는 많은 차이를 보인다. 4m가 넘는 거대한 석주형인 점과 평판적인 손 모습이 특징적이다.

(3) 십신사지 석비와 석불 조성연대

범자비는 거북이가 거대한 몸체에 비해 머리 부분이 지나치게 움츠러들어 왜소해진 점이나 도식화되고 간략화된 귀갑의 표현, 평면 처리된 다리의 모습 등으로 보아 고려 말기에서 조선 초기에 걸쳐 건립된 귀부들과의 친연성이 읽혀진다.

그동안 범자비에서 판독된 '丁巳'년의 간지로 미루어 조선초기의 정사년은 1437년(세종19)과 1497년(연산군3)에 해당됨으로 그 가운데 이른 시기인 1437년(세종19)에 세워진 것으로 추정해 왔다.

〈그림 25〉 십신사지 석비 丁巳

『신증동국여지승람』(1530년) 제35권 전라도 광산현 불우조에서 "십신사(十信寺): 현의 북쪽 5리 평지에 있는데 범어(梵語)로 쓴 비가 있다."는 기사는 신증편에 실리지 않아 1481년에 발간한『동국여지승람』의 기록으로 본다면 최소 십신사 범자비는 1481년 이전에 건립된 것으로 이해되는데 비문에 등장하는 '丁巳'의 간지의 시기인 1437년과 44년밖에 차이가 나지 않는다. 동시대의 기록치고 내용이 너무 간략한 것이나 석불이나 사찰의 다른 기록이 없다는 것도 정상적이지 않다. 그러한 이유로 최소 그보다는 60년 전인 1377년(우왕 3)으로 소급해서 볼 여지는 충분하다[44]. 1481년 이전이라는 시기적인 판단을 근거로 이제 범자비보다는 석불의 조형성에 바탕을 둔 양식 연구에서 제작연대를 추정하는 것이 더 정확한 판단을 내리는데 도움이 될 것으로 기대해 본다. 또한 '丁巳'를 1497년으로 보기도 하지만 이는 『동국여지승람』(1481년)을 간행한 16년 뒤여서 시기적으로 앞뒤가 들어맞지 않는다.

십신사지 석비와 석불의 석질이 동일하고 석불의 조각기법과 석비의 거북이에 나타나는 조각기법이 서로 거의 비슷한 수법으로 보이는 점 등으로 미루어 십신사지와 관련된 유물이며 같은 시기에 제작되었을 가능성은 충분하다.

5) 광주 동 · 서오층석탑과 폐사지 정체

광주지역 높다란 곳에는 오층석탑이 동서에 서로 우뚝하니 그 위용을 자랑해 왔다. 비례미가 탁월하고 쭉 뻗은 늘씬하고 아름다운 석탑. 그 탑에서 출토된 사리장엄구의 면면도 대단한데 한때 찬란했던 영화는 그만 어디로 사라지고 폐사지로만 머물게 되었는지 살펴보자.

(1) 聖居山 聖居寺

성거산 성거사는 『신증동국여지승람(1530년)』에서부터 20세기 전반 지리지까지 성거산에 있다고 했으나 『범우고(1799년)』에 처음으로 '在聖居山今廢'라는 폐사 사실이 등장했고 「전라좌도광주지도(1872년)」에 '聖溝塔'으로 기록되어 적어도 고려시대 초기 이전 창건된 이래 늦어도 18세기 후반경 이전에는 폐사에 이르렀음이 확인된다. 1872년에 제작된 「전라좌도광주지도」에 상륜부까지 묘사된 오층석탑으로 성구탑(聖溝塔)을 묘사하였다. 일제강점기에는 광주서오층석탑으로 기록되었다.

(2) (전)광주 성거사지 오층석탑(傳 光州 聖居寺址 五層石塔)

(전)광주 성거사지 오층석탑(보물, 고려 초기)은 광주 중심가에서 일정한 거리를 두고 동서쪽에 세워진 석탑 가운데 서쪽 탑이다. 광주공원 안의 빛고을시민문화관 서쪽 언덕배기에 자리한다. 이 일대는 성거사의 터로 알려졌다.

〈그림 26〉 광주공원오층탑
(『조선고적도보 4』, 1916년)

단층 받침돌 위에 5층의 몸돌과 지붕돌을 올린 모습이다. 이는 통일신라시대의 2단 기단에서 기단을 1단만 두는 고려시대로 양식이 변화되는 과정을 보여준다. 지붕돌 추녀와 몸돌의 알맞은 비례감, 위로 오르면서 줄어드는 비율이 급하지 않아 전체적으로 높게 보이면서도 균형미가 넘친다.

이 탑의 가장 큰 특징적인 모습은 1층 몸돌에서 나타난다. 즉 몸돌 전체를 아래위 2단으로 나누어 5개의 돌을 짜 맞추는 방식은 이전에 볼 수 없었던 고려시대의 특색이다. 몸돌에는 모든 층마다 모서리 기둥이 조각되었다. 지붕돌은 추녀가 넓은 편이며 처마와 처마가 마주치는 전각(轉角)은 위아래가 모두 살짝 들려 날렵하고 경쾌한 맛을 준다.

『신증동국여지승람』(1530년)의 광산현 불우조에 '聖居寺 在聖居山'과 『범우고』(1799년) '聖居寺 在聖居山 今廢'라고 기록되었다. 이로 미루어 성거사는 적어도 오층석탑이 조성되는 고려시대 이른 초기 이전에 창건되어 『신증동국여지승람』이 간행되는 1530년대에는 법등을 유지하다가 『범우고』가 편찬되는 1799년 직전에 폐사된 사찰로 여겨진다.

〈그림 27〉 성거사지 오층석탑 사리갖춤

1961년에 해체하여 수리되었다. 2층 몸돌의 윗면 사리구멍 안에 원래 모습을 그대로 간직한 사리갖춤이 발견되었다.

⑶ 지산동사지(栢川寺 · 栢州寺설 재검토)

일제강점기에는 광주 동오층석탑, 문화유산 지정 명칭은 광주 지산동 오층석탑이다. (전)백천사지 탑으로 알려져 왔고 심지어는 '栢州寺'라고 까지 언급하는 자료가 있으나 모두 근거는 없었다. 1934년에 간행된 『광주군사(光州郡史)』(광주군교육회, 59~60쪽)에서 '栢川寺'는 서방면 동계리에 있으며 전설에 불과하다. 백천사탑이라는 화강암 오층탑이 백천사에 있었다는 전설을 소개하는 데 그쳤다. 기록의 신빙성 여부를 떠나서라도 『광주군사』와 일제강점기 조선총독부의 문건[〈전라남도 소재 고적 및 유물 지정대장〉 소화 8년(1933년) 1월 25일, 제84호 광주 서방면 동계리 석탑]은 백천사와 백천사탑을 언급하는 가장 오래된 기록 가운데 하나이다.

그렇다면 1872년 전라좌도광주지도에서는 '斗坊塔'으로만 기록되던 이곳이

어째서 갑자기 일제강점기 조선총독부의 문건(<전라남도 소재 고적 및 유물 지정대장>[소화 8년(1933년) 1월 25일, 제84호 광주 서방면 동계리 석탑])과 1934년『광주군사(光州郡史)』에서 맨 처음으로 백천사라는 전설을 소개하게 된 것일까? 아마도 두 종의『광주읍지』(1899년, 1924년) '壯元庵 在州東十里無等山北壯元峯下一名栢川寺'의 내용에서 영향을 받은 곡해 와전된 것은 아닐까?

최근에 1666년과 1744년에 광주 백천사를 찾은 선비들의 제영시(題詠詩)를 발굴하게 되었다. 1666년 광주목사와 여섯 선비의 사마 방회는 병오년(1666년, 현종 7) 12월 13일에 광주 목사 윤변(尹抃) 등 7인이 모인 사마(司馬) 방회(榜會) 기록과 제영시이다. 1744년 광주와 동복의 네 선비가 담론하고 수창한 제영시「광주 백천사에서 현강 상사 유승과 친구인 덕중 최락, 덕관 최옥의 형제와 편안하게 문장을 담론하고 이어 연구(聯句)를 읊다」에서 "늘그막에 때때로 텅 빈 산에 쓸쓸히 앉아있네"라거나「백천사에서 하병암과 이별하며 받들어 주다」에서는 "쓸쓸한 선가의 창가에 방문한 자 없는데 눈 쌓인 길을 방문한 자 다행히 그대 있네"라며 시 속에 그려지는 백천사는 꽤 경관 좋고 볼 만하며 건물도 여러 채 있는 무엇보다도 산속에 인적이 드문 곳의 절이라는 것이 잘 드러난다.

백천사 제영시는 '지산동사지'를 '백천사'로 설명하는 근거는 못되며 오히려 장원암을 선비들이 대접해서 백천사로 불렀음이 증명되는 자료이다. 장원암은 여러 읍지들, 18세기 중엽의 여지도서에서부터 범우고(1799년)나 광주목지(1799년), 호남읍지(1872년),『湖南邑誌』(1899년),『光州邑誌』(1924년)에 이르기까지 지속적으로 폐사되지 않고 법등을 이어 오다가『湖南邑誌』(1899년)에서 처음으로 '一名栢川寺'라는 기록을 보인다. 광주군사(1934년)에서 처음으로 장원암을 '址'라며 40~50년 전까지 존치되었다고 한다. 백천사는 인적이 드문 산속에 위치하며 조선후기 늦은 시기까지 폐사되지 않은 공통점을 충족해야 해서 지산동사지를 '백천사'로 부르는 일은 이제 그만 거두어야 한다.

(4) 광주 지산동 오층석탑(光州 芝山洞 五層石塔)

광주 지산동 오층석탑(보물, 통일신라 후기)는 광주 중심가에서 일정한 거리를 두고 동서쪽에 세워진 석탑 가운데 동쪽 탑이다. 2층 받침돌 위에 5층의 몸돌과 지붕돌, 머리장식인 상륜부(相輪部)로 구성된 석탑이다. 탑신부는 몸돌과 지붕돌이 각각 하나의 돌로 올려졌다. 1층 몸돌은 비교적 높은 편이고 2층 몸돌부터 높이를 줄이지만 넓이도 조금씩 줄여나간다. 각 층의 몸돌에는 모서리 기둥만 새겨졌다. 지붕돌은 추녀 밑이 수평을 이루다가 윗면에서는 지붕 끝이 들리는 정도가 날렵하고 경쾌하다. 상륜부에는 노반(露盤)과 바리때 모양의 복발(覆鉢)이 절반 파손 상태로 얹어졌다. 복발이 파손되어 중심부에 세워진 찰주가 자연스럽게 노출되었다.

〈그림 28〉 광주지산동 오층석탑 (1916년경)

몸돌을 비롯하여 여러 부분이 비교적 높지만 지붕돌의 넓이도 좁아서 전체적으로는 높게 보인다. 받침 부분은 신라 석탑의 기본적인 모습을 잃지 않고 있어서 호남 지방의 석탑으로는 우수한 편에 속한다. 건립 시기는 양식으로 보아 통일신라 말기인 9세기경에 조성된 것으로 추정된다.

일제강점기 때 사진에서 보더라도 탑이 몹시 기울어져 도괴에 이르게 되자

1955년 7월 하순경에 긴급 해체 수리하였고, 그때 4층 지붕돌 윗면에서 금동제 원형 사리합(지름 24㎝, 높이 9㎝)과 금동제 사각형 유비(遺碑, 상하 양편 반원형의 너비 2㎝, 길이 16㎝)를 봉안한 장치가 발견되었다.

4. 맺음말

지금까지 '무진주와 광주목 사찰문화유산'에 대해서 유물과 문헌을 통한 문화사적 정보를 두 개의 장으로 나누어 낱낱이 살펴보았다.

먼저 광주 옛 전남도청 일원 사지에서는 고려시대 명찰이라던 '대황사설'의 허망함을 고증하였다. 일제강점기의 신흥사찰인 대황사소속 약사암에서 와전된 대황사. '옛 전남도청 일원'은 통일신라부터 고려시대를 거쳐 정유재란 직전까지 존속한 명찰의 사역이였다. 광주목 설치시기인 1373년 이후 조선시대에 들어서 일부 지역이 광주읍성 내의 아사와 내아에 포함되어 사원의 기능이 일부 중지되고 급기야는 유구의 대량 파괴가 이루어진 후 사세가 급격히 줄어든 상태로 인근에 작은 규모로 명맥을 유지하다 정유왜란 당시 왜적의 침탈로 인해 16세기 말경에 완전한 폐사에 이른 과정도 고증하였다. '광주 옛 전남도청 일원'에 존속했던 사찰은『신증동국여지승람』(1530년) 불우조의 '禪院寺' 기사에서 언급하는 동쪽 2리 평지 사찰과 상당히 지리적으로도 부합하며 정유재란 직후인 16세기 말경에 폐사에 이른 과정도 증명하였다. 아울러 '禪院寺'는 '광주읍내 철불(증심사 철불)'의 출토로 '철불'→'선종사찰'→'선원사'로 자연스럽게 이어질 수 있는 문화사적 통로로도 해석해 보았다. <전라좌도광주지도>(1872년)에 기록된 내아 밖 3리의 '仙源村'은 '禪院寺'와 방향 · 거리도 인접하고 발음도 동일하다. '禪院寺'의 '선원'에 담긴 사명(寺名)의 흔적이 '仙源村'으로 면면히 이어져 온

지명 유래의 근거로 제시하였다. '광주 옛 전남도청 일원 사지'의 통일신라와 고려시대의 사찰문화유산은 광주 증심사 철조비로자나불좌상(통일신라: 9세기 후기~10세기 초기), 재명석등(고려 초: 11세기 초), 고려 석탑 옥계석(고려 초: 11세기 초)이다.

다음으로 무진주와 광주목 시기의 주요 사찰과 사지에서는 무등산의 약사암 · 증심사 · 원효사, 광주 중심부 외곽의 성거사지와 (전)백천사지, 십신사지를 대상으로 살펴보았다. 약사암은 영남대학교 박물관에서 소장 중인 「광주무등산도」(19세기)에 처음으로 등장하였다. 광주 약사암 석조여래좌상에서는 광주에서 가장 오래된 통일신라 9세기에 조성된 유물로 광주 불교 조각사 첫머리 정점에 놓일 예술품으로서 그 가치는 대단하다. 광주 약사암의 통일신라와 고려시대의 사찰문화유산은 광주 약사암 석조여래좌상(통일신라 9세기), 광주 약사암 삼층석탑(통일신라 9세기)이다.

증심사는 『신증동국여지승람』에 기록된 이래 무등산의 명찰로 그 명성을 자랑한다. 증심사 석조보살입상(고려)은 서봉사 이전설과 대황사 이전설이 알려져 왔으나 서봉사 이전설은 서봉사의 유물과 석질이 전혀 달라 믿기 어렵고 대황사지 이전설은 1935년 후지타 료사쿠(藤田亮策)에 의해 증심사에서 촬영된 사진과 오가와 케이키치[小川敬吉]의 조사보고서 안에 수록된 일기에서 '광주관사내 석등'만을 언급하는 것으로 미루어 증심사 불상(철불)이 대황사지에서 왔다는 이야기가 전해지는 과정에서 발생한 와전일 가능성을 제시하였다. 광주 증심사의 통일신라와 고려시대의 사찰문화유산은 증심사 삼층석탑(통일신라 말~고려 초기), 증심사 오층석탑(고려)이다.

원효사는 1530년에 간행된 『신증동국여지승람』 본편에 수록된 것과 1656년의 『동국여지지』의 기록과 출토유물, 동부도를 근거로 미루어 최소 고려시대에 창건되었다. 이후 폐사 시기를 거쳐 작은 암자로 복원되었다가 오늘에 이른다.

광주 원효사의 통일신라와 고려시대의 사찰문화유산은 원효사 출토유물(통일신라~고려 후기)과 원효사 동부도(고려), 원효사 탑재(고려), 원효사 석등 하대석(고려)이다.

십신사지는 1530년에 간행된 『신증동국여지승람』 본편에 수록된 것과 범자비와 석불의 조성을 근거로 최소 고려시대에 창건한 사찰이며 1656년(효종 7) 간행된 『동국여지지(東國輿地志)』에서 '舊址'라는 기록으로 미루어 최소 고려시대에 창건한 뒤 십신사지 범자비와 석불을 남기고 16세기 후반경에 폐사에 이르게 된 과정을 고증해 보았다. 십신사지 범자비와 석불의 이전 경위는 물론 석불에서 그동안 조사되지 않았던 3곳의 조각상을 최초로 발견하였고 그 자세한 형상을 사진으로 포착해 공개하였다. 연화문 대좌 아래 좌우에 네 발 달린 동물상과 좌상 인물상 조형물, 연꽃무늬 대좌 아래에도 도깨비 눈 모양의 마름모꼴의 문양이 그것이다. 광주 십신사지 석비의 건립연대를 '丁巳'년의 간지로 미루어 『신증동국여지승람』(1530년)의 기록을 근거로 최소 그보다는 60년 전인 1377년(우왕 3)으로 소급해서 보았다.

광주 서오층석탑은 성거사지 오층석탑으로 고려시대 초기 이전 창건된 이래 늦어도 18세기 후반경 이전에는 폐사에 이르렀음이 고증하였다. 광주 지산동 오층석탑은 그동안 백천사지 오층석탑으로 알려져 왔으나 장원암은 『湖南邑誌』(1899년)에서 처음으로 '一名栢川寺'라는 기록과 백천사를 찾은 선비들의 제영시를 근거로 백천사는 인적이 드문 산속에 위치하며 조선후기 늦은 시기까지 폐사되지 않은 공통점을 보여 '지산동사지'와 '백천사'(장원암)는 전혀 관련이 없음을 관련 문헌을 통해 고증했다.

이상 통일신라에서부터 고려시대에 이르기까지 무진주와 광주목의 사찰문화유산을 살펴보았다. '광주 옛 전남도청 일원 사지', 무등산의 약사암 · 증심사 · 원효사, 광주읍성 주변 성거사지와 지산동사지, 십신사지는 통일신라와 고려시대에는 무진주와 광주목 관아 인근 지역에 당당한 신앙의 중심지로 자리잡아 향화를 피웠던 명찰이었다. 광주 사찰과 사지의 중요성을 인식하여 불교전문 발굴기관에 의한 정식 발굴이 제대로 이루어지기를 소망해 본다.

이 글은 2023년 광주광역시가 주최하고 전남대학교박물관이 주관한 학술회의(『광주 무진주의 형성과 변천』)에서 발표한 필자의 발표문(「무진주와 광주목 사찰문화유산」)을 보완한 것임.

【부록】광주 사찰 위치 및 在 · 今廢(舊址) 문헌 기록 정리

순번	사명	소재지	문헌 기록 내용	출전
1	證心寺	광주 동구 증심사길 177 (운림동 56)	在無等山	신증동국여지승람(1530년) 동국여지지(1656년)
			在州東十五里	여지도서(18세기 중엽)
			在州東二十里無等山	호남읍지광주사례(1895년경)
			澄心寺在州東二十里無等山	광주읍지(1879년) 광주읍지(1899년)
			在州東十里無等山	광주읍지(1924년)
			雲谷里	조선지지자료(1911)
2	無量寺	一然이 1214년(9세)~1219년 (14세)에 대웅 밑에서 학문을 닦았던 사찰	在無等山	신증동국여지승람(1530년) 동국여지지(1656년)
			今廢	범우고(1799년)
			在無等山今廢	광주읍지(1879년) 광주읍지(1899년)
3	薦福寺		在無等山	신증동국여지승람(1530년) 동국여지지(1656년)
			今廢	범우고(1799년)
			在無等山今廢	광주읍지(1879년) 광주읍지(1899년)
4	開龍寺		在無等山	신증동국여지승람(1530년) 동국여지지(1656년)
			在無等山今廢	범우고(1799년) 광주읍지(1879년) 광주읍지(1899년)
5	元曉寺(庵)	광주 북구 금곡동 209-13번지	在無等山	신증동국여지승람(1530년) 동국여지지(1656년)
			在無等山	여지도서(18세기)
			(庵)在州東二十五里俗傳神僧元曉 所建故名今殘破只有數間小庵	광주목지(1799년)
			(寺)今廢	범우고(1799년)
			(寺)小庵	호남읍지(1872년)
			(庵)	원효암중건기(1847년)
			(庵)在州東二十五里俗傳神僧元曉 所建故名今殘破只有數間小庵	호남읍지(1871년)
			(庵)在州東二十五里小庵	호남읍지(1895년경)
			(庵)在無等山今廢	광주읍지(1879년) 광주읍지(1899년)
			(庵)莘村里ニ在リ	조선지지자료(1911)

순번	사명	소재지	문헌 기록 내용	출전
6	聖居寺	광주광역시 남구 서오층석탑2길 17 (구동) 광주 남구 구동 16-2 일원	在聖居山	신증동국여지승람(1530년) 동국여지지(1656년) 광주읍지(1879년) 광주읍지(1899년) 광주읍지(1924년)
			在聖居山今廢	범우고(1799년)
	聖龜塔	광주광역시 남구 서오층석탑2길 17 (구동) 광주 남구 구동 16-2 일원	(公須坊面)鄕校後嶝新羅ノ遺物	조선지지자료(1911)
7	十信寺	광주광역시 북구 임동 92번지 일원	在縣北五里平地有梵字碑	신증동국여지승람(1530년) 광주읍지(1879년) 광주읍지(1899년)
			舊址在州北五里平地有梵字碑	동국여지지(1656년)
			在州北五里平地今廢○有梵字碑	범우고(1799년)
	石翁仲二鎭	광주광역시 북구 임동 92번지 일원	柳林藪 在州西十里雜植卉木爲州水口對峙石翁仲二鎭之中有龍淵	광주읍지(1879년) 광주읍지(1899년)
	小盤彌勒	광주광역시 북구 임동 92번지 일원	(公須坊面)柳琳藪中ニ在リ	조선지지자료(1911)
	石佛	광주광역시 북구 임동 92번지 일원	(公須坊面)柳琳藪中ニ在リ	조선지지자료(1911)
8	禪院寺	광주광역시 동구 문화전당로 38	在縣東二里平地	신증동국여지승람(1530년)
			州東二里平地有禪院寺舊址	동국여지지(1656년)
			在州東二里今廢	범우고(1799년)
	石嶝籠	광주광역시 동구 문화전당로 38	(城內面)南內里ニ在リ新羅時代ノ遺物アリ	조선지지자료(1911)
9	圭峯寺(庵)	전남 화순군 이서면 도원길 40-28 일원	在無等山	신증동국여지승람(1530년) 신증편
			圭峯菴	유서석록(1574년)
			在無等山	동국여지지(1656년)
			今廢	여지도서(18세기 중엽) 범우고(1799년)
			(庵)在州東三十里無等山南今廢	광주목지(1799)
			(庵)今廢	호남읍지(1872년)
10	錦石菴		俱在無等山主圭峯以下	동국여지지(1656년)
			在無等山	범우고(1799년)
			在無等山今廢	광주읍지(1879년) 광주읍지(1899년)

순번	사명	소재지	문헌 기록 내용	출전
11	余苊寺	광산구 운수동 산67번지 일원	在魚登山	동국여지지(1656년)
			在州西四十里魚登山	여지도서(18세기 중엽)
			在魚登山	범우고(1799년)
			在州西三十里魚登山	광주목지(1799년)
			在州西三十里魚登山	호남읍지(1872년)
			在州西三十里魚登山	광주읍지(1879년) 광주읍지(1899년)
12	長佛寺		화순 만연에서 향로봉을 돌아 장불사를 거쳐 염불암으로 찾아왔다.	유서석록(1574년)
			俱在無等山主圭峯以下	동국여지지(1656년)
			在無等山長佛峙今廢	광주읍지(1879년) 광주읍지(1899년)
13	開元寺(庵)		(庵)在州東二十里	여지도서(18세기 중엽)
			在無等山	범우고(1799년)
			(庵)在無等山今廢	광주목지(1799)
			在無等山北	호남읍지(1872년)
14	佛明庵	운림동 봉황대사지 (광주광역시 동구 운림동 산143-1번지)	在東二十里	여지도서
			在證心寺東	광주목지(1799)
			在證心寺東	호남읍지(1872년)
			在澄心寺東	광주읍지(1879년) 광주읍지(1899년)
15	證覺庵	동구 운림동 산132번지 일원	在州東二十里	여지도서(18세기 중엽)
			在無等山	범우고(1799년)
			在無等山今廢	광주목지(1799년)
			在證心寺東	호남읍지(1872년)
16	氷鉢庵	운림동사지(광주광역시 동구 운림동 산132-4번지)	在州東三十里	여지도서(18세기 중엽)
			在無等山	범우고(1799년)
			在州東二十五里無等山北	광주목지(1799년)
			在無等山北	호남읍지(1872년)
			在無等山北今廢	광주읍지(1879년) 광주읍지(1899년)
17	隱禪庵		在州東三十里	여지도서(18세기 중엽)
			在無等山	범우고(1799년)
			在無等山今廢	광주목지(1799년)
			在無等山北	호남읍지(1872년)

순번	사명	소재지	문헌 기록 내용	출전
18	壯元庵	동구 지산동 20번지 일원	在州東五里俱在無等山	여지도서(18세기 중엽)
			在壯元峯	범우고(1799년)
			在州東十里無等山北壯元峯下	광주목지(1799년)
			在州壯元峯下	호남읍지(1872년)
			在州東十里無等山北壯元峯下一名栢川寺	광주읍지(1879년) 광주읍지(1899년) 광주읍지(1924년)
19	養林寺	광산구 두정동 457번지 일원	今廢	여지도서(18세기 중엽)
			在養林山今廢	범우고(1799년)
			在養林山今廢	광주읍지(1879년) 광주읍지(1899년)
			雙浮屠: 임곡면 두정리 뒤 백우산 나쪽자락에 소재. 물동이 모양 2개로 약 200년 전 養林寺의 사원 소유	광주군사(1933년)
20	上元菴	운림동 봉황대사지 (광주광역시 동구 운림동 산143-1번지)	初名上元燈築小庵因名	광주읍지(1879년) 광주읍지(1899년)
21	三日庵		在上元燈東今廢	광주읍지(1899년)
22	金塔寺		在三日庵東今廢	광주읍지(1899년)
23	隱迹寺		在金塔東今廢	광주읍지(1899년)
24	大慈寺		在金塔下今廢	광주읍지(1899년)
25	極樂寺		孝友洞面	지승(18세기 후반)
26	湧珍寺	광산구 왕동 301번지 일원	在湧珍山	신증동국여지승람 (1530년)
			在湧珍山寺有克復樓	동국여지지(1656년)
			在湧珍山	범우고(1799년)
27	推善寺	광산구 송학동 999번지 일원	-〈壬午九月十七日茂長幼學吳鼎動等上疏〉七月十八日儒生八十四人會于羅州推善寺始發通文	大東野乘 己丑錄續
			在州北三十里	여지도서(18세기 중엽)
			在飛鳳山	범우고(1799년)
28	藥師庵	광주 동구 증심사길160번길 89	건물, 담장, 석탑	광주 무등산도(19세기)
			雲谷里	조선지지자료(1911)
			藥寺	광주읍지 광주지도(1879)
29	神光寺古墟		平章里	조선지지자료(1911)
30	安心寺古墟		平章里	조선지지자료(1911)
31	石塔	광주 동구 지산동 448-4	(斗坊面)院村里ニアリ新羅ノ遺物	조선지지자료(1911)

【 주석 】

1) 황호균, 2020,「증심사 철불 1, 원소재지 추적기」,『광주학 문헌과 현장이야기』, 광주광역시문화원연합회, 16~28쪽; 황호균, 2022,「광주 옛 전남도청 내 석등의 이전 전말과 명문 판독사」,『향토문화』 제41집, 144~162쪽, (사) 향토문화개발협의회 · 광주광역시.
2) 황호균, 2022,「제1장 광주 구 전남도청 일대 폐사지」,『사찰문화재, 유물과 문헌의 대화』, 12~83쪽, 한국학호남진흥원.
3) 황호균, 2023,「광주 옛 전남도청 일원 폐사지 연구」,『불교문화재연구』 제4호, 사)동북아불교미술연구소, 43~81쪽.
4) (재)전남문화재연구원 · 문화체육관광부, 2008,『광주읍성 Ⅱ』, 151쪽.
5) (재)전남문화재연구원 · 문화체육관광부, 2008, 앞의 책, 143쪽.
6) 황호균, 2020,「광주 증심사 철불 1, 원 소재 추적기」,『광주학 문헌과 현장이야기』, 광주광역시문화원연합회, 20쪽; 황호균, 2020,「대황사와 십신사, 그리고 광주북문외석불상, 임정미륵불, 임정 비석 그 실체 추적기」,『광주학 문헌과 현장이야기』, 광주광역시문화원연합회, 96~107쪽.
7) 황호균, 2020,『광주학 문헌과 현장이야기』, 광주광역시문화원연합회.
8) 오횡묵(吳宖默): 조선 후기~대한제국기의 학자이자 행정가이다. 자는 성규(聖圭), 호는 채원(茝園), 채인(茝人), 택방(澤舫), 본관은 해주(海州)이다. 1874년(고종 11) 무과에 합격하여 군자감 판관, 공상소감동낭관(工桑所 監董郎官), 정선군수, 함안군수, 고성부사, 지도군수(1896.1~1897.4), 여수군수(1897.4~1899.6) 등을 지냈다. 지방의 수령으로 있을 때 시문(詩文)과 함께 관청에서 중요하게 집행되었던 일과 내외에서 일어났던 중대한 일 등을 일기체로 엮은『총쇄록(叢鎖錄)』을 남겼는데 당대의 정무와 풍습, 사회현상을 알려주는 귀중한 자료이다. 지리서인『여재촬요(輿載撮要)』도 저술하였다(한국민족문화대백과사전 등).
9) 한국학중앙연구원, 디지털 장서각(https://jsg.aks.ac.kr/); 김희태, 2020,「1896년 9월의 광주 풍경, 오횡묵의 지도군 총쇄록」,『광주학 문헌과 현장 이야기』, 광주광역시문화원연합회, 358쪽.
10) 윤여정 엮음, 2009,『대한민국 행정지명』 제1권 전남 · 광주편, 향지사, 41쪽.
11) 지도군총쇄록은 1895년(고종 32) 2월~1897년 5월 사이 2년 4개월의 기록인데 지도군수 재임시의 기록은 부임한 1896년 5월부터 여수 군수로 이임한 1897년 5월까지 1년여다. 원본은 한국학중앙연구원에 소장(K2-4299)되어 있다. 다음 자료들을 통하여 소개되었고 광주역사민속박물관에서는 여행기로 재구성하였다.
목포대학 도서문화연구소 · 금호문화재단, 1990,『지도군총쇄록』, 국학자료원; 신안군 · 향토문화진흥원, 1992,『지도군수 오횡묵 정무일기』-1895.1~1897.5; 신안문화원, 김정섭 · 김형묵 역, 2008,『지도군총쇄록』-섬에서 섬을 다스리다: 110년 전 초대군수 오횡묵이 남긴 정무일기-.
12) 1916년 9월경 경성일보 및 매일신보 사장인 아베 미츠이에가 철불을 봤던 장소는 도지사 관저 뒤편 논밭 사이이다.

13) (재)전남문화재연구원 · 문화체육관광부, 2008, 『광주읍성 Ⅰ』, 192~197쪽.
14) 광주시립민속박물관, 2004, 『일제강점기 光州文獻集』, 274쪽.
15) (재)전남문화재연구원 · 문화체육관광부, 2008, 앞의 책, 192~197쪽, 218쪽.
16) (재)전남문화재연구원 · 문화체육관광부, 2008, 앞의 책, 219~221쪽.
17) (재)전남문화재연구원 · 문화체육관광부, 2008, 앞의 책, 221쪽.
18) (재)전남문화재연구원 · 문화체육관광부, 2008, 앞의 책, 196쪽.
18) 사료 속에서 '院'은 '~院, 東西兩院, 別院'이란 사례로 등장한다. 불교사원의 기능이 포함된 '院'은 크게 일반 신도와 여행자를 위한 객실, 객관의 기능을 갖추었던 '驛院'의 역할을 한 것, 큰 규모의 사찰에서 '특수한 기능을 수행'하거나 '별도로 명명된 영역'을 지칭한 것, 선승들의 수행처인 '禪院'의 역할을 한 것으로 나눌 수 있다. 실제로 고려시대에는 별도의 역원을 짓기보다는 불교사원으로서 '院'이 세워져 그 역할을 맡았다(장경호 · 이승연 2007, 「고달사지의 건축학적 고찰」, 『고달사지Ⅱ』, 기전문화재연구원).
19) (재)전남문화재연구원 · 문화체육관광부, 2008, 앞의 책, 196쪽.
20) (재)전남문화재연구원 · 문화체육관광부, 2008, 『광주읍성 Ⅱ』, 113~114쪽.
21) (재)전남문화재연구원 · 문화체육관광부, 2008, 『광주읍성 Ⅰ』, 221쪽.
22) 『광주읍성 Ⅰ』 보고서에 '新德院'명의 기와의 수량이 표시되지 않았고 'e뮤지엄'에도 4편만 등재되어 있어 이 정도의 수량이라면 재사용 기와일 가능성이 농후해진다.
23) 재명석등의 자세한 이전사는 다음 글 참조. 황호균, 2022, 「광주 옛 전남도청 내 석등의 이전 전말과 명문 판독사」, 『향토문화』 제41집, (사)향토문화개발협의회 · 광주광역시, 144~162쪽.
24) 崔夢龍, 1978.8, 「全南의 古蹟 10」 道廳內 石燈, 『光州經濟』, 光州商議, 27~28쪽.
25) 朝鮮總督府, 1919, 「光州邑內石燈記」, 『朝鮮金石總覽』 上, 538~539쪽.
26) 鄭永鎬, 1963.8, 「光州有銘石燈」, 『考古美術』 第4권 第8號(通卷37號), 425~426쪽.
27) 許興植編著, 1984, 「戊辰銘石燈」, 『韓國金石全文』 中世下, 亞細亞文化社, 1268~1269쪽.
28) 현장 육안 판독은 2022년 3월 5일, 탁본은 2022년 5월 15일, 야간 LED지속광 조명 판독은 2022년 7월 20일에 하였다. 탁본과 야간 LED지속광 조명 판독은 김희태, 정선종 학형과 함께하였다.
29) 昭和 5~7년도 복명서 1931년 3월 17일 일기.
30) 1934년 광주군사 번역(광주시립민속박물관, 2004, 『일제강점기 光州文獻集』, 293쪽).
31) 1934년 광주군사 번역(광주시립민속박물관, 2004, 앞의 책, 269쪽).
32) 일제강점기에는 '浦江'이라 기록도 자주 보인다.
33) 1934년 광주군사 번역(광주시립민속박물관, 2004, 앞의 책, 268~269쪽).
34) 황호균, 2020, 『광주학 문헌과 현장이야기』, 광주광역시문화원연합회(「약사암 석불, 어느 절 돌부처인가」, 8~15쪽/「증심사 철불 1, 원소재지 추적기」, 16~28쪽/「증심사 철불 2, 긴 고행 끝에 선정에 든 등신불」, 29~34쪽/「증심사 철불 3, 인간적인 너무나 인간적인」, 35~39쪽/「대황사와 십신사, 그리고 광주북문외석불상, 임정 미륵불, 임정 비석 그 실체 추적기」, 96~107쪽/「십신사지 범자비와 석불, 이전 경위와 건립 연대 다시 살피다」, 108~120쪽/「증

심사 대웅전 앞 쌍탑, 불탑인가 신도탑인가」, 『광주학 문헌과 현장이야기』, 121~133쪽/광주 동서오층석탑과 진국사 선원사 옛터 추적기」, 154~167쪽/「증심사 오백전과 오백나한상, 저잣거리로 내려온 또 다른 이름의 부처」, 178~187쪽).

35) 황호균, 2020, 「옛 문헌 기록 사찰명 위치 비정」, 『광주학 문헌과 현장이야기』, 광주광역시문화원연합회, 209~210쪽.

36) 황호균, 2020, 「옛 문헌 기록 사찰명 위치 비정」, 『광주학 문헌과 현장이야기』, 광주광역시문화원연합회, 217쪽.

37) 광주 장등동사지(광주광역시 북구 장등동 678-2번지): 국립아시아문화전당에서 북 10㎞(25리), 장운동 오층석탑(국립광주박물관, 고려초), 장운동 석조여래좌상(고려초 10세기경)

38) 광주 신룡동사지(광주광역시 광산구 신룡동 산57-1번지): 국립아시아문화전당에서 서북 16㎞(40리), 신룡동 오층석탑(고려전기), 신룡동 석조여래입상(고려전기)

39) 조탑사녀씨명개록지비(造塔士女氏名開錄之碑)에 기록된 1944년에 주지 金東成 당시 池應鉉, 金桂(淨明月)의 시주로 석가탑과 관음탑을 건립하고 사지를 보수한 사실을 근거로 경내에서 발견되는 승방 前庭의 수습된 파편 중 석탑부재들은 1944년에 건립된 석가탑과 관음탑의 부재로 보는 견해가 있다(박춘규 · 천득염, 1990, 『光州의 佛蹟』, 光州直轄市, 267쪽, 271~272쪽).

40) 황호균, 「2020, 대황사와 십신사, 그리고 광주북문외석불상, 임정 미륵불, 임정 비석 그 실체 추적기」, 『광주학 문헌과 현장이야기』, 광주광역시문화원연합회, 96~107쪽.

41) 1934년 광주군사 번역 (광주시립민속박물관, 2004, 앞의 책, 266~267쪽).

42) 황호균, 「2020, 대황사와 십신사, 그리고 광주북문외석불상, 임정 미륵불, 임정 비석 그 실체 추적기」, 『광주학 문헌과 현장이야기』, 광주광역시문화원연합회, 96~107쪽.

43) 황호균, 「2020, 대황사와 십신사, 그리고 광주북문외석불상, 임정 미륵불, 임정 비석 그 실체 추적기」, 『광주학 문헌과 현장이야기』, 광주광역시문화원연합회, 96~107쪽.

44) 필자보다 한 갑자 더 시기를 끌어 올린 연구자가 등장했다. 십신사지 귀부는 조각 기법과 양식으로 보아 원나라 귀부의 영향을 받은 유형에 속한다고 할 수 있다. 따라서 고려가 원나라의 영향 하에 있었던 시기인 충렬왕~충정왕(1274~1351) 사이에 십신사지 석비가 건립되었을 가능성이 높다. 이러한 여러 정황을 고려할 때 십신사지 석비의 정사년은 고려 충숙왕 4년(1317)이 합리적인 것으로 보인다(엄기표, 2023, 「光州 十信寺址 석불과 석비의 조성시기와 배경」, 『東國史學』 제77집, 동국역사문화연구소, 156~157쪽).

【그림 출전】

〈그림 1〉 5구역 출토 포대화상[(재)전남문화재연구원 · 문화체육관광부, 2008, 『광주읍성 Ⅱ』, 113~114쪽.]

〈그림 2〉 광주읍내 석등(小川敬吉 1931.3.17.)광주읍내석등(광주시 지사관저 정원 내, 정리번호 02256, 『小川敬吉調査文化財資料』, 1994, 文化財管理局 文化財研究所, 130쪽).

〈그림 3〉 재명석등(2023.10.19)(황호균 촬영)

〈그림 4〉 옛 전남도청 석탑재(황호균 촬영)

〈그림 5〉 증심사 철불 1935년 후지타 료사쿠 촬영(성균관대박물관, 『유리원판에 비친 한국의 문화유산-식민지 조선의 고적 조사-』, 2012.9.)

〈그림 6〉 藥師庵(光州無等山圖 彩色筆寫本 19世紀) 62×103㎝(영남대박물관)

〈그림 7〉 약사암 석불 1979년 이전 사진(출처:『한국의 미 ⑲ 불상』, 중앙일보사)

〈그림 8〉 대웅전 해체 후 대좌 노출(1980년)(약사암 소장 사진)

〈그림 9〉 약사암 석불 하대석(황호균 촬영)

〈그림 10〉 약사암 석불 기단석, 하대석(황호균 촬영)

〈그림 11〉 약사암 삼층석탑(황호균 촬영)

〈그림 12〉 澄心寺(光州無等山圖 彩色筆寫本 19世紀) 62×103㎝(영남대박물관)

〈그림 13〉 광주 증심사 삼층석탑 1935년 후지타 료사쿠((藤田亮策) 촬영

〈그림 14〉 증심사 오층석탑[1935년촬영, 오가와 케이키치][『小川敬吉調査文化財資料』(국립문화재연구소, 1994)]

〈그림 15〉 증심사 석조보살입상(1935년 후지타 료사쿠((藤田亮策) 촬영) 성균관대박물관, 『유리원판에 비친 한국의 문화유산』, 2012.9.

〈그림 16〉 元曉寺(光州無等山圖 彩色筆寫本 19世紀) 62×103㎝(영남대박물관)

〈그림 17〉 원효사 동부도(황호균 촬영)

〈그림 18〉 원효사 탑재(황호균 촬영)

〈그림 19〉 원효사 석등 하대석(황호균 촬영)

<그림 20> 광주 북구 광주농학교 교정 석비(조선총독부 유리원판 1914년 5월 12일 촬영, 출처: 국립중앙박물관 일제강점기자료원문서비스)

<그림 21> 광주 북구 광주농학교 교정 석조불상(조선총독부 유리원판 1914년 5월 12일 촬영, 출처: 국립중앙박물관 일제강점기자료원문서비스)

<그림 22> 네발 동물상(연화대좌 향좌측면)(황호균 촬영)

<그림 23> 좌상 인물상(연화대좌 향우측면)(황호균 촬영)

<그림 24> 마름모문양(연화대좌 밑면)(황호균 촬영)

<그림 25> 십신사지 석비 丁巳(황호균 촬영)

<그림 26> 광주공원오층탑(『조선고적도보 4』, 1916년)

<그림 27> 성거사지 오층석탑 사리갖춤(국립광주박물관 누리집)

<그림 28> 광주 지산동 오층석탑 1916년경(조선총독부 흑백유리원판, 국립중앙박물관 일제강점기자료원문서비스)

【인용 · 참고문헌】

<단행본>

(사)향토문화개발협의회, 1988, 『무등산-문화유적조사-』.

(재)전남문화재연구원 · 문화체육관광부, 2008, 『광주읍성 Ⅰ · Ⅱ』.

(재)지역문화교류호남재단 부설 지역문화콘텐츠연구소, 2013, 『광주읍성』.

「광주의 부(光州の 部)」, 1930년, 『전남지방사정지(全南地方事情誌)』 中.

광주광역시립민속박물관, 1997, 『광주읍성』.

광주군교육회, 1934, 『광주군사(光州郡史)』.

광주시립민속박물관, 2004, 『일제강점기 光州文獻集』.

광주시립민속박물관, 2010, 『국역 無等山遊山記』.

광주시사편찬위원회, 1966, 『光州市史』.

광주역사민속박물관, 2020, 『1896년 광주여행기』.

국립문화재연구소, 1994, 『小川敬吉調査文化財資料』.

국립중앙박물관, 1997~2001, 『유리 원판 목록집』 I ~ V.

금호문화재단, 1990, 『지도군총쇄록』, 목포대학교도서문화연구소.

박선홍, 1976, 『무등산-유래 · 전설 · 경관』, 전남매일출판국.

박선홍, 1994, 『광주1백년』, 금호문화.

박선홍, 2008, 『무등산의 유래 · 전설과 경관』, 다지리.

박춘규 · 천득염, 1990, 『光州의 佛蹟』, 光州直轄市.

성균관대학교박물관, 2012, 『유리 원판에 비친 한국의 문화유산-식민지 조선의 고적 조사-』.

오횡묵(1834~1906) 『全羅道智島郡叢瑣錄』(1896년 9월 13일).

이태호 · 황호균, 1995, 「潭陽郡의 佛敎遺蹟 및 陶窯址」, 『潭陽郡文化遺蹟 學術調査』, 전남대학교박물관.

장충식, 1987, 『신라석탑연구』, 일지사.

정영호, 1998, 『한국의 탐구』 한국의 석조미술, 서울대출판부.

朝鮮總督府, 1915~1935, 『朝鮮古蹟圖譜』一~十五.

최성은, 1995, 『철불』, 빛깔있는 책들, 대원사.

한국문화재보호협회, 1986, 『문화재대관』4 보물 2, 대학당.

황호균, 2020, 『광주학 문헌과 현장이야기』, 광주광역시문화원연합회.

〈논문〉

권강미, 2011, 「중국 당대(唐代) 철불의 신례」, 『미술자료』 79호, 국립중앙박물관.

엄기표, 2023, 「光州 十信寺址 석불과 석비의 조성 시기와 배경」, 『東國史學』 제77집, 동국역사문화연구소.

오가와 케이키치[小川敬吉][쇼와(昭和) 5~7년도 복명서](전라남도 광양군 기타 고적유물 조사 보고서)의 조사보고서 안에 수록된 일기[1931.3.17.].

정선종, 2020, 「증심사의 불탑」, 『불교문화연구』 제13집, 남도불교문화연구회.

鄭永鎬, 1963.8, 「光州有銘石燈」, 『考古美術』 第4권 第8號(通卷37號).

조광철, 2011년 5월 31일자, '광주읍성은 어떻게 우리곁을 떠났는가', 광주드림.
주수완, 2015.09.15., 17. 「철불 조성의 배경 문제」, 〈주수완의 쟁점, 한국불교미술사〉, 법보신문.
崔夢龍, 「全南의 古蹟(3)」, 『光州經濟』 1973년 11월호.
許興植, 1984, 「戊辰銘石燈」, 『韓國金石全文』 中世下, 亞細亞文化社.
朝鮮總督府, 1919, 「光州邑內石燈記」, 『朝鮮金石總覽』 上.
崔夢龍, 1978.8, 「全南의 古蹟 10」 道廳內 石燈, 『光州經濟』, 光州商議.
黃壽永, 1998, 「光州市內高麗石燈」, 제5판 『한국금석전문』, 일지사.
黃壽永編, 1967.4.30, 「續金石遺文」, 『考古美術資料』 第15輯, 考古美術同人會.
황호균, 2022, 「광주 옛 전남도청 내 석등의 이전 전말과 명문 판독사」, 『향토문화』 제41집, (사) 향토문화개발협의회 · 광주광역시.
황호균, 2022, 「제1장 광주 구 전남도청 일대 폐사지」, 『사찰문화재, 유물과 문헌의 대화』, 한국학호남진흥원.
황호균, 2023, 「광주 옛 전남도청 일원 폐사지 연구」, 『불교문화재연구』 제4호, 사)동북아 불교미술연구소.

〈누리집〉
조선총독부관보 활용시스템(http://gb.nl.go.kr)
국립중앙박물관 소장 조선총독부박물관 유리건판 공개 서비스
(http://www.museum.go.kr)
국립문화유산연구원 문화유산 연구지식포털 금석문검색
(https://portal.nrich.go.kr/kor/ksmUsrList.do?menuIdx=584)

광주읍성의 구조와 관아건물의 위치비정

양해웅 (재)호남문화재연구원

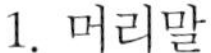

1. 머리말

2. 광주목과 읍성의 축조

3. 광주읍성과 관아건물

4. 읍성의 공간구조와 관아건물의 위치비정

5. 맺음말

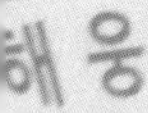

1. 머리말

읍성은 '邑'과 '城'의 조합어로 지방의 주요 거점인 郡이나 縣에 축조된 성곽을 말한다. 읍치소에 축조된 읍성은 군사 · 행정적인 기능을 수행하였을 뿐만 아니라 읍치소간의 교통의 기착지였다. 중국에서 邑 · 城은 원래 동일한 개념으로 사용되었으나 國과 邑, 城과 邑, 邑과 都 등의 개념이 첨가되면서 구분되는 용어로 사용되었다[1]. 우리나라에 읍성의 순수한 개념이 도입된 것은 연해지역에 군사적인 성격이 강한 성곽을 축조하기 시작한 고려 후기라 할 수 있다[2]. 당시 읍성은 평지나 나지막한 구릉을 이용하여 축조하였는데 대부분 해안과 인접해 있는 읍치소의 중심지에 해당한다. 고려 말부터 축조되기 시작한 읍성은 조선 태종 · 세종대에 의욕적으로 이루어졌으며, 이후에는 수축이나 개축이 지속적으로 진행되었다.

광주에 읍성이 언제 축조되었는지 확실하지 않지만 『세종실록지리지』에 읍성이 있었다는 기록으로 보아 최소한 1424년(세종 6) 이전에는 읍성이 있었을 것이다. 또한 조선 후기에 간행된 『증보문헌비고』에도 읍성이 기록된 것으로 보아 조선시대 전기간에 걸쳐 존속하면서 군사 · 행정적인 중심지 역할을 하였을 것이다. 광주는 백제대에 무진주, 통일신라대에 무주, 고려시대에 광주, 조선시대에 무진이나 광주로 불리워졌는데 당시에 군사 · 행정적인 요충지 역할을 하면서 읍성과 유사한 성격을 갖춘 시설이 있었을 것이다. 하지만 1907년 성벽처리위원회를 설치한 후 성벽을 철거하는 일을 전담하면서 전국의 읍성들이 철거되기 시작하였다. 1916년까지 광주읍성의 철거가 완전히 이루어진 것으로 알려져 있지만 1912년 지적도를 보면 성벽의 일부가 남아있었던 것으로 보인다. 광주읍성의 성벽은 1992년 도청 주차장을 만들기 위해 부지정리를 하던 중 석축이 확인되어 알려졌다. 3차례의 발굴조사를 통해 성벽과 내부시설로 추정되는 유구들이 많이 확인되었지만 일부지역에서만 이루어지고 도심개발로 인해 대부분 파괴되어 성격을 파악하기 매우 어려운 실정이다.

이 글에서는 문헌기록이나 고지도, 발굴조사 자료들을 검토하여 광주읍성의 구조와 관아건물의 위치를 살펴보고자 한다. 먼저 문헌기록이나 고지도, 일제강점기 지형도를 통해 광주목의 영역, 도로망, 방리 등을 검토하도록 하겠다. 또한 전라도에 읍성이 축조되는 과정을 통해 시기 구분을 실시하고, 그 특징을 살펴보고자 한다. 광주읍성과 관아시설물에서는 문헌자료를 통한 읍성의 규모나 현황 등을 살펴보고 어떠한 관아건물이 있었는지 알아보도록 하겠다. 또한 일제강점기 지형도나 항공사진에 성벽의 추정선을 표기하여 현재의 지형과의 차이점이나 어떻게 진행하고 있는지 알아보도록 하겠다. 그리고 발굴조사를 통해 확인된 성벽이나 내부시설 등을 통해 읍성의 성격을 언급하도록 하겠다. 마지막으로 읍성의 공간구조에서 읍성의 도로망과 중심건물의 배치상태를 살펴보도록 하겠다. 이를 토대로 광주읍성의 공간구조를 살펴보고, 현존하거나 소멸된 대표적인 관아건물의 위치를 비정해 보고자 한다.

2. 광주목과 읍성의 축조

이 장에서는 조선시대의 광주목의 영역과 도로망, 방리, 그리고 읍성의 축조에 대해 검토해 보고자 한다. 먼저 문헌자료에 기록된 광주목의 명칭의 변화를 살펴보도록 하겠다. 영역은 『신증동국여지승람』, 『세종실록지리지』, 『동국여지지』, 『여지도서』를 통해 파악한 후 광주목의 영역이 현재 어디에 해당하는지 알아보도록 하겠다. 도로망은 해동지도, 대동여지도, 조선후기지방지도 등을 통해 조선시대 도로망을 파악한 후 이를 1923년도 지형도에 대표적인 도로망을 표기해 보고자 한다. 방리는 여지도서, 해동지도, 조선후기지방지도, 『한국지명총람』을 통해 그 변화과정을 살펴보고, 현재의 행정구역으로 보면 어디에 해당하는지 알아보도록 하겠다. 마지막으로 광주읍성이 언제 축조되었는가를 전라도 읍성의 축조과정에서 살펴보고, 이를 시기별로 구분하여 특징을 정리하고자 한다.

1) 광주목

광주는 한반도의 남서부에 위치하는데 호남지역 최대의 도시이다. 전라남도에서 분리된 광주직할시가 1995년에 광역시로 변경되었는데 담양군과 장성군, 나주시, 화순군, 함평군에 의해 둘러싸여 있다. 행정구역은 5개 자치구에 97개 행정동으로 이루어져 있으며, 산지와 평야지대의 중간지점에 위치하여 군사 · 행정 · 교역상 좋은 입지조건을 갖추고 있다. 무진, 무주, 광주, 해양, 익주, 화평, 무진, 익양, 서석, 광산 등으로 불리워진 광주는 고려 태조 23년(940)에 생겨난 지명으로 그 이유는 정확히 알 수 없다. 고려 말 이색의 '석서정기'에서 광주를 가르켜 '光之州'라 언급한 것으로 보아 빛의 고을을 의미한 것은 분명하다.

백제대 무진주 또는 노지라 하였으나 경덕왕 16년(757)에 무주로 고쳤다. 통일신라 진성왕 6년(892)에 견훤이 후백제로 부르다가 도읍을 전주로 옮겼다. 고려 태조 19년(936)에 신검을 멸망시키고, 23년(940)에 광주로 고쳤다. 성종 15년(996)에 자사가 되었으나 다시 강등하여 해양현령이 되었다. 고종 46년(1259)에 공신인 김인준 외가의 고향이라 하여 지익주사가 되었으나 다시 승격하여 무진주가 되었고, 충선왕 2년(1310)에 화평부가 되었다. 공민왕 11년(1362)에 무진부라 고쳤으며, 22년(1373)에 다시 광주라고 부르고 '목'으로 삼았다. 조선에서도 그대로 따랐다. 조선 세종 12년(1430)에 노흥준이 목사 신보안을 때린 일로 인해 무진군으로 강등하였고, 문종 1년(1451)에 복구되었다. 성종 20년(1489)에 판관 우윤공이 날아온 화살에 맞았는데 조정에서 고을 사람의 소행이라 의심하여 고을의 이름을 강등하여 '縣'으로 만들고 지금의 이름으로 고쳤다. 연산군 7년(1501)에 다시 '州'가 되었다. 인조 2년(1624)에 역적 김원 사건으로 인해 광산현으로 강등되었다가 12년(1634)에 다시 주가 되었다. 숙종 27년(1701)에 남을 욕한 죄인 숙정의 관향이므로 현으로 강등되었다가 33년(1707)에 다시 광주로 복구되고, 고종 6년(1869)에 사령 인성이 어미를 죽인 일로 인해 현으로 강등되었다가 8년(1901)에 광주로 복구되었다[3].

(1) 영역

조선 초에 광주는 장흥도호부 소속이었으나 『신증동국여지승람』이 간행된 1530년 이후의 지리지에는 나주진관 소속으로 기록되어 있다. 그 영역은 북동쪽으로는 담양, 북서쪽으로는 장성, 동쪽으로는 창평, 서쪽으로는 나주, 남쪽으로는 남평과 화순, 남동쪽으로는 동복과 인접해 있다. 『세종실록지리지』에 사방경계는 동쪽으로는 창평현의 경계와 15리, 서쪽으로는 나주목의 경계와 28리, 남쪽으로는 화순현의 경계와 14리, 북쪽으로는 진원현의 경계와 24리이다. 하지만 『동국여지지』나 『여지도서』에는 동쪽으로 창평현의 경계와 18리, 서쪽으로 나주목의 경계와 47리, 남쪽으로 화순현의 경계와 21리, 북쪽으로 장성부의 경계와 35리이다[4]. 북쪽으로 경성까지는 7백 25리로 7일 가는 거리이고, 감영까지는 2백 20리로 3일 가는 거리이다.

대동여지도에 표시된 도로망을 보면 광주에서 경성은 광주-장성-단암역-천원역-정읍-거산역-태인-금구-삼례역-여산 방향이 최단거리였을 것으로 판단된다. 감영은 경성으로 가다가 금구에서 전주 방향의 도로나 광주-경양역-담양-대독치(광덕산)-흑산촌(회문산)-별점치(운암산)-반석역-전주 방향의 도로를 이용하였을 것으로 추정된다. 남쪽으로 병영까지 1백 40리로 2일 가는 거리인데 광주-광리

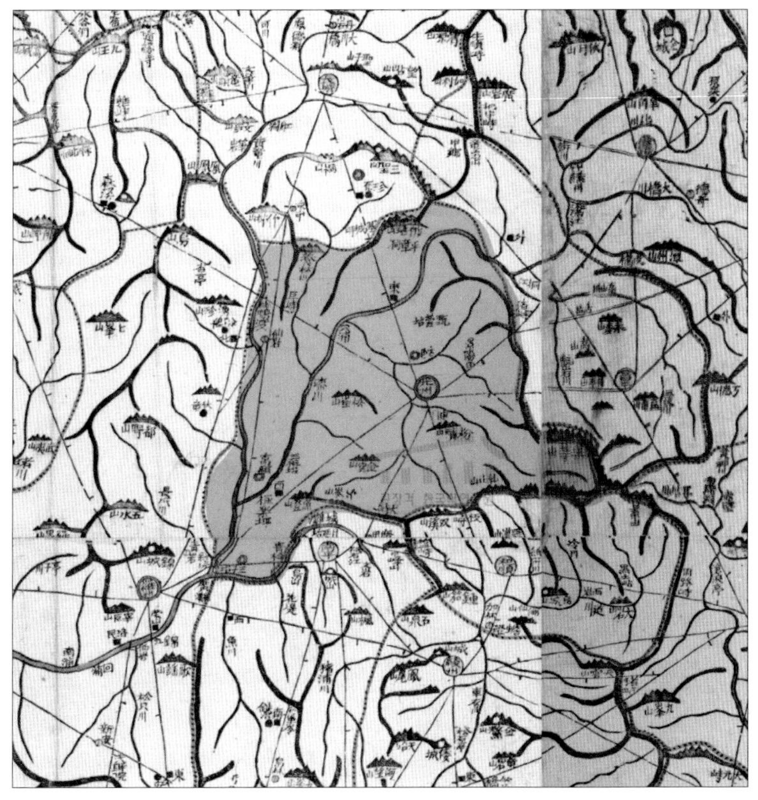

〈그림 1〉 조선시대 광주의 영역(대동여지도)

역-남평-오림역-고야치(도지봉)-병영 방향의 도로를 이용한 것으로 보인다. 동쪽으로 좌수영까지 3백 리로 4일 가는 거리이다. 서쪽으로 우수영까지 2백 40리로 3일 가는 거리인데 광주-나주-신안역-영보역-영암-석제원-해남-남리역-우수영 방향의 도로를 이용한 것으로 보인다. 동쪽으로 통영까지 5백 리로 6일 가는 거리이다. 좌수영이나 통영까지 가는 길을 보면 광주-화순-동복-검부역-순천 방향이 최단거리이며, 순천의 5리 지점에서 좌수영과 통영으로 가는 도로가 분기되고 있다. 통영은 광양 방향으로 가고, 좌수영은 양율역-덕양역을 거쳐 도달하게 된다.

조선시대 광주목의 영역을 보면 동쪽으로는 무등산, 북쪽으로는 불대산, 서쪽으로는 황룡강, 남쪽으로는 지석강 등으로 경계지을 수 있다. 이를 현재의 행정구역과 비교하면 광주목 외곽의 경계는 광산구 임곡·두정·고룡·진곡·안청동, 장성군 남면, 광산구 안청·비아·오룡·대촌·월출동, 담양군 대전면, 북구 용전·용강·수곡·망월·석곡·덕의·충효·금곡동, 동구 용연·선교·내남동, 남구 노대·덕남·양과·원산·도금·칠석·신장·구소·양촌·승촌동 등을 포함하고 있다. 조선시대에 본량동, 삼도동, 평동은 광주목에 해당하지 않았고, 나주목에 속하였다. 하지만 장성군 남면과 담양군의 대전면 일부는 광주목에 해당하였음을 알 수 있다.

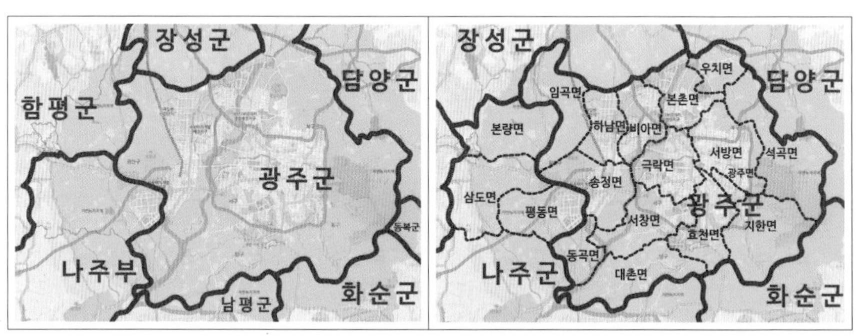

〈그림 2〉 조선시대 범위와 일제강점기 행정구역

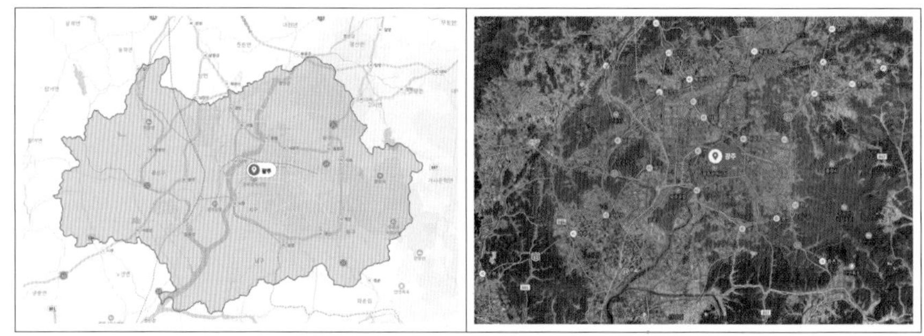

〈그림 3〉 광주광역시의 영역

(2) 도로망

조선시대의 도로망은 읍성이나 행정치소를 중심으로 발달하였다. 기본적으로 동 · 서 · 남 · 북쪽 방향으로 형성되어 있지만 일부 지역에서는 2~3개의 도로망만을 확인할 수 있다. 광주는 모든 방향으로 도로망이 형성되어 있는데 동쪽으로는 창평과 동복, 서쪽으로는 향교와 남평, 남쪽으로는 화순, 북쪽으로는 나주, 담양 방향이다. 동쪽으로는 창평과의 경계에 있는 저원에서 오는 길이 20리로 담양군 고서면 보촌리로 추정할 수 있다. 서쪽으로는 나주와의 경계에 있는 신원까지 가는 길이 47리로 광주 광산구 소촌동으로 추정할 수 있다. 남쪽으로는 화순현과의 경계에 있는 판치에서 오는 길이 21리로 화순군 화순읍 이십곡리에 해당한다. 북쪽으로는 장성부와의 경계에 있는 비아까지 가는 길이 35리로 장성군 진원면 율곡리에 해당한다. 서남쪽으로는 남평과의 경계에 있는 대치에서 오는 길이 30리로 나주시 남평읍 수원리에 해당한다. 동남쪽으로는 동복과의 경계에 있는 장불치까지 가는 길이 30리로 장불재에 해당한다.

〈표 1〉 조선시대의 도로망과 현위치

방향	내용	현위치
東距	昌平界楮院來路二十里	담양군 고서면 보촌리
西距	羅州牧界新院去路四十七里	광주 광산구 소촌동
南距	和順縣界板峙來路二十一里	너릿재 : 화순군 화순읍 이십곡리
北距	長城附界飛鴉去路三十五里	못재 : 장성군 진원면 율곡리
西南距	南平縣界大峙來路三十里	한두재 : 나주시 남평읍 수원리
東南距	同福縣界長佛峙去來三十里	장불재 : 광주 동구 용연동 산345-5

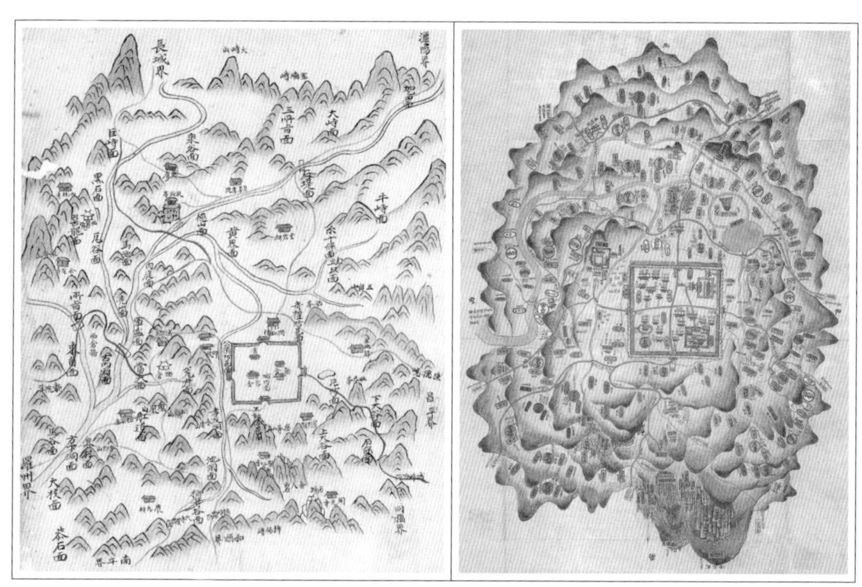

〈그림 4〉 조선시대 광주목의 도로망(①해동지도, ②조선후기지방지도)

① 고지도를 통해 본 도로망

지리지나 여지도서, 해동지도, 조선후기지방지도에서 확인된 도로망은 축적 개념이 불확실하기 때문에 정확한 방향이나 거리 등을 파악하기 어렵다. 하지만 지형도나 항공사진을 이용하여 보완한다면 현재의 도로 진행방향을 따라 방향이나 거리를 추정할 수 있다. 고지도에는 대부분 읍성이나 행정치소를 중심으로 도로망이 동일하게 형성되었으나 축척이나 방리의 위치 등은 서로 차이가 있다. 축척 개념이 고지도에 처음 등장한 것은 대동여지도이며, 그 거리를 10리 단위[5]로 표시하고 있다. 대동여지도에 나타난 거리는 도로망이 직선으로 표시되어 있기 때문에 현재의 거리와 정확하게 일치한다고 할 수 없다. 하지만 조선후기지방지도에도 거리와 방향, 명칭 등이 표기되어 있기 때문에 현재의 항공사진이나 지형도 등을 통해 도로망을 추정할 수 있다. 또한 1910년대 지형도에서 확인된 도로망을 현재의 도로와 비교한다면 조선시대의 도로망을 복원할 수 있을 것이다.

대동여지도에는 6개의 도로를 확인할 수 있다. 북쪽의 도로는 용봉천을 건너면 고읍이 있고, 이를 지나 칠천(영산강)을 건너게 되면 천곡면으로 10리에 해당한다. 20리 지점에 진원이 있고, 이척성이 있는 고개를 넘으면 장성에 도달하게 된다. 북동쪽의 도로는 서방천을 건너 경양역을 지나면 10리이고, 20리는 저원이다. 창평의 증암천을 건너면 담양에 도달하게 된다. 동쪽의 도로는 서방천을 건너면 편방면이고, 고개를 넘어 증석천을 건너게 되면 창평에 도달하게 된다. 남쪽의 도로는 광주천을 건너면 분적산이 있고, 20리 지점의 판치를 넘으면 화순에 도달하게 된다. 광주천을 건너면 화순과 남평 방향으로 가는 갈림길이 있는데 남평으로는 선도면의 대치를 넘으면 광리역에 도착하고, 지석강을 건너면 남평에 도달하게 된다. 남서쪽 도로는 옹정, 칠석, 방하동, 유등곡면을 지나면 나주와의 경계에 있는 신원에 도달하게 된다. 북서의 도로는 내정을 지나 칠천을 건너면 독산, 마지를 지나게 되고, 거치를 넘으면 나주 영역에 도달하게 된다.

1923년도 지형도에서 북문과 남문을 연결하는 북서-남동방향 도로가 중심도로였음을 알 수 있고, 이는 조선시대에도 동일하였을 것으로 판단된다. 이와 직교하는 도로는 동문이나 남문에서 형성된 것이 아니라 북문에서 1.3km 지점에 형성된 도로로 추정되며, 이는 조선후기지방지도에서도 확인가능하다. 북문을 나서면 북쪽 방향의 도로가 형성되어 있는데 조선시대에 장성 방향으로 가는 대로에 해당한다. 하지만 1910년대가 되면 북쪽 해자를 따라 동서 방향의 형성되어 있는데 동쪽의 도로는 동계천을 지나 북쪽으로 꺾여 서방면 방향으로 진행하고 있다. 이 도로는 1910년대 이후에 새롭게 형성된 것으로 보인다. 원래 조선시대 도로는 연지 끝부분을 돌아 서방면 방향으로 가는 길로 추정된다. 서쪽 방향의 도로는 현재 충장로58번길-천변좌로338번길-구성로 96 부근에서 송정역 방향과 백운동 방향으로 갈림길이 형성되어 있다. 조선후기지방지도를 보면 10리 지점에 해당하는데 성거탑을 지난 후에 형성된 것으로 보이며, 조선시대의 대로에 해당한다. 남쪽 방향의 도로는 문화전당로-제봉로-남문로를 따라 가다가 학동삼거리 방향에서 갈림길이 형성된다. 하나는 화순방향의 길이고, 다른 하나는 무등산 방향의 길로 조선시대에는 모두 대로에 해당한다. 하지만 남문에서 학동삼거리까지의 조선시대 도로는 문화전당로26번길과 백석로153번길을 따라 진행하는 도로였을 가능성이 높다. 현재의 문화전당로는 1910년대에 확장되어 이후에는 중심도로로 사용된 것으로 판단된다.

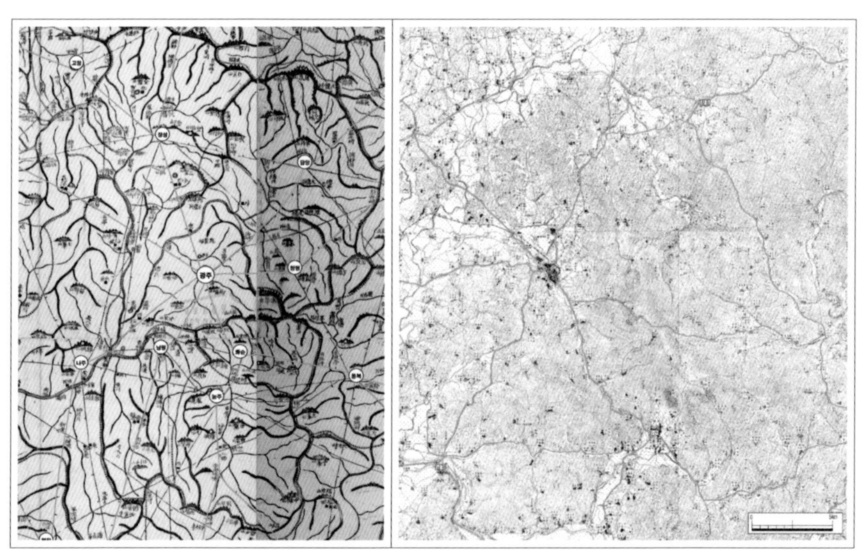

〈그림 5〉 광주목 일대의 도로망(①대동여지도, ②1923년)

② 복원된 조선시대의 도로망

해동지도, 대동여지도, 조선후기지방지도, 1900년대 지형도를 통해 조선시대의 도로망을 추정해 보았다. 해동지도나 조선후기지방지도는 축척이 없지만 도로의 방향이나 형태를 확인할 수 있다. 대동여지도에는 거리를 짐작할 수 있지만 직선거리로 표시되어 정확한 진행방향을 파악할 수 없다. 이러한 한계점이 내포하고 있지만 이를 고려하여 조선시대 도로망을 복원해 보도록 하겠다.

북쪽 방향의 도로는 북문에서 출발하면 충장로-독립로-경열로-유동길-서림로-유은교-금호로-북문대로를 따라 장성으로 가는 길로 보인다. 북문에서 600m 지점에 갈림길이 있는데 동쪽으로 가면 기례방면, 서쪽으로 가면 공수방면 방향인데 현재의 독립로 부근으로 추정할 수 있다. 공북루를 지나 5리[6] 지점에 다시 갈림길이 형성되어 있는데 담양과 남평으로 가는 방향이며, 현재의 경열로(유동사거리) 부근으로 추정된다. 현재의 거리로 보면 1.3km 정도이지만 조선후기지방지도에는 5리로 표기되어 있어 약간의 차이를 보인다. 조선후기지방지도에 북쪽으로 10리와 15리 지점에서 하천을 확인할 수 있는데 현재에도 용봉천(유은교)과 영산강(=칠천, 산동교)이 있지만 거리면에서 약간의 차이를 보인다. 이 도로는 조선후기지방지도에 대로로 표기되어 있으며, 20리 지점에 나주로 가는 갈림길이 형성되어 있는데 비아육교가 설치된 지점일 가능성이 높다. 현재의 비아동 원촌길-비아로-임곡로-하남진곡산단로 따라 가는 길로 추정된다.

남쪽 방향의 도로는 남문에서 출발하면 문화전당로26번길-전대병원-조대병원-남문로724번길-학동삼거리 지나 화순 방향으로 가는 길로 보인다. 조선후기지방지도에도 갈림길(학동삼거리)이 형성되어 있는데 모두 화순 방향이다. 1910년대의 지형도에는 1.8km 정도로 보이며, 추정 복원한 도로의 길이도 현재 1.7km 정도로 큰 차이가 없다. 하나는 광주천을 건너 화순으로 가는 길이고, 다른 하나는 증심사 방향인데 무등산을 넘어 화순 이서면 방향으로 가는 길로 추정된다.

동쪽 방향의 도로는 동문에서 출발하면 제봉로140번길-동명로25번길-동계로10번길-동명로67번길-필문대로192번길-산수오거리-무등로-송강로를 따라 창평으로 가는 길로 보인다. 조선후기지방지도나 1910년대 지도를 보더라도 동쪽의 도로는 다른 도로에 비해 소로에 해당한다. 아마 조선시대 창평현과의 관계 등을 고려한 것으로 판단된다. 공북루를 지나 형성된 갈림길에서 담양 방향으로 가는 길로 보면 경열로-광주역-우치로-우치로880번길-대전로-추성1로를 따라 담양으로 가는 길이다. 조선후기지방지도에서 보면 동쪽 방향으로 가는 대로에 해당한다.

서쪽 방향의 도로는 서문에서 출발하면 서석로7번길-부동교-천변좌로370번

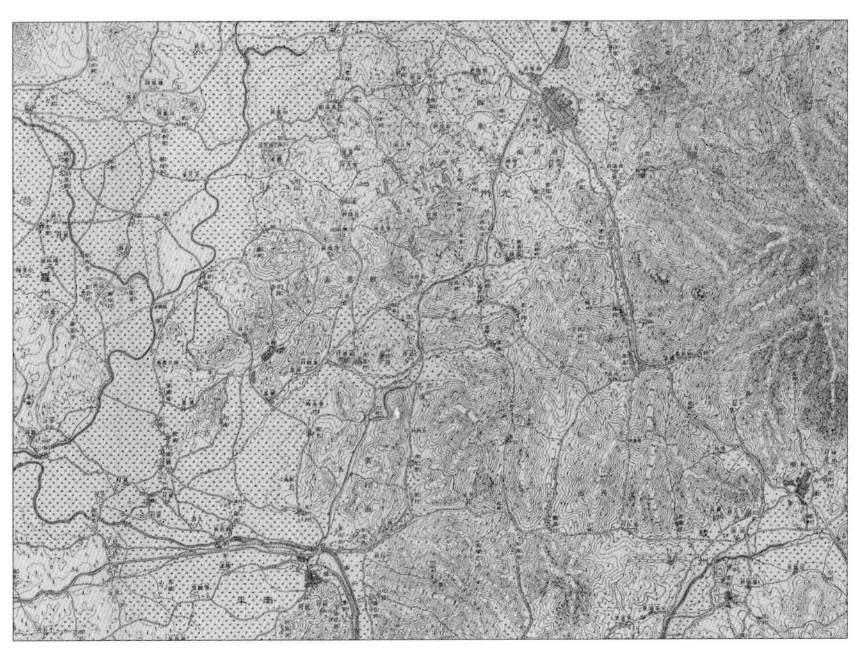

〈그림 6〉 조선시대 광주목 일대의 추정 도로망(1909년)

길을 따라 향교나 사직단으로 가는 길로 추정된다. 공북루를 지나 5리 지점에 형성된 갈림길에서 남평 방향으로 가는 길을 보면 광주천의 양유교를 건너 소로를 따라 서동로와 연결된 후 독립로-서문대로를 지나 남평으로 가는 길이다. 조선후기지방지도를 보면 10리 지점에서 나주 방향으로 가는 갈림길이 있는데 1910년대 지형도를 보면 2.1km 정도이고, 현재 지도를 보면 2.3km 지점이다. 나주 방향의 도로는 여기에서 회재로-불암길-눌재로-서창둑길을 따라 승촌보 부근까지 와서 영산강을 건너 나주로 가는 길을 이용하였을 것으로 보인다.

(3) 방리

조선시대 방리는 현재의 동(洞)이나 면(面), 그리고 리(里)를 일컫는 말이다. 여지도서에 41개, 해동지도에 40개, 조선후기지방지도에 34개의 방리 명칭을 확인할 수 있다.

동쪽 방향에는 편방면, 상대곡면, 석보면 등이 있다. 편방면은 관아에서 동쪽으로 10리 지점에 위치하는데 동명동 등이 여기에 해당한다. 조선후기지방지도에는 이를 두방면이라 하였는데 지산동, 산수동, 각화동, 두암동, 풍향동 등이 여기에 해당한다. 상대곡면은 관아에서 동쪽으로 10리 지점에 위치하는데 망월동, 청풍동, 화암동 등이 여기에 해당한다. 석보면은 관아에서 동쪽으로 30리 지점에 위치한다. 조선후기지방지도에 석저면으로 기록되었는데 금곡동, 덕의동, 충효동 등이 여기에 해당한다.

동남쪽 방향에는 지한면 등이 있다. 지한면은 동남쪽으로 20리 지점에 위치하는데 내남동, 선교동, 소태동, 용연동, 운림동 등이 여기에 해당한다.

남쪽 방향에는 부동방면, 옹정면, 효우동면, 유등곡면, 칠석면 등이 있다. 부동방면은 관아에서 남쪽으로 10리 지점에 위치하는데 금동, 남동, 불로동, 서석

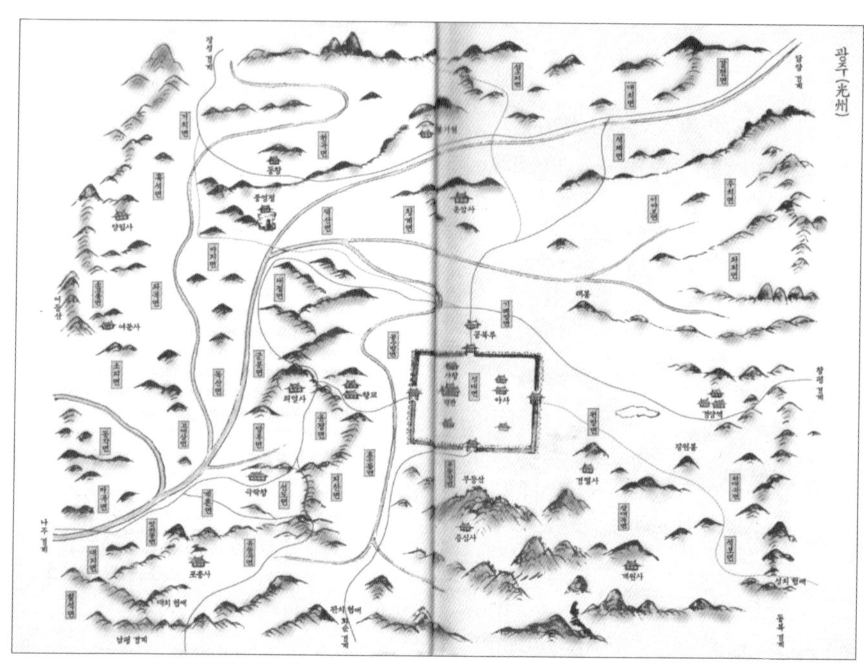

〈그림 7〉 여지도서에서 확인된 방리의 위치

동, 용산동, 월남동, 학동, 황금동, 방림동, 백운동 등이 여기에 해당한다. 옹정면은 관아에서 남쪽으로 15리 지점에 위치하는데 봉선동, 월산동, 주월동 등이 여기에 해당한다. 한국지명총람에 도천면에 해당한다고 하였다. 효우동면은 관아에서 남쪽으로 20리 지점에 위치하는데 노대동, 덕남동, 송하동, 임암동, 진월동, 행암동, 효덕동 등이 여기에 해당한다. 유등곡면은 관아에서 남쪽으로 30리 지점에 위치하는데 압촌리, 양과리, 원산리, 이장리, 지석리 등이 여기에 해당한다. 한국지명총람에 대촌면에 속해 있다고 하였다. 칠석면은 관아에서 남쪽으로 40리 지점에 위치하는데 구소리, 신장리, 칠석리 등이 여기에 해당하며, 한국지명총람에 대촌면에 속해 있다.

서남쪽 방향에는 대지면, 계촌면, 동각면, 마곡면, 방하동면, 선도면, 당부면 등이 있다. 대지면은 관아에서 서남쪽으로 40리 지점에 위치하는데 대지리, 도촌리, 승촌리, 양촌리, 월송리 등이 여기에 해당하며, 한국지명총람에 대촌면에 속해 있다. 계촌면은 관아에서 서남쪽으로 40리 지점에 위치하는데 석정리, 화장리 등이 여기에 해당하며, 한국지명총람에 대촌면에 속해 있다. 동각면은 관아에서 서남쪽으로 50리 지점에 위치하는데 복룡리, 유계리, 화산리 등이 여기에 해당하며, 한국지명총람에 동곡면에 속해 있다. 마곡면은 관아에서 서남쪽으로 50리 지점에 위치하는데 본덕리, 요기리, 용봉리 등이 여기에 해당하며, 한국지명총람에 동곡면에 속해 있다. 방하동면은 관아에서 서남쪽으로 30리 지점에 위치하는데 서창리, 용두리 등이 여기에 해당하며, 한국지명총람에 서창면에 속해 있다. 선도면은 관아에서 서남쪽으로 25리 지점에 위치하는데 매월리, 세하리 등이 여기에 해당하며, 한국지명총람에 서창면에 속해 있다. 당부면은 관아에서 서남쪽으로 20리 지점에 위치하는데 금호리, 마륵리, 벽진리, 풍암리 등이 여기에 해당하며, 한국지명총람에 서창면에 속해 있다.

서쪽 방향에는 공수방면, 군분면, 덕산면, 내정면, 고내상면, 소지면, 독산면 등이 있다. 공수방면은 관아에서 서쪽으로 3리 지점에 위치하는데 호남동, 구동, 사동, 서동, 양동, 등이 여기에 해당한다. 군분면은 관아에서 서쪽으로 10리 지점에 위치하는데 화정동, 치평동, 쌍촌동, 농성동, 내방동, 광천동 등이 여기에 해당한다. 덕산면은 관아에서 서쪽으로 15리 지점에 위치하는데 덕홍동 등이 여기에 해당한다. 내정면은 관아에서 서쪽으로 20리 지점에 위치하는데 유촌동 등이 여기에 해당한다. 고내상면은 관아에서 서쪽으로 30리 지점에 위치하는데 황룡리, 송정읍, 도산리, 도호리, 신촌리 등이 여기에 해당하며, 한국지명총람에 동곡면에 속해 있다. 소지면은 관아에서 서쪽으로 40리 지점에 위치하는데 서봉리, 선암리, 소촌리, 송정리, 운수리 등이 여기에 해당하며, 한국지명총람에 송정읍에 속해 있다. 독산면은 관아에서 서쪽으로 30리 지점에 위치하는데 우산리 등이 여기에 해당하며, 한국지명총람에 송정읍에 속해 있다.

서북쪽 방향에는 황계면, 마지면, 흑석면, 와곡면, 소고룡면, 거점면, 천곡면 등이 있다. 황계면은 관아에서 서쪽으로 20리 지점에 위치하는데 동림동, 운암동 등이 여기에 해당한다. 마지면은 관아에서 서쪽으로 25리 지점에 위치하는데 신가리, 신창리, 운남리 등이 여기에 해당하며, 한국지명총람에 비아면에 속해 있다. 흑석면은 관아에서 서쪽으로 30리 지점에 위치하는데 장덕리, 하남리, 흑석리 등이 여기에 해당하며, 한국지명총람에 하남면에 속해 있다. 와곡면은 관아에서 서쪽으로 40리 지점에 위치하는데 산정리, 월곡리, 장수리 등이 여기에 해당하며, 한국지명총람에 하남면에 속해 있다. 소고룡면은 관아에서 서쪽으로 50리 지점에 위치하는데 고룡리, 두정리, 산막리, 신룡리 등이 여기에 해당하며, 한국지명총람에 임곡면에 속해 있다. 거점면은 관아에서 서쪽으로 30리 지점에 위치하는데 안청리, 오산리, 진곡리 등이 여기에 해당한다. 천곡면은 관아에서 서쪽으로 30리 지점에 위치하는데 비아리, 산월리, 수완리, 쌍암리, 월계리 등이 여기에 해당하며, 한국지명총람에 비아면에 속해 있다.

북쪽 방향에는 기례방면, 와지면, 이마보면, 석제면, 삼소지면, 대점면, 갈전면, 우점면, 하대곡면, 경양면, 성내면 등이 있다. 기례방면은 관아에서 북쪽으로 3리 지점에 위치하는데 금남로3~5가, 대인동, 수기동, 누문동, 북동, 유동, 임동 등이 여기에 해당한다. 와지면은 관아에서 북쪽으로 20리 지점에 위치하는데 매곡동, 문흥동, 삼각동, 신안동, 오치동, 용봉동 등이 여기에 해당하며, 한국지명총람에 오치면에 속해 있다. 이마보면은 관아에서 북쪽으로 30리 지점에 위치하는데 본촌동, 신룡동, 용두동, 지야동 등이 여기에 해당하며, 한국지명총람에 갑마보면에 해당한다고 하였다. 석제면은 관아에서 북쪽으로 30리 지점에 위치하는데 연제동, 양산동, 일곡동 등이 여기에 해당한다. 삼소지면은 관아에서 북쪽으로 40리 지점에 위치하는데 대촌동, 오룡동, 월산동 등이 여기에 해당한다. 대점면은 관아에서 북쪽으로 50리 지점에 위치하는데 담양 대치리, 서옥리, 응룡리, 중옥리 등이 여기에 해당한다. 갈전면은 관아에서 북쪽으로 50리 지점에 위치하는데 담양 강의리, 월본리, 태목리 등이 여기에 해당한다. 우점면은 관아에서 북쪽으로 30리 지점에 위치하는데 생룡동, 수곡동, 용강동, 용전동, 태령동, 효령동 등이 여기에 해당한다. 하대곡면 관아에서 북쪽으로 20리 지점에 위치하는데 운정동, 장등동 등이 여기에 해당한다. 경양면은 관아에서 북쪽으로 8리 지점에 위치하는데 계림동 등이 여기에 해당한다. 한국지명총람에 서양면 소속으로 우산동, 중흥동 등이 있다. 성내면은 읍성 내에 위치하는데 광산동, 궁동, 금남로1 · 2가, 장동, 충장로1~5가 등이 여기에 해당한다.

〈표 2〉 조선시대 방리의 변화

방향	여지도서	해동지도	조선후기 지방지도	한국지명총람	현 위치
동	片坊面	○	斗坊面	○	동명동,지산동,산수동,각화동,두암동,풍향동
	上大谷面	○	○		망월동,청풍동,화암동
	石保面	○	石底面		금곡동,덕의동,충효동
동남	池閑面	○	○		내남동,선교동,소태동,용연동 운림동
남	不動坊面	○	○		금동,남동,불로동,서석동,용산동,월남동,학동,황금동,방림동,백운동
	瓮井面	○		도천면	봉선동,월산동,주월동
	孝友洞面	○	○		노대동,덕남동,송하동,임암동,진월동.행암동,효덕동
	柳等谷面	○		대촌면	압촌리,양과리,원산리,이장리,지석리
	漆石面	○	○	대촌면	구소리,신장리,칠석리

	大枝面	○	○	대촌면	대지리,도촌리,승촌리,양촌리,월송리
	界村面	○	○	대촌면	석정리,화장리
	東角面	○	○	동곡면	복룡리,유계리,화산리
서남	馬谷面	○	○	동곡면	본덕리,요기리,용봉리
	方荷洞面	○	○	동곡면	서창리,용두리
	船道面	○	○	서창면	매월리,세하리
	當夫面	○	○	서창면	금호리,마륵리,벽진리,풍암리
	公須坊面	○	○		호남동,구동,사동,서동,양동
	軍盆面	○	○		화정동,치평동,쌍촌동,농성동,내방동,광천동
	德山面	○	○		덕흥동
서	內丁面	○	○		유촌동
	古內廂面	○	○	동곡면	황룡리,송정읍,도산리,도호리,신촌리
	所旨面	○	○	송정읍	서봉리,선암리,소촌리,송정리,운수리
	禿山面	○	○		우산리
	黃界面	○	○		동림동,운암동
	馬池面	○	○	비아면	신가리,신창리,운남리
	黑石面	○	○	하남면	장덕리,하남리,흑석리
서북	瓦谷面	○	○	하남면	산정리,월곡리,장수리
	召古龍面	○	○	임곡면	고룡리,두정리,산막리,신룡리
	巨岾面	巨峙面	○		안청리,오산리,진곡리
	天谷面	泉谷面	○	비아면	비아리,산월리,수완리,쌍암리,월계리
	奇禮坊面	○	○		금남로3~5가,대인동,수기동,누문동,북동, 유동,임동
	蛙只面	○		梧峙面	매곡동,문흥동,삼각동,신안동,오치동,용봉동
	爾亇保面	佘亍保面		갑마보면	본촌동,신룡동,용두동,지야동
	石堤面	○	○		연제동,양산동,일곡동
	三所旨面	○	○		대촌동,오룡동,월산동
북	大岾面	大峙面	○	담양 대전면	대치리,서옥리,응룡리,중옥리
	乫田面	○	葛田面	담양 대전면	강의리,월본리,태목리
	牛岾面	牛峙面	○		생룡동,수곡동,용강동,용전동,태령동,효령동
	下大谷面	○	○		운정동,장등동
	景陽面			서양면	계림동, 우산동, 중흥동
	城內面	○	○		광산동,궁동,금남로1 · 2가,장동,충장로1~5가

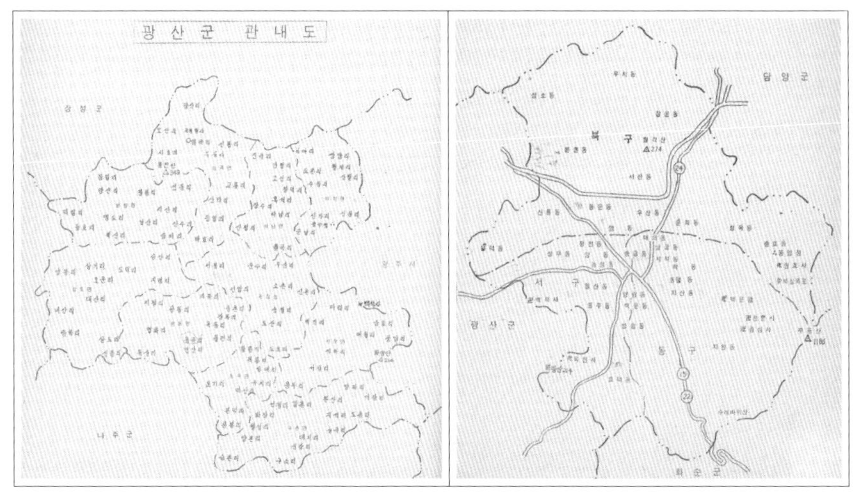

〈그림 8〉 광주시와 광산군의 관내도(한국지명총람, 1982)

2) 읍성의 축조

고려 말부터 축조되기 시작한 전라도 읍성은 태종이나 세종대의 중흥기를 거친 후 중종대까지 모든 요충지에 완성하게 된다. 초축 당시에 읍성은 군사적인 성격이 강하였기 때문에 성벽이나 중심 관아시설만 갖추고 있었을 것으로 추정된다. 하지만 읍성이 지방통치의 중심지로 변화하면서 이와 관련된 관아시설들이 추가로 조성되었을 것이다. 읍성의 축조기사는 고려 우왕대 1건, 창왕대 1건, 공양왕대 1건이고, 조선 태조대 1건, 태종대 7건, 세종대 11건, 단종대 1건, 세조대 1건, 성종대 3건, 중종대 2건, 선조대 1건, 효종대 1건, 영조 2건을 확인할 수 있다. 위의 기사들을 보면 읍성은 태종과 세종대에 집중적으로 축조되고 있는데 세종대까지는 주로 초축되는 경향이 높지만 단종대부터는 수 · 개축이 많이 이루어진다. 이를 시기별로 구분하면 읍성은 4시기에 거쳐 축조되고 있음을 알 수 있다.

〈표 3〉 조선시대 전라도 읍성의 축조시기

	읍성명	축조시기	출전
I 기	전주	1388년(우왕 14)	『여지도서』 전주부 성지 읍성
	금산	1389년(창왕 1)	『대동지지』 권11, 금산 성지 읍성
	장흥	1392년(공양왕 4)	『동국여지승람』
	낙안	1397년(태조 6)	『동국여지승람』
II 기	나주	1404년(태종 4)	『태종실록』 권8, 태종 4년 10월 1일
	보성	1404년(태종 4)	『태종실록』 권8, 태종 4년 10월 1일
	해진	1404년(태종 4)	『태종실록』 권17 태종 9년 2월 3일
	장흥	1415년(태종 15)	『태종실록』 권30, 태종 15년 8월 1일
	광양	1415년(태종 15)	『태종실록』 권30, 태종 15년 8월 1일
	흥양	1415년(태종 15)	『태종실록』 권30, 태종 15년 8월 1일
	부안	1416년(태종 16)	『태종실록』 권32, 태종 16년 10월 10일
	무장	1417년(태종 17)	『태종실록』 권33 태종 17년 4월 28일
	임피	태종대	『동국여지지』 권5상 임피현 성지
III 기	영광	1421년(세종 3)	『세종실록』 권13, 세종 3년 8월 18일
		1423년(세종 5)	『세종실록』 권19, 세종 5년 2월 28일
	옥구	1422년(세종 4)	『세종실록』 권18, 세종 4년 10월 29일
	장흥	1422년(세종 4)	『세종실록』 권18, 세종 4년 10월 29일
	낙안	1424년(세종 6)	세종실록』 권25, 세종 6년 9월 4일
		1424년(세종 6)	세종실록』 권26, 세종 6년 10월 1일
	보성	1424년(세종 6)	세종실록』 권26, 세종 6년 10월 1일
	금산	1428년(세종 10)	『신증동국여지승람』 권33, 금산군 누정 영벽루
	임피	1430년(세종 12)	『세종실록』 권50, 세종 12년 12월 29일
	순천	1430년(세종 12)	『세종실록』 권50, 세종 12년 12월 29일
	무안	1430년(세종 12)	『세종실록』 권50, 세종 12년 12월 29일
	순천	1430년(세종 12)	『세종실록』 권50, 세종 12년 12월 29일
	진도	1440년(세종 22)	『동국여지승람』 진도군 성곽
	나주	문종대	『문종실록』

IV기	순천	1452년(단종 즉위년)	『단종실록』 권2, 단종 즉위년 8월 1일
	흥양	1452년(단종 즉위년)	『단종실록』 권2, 단종 즉위년 8월 1일
	광양	1452년(단종 즉위년)	『단종실록』 권2, 단종 즉위년 8월 1일
	흥양	1455년(세조 1)	
	나주	1457년(세조 3)	『세조실록』 권6, 세조 3년 1월 29일
	강진	1457년(세조 3)	『세조실록』 권6, 세조 3년 1월 29일
		1475년(성종 6)	『성종실록』 권60, 성종 6년 10월 29일
	흥덕	1477년(성종 8)	『성종실록』 권85, 성종 8년 10월 29일
		1479년(성종 10)	『성종실록』 권106, 성종 10년 7월 5일
	옥구	1524년(중종 19)	『신증동국여지승람』 권34, 옥구현 성곽
		1514년(중종 9)	『동국여지지』 권5상, 옥구현 성곽
	부안	중종대	『동국여지지』 권5상, 부안현 성곽
	흥덕	1597년(선조 30)	『동국여지지』 권5상, 흥덕현 성곽
	남원	1597년(선조 30)	『여지도서』 남원부 성지 읍성
		1597년(선조 30)	『증보문헌비고』 권27, 남원읍성
	강진	1651년(효종 2)	
	전주	1734년(영조 10)	『여지도서』 전주부 성지 읍성
	전주	1767년(영조 43)	『여지도서』 전주부 성지 읍성
	강진	1871년(고종 8)	

(1) I기

고려 말부터 조선을 건국한 태조대에 해당하는 시기로 전주, 금산, 장흥, 낙안 지역에 읍성이 축조된 것으로 보인다. 이 읍성들은 왜구의 약탈이 극심하였던 경상도의 읍성들과 동시에 축조된 것으로 보인다. 경상도 읍성은 주로 연해지역에 축조되어 왜구의 약탈을 적극적으로 방어하였던 반면에 전라도 읍성이 축조된 위치는 연해지역, 중심 읍치소, 교통 요충지로 서로 차이가 있다. 장흥읍성은 왜구의 약탈을 방어하기 위해 연해지역에 축조되었지만 전주나 금산읍성은 내륙에 위치한다. 전주는 당시 군사 · 행정 중심지에 해당하기 때문에 읍성이 축조되었을 가능성이 높다. 또한 금산읍성은 경상도에서 무주를 거쳐 충청도로 넘어가는 길목에 위치하는 것으로 보아 교통로상에 축조되었을 것이다. 낙안읍성은 1397년(태조 6)에 김윤길에 의해 토성으로 축조되었는데 장흥읍성과 마찬가지로 남해안 일대의 방어역할을 담당한 것으로 보인다.

아마 읍성은 왜구의 약탈이 점차적으로 전라도로 확대되면서 축조되었을 가능성이 높지만 삼국시대부터 군사 · 행정적으로 중심지 역할을 하였던 나주, 전주, 광주, 남원에는 읍성의 역할을 수행하였던 방어시설을 갖추고 있었을 것으로 보인다.

(2) II기

조선 건국 후 국내정세를 안정화시키면서 왕권을 강화한 태종대로 나주, 보성, 해남, 부안, 무장, 임피읍성이 축조되었다. 1404년(태종 4) 나주와 보성에 성을 쌓았는데 나주는 기존의 읍성을 수축하였고, 보성은 새로운 읍성을 초축하였을 가능성이 높다. 1409년(태종 9) 해남과 진도, 1416년(태종 16) 부령과 보안, 1417년(태종 17) 무송과 장사를 통합한 후 읍성을 축조하였다[7]. 또한 1415년(태종 15)에 장흥, 광양, 홍양읍성의 성벽을 수축하여야 한다는 기사로 보아 이전에 축조되었음을 알 수 있다. 태조대에 비해 추가로 8개소에 읍성이 확인되었는데 서해안에 3개소, 남해안에 5개소이다. 추가된 읍성들은 나주를 제외하면 주로 연해지역에 위치하는데 왜구의 약탈과 밀접한 관련성이 있었을 것으로 추정된다.

임피, 부안, 무장읍성은 장흥이나 낙안읍성이 남해안의 방어선을 구축한 것처럼 서해안의 방어를 담당하였을 것이다. 이러한 읍성의 축조는 왜구에 약탈에 대한 적극적인 방어정책 수립의 일환이었을 가능성이 높다. 순천읍성은 1404년(태종 4) 2차 왕자의 난과 관련된 이방간을 안치하였다는 기사로 보아 아마 태조대에 축조되었을 가능성이 높다.

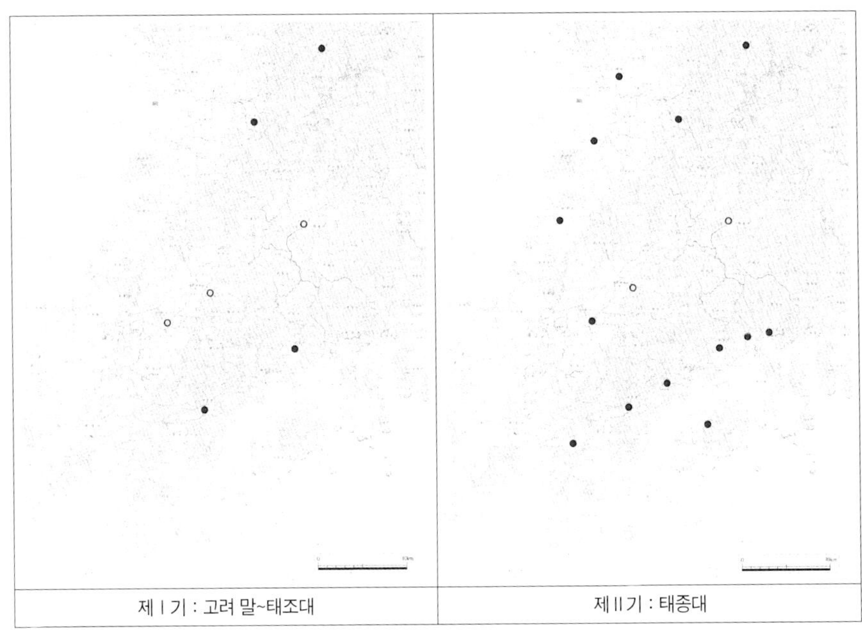

〈그림 9〉 전라도 읍성의 축조위치

(3) III기

전라도의 읍성이 대부분 축조된 시기는 세종대부터 문종대로 영광, 장흥, 옥구, 보성, 낙안, 임피, 무안, 순천이 축조되고, 해남, 진도, 용안, 함열, 광주, 함평, 영암읍성이 문헌기록에 등장하게 된다. 영광읍성이 1421년(세종 3)에 축조되기 시작하여 1423년(세종 5)에 완성되고, 1422년(세종 4)에 장흥과 옥구읍성이 축조된다. 장흥은 치소가 이동되면서 새롭게 축조되며, 옥구는 1524년(중종 19)에 수축하고 있다. 1422년(세종 6)에 보성과 낙안에 성을 쌓고 있는데 기존에 읍성을 넓혀 쌓거나 성벽을 석축화하고 있다. 1430년(세종 12)에 임피와 순천은 기존의 읍성을 수축한 것으로 보이고, 무안은 새롭게 축조된다. 또한 용안, 함열, 광주, 함평, 영암읍성의 축조기사는 확인할 수 없지만 문헌자료에 기록된 것으로 보아 대부분 세종대에 축조된 것으로 판단된다. 추가로 축조되거나 확인된 읍성은 대부분 서해안에 위치하는데 이를 계기로 서해안의 방어선이 구축되었음을 알 수 있다. 1437년(세종 19)에 해진군이 해남과 진도로 분리되면서 읍성을 각각 축조하였을 것이다. 특히, 해진에서 분리된 진도에 읍성을 축조한 것은 왜구에 대한 적극적인 방어정책이 수립되었음을 확인할 수 있다. 용안과 함열읍성은 금강을 통해 내륙으로 들어오는 왜구를 방어하기 위해 축조되지만 적극적인 방어정책이 수립되면서 그 수명을 다하였을 것이다. 영암읍성은 연해지역보다 내륙에 위치하는데 해안방어보다 광주-나주-병영성을 연결하는 2차 방어선의 역할을 하였을 것으로 판단된다. 이러한 읍성의 축조와 더불어 1457년(세조 3)에 완성된 진관체제는 전라도의 일원적인 지휘체계를 갖추게 하였다.

(4) Ⅳ기

단종대 이후로 기존의 읍성들을 수 · 개축하거나 군사체제에 의해 내륙에도 읍성이 축조되었다. 고창, 강진, 남원, 구례읍성이 등장하고, 함열과 함평읍성과 관련된 기록을 확인할 수 없다. 1453년(단종 원년)에 축조된 것으로 추정되는 고창읍성은 이 일대에 홍덕-무장-영광을 연결하는 방어선이 구축되었기 때문에 불필요하지만 다른 읍성과는 달리 내륙에 위치한다는 점에서 차이가 있다. 아마 주변의 읍성을 지원하거나 교통의 요충지로서의 역할을 수행하기 위해 축조되었을 가능성이 있다. 강진읍성은 1475년(성종 6)에 읍치소가 이동되면서 축조되었는데 1651년(효종 2)에 수축되었다. 남원읍성은 조선 초에 초축되었으나 1479년(성종 10)에 성터를 넓혀 개축한 것으로 보인다. 또한 구례읍성의 초축 시기는 알 수 없지만 1530년(중종 25) 이전에는 축조되었을 것이다. 아마 초축 시기는 내륙에 대한 중요성이 강조되면서 남원읍성이 수축되는 시점에 축조되었을 가능성이 높다. 이는 방어 뿐만 아니라 교통로의 중요성이 부각되었기 때문일 것이다. 강진이나 남원읍성은 초축되면서 등장하는 것이 아니고, 수 · 개축되는 과정에서 확인되고 있다.

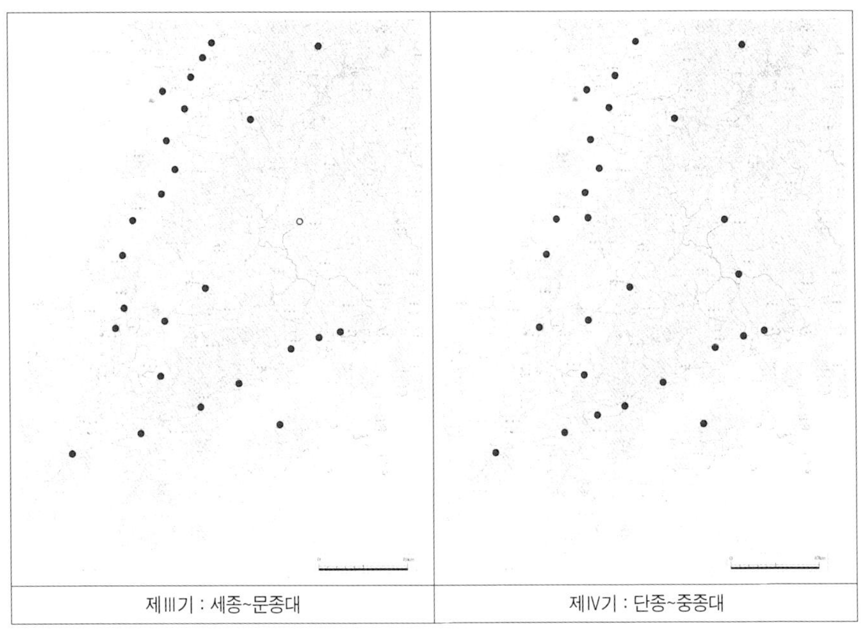

〈그림 10〉 전라도 읍성의 축조위치

3. 광주읍성과 관아건물

이 장에서는 광주읍성과 관아건물에 대해 살펴보고자 한다. 문헌자료에 나타난 기록을 통해 읍성의 위치와 규모, 어떠한 관아건물이 있었는지 알아보고자 한다. 읍성은 1910년대 지적도를 활용하여 성벽의 추정선을 확인한 후 이를 지형도나 항공사진에 합성하여 제시하도록 하겠다. 또한 발굴조사된 성과도 간략하게 언급하여 향후 도심재개발이 진행되면 활용할 수 있는 자료로 사용할 수 있도록 하겠다. 관아건물은 먼저 전라도 읍치소에는 주로 어떠한 것이 있었는지 살펴본 후 문헌기록에서 확인된 광주목의 관아건물로 어떠한 것이 있었는지 알아보고자 한다. 또한 관아건물 중 중심건물에 대한 위치도 관련 자료를 통해 알아보고자 한다.

1) 광주읍성

광주광역시 동구 광산동 일대에 위치하는데 해발 45m 내외의 평지에 축조하였다. 정확한 축조시기를 알 수 없지만 통일신라부터 군사·행정적으로 중요한 지역이었으므로 이른 시기부터 방어시설을 갖추고 있었을 것이다. 읍성의 초축은 세종실록지리지에 기록된 것으로 보아 세종(재위 1418~1450년) 이전에 이루어졌을 가능성이 높다.

1907년 성벽처리위원회를 설치한 후 성벽을 철거하는 일을 전담하면서 전국의 읍성들이 철거되기 시작하였다. 광주읍성도 이때부터 성벽의 철거가 시작되었을 것으로 보이며, 1909년 남한폭도대토벌작전을 전개하면서 본격적으로 철거한 후 도로를 개설하였다. 성벽의 철거는 1916년까지 완전히 이루어진 것으로 알려져 있지만 1912년 지적도를 보면 성벽의 일부가 남아있었던 것으로 보인다.

이 지적도에는 북벽과 동벽의 회절부에서 남문 구간에서 '溝'으로 표기된 부분이 확인되며, 나머지 구간은 성벽이 철거된 후 도로로 변화하였던 것으로 판단된다. 성벽 외부에는 해자로 추정되는 '溝'가 표기되어 있는데 북벽과 동벽은 전체, 남벽과 서벽은 일부 구간에서 확인되고 있다. 지적도상에 '城'으로 표기된 부분과 도로를 서로 연결하면 읍성의 평면형태를 추정할 수 있는데 오각형을 띠고 있다.

이를 현재의 항공사진으로 보면 성벽은 한미쇼핑사거리-제봉로-장동로타리-국립아시문화전당-문화전당로35번길-문화전당로23번길-서석로10번길-서석로7번길-중앙로160번길-중앙로-금남로4가-중앙로 방향을 따라 축조하였을 것으로 판단된다.

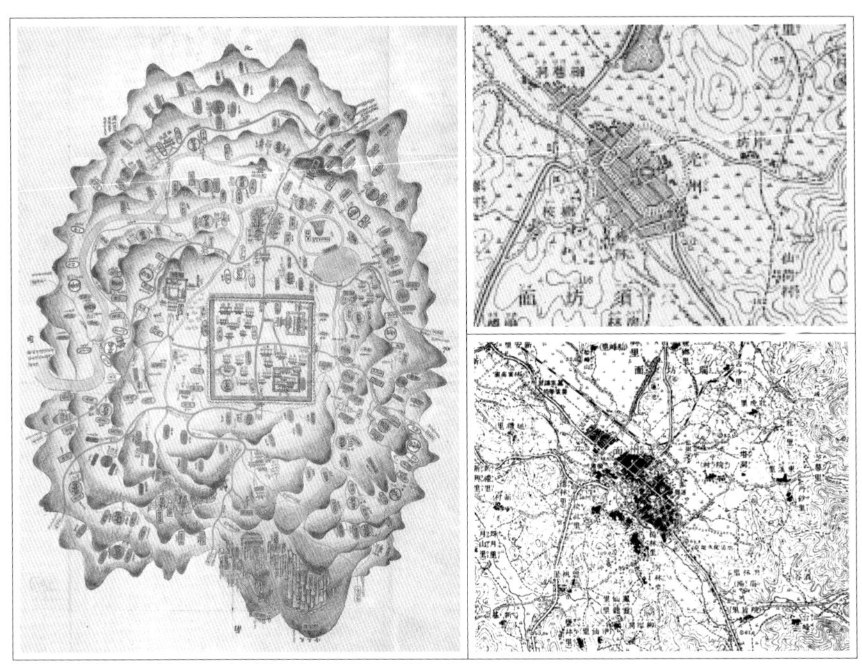

〈그림 11〉 광주읍성의 위치(①1909년, ②1912년, ③1917년, ④1923년)

성벽은 1992년 도청 주차장을 만들기 위해 부지정리를 하던 중 석축이 확인되어 알려졌다. 성벽은 길이 15.0m, 높이 1.0m 내외인데 길이 60~80cm, 너비 30~50cm, 두께 30~60cm 정도의 거칠게 가공한 성돌로 이루어져 있다[8]. 문헌자료에는 성벽의 규모는 972보, 8,253척으로 기록되었는데 이는 도량형 단위의 차이로 보이고, 성벽의 큰 변화는 없었던 것으로 판단된다. 1910년대 지형도에서 읍성의 규모를 측정해 보면 2,230m 정도로 추정된다.

관아건물로는 객사권역에 객사, 황화루, 공수, 향사당, 동헌권역에 동헌, 내아, 국청, 삼문, 제금루, 군청, 훈도청, 장방, 주사, 형청, 작청, 관아부속건물로 봉공청, 장청, 형옥, 교방청, 보관청, 관아부속/창고시설로 군기, 수성청, 사현청, 기고청, 서기청, 천양관, 관덕정, 전제소, 화약고, 창고 등이 있었다.

〈표 4〉 광주읍성의 규모와 현황

<table>
<tr><td rowspan="2">축조
재료</td><td colspan="3">규모</td><td>여장</td><td>치성</td><td>성문</td><td>옹성</td></tr>
<tr><td>①</td><td>②,③,④,⑤,⑥,⑦,⑧</td><td>⑨</td><td></td><td></td><td>④,⑤,⑥,⑦</td><td></td></tr>
<tr><td>석축</td><td>972보</td><td>8,253척</td><td>2,230m</td><td></td><td></td><td>4개</td><td></td></tr>
<tr><td colspan="8">①세종실록지리지, ②문종실록, ③신증동국여지승람, ④동국여지지, ⑤여지도서, ⑥여도비지, ⑦대동지지,
⑧증보문헌비고, ⑨1910년대 지형도</td></tr>
</table>

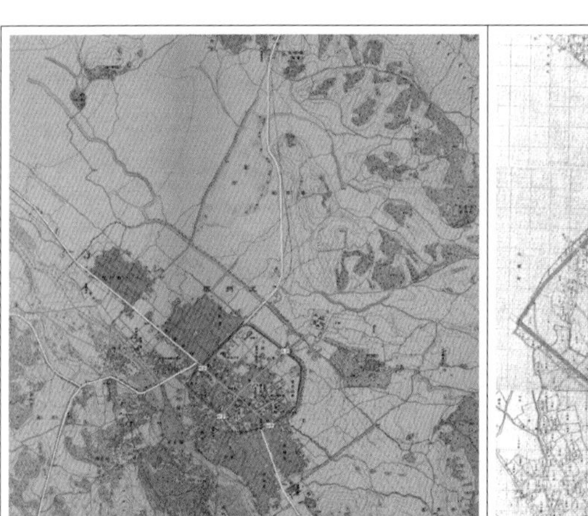

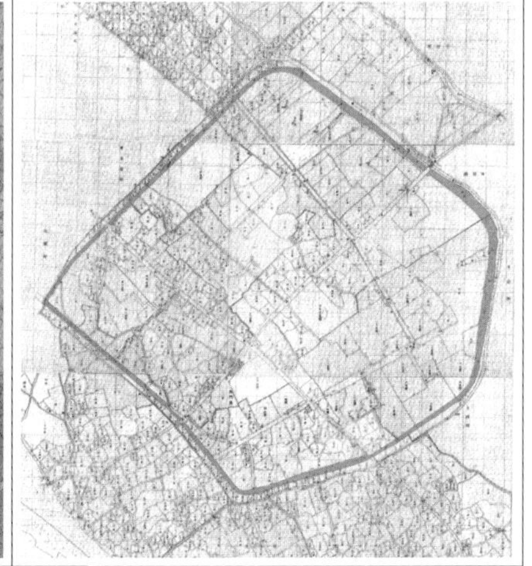

〈그림 12〉 광주읍성의 성벽 추정선(①1917년, ②1912년)

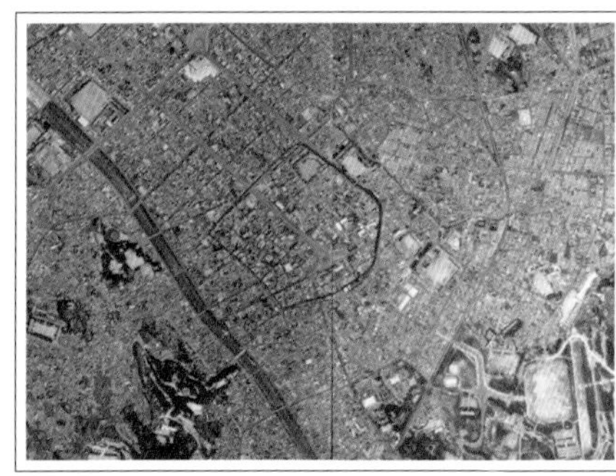

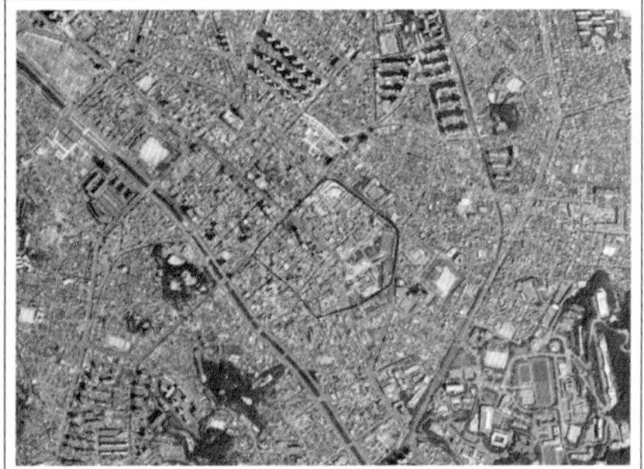

〈그림 13〉 광주읍성의 성벽 추정선(①1976년, ②2021년)

성벽의 시 · 발굴조사는 3차에 걸쳐 진행되었다. 1996년도에는 성벽 75.4m

정도가 확인되었는데 40~60cm 정도의 자연석을 이용하여 축조하였다. 먼저 지표면을 정지하고 그 위에 돌을 놓았는데 작은 돌로 상면을 맞추고 있다. 반듯한 면을 외면으로 하였으며, 내부에서 잡석채움부가 확인되었다. 성벽의 외부는 큰돌로 쌓고, 내부는 잡석채움을 하였다. 1997년도에는 성벽 85.0m 정도가 확인되었는데 대부분 성벽의 외부 기단석으로 추정된다. 일부 구간에서 기저부를 파악할 수 있는 내벽도 확인되었다. 성벽은 폭 3.0m, 높이 60cm 정도로 1단만이 남아있는데 석재는 50×70×40cm 정도의 자연석을 이용하였다[9].

2008년도에는 성벽 85.1m 정도 확인되었는데 성돌은 외부 7단, 내부 1단 정도만 남아있고, 높이는 외부 2.3m, 내부 0.6m 정도이다. 너비는 초축 당시 5.0m 정도였지만 증·보축되어 5.7~8.1m 정도로 변화하였다. 증·보축 구간은 외부 70cm, 내부 230cm 정도이다. 초축은 1차적으로 구지표층을 수평으로 정지한 후 납작하고 일정한 크기의 할석을 정연하게 맞추어 바닥을 깔았다. 그 위에 10~30cm의 소형 석재를 이용하여 70cm 정도로 내부를 채웠다.

외벽은 2단의 기단석을 놓은 후 10cm 정도 뒤물림하여 성돌을 수직으로 쌓았는데 상부로 올라갈수록 작은 석재를 사용하였다. 반듯한 면을 외부로 하여 허튼층쌓기를 하였는데 잔돌을 이용하여 수평을 맞추거나 견고하게 하였다. 성돌은 긴축이 성벽 경계와 직교하게 눕혀쌓기를 교차하면서 축조하였다. 내부의 채움은 일정한 높이까지 소형석재를 이용하여 2단의 내벽까지 채운 후 흙과 소형석재를 교차하면서 번갈아 축조하였다.

증축된 외벽은 초축 성벽에서 외부로 1.0m 정도에 대형 석재의 반듯한 면을 외면으로 삼아 가로로 눕혀 기단부를 조성하였다. 성돌은 기단석보다 10cm 정도 뒤물림하여 쌓았는데 서로 교차하면서 축조하였다. 성돌 사이의 큰 틈새는 잔돌로 끼운 수법을 이용하였다. 초축과 증축된 외벽 사이는 흙과 소형석재로 규칙성이 없이 채우다가 초축된 성벽의 높이에서 다시 흙과 소형석재를 번갈아 뒤를 채운 것으로 파악되었다[10].

단면상으로 보면 평지에 내·외벽의 면석을 두고 내부는 소형석재를 채운 형식이다. 그 위에 성돌을 쌓고, 내부는 흙과 소형석재를 번갈아 가면서 뒤채움을 하였다. 내벽은 1단의 기단석 위에 1~2단의 판판한 석재를 수직으로 쌓은 후 내부 방향으로 흙을 경사지게 다진 내탁식으로 추정된다. 이 외에도 다수의 건물지들이 확인되었는데 고려시대 건물지 뿐만 아니라 '新德院'이라는 명문기와가 출토되어 그 성격을 짐작할 수 있었다[11].

〈그림 14〉 광주읍성의 성벽 노출상태(1992·1996년)와 조사지역의 위치(1996·1997년)

〈그림 15〉 성벽의 축조방법

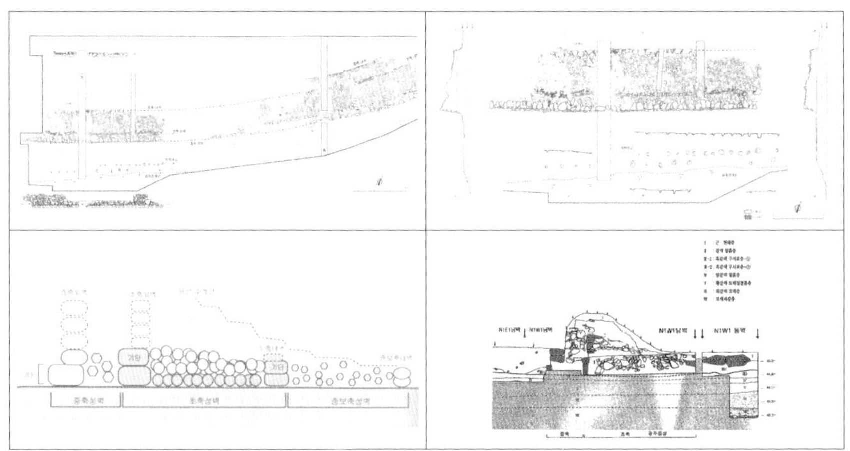

〈그림 16〉 성벽의 축조방법

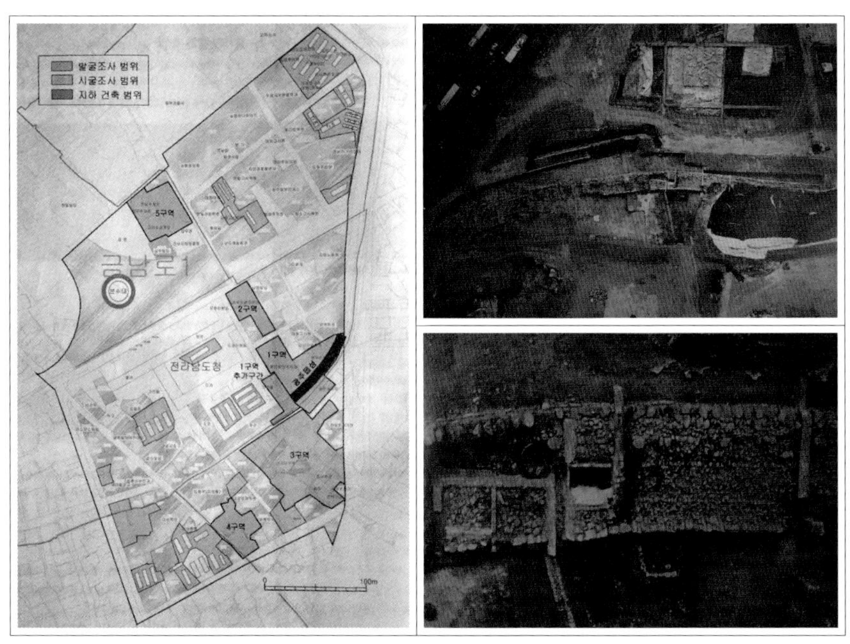

〈그림 17〉 조사지역의 위치와 성벽 발굴조사 후 전경(2006년)

2) 관아건물

관아는 관서 · 관사 · 관청이라 하는데 삼국통일 후 고려와 조선을 거치면서 중앙집권적인 국가가 완성되면서 더욱 발전하였다. 지방관아에는 왕권을 상징하는 객사, 중앙에서 파견된 수령의 집무처인 동헌, 지방민을 대표하여 수령을 보좌하는 향청, 창고와 감옥인 옥사 등의 지방통치에 필요한 건물이 있다. 객사나 동헌을 제외하면 대부분 행정시설, 군사시설, 창고시설, 교육시설, 제사시설, 상업시설로 구분된다[12].

조선후기지방지도에서 전라도 읍치소의 관아건물은 56동이 확인되었다. 행정시설로 객사, 문루, 동헌, 내아, 책실, 문루 향청, 통인청, 사령청, 형청, 관청, 이청, 영리청, 현사, 흡창청, 작청, 서청, 민청, 봉공청, 진상청, 관노청, 옥 등이 있다. 군사시설로 장청, 군관청, 훈련청, 훈도청, 포수청, 수성청, 군뢰청, 군기고, 화약고, 장대 등이 있다. 창고시설로 호적고, 사창(司倉), 진창, 읍창, 해창, 대동고, 사창(社倉) 등이 있다. 누정시설로 관덕정, 사정 등이 있다. 교육시설로 향교, 양사재, 명륜당, 문루 등이 있다. 제사시설로 성황당, 여단, 사직단 등이 있다. 읍치소에는 최소한 20여 동의 관아건물이 있었을 것이다. 필수적인 건물로는 객사 동헌, 내아, 문루, 향청, 사령청, 형청, 장청, 현사, 작청, 옥, 군기고, 향교, 성황당, 여단, 사직단 등이다. 관아건물을 성벽이 있는 것과 없는 것으로 구분하면 다음과 같다.

〈표 5〉 읍치소에서 확인된 관아건물 1

읍성	객사	문루	삼문	동헌	내아	책실	삼문	문루	향청	통인청	사령청	형리청	관청	이청	영리청	현사	흡창청	작청	서청
유	31	6	25	31	26	8	27	19	23	11	17	17	14	13	3	20		17	10
무	24	4	24	24	24	7	24	15	20	3	12	14	6	9		15	2	14	2

〈표 6〉 읍치소에서 확인된 관아건물 2

읍성	민청	봉공청	진상청	관노청	옥	청사	장청	군관청	훈련청	훈도청	포수청	수성청	군뢰청	군기고	화약고	장대	호적고	司倉	진창
유	4	2	2	10	21	19	23	10	8	1	2	2		27	13	5		11	8
무				3	15	4	20		6	2			2	20	2	1	1	16	

〈표 7〉 읍치소에서 확인된 관아건물 3

읍성	읍창	해창	전제소	대동고	창고	社倉	관덕정	누정	사정	여각	향교	양사재	명륜당	문루	제각	성황당	여단	사직단
유	10	5	1	4	16	7	2	12		3	29	6	6	5	9	27	28	31
무					7	9	3	8	11		24	5	4	3	10	20	23	24

객사는 객관이라고도 하는데 정청, 좌 · 우익헌, 중문, 삼문으로 구성되어 있으며, 일반적으로 전면에 삼문을 설치한다. 객사는 모든 읍치소에서 확인되었는데 대부분 담장으로 둘러싸여 있지만 일부 지역에서는 확인되지 않는다. 동헌은 아사, 관사, 본관, 본부라고도 하는데 부속시설로는 내아, 책실, 별당, 문루, 정자 등이 있다. 동헌은 모든 곳에서 확인되었지만 내아나 책실은 일부에만 있다. 만약 동헌과 동일 명칭으로 보이는 아사, 관사, 본관, 본부 등이 내아나 책실을 포함한다면 그 수는 더욱 증가할 것이다. 문루도 비교적 많은 수가 확인되었는데 동헌과 나란한 방향으로 배치되고 있다. 동헌도 객사와 마찬가지로 담장으로 둘러싸여 있다.

행정시설로는 향청(鄕射堂), 통인청, 사령청(使廳), 형리청(刑廳, 刑房廳), 관청, 이청, 영리청(前營, 亞營 포함), 현사(府司, 州司, 郡司), 흡창청, 작청, 서청, 민청(補民廳), 봉공청, 진상청, 관노청(奴廳), 옥(刑獄) 등이 있다. 행정시설인 관아건물은 읍성의 유무에 관계없이 향청, 사령청, 형청, 현사, 작청, 옥 등은 필수적인 건물로 보인다. 관아건물은 대부분 읍성이 축조된 곳에서 많이 확인되고 있다.

군사시설로는 장청(營將廳, 將官廳, 陸將廳, 海將廳 포함), 군관청(軍廳, 武士

廳, 軍官廳 포함), 훈련청(鍊武廳), 훈도청, 포수청, 수성청(守城倉), 군뢰청, 군기고(軍器, 軍庫, 軍器廳, 武庫), 화약고(火藥軍器庫, 火藥廳) 등이 있다. 장청이나 군관청에 포함된 장관청은 장청의 유무에 따라 구분하였다[13]. 읍성의 유무에 상관없이 장청이나 군기고는 필수건물로 보인다. 장청이나 군관청이 동일한 기능을 한 건물이라면 모두 있는 곳은 군사적으로 중요한 곳으로 보인다. 특히 화약고는 읍성의 유무에 따라 차이가 있는데 행정 · 군사적 중심지나 해안방어의 중심지에서만 확인되고 있다.

창고시설로 司倉(倉舍 포함), 진창(=賑恤倉, 賑恤庫), 읍창(本倉, 管倉, 郡倉, 營庫 포함), 해창, 대동고, 社倉(南倉 포함) 등이 있다. 누정시설로는 관덕정(觀豐閣 포함), 사정, 장대 등이 있다.

교육시설인 향교(校宮, 文廟, 聖廟)는 제주, 대정을 제외한 모든 곳에서 확인되지만 간략화되어 표기된 것으로 보인다. 부속건물로는 양사재(廣學齋, 育英齋 포함), 명륜당, 문루(萬化樓, 風化樓, 外三門, 神門 포함) 등이 있다. 향교는 읍성이 축조된 곳에서 보면 외부에 위치한다.

제사시설로는 성황당(城隍祠, 城隍壇, 啓聖祠), 여단(厲祭壇), 사직단(社壇, 社稷) 등이 있다. 읍치소에는 제사시설이 있지만 일부 지역에서 성황당이나 여단이 확인되지 않는 곳도 있다. 읍성이 있는 곳에서 여단과 사직단은 외부에 있지만 성황당은 내부에서도 확인된다.

조선시대 관아시설물은 현존하는 것이 없기 때문에 문헌기록상에서 존재여부를 파악하여야 한다. 현재 관아시설에 관한 기록은 조선시대에 간행된 지리지나 개인이 서술한 글 등을 통해 파악할 수 있다. 지리지에는 성지(성곽), 학교, 단묘(사묘), 공해, 공서, 창고, 교량, 역원(우역), 누정(궁실), 사찰, 고적, 자기소 등으로 구분되어 있다. 성곽은 읍성으로 주성으로 불리기도 한다. 학교는 향교와 덕산서원등이 확인된다. 단묘는 사직단재사, 사직단, 문묘, 무등산사, 성황사, 용진연소,

여단, 월봉서원, 포충사, 의열사 등이 확인된다. 공해는 객관, 아사, 향사당, 연무당, 훈련청, 공서는 경양도찰방사, 창고는 읍창, 군기고, 동창, 서창, 산창 등이 확인된다. 교량은 선암교, 생압교, 극락교, 공량교, 풍영정교, 대량교, 학교 등이 확인된다. 역원은 경양역, 선암역, 진원역, 수여원, 증원, 최정원, 저원, 보통원, 분수원, 장록원, 견암원, 혈보원, 누문원, 극락원, 진국원 등이 확인된다. 누정은 봉생정, 절양루, 북루, 남루, 서루, 동루, 공북루, 소빈헌 월소루, 희경루, 풍영정, 환벽당, 양고정, 황화루 등이 확인된다. 사찰은 무량사, 천복사, 개룡사, 원효사, 성거사, 증심사, 규봉사, 금석암, 장불사, 증각암, 불명암, 빙발암, 은선암, 개원사, 장원암, 여둔사, 양림사 등이 확인된다. 고적은 석서정, 고내(상)성, 무진도독고성, 궁수, 양고부곡, 경지부곡, 벽진부곡, 왕조대, 견훤대, 방목평, 분토동, 평장동, 왕자대, 주검굴, 탁송정, 십신사 등이 확인된다. 자기소는 자기소 1, 도기 1 등이 있다.

〈표 7〉 조선시대 지리지에서 확인된 광주목의 관아건물

관아건물 \ 지리지		세종실록 지리지	신증동국 여지승람	동국여지지	여지도서	대동지지	위치
城池	邑城(州城)	○	○	○	○	○	西五里
學校	鄕校		○	○			西二里
	德山書院			○			西北二十五里
壇廟	社稷壇齋舍				○		西五里, 社稷壇北
	社稷壇		○	○			西
	文廟		○	○	○		鄕校內
	無等山神祠		○	○			東十里
	城隍祠		○	○	○		南五里
	金堂山神祠		○				南十里
	龍津衍所		○	○			西三十里
	厲壇		○	○	○		北五里
	月峯書院			○	○	○	北二十里
	褒忠祠			○	○	○	西三十里
	義烈祠				○	○	西二十五里

公廨	客館		○	○	○		城內
	衙舍				○		城內
	鄕射堂			○	○		城內, 客館東
	鍊武堂			○			城內, 客館東
	訓練廳				○		城內
	景陽都察訪司			○			東八里
倉庫	邑倉				○		城內
	軍器庫				○		城內
	東倉				○	○	東二十里
	西倉				○	○	西三十里
	山倉(城倉)				○	○	北一百里
橋梁	仙巖橋				○		西四十里
	生鴨橋				○		西二十一里
	極樂橋				○		西三十里
	孔樑橋				○		北二十里
	風詠亭橋				○		北二十里
	大樑橋				○		北十里
	鶴橋				○		北五里
驛院	景陽驛	○	○	○	○	○	北五里
	仙巖驛	○	○	○	○	○	西四十里
	珍原驛	○					
	水餘院		○	○			西三十里
	甑院		○	○			西四十五里
	崔鄭院		○	○			南二十五里
	猪院		○	○			東二十里
	普通院		○	○			北二里
	分水院		○	○			南五里
	長祿院		○	○			西三十里
	堅巖院		○	○			南十八里
	穴洑院		○	○			北二十五里
	樓門院		○	○			北五里
	極樂院		○	○			西南三十里
	鎭國院		○	○			北四十里

樓亭	鳳笙亭		○	○	○		城內, 皇華樓東
	折楊樓			○			北三里
	北樓			○			城門樓
	南樓			○			城門樓
	西樓			○			城門樓
	東樓			○			城門樓
	拱北樓			○	○	○	北五里
	笑嚬軒 月小樓				○		城內, 衙舍西
	喜慶樓		○	○	○		客舍北, 舊栱北樓
	風詠亭			○	○	○	西二十里
	環碧堂				○		東三十里
	良苽亭				○	○	西二十里
	皇華樓		○	○	○		城內, 客舍 南
	芙蓉亭					○	西南三十里
	鏡湖亭					○	東五里
寺刹	無量寺		○	○			
	薦福寺		○	○			
	開龍寺		○	○			
寺刹	元曉寺		○	○	○		東二十里, 無等山
	聖居寺		○	○			聖居山
	證心寺		○	○	○		東十五里, 無等山
	圭峰寺		○	○	○		無等山
	錦石菴		○	○			無等山
	長佛寺			○			無等山 圭峯 下
	證覺庵				○		東二十里
	佛明庵				○		東二十里
	水鉢庵				○		東三十里
	隱仙庵				○		東三十里
	開元寺				○		東二十里
	壯元庵				○		東五里
	余苊寺			○	○		西四十里, 魚登山
	養林寺				○		今廢

古跡	石犀亭		○	○	○		南二里
	古內廂城	○	○	○	○	○	西三十里
	武珍都督古城	○	○	○	○	○	北五里
	無等山古城					○	
	弓樹		○		○		南門外
	良苽部曲		○		○		西十五里
	慶旨部曲		○		○		西三十里
	碧津部曲		○		○		西二十里
	王祖臺				○		西三十里
	甄萱臺				○		北十五里
	放牧坪				○		甄萱臺下
	奔兎洞				○		東十五里
	平章洞				○		北四十里
	王子臺				○		西四十五里
	鑄劍窟				○		無等山 立石臺上
	卓松亭				○		北二十五里
	十神寺			○			北五里
磁器所	磁器所	○					東, 利岾
	陶器所	○					北

〈그림 18〉 관아시설물 전경(①서원문, ②·③동헌, ④태봉산, ⑤경양호, ⑥양파정)

4. 읍성의 공간구조와 관아건물의 위치비정

이 장에서는 광주읍성의 공간구조와 관아건물의 위치를 검토해 보고자 한다[14]. 공간구조는 먼저 성문을 연결하여 읍성의 기본적인 도로망을 살펴본 후 광주읍성의 도로망, 문지의 위치, 도로 방향 등을 알아보고자 한다. 마지막으로 관아건물은 문헌자료나 고지도를 활용하여 현존하거나 소멸된 대표적인 관아건물의 위치를 비정해 보고자 한다.

1) 읍성의 공간구조

읍성의 공간구조를 파악할 수 있는 요소로는 성문, 도로망, 건물 등이 있다. 발굴조사는 중요한 관아건물을 대상으로 진행하는 과정에서 도로와 관련된 유구들은 일부만 확인되기 때문에 읍성의 전체적인 공간구조를 파악하기는 매우 어렵다. 읍성 내의 도로망을 복원하기 위해서는 고지도의 성문을 활용하는 방법이 있다[15]. 성문과 성문을 연결하여 도로망을 파악하는 방법인데 평면상에 작성된 고지도만으로 이용하기 때문에 지형을 고려할 수 없다. 하지만 현재의 도로와 1910년대 지적도나 지형도를 비교하면 당시의 도로망을 복원할 수 있고, 이를 토대로 관아건물의 위치도 비정할 수 있다.

(1) 읍성의 도로망

읍성 내의 도로망을 복원하는 가장 중요한 요소는 성문의 수이다. 성문은 모든 방향에 설치하는 것이 일반적이지만 지형에 따라 3개나 2개, 심지어는 1개만이 확인되는 경우도 있다. 성문의 수에 따라 Ⅰ형식, Ⅱ형식, Ⅲ형식, Ⅳ형식으로 구분할 수 있으며, 연결방식에 따라 A형, B형, C형, D형, F형, G형으로 세분할 수 있다.

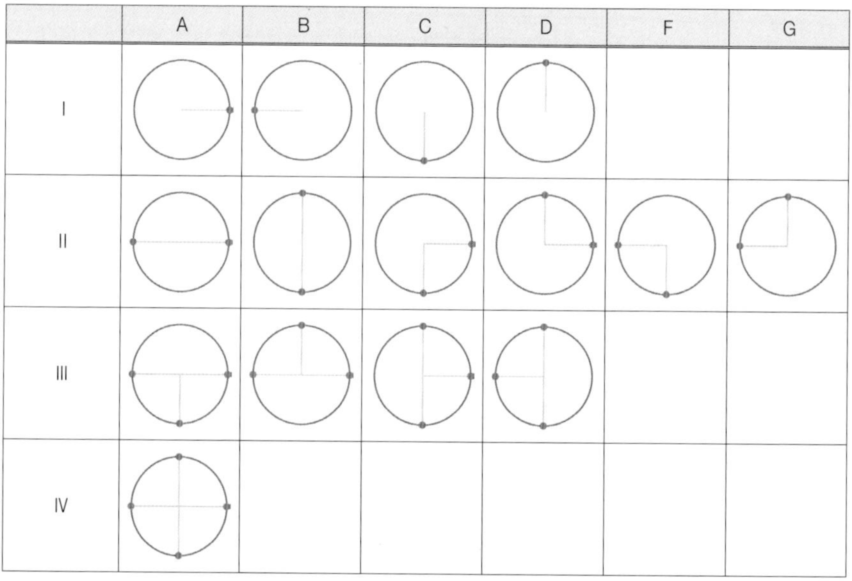

	A	B	C	D	F	G
Ⅰ						
Ⅱ						
Ⅲ						
Ⅳ						

〈그림 19〉 읍성의 도로망 형식분류

성문 1개의 경우 4가지를 확인할 수 있다. 동문만 설치된 ⅠA식, 서문만 설치된 ⅠB식, 남문만 설치된 ⅠC식, 북문만 설치된 ⅠD식으로 구분할 수 있다. 성문 2개의 경우 6가지를 확인할 수 있다. 동문과 서문을 연결하는 ⅡA식, 남문과 북문을 연결하는 ⅡB식, 동문과 남문을 연결하는 ⅡC식, 동문과 북문을 연결하는 ⅡD식, 남문과 서문을 연결하는 ⅡE식, 서문과 북문을 연결하는 ⅡF식으로 구분할 수 있다. 성문 3개의 경우도 4가지를 확인할 수 있다. 동문과 서문, 그리고 남문을 연결하는 ⅢA식, 동문과 서문, 그리고 북문을 연결하는 ⅢB식, 동문, 남문과 북문을 연결하는 ⅢC식, 서문, 남문과 북문을 연결하는

ⅢD식으로 구분할 수 있다. 성문 4개의 경우 1가지로 동문, 서문, 남문, 북문을 모두 연결하는 ⅣA식이다. 성문의 수가 줄어들면서 도로망도 다양해지는데 성문 2개의 경우가 가장 많은 도로망을 제시하고 있다. 이러한 도로망은 성문만을 도식적으로 연결하였기 때문에 모든 형식을 읍성에서 확인할 수 있는 것은 아니다.

전라도 읍성 내 도로망은 조선후기지방지도를 이용하여 분석하였는데 그 대상은 20개소이며, 읍치소 중에서 성벽이 축조된 것으로 한정하였다[16]. 성문은 지형에 따라 설치하는 수가 다르지만 성문이 4개가 있는 것은 평지에 축조된 읍성에서 많이 확인된다. 또한 원형보다 방형에서 많이 확인되며, 규모도 방형이 큰 편이다.

성문을 설치하는 비율은 동문 95%, 서문 80%, 남문 95%, 북문 55%으로 동문이나 남문이 설치되는 비율이 높다. 이러한 성문들을 연결하면 ⅠC식, ⅡC식, ⅢA식, ⅢB식, ⅢC식, ⅢD식, ⅣA식을 확인할 수 있다. 성문은 기본적으로 3~4개를 설치하였기 때문에 도로망은 ⅢA식, ⅢC식, ⅣA식의 형태들을 많이 확인된다.

ⅠC식은 남문만을 설치하는 방식으로 전체의 5%인데 임피읍성이 유일하다. ⅡC식은 동문과 남문을 연결하는 방식으로 전체의 5%인데 무장읍성이 유일하다. ⅢA식은 3개의 성문을 연결하는 방식으로 전체의 5%인데 고창읍성이 유일하다. ⅢB식은 3개의 성문을 연결하는 방식으로 전체의 15%인데 영광, 장흥, 보성읍성이 해당한다. ⅢC식은 3개의 성문을 연결하는 방식으로 전체의 5%인데 홍양읍성이 유일하다. ⅢD식은 3개의 성문을 연결하는 방식으로 전체의 35%인데 영암, 진도, 강진, 낙안, 만경, 무안, 해남읍성이 해당한다. ⅣA식은 4개의 성문을 모두 연결하는 방식으로 전체의 30%인데 전주, 나주, 광주, 남원, 순천, 구례읍성이 해당한다.

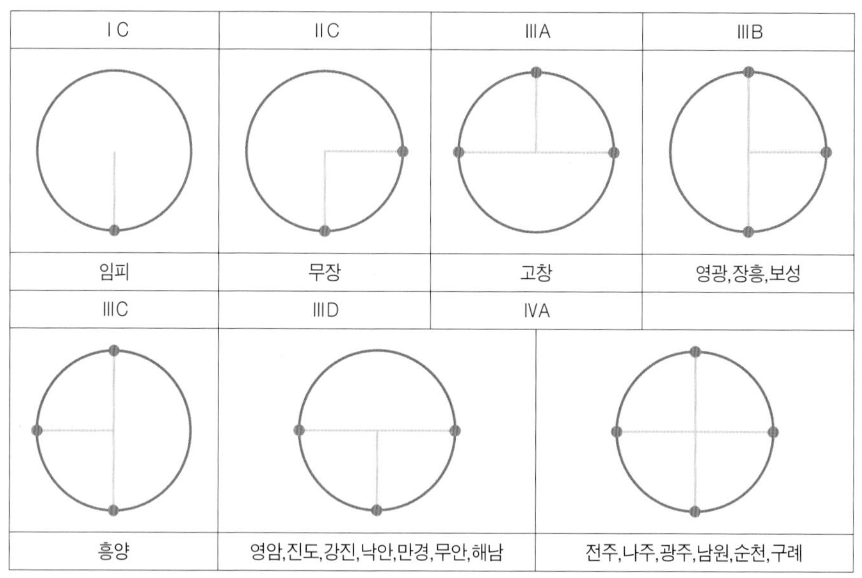

Ⅰ C
Ⅱ C
ⅢA
ⅢB
임피
무장
고창
영광,장흥,보성
ⅢC
ⅢD
ⅣA
흥양
영암,진도,강진,낙안,만경,무안,해남
전주,나주,광주,남원,순천,구례

〈그림 20〉 전라도 읍성 내의 도로망

(2) 관아건물의 배치

관아건물은 도로망과 중심건물인 객사와 동헌을 고려하여 배치하는 것이 일반적이다. 동헌과 객사의 배치와 주방향에 따라 10가지로 구분할 수 있다. 1번은 객사와 동헌을 동일선상으로 배치하는 것으로 동쪽에 동헌, 서쪽에 객사가 있다. 2번은 객사와 동헌을 동일선상으로 배치하는 것으로 동쪽에 객사, 서쪽에 동헌이 있다. 3번은 객사와 동헌을 2열로 배치하는 것으로 전면에 동헌, 후면에 객사가 있다. 4번은 객사와 동헌을 2열로 배치하는 것으로 전면에 객사, 후면에 동헌이 있다. 5번은 객사와 동헌을 2열로 배치하는 것으로 서쪽 전면에 동헌, 동쪽 후면에 객사가 있다. 6번은 객사와 동헌을 2열로 배치하는 것으로 동쪽 전면에 객사, 서쪽 후면에 동헌이 있다. 7번은 객사와 동헌을 2열로 배치하는 것으로 정면에 객사, 동쪽 측면에 동헌이 있다. 8번은 객사와 동헌을 2열로 배치하는 것으로 정면에 객사, 서쪽 측면에 동헌이 있다. 9번은 객사와 동헌을 일직선상으로 배치하는 것으로 전면에 동헌, 후면에 객사가 있다. 10번은 객사와 동헌을 일직선상으로 배치하는 것으로 전면에 객사, 후면에 동헌이 있다.

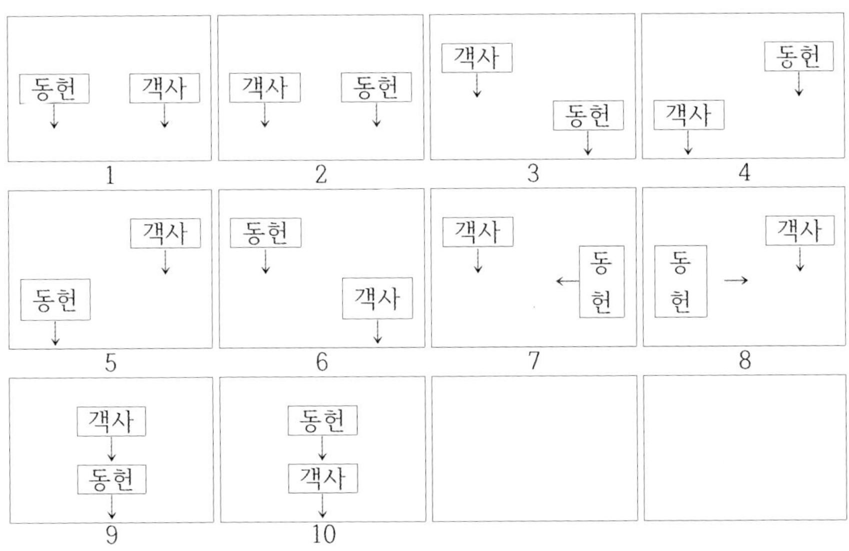

〈그림 21〉 동헌과 객사의 배치상태와 주방향

관아건물의 배치는 객사나 동헌 등의 중심 건물이 도로망과 연결되고, 이를 토대로 권역별로 관아건물들이 배치되고 있다. 이러한 형태는 원칙적으로 도성의 축소판으로 도성의 계획원리를 따르고 있다. 건물은 도로망을 중심으로 배치되는 양상을 보인다. 대부분 읍성 내에서 중심이 되는 건물은 객사와 동헌이다. 객사가 중심 건물이 되는 읍성은 고부, 고창, 전주이며, 그 위치를 보면 남문과 직선으로 연결되거나 읍성 내의 가장 중심지에 해당한다. 동헌이 중심 건물이 되는 읍성은 금산, 만경, 옥구, 용안, 임피, 홍덕이며, 그 위치를 보면 객사와 마찬가지로 남문이나 동문과 직선으로 연결되거나 읍성 내의 가장 중심지에 해당한다. 읍성 중 4대문이 있고, 격자의 도로망이 형성되어 있는 남원, 전주는 도로망으로 인해 동헌, 객사, 향청 등의 영역이 정확하게 구분된다. 고지도에 광주는 4개의 성문을 연결하는 도로망이 형성되었으며, 이를 중심으로 중심 건물이 배치되었음을 확인할 수 있다. 위에서 언급한 동헌, 객사, 향청, 성황사를 보면 읍성 내에서 도로망으로 인해 객사 권역과 동헌 권역이 구분되어 있다. 향청은 객사 권역의 동쪽에 있었던 것으로 보이며, 동-서로 형성된 도로의 북쪽에 있었을 것으로 판단된다. 성황사는 읍성의 남서쪽 외부에 위치하는데 3리 정도에 있었던 것으로 보인다.

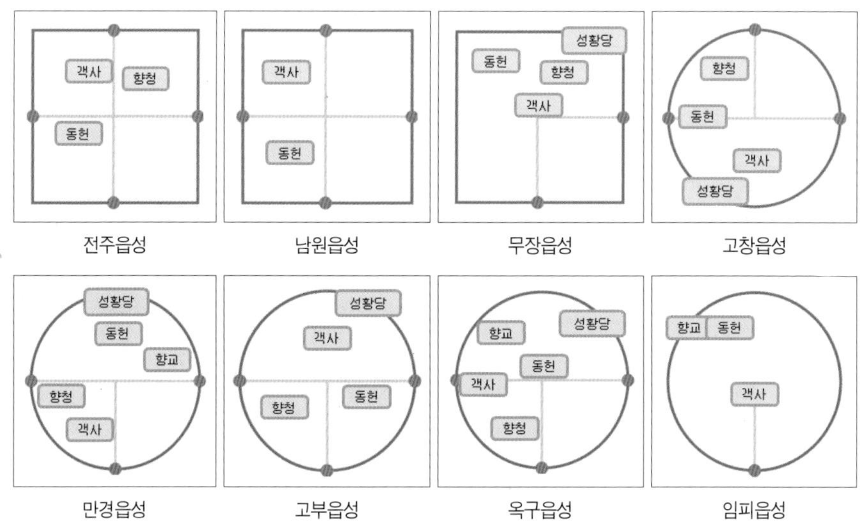

〈그림 22〉 읍성의 도로망과 중심 건물 배치도

2) 광주읍성의 구조

읍성의 철거는 1907년 성벽처리위원회가 설치된 후 시작되어 1916년에 거의 완료된 것으로 보이며, 성벽을 따라 도로가 개설되면서 대부분 훼손된 것으로 보인다. 또한 읍성 내에 있었던 시설물도 이후에 진행된 도심개발로 인해 모두 훼손되었지만 1992년 전남도청의 주차장을 조성하는 과정에서 성벽이 확인되어 광주시 문화재자료 20호「광주읍성유허」로 지정되었다. 1996년과 1997년, 그리고 2006년에 실시된 성벽 조사로 인해 진행방향을 추정할 수 있었지만 이후 읍성과 관련된 조사는 이루어지지 않았다.

읍성의 구조를 파악하기 위해서는 문헌자료, 고지도, 지형도 등의 다양한 자료들을 활용할 수 있다. 이러한 자료들을 통해 보면 읍성의 평면형태는 오각형이며, 돌을 이용하여 축조한 것으로 보인다. 규모는 세종실록지리지에만 972보이고 다른 지리지에는 모두 8,253척이다. 지적도(1912년)와 항공사진(2021년)를 통해 성벽의 규모를 보면 2,230m 정도이다. 성벽에는 성문 4개가 설치되어 있었으며, 내부에 우물 32개 또는 100개 정도가 있었다고 한다. 지적도(1912년)와 지형도(1917년)에 해자는 서쪽과 남쪽 일부와 동벽, 북벽에 설치되었음을 확인할 수 있었다.

성벽은 1912년 지적도를 보면 북벽과 동벽의 회절부에서 남문까지 '城'으로 표기되어 있는데 궁정, 동문통, 동광산정, 남문통에 해당한다. 남문에서 북벽과 동벽의 회절부까지는 도로로 표기되어 있는데 남문통, 서광산정, 서성정, 북성정, 궁정에 해당한다. 동벽과 남벽 일부의 성벽 폭이나 남벽 일부와 서벽이나 북벽에 형성된 도로의 폭이 비슷한 것으로 보아 성벽의 진행방향으로 추정할 수 있다. 이를 모두 연결하면 읍성의 형태는 오각형을 띠고 있다. 이를 현재의 도로망과 비교해 보면 성벽은 한미쇼핑사거리-제봉로-장동로타리-국립아시문화전당-문화전당로35번길-문화전당로23번길-서석로10번길-서석로7번길-중앙로160번길-중앙로-금남로4가-중앙로에 축조되었을 것으로 추정된다. 지적도에서 확인된 성벽의 길이를 항공사진이나 수치지도 등을 활용하여 환산해 보면 2,230m 정도임을 알 수 있다.

성문은 4개가 있었는데 북문지는 공북문으로 광주 동구 충장로 61번지, 남문지는 진남문으로 광주 동구 광산동 13번지, 동문지는 서원문으로 광주 동구 대의동 2번지. 서문지는 광리문으로 광주 동구 황금동 88 일원에 있었을 것으로 추정된다[17]. 동, 서, 남, 북 성문을 연결하면 성 내부에 '十'자형 도로망이 형성되는데 중심도로는 남북방향의 도로일 것으로 추정된다. 남-북 도로를 기준으로 하여 그 폭을 보면 동쪽 430m, 서쪽 200m 정도이다. 동-서 도로를 기준으로 하여 북쪽 320m, 남쪽 400m 정도이다.

우물은 대부분의 문헌자료에 100개가 있었다고 하나 32개(대동지지)로 기록된 것도 있고, 연못(여지도서)은 없다고 하였다. 읍성 내 · 외부에서 22기가 조사되었는데 내부에서 확인된 것은 구 전남도청 주차장 지하에서 확인된 2기가 유일하다.

관아건물은 객사와 동헌을 포함하여 최소한 28동이 있었을 것으로 보인다. 관아건물은 도로망을 중심으로 배치되어 있는데 북동쪽에는 객사 권역, 남동쪽에는 동헌 권역이나 관아청사지역, 북서쪽에는 관아부속지역, 남서쪽에는 관아부속/창고지역으로 구분할 수 있다.

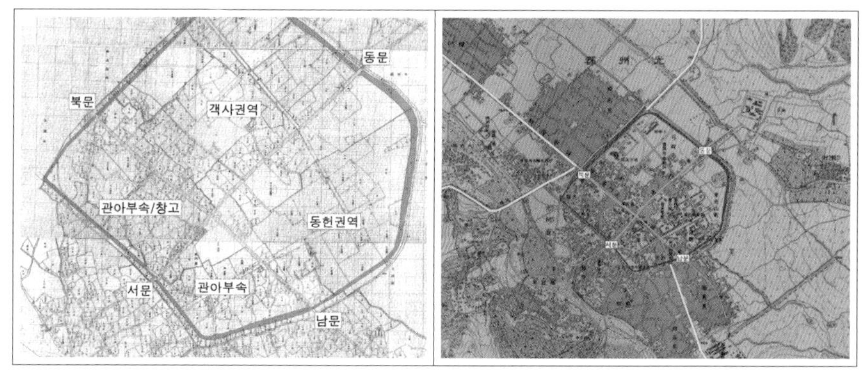

〈그림 23〉 광주읍성의 문지와 도로망(①1912년, ②1917년)

해자는 북문안교회 평면도(1905년), 지적도(1912년), 지형도(1917년)를 보면 서벽과 남벽 일부와 동벽, 그리고 북벽에 설치된 것으로 보인다. 평면도에서는 해자뿐만 아니라 북문이나 사창마당, 옥터 관련 시설의 위치도 짐작할 수 있다. 또한 지형도에 해자가 설치되었음을 확인할 수 있는데 그 길이는 1,700m 정도이다. 남벽 일부와 동벽에 설치된 해자는 깃대봉에서 내려오는 자연하천을 이용하여 만든 것으로 보이는데 원래 읍성 내부를 관통하여 북서방향으로 흐르고 있었을 것으로 추정된다. 아마 성벽의 축조과정에서 굴착이 이루어지면서 해자가 형성된 것으로 보인다. 북벽의 해자는 인위적으로 조성한 것으로 판단된다. 북쪽 해자는 630m 정도 설치되었는데 남쪽으로 진행하여 광주천으로 유입된 것으로 보인다. 남쪽 해자는 남문에서 110m 정도 떨어진 지점부터 시작하여 동쪽으로 380m 정도 진행한다. 동벽의 해자는 500m 정도 설치되었는데 북쪽 방향으로 300m 정도 진행하다 동쪽으로 꺾여 동계천을 지나서 연지로 유입되고 있다. 서쪽 해자는 서문에서부터 북벽의 해자가 성벽 하부를 관통하는 지점과 연결되는데 200m 정도이다. 해자에는 4개의 다리가 있는데 북문이나 동문 앞과 북벽과 동벽이 만나는 회절부, 북문에서 동쪽으로 172m 지점에 설치되었다. 동문에서 150m 지점에 동계천이 흐르고 있다.

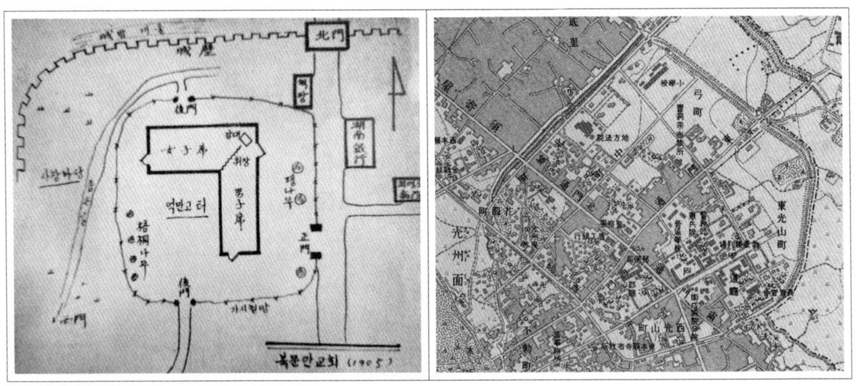

〈그림 24〉 광주읍성의 해자 추정선(①북문안교회 평면도(1905년), ②1917년)

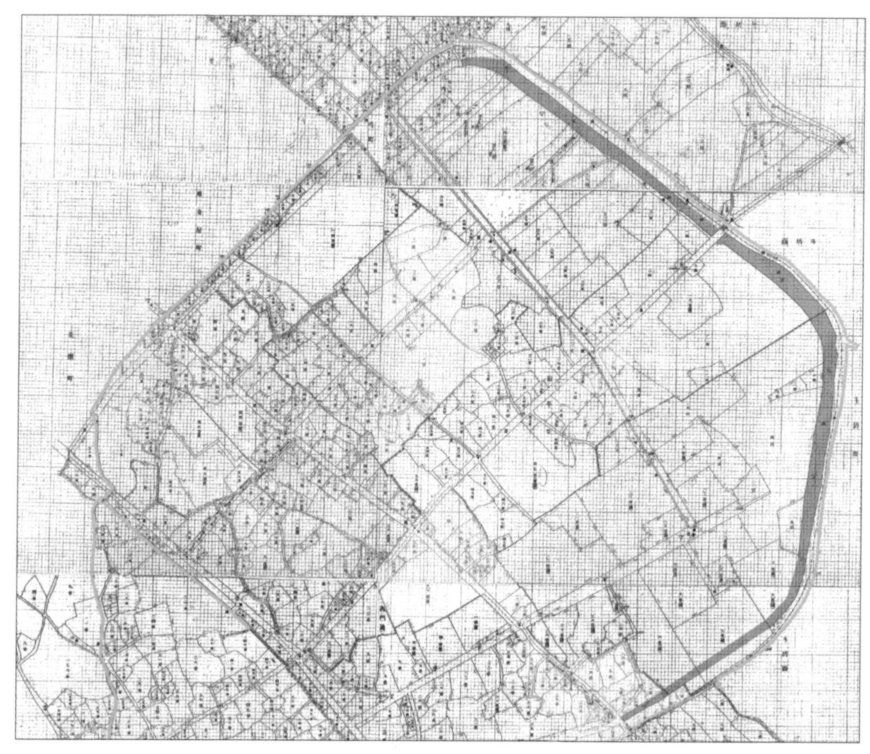

〈그림 25〉 광주읍성의 해자 추정선(지적도에 城과 溝 표기부분(1912년)

3) 관아건물의 위치비정[18]

관아건물의 위치를 비정하기 위해서는 문헌자료 뿐만 아니라 수치지도, 항공사진을 활용할 수 있다. 1차적인 유무는 문헌자료를 통해 확인할 수 있지만 정확한 위치는 대부분 방향과 거리만 표기되기 때문에 매우 어렵다. 여기에서는 조선후기지방지도에 나타난 관아건물의 위치를 1910년대의 지형도와 현재의 항공사진을 활용하여 추정해 보고자 한다. 관아건물은 읍성 내부와 외부로 구분할 수 있다.

읍성 내부에서 내아, 동헌, 국청, 군청, 훈도청, 장방, 삼문, 선현청, 주사, 형청, 작청, 제금루, 객사, 공수, 황화루, 군기, 화약고, 기고청, 수성청, 관덕정, 천양관, 좌기청, 창고, 봉공청, 장청, 형옥, 교방청, 보관청 등이 확인되었다. 하지만 문헌자료에는 지도상에 표기되지 않은 건물들이 기록되어 있지만 편의상 제외하였다. 읍성 내는 동, 서, 남, 북문을 연결하면 내부에 '十'자형 도로망이 형성되는데 중심도로는 남북 방향의 도로일 것으로 판단된다. 남북 방향의 도로는 국립아시아문화전당-충장로1가-충장로2가-충장로3가를 이용하였을 것으로 보인다. 동서 방향의 도로는 서석로85번길-중앙로196번길-금남로-중앙로160번길-서석로7번길을 이용하였을 것으로 보인다. 도로망을 기준으로 관아건물을 보면 동헌/관아청사, 객사, 관아부속/창고, 관아부속 권역으로 구분할 수 있다[19].

〈표 8〉 조선후기지방지도에서 확인된 관아건물(1872년)

읍성 내				읍성 외		
순번	건물명	유무	위치	순번	건물명	위치
1	진남문	○	南門	33	공북루	
2	내아	○	東軒 內	34	고려왕자태봉	五里
3	동헌	○	東軒 內	35	금교방축	
4	국청	○	東軒 內	36	성거탑	官五里
5	군청	○	東軒 東	37	동창	거치면 : 自官二十里
6	훈도청	○	東軒 東	38	풍영정	自官二十里
7	장방	○	東軒 南	39	신라왕자유적	
8	삼문	○	東軒 南	40	비아시	官二十里
9	선현청	○	東軒 南	41	선암원	
10	주사	○	東軒 南	42	선암시	
11	형청	○	東軒 南	43	향교	
12	작청	○	東軒 南	44	양사제	四里
13	제금루	○	東軒 南	45	방축	
14	서원문	○	西門	46	서창	방하면

15	객사	○		47	사직단	自官五里
16	공수	○	客舍 西	48	장시	三里
17	황화루	○	客舍 南	49	성황단	自官三里
18	공북문	○	北門	50	포충사	
19	군기	○	客舍 南	51	천제단	十五里
20	화약고	○	客舍 南	52	상원암	十三里
21	기고청	○	客舍 南	53	증심사	自官十里
22	수성청	○	客舍 南	54	원효암	二十五里
23	관덕정	○	客舍 南	55	두방탑	
24	천양관	○	客舍 南	56	여단	
25	좌기청	○	客舍 南	57	용산시	
26	창고	○	客舍 南	58	외삼문	四里
27	광리문	○	西門	59		
28	봉공청	○	東軒 東			
29	장청	○	東軒 東			
30	형옥	○	東軒 東			
31	교방청	○	東軒 東			
32	보관청	○	東軒 東			

동헌/관아청사 권역에는 내아, 동헌, 국청, 군청, 훈도청, 장방, 삼문, 선현청, 주사, 형청, 작청, 제금루 등이 있다[20]. 동헌 권역은 담장으로 둘러져 있으며, 삼문이 설치되어 있다. 내부에서 4개의 건물명을 확인할 수 있지만 최소한 7동의 건물이 있었을 것으로 보인다. 동헌으로 표기된 것이 내아로 추정되며, 우측 하단의 건물이 동헌으로 추정된다. 동헌 동쪽의 작은 건물과 국청은 수령을 직접 보좌하는 기능을 하였을 것으로 추정된다. 내아 좌측의 건물은 책실의 기능을 하였던 건물로 추정되며, 가장 북쪽의 건물은 동헌 권역의 정자 역할을 하였을 것으로 보인다. 동헌의 동쪽에 군청과 훈도청이 있는데 건물의 성격상 군사시설에 해당한다. 동헌 권역의 남쪽에는 장방, 선현청, 주사, 형청, 작청 등이 있는데 수령을 보좌하는 행정시설과 관련된 건물이다. 또한 남쪽에는 문루인 제금

루가 있는데 동헌-삼문-문루 등은 나란한 방향으로 배치하였을 것으로 추정된다. 동헌 관련 건물은 모두 국립아시아문화전당 부지에 있었을 것으로 보인다. 남쪽에 있었던 장방, 선혜청, 주사는 동-서 도로의 남쪽으로 예술길의 우측에 해당할 것으로 보인다. 동쪽에 있었던 군청, 훈도청, 형청, 작청은 동-서 도로의 남쪽으로 충장로1가-충장로2가-금남로-서석로의 내부에 해당한다.

객사 권역에는 객사, 공수, 황화루 등이 있는데 객사만 담장으로 둘러져 있다[21]. 객사의 서쪽에 공수, 남쪽에 황화루가 있었는데 동국여지지에 황화루의 동쪽에 봉생정이 있었다. 다른 읍성의 객사 주변에는 다른 건물들이 확인되는 것으로 보아 주변에 더 많은 건물이 있었을 것으로 추정된다. 현재 객사 권역에 해당하는 지역은 동-서 도로의 북쪽으로 서석로85번길와 중앙로 196번길의 내부에 해당한다[22]. 객사의 문루인 황화루와 동헌의 문루인 제금루가 동-서 도로를 가로지르며 형성되어 있는데 현재 중앙로196번길로 추정된다.

관아부속/창고 권역에는 군기, 화약고, 기고청, 수성청, 관덕정, 천양관, 좌기청, 창고 등이 있는데 남-북 도로의 서쪽과 동-서 도로의 북쪽에 해당한다. 수성청이 중심 건물일 것으로 추정되며, 중앙로160번길 양쪽으로 건물이 배치되어 있을 것으로 추정된다.

관아부속 권역에는 봉공청, 장청, 형옥, 교방청, 보관청 등이 있는데 남-북 도로의 서쪽과 동-서 도로의 남쪽에 해당한다. 백서로125번길-중앙로160번길(남-북)의 동쪽에는 봉공청, 장청, 교방청, 서쪽에는 형옥과 보관청이 있었을 것으로 추정된다.

읍성 외부에서 공북루, 고려왕자태봉, 금교방축, 향교, 성거탑, 동창, 풍영정, 신라왕자유적, 비아시, 선암원, 선암시, 방축, 서창, 사직단, 장시, 성황단, 포충사, 천제단, 상원암, 증심사, 원효암, 두방탑, 여단, 용산시 등이 확인되었다. 현존하는 건물의 위치는 고지도에 어떻게 표기되었는지 알아보고, 훼손된 건물은 지형도와 항공사진을 통해 그 위치를 추정해 보고자 한다.

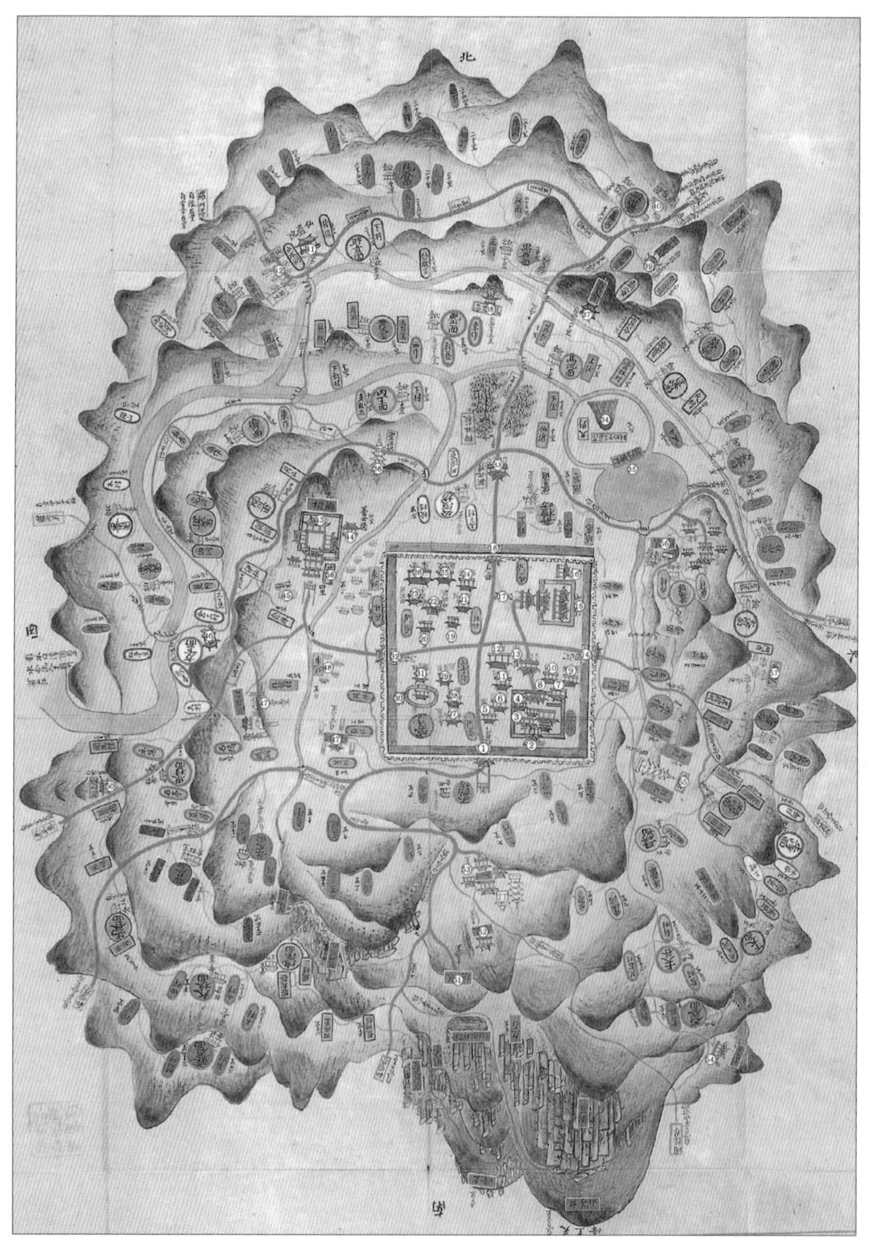

〈그림 26〉 광주목 일대의 관아건물의 위치

공북루는 북문에서 5리 내에 위치하는데 현재의 경열로(유동사거리) 부근이었을 것으로 추정된다[23]. 동국여지지에 객관의 북쪽 구 공북루터에 희경루가 있었다고 하였으나 여지도서에는 공북루와 희경루가 모두 확인되고 있다. 공북루와 희경루는 동일 위치에 있었던 동일 건물로 추정되지만 희경루는 광주공원 내에 복원되어 있다.

고려왕자태봉은 5리에 위치하는데 현재 광주역 부근이었을 것으로 추정된다. 조선후기지방지도에는 2개의 하천이 합류하는 지점에 위치하는데 북쪽에는 용봉천, 남쪽에는 동계천이 있었을 것으로 추정된다. 1917년 지형도에서도 그 위치를 확인할 수 있다.

금교방축은 경양호로 추정되는데 고지도에는 5리 지점에 위치하며, 순창으로 가는 대로가 동쪽편에 형성되어 있지만 1909년 지형도에는 서쪽에 도로가 형성되어 있다. 1917년 지형도에는 연지로 명기되어 있다. 현재의 항공사진을 보면 경양로217번길-중흥로가 연지의 외곽선으로 추정된다.

향교는 현재 남구 중앙로107번길 3에 위치하는데 서문으로부터 4리 지점에 해당한다. 항공사진을 통해 남문 추정지에서 향교와의 거리를 보면 750m 정도인데 조선시대 거리와는 차이를 보인다. 원래 성내에 있었으나 현감 권수평에 의해 현재의 위치로 이전되었다.

성거탑은 성거사지 오층석탑으로 고지도에는 5리 지점에 있는 것으로 표기되어 있으며, 현재의 위치와 큰 차이가 없다.

동창은 북문에서 나온 길을 따라 15리 지점에 위치하는데 영산강을 건너면 북쪽에 바로 위치하며, 현재의 신창동에 해당한다.

풍영정은 광주 광산구 풍영정길 21에 위치하는데 서쪽으로 20리 떨어진 곳에 있다. 칠천 상부에 있는데 김언거에 의해 세워졌다고 한다. 현재 영산강의 위쪽에 있지만 고지도에는 남쪽에 있는 것으로 확인되었다. 하지만 고지도에는 현

위치의 지형을 잘 반영하고 있다.

경양역은 동쪽으로 8리에 위치하는데 조선후기지방도에 동계천을 건너면 나지막한 산으로 둘러싸인 곳으로 보이는데 현재 서방사거리 일대로 추정된다[24].

사직단은 남구 사동 177-26에 위치하는데 서쪽으로 3리에 위치한다고 하였다. 고지도의 위치와 현재의 위치가 거의 동일한 곳으로 보인다[25].

성황사 남쪽으로 5리 지점에 있다고 하였는데 현재의 학동삼거리 일대로 추정된다[26].

두방탑은 동오층석탑으로 지산동 448-4에 위치하는데 고지도에 동 10리에 있는 것으로 표기되어 있다. 현재의 위치와 큰 차이를 보이지 않는다.

여단은 북쪽으로 5리에 위치하는데 경양역을 도달하기 이전에 위치하므로 현재 계림초등학교 일대로 추정된다[27].

〈그림 27〉 광주읍성 내 관아건물의 위치비정

5. 맺음말

이상으로 광주읍성의 구조와 관아건물의 위치를 살펴보았다. 광주는 백제대에 무진주, 통일신라대에 무주, 고려시대에 광주, 조선시대에 무진이나 광주로 불리워졌는데 현재와 마찬가지로 당시에도 군사 · 행정적인 요충지 역할을 하였을 것으로 판단된다. 광주읍성이 언제 축조되었는지 확실하지 않지만 『세종실록지리지』 기록으로 보아 최소한 1424년(세종 6) 이전에는 있었을 것이다. 광주목은 내륙에 해당하면서 읍성이 축조되었기 때문에 군사 · 행정적인 요충지 역할을 하였을 것으로 판단되며, 현재의 영역과 큰 차이를 보이지 않는다. 그 영역은 본량동, 삼도동, 평동을 제외한 광주광역시와 장성 월정리, 담양 대전면 일부를 포함하고 있다. 도로망은 6~7개 정도를 확인할 수 있는데 읍성을 중심으로 발달하였음을 알 수 있으며, 1910년 이전에 큰 변화가 없어 조선시대 도로망을 추정할 수 있다. 도로망은 1910~30년대를 거치면서 큰 변화를 보이지만 대부분 조선시대에 사용되었던 도로를 중심도로나 간선도로로 활용하고 있다.

읍성은 고려 말부터 축조되기 시작하는데 전라도에는 태종이나 세종대의 중흥기를 거친 후 중종대까지 모든 요충지에 완성하게 된다. 초축 당시에는 군사적인 성격이 강하였기 때문에 성벽이나 중심 관아시설만 갖추고 있었을 것으로 추정된다. 하지만 지방통치의 중심지로 변화하면서 이와 관련된 관아건물들이 추가로 조성되었음을 알 수 있다. 읍성은 태종과 세종대에 집중적으로 축조되는데 세종대까지는 주로 초축되는 경향이 높지만 단종대부터는 수 · 개축이 많이 이루어진다.

읍성의 발굴조사는 2008년에 성벽과 관아시설로 추정되는 많은 유구들이 확인되었으나 읍성과 직접적으로 관련되는 유물은 빈약한 편이었다. 발굴조사나 문헌자료, 고지도, 지적도 등을 통해 성벽은 한미쇼핑사거리-제봉로-장동로타리-국립아시문화전당-문화전당로35번길-문화전당로23번길-서석로10번길-서석로7번길-중앙로160번길-중앙로-금남로4가-중앙로 방향을 따라 축조하였을 것으로 판단된다. 문헌자료에 관아건물은 객사권역에 객사, 황화루, 공수, 향사당, 동헌권역에 동헌, 내아, 국청, 삼문, 제금루, 군청, 훈도청, 장방, 주사, 형청, 작청, 관아부속건물로 봉공청, 장청, 형옥, 교방청, 보관청, 관아부속/창고시설로 군기, 수성청, 사현청, 기고청, 서기청, 천양관, 관덕정, 전제소, 화약고, 창고 등이 축조되었음을 알 수 있다.

읍성의 공간구조를 파악할 수 있는 요소로는 성문, 도로망, 건물 등이 있다. 읍성 내의 도로망을 복원하는 가장 중요한 요소는 성문의 수이다. 성문은 모든 방향에 설치하는 것이 일반적이지만 지형에 따라 3개나 2개, 심지어는 1개만이 있는 경우도 있다. 성문의 수에 따라 Ⅰ형식, Ⅱ형식, Ⅲ형식, Ⅳ형식으로 구분할 수 있고 연결방식에 따라 A형, B형, C형, D형, F형, G형으로 세분할 수 있다. 이러한 성문들을 연결하면 ⅠC식, ⅡC식, ⅢA식, ⅢB식, ⅢC식, ⅢD식, ⅣA식을 확인할 수 있다. 광주읍성은 ⅣA식은 4개의 성문을 모두 연결하는 방식인데 전주, 나주, 남원, 순천, 구례읍성이 여기에 해당한다.

관아건물의 배치는 객사나 동헌 등의 중심 건물이 도로망과 연결되고, 이를 토대로 권역별로 건물들이 배치되고 있다. 도로망을 기준으로 동헌/관아청사, 객사, 관아부속/창고, 관아부속 권역으로 구분된다. 동헌/관아청사 권역에는 4개의 건물을 확인할 수 있지만 최소한 7동의 건물이 있었을 것으로 보인다. 동헌 관련 건물은 모두 국립아시아문화전당 부지에 있었을 것으로 보인다. 남쪽에 있었던 장방, 선혜청, 주사는 동-서 도로의 남쪽으로 예술길의 우측에 해당할 것으로 보인다. 동쪽에 있었던 군청, 훈도청, 형청, 작청은 동-서 도로의 남쪽으로 충장로1가-충장로2가-금남로-서석로의 내부에 해당한다. 객사권역에는 객사, 공수, 황화루 등이 있는데 객사만 담장으로 둘러져 있다. 현재 객사권역에 해당하는 지역은 동-서 도로의 북쪽으로 서석로85번길와 중앙로 196번길의 내부에 해당한다. 객사의 문루인 황화루와 동헌의 문루인 제금루가 동-서 도로를 가로지르며 형성되어 있는데 현재 중앙로196번길로 추정된다. 관아부속/창고 권역은 남-북 도로의 서쪽과 동-서 도로의 북쪽에 해당한다. 수성청이 중심 건물일 것으로 추정되며, 중앙로160번길 양쪽으로 건물이 배치되어 있을 것으로 추정된다. 관아부속 권역은 남-북 도로의 서쪽과 동-서 도로의 남쪽에 해당한다. 백서로125번길-중앙로160번길(남-북)의 동쪽에는 봉공청, 장청, 교방청, 서쪽에는 형옥과 보관청이 있었을 것으로 추정된다.

광주읍성의 구조와 관아건물의 위치비정은 문헌기록이나 고지도를 통해 파악하였기 때문에 정확하지 않다. 추후에 이와 관련된 자료와 이 일대에서 발굴조사된 유적을 검토하여 정확한 성격을 파악하도록 하겠다.

이 글은 2023년 광주광역시가 주최하고 전남대학교박물관이 주관한 학술회의(『광주 무진주의 형성과 변천』)에서 발표한 필자의 발표문(「광주읍성의 구조와 관아 건물의 위치 비정」)을 보완한 것임.

【 주석 】

1) 심정보, 1995,『한국 읍성의 연구-충남지방을 중심으로-』, 학연문화사, 33쪽.
2) 심정보, 1994,「고려말 · 조선초의 하삼도 읍성 축조기사 검토」,『동아대학교 석당논총』제20집, 187쪽.
3) 한글학회, 1988,『한국지명총람13(전남편Ⅰ)』.
4)『동국여지지』에는 남쪽으로 남평현과의 거리를 28리라 하였고, 경성과의 거리만이 기록되어 있다.
5) 조선에서는 주척으로 6자를 1步를 삼고, 360보를 1리로 삼았는데 주척이 20.8㎝라는 설에 따라 계산하면 1리가 449.28m가 된다.
6) 일반적으로 10리를 4km 정도로 일컫는데 조선후기지방지도에 나타난 거리와 현재의 지형도와 비교해 보면 약간의 차이를 보인다.
7)『태종실록』권17, 태종 9년 2월 3일조에 해남과 진도를 해진군으로 통합하고, 녹산역터에 성을 쌓아 읍을 옮기었는데 해남군 해남읍 남연리로 추정된다. 1437년(세종 19)에 해남과 진도로 다시 분리되면서 각 지역에 새로운 읍성이 축조되었을 것이다. 부안읍성은 상소산에 쌓았으나 중종대에 성벽을 확장하여 돌로 쌓았다고 하였다. 무장읍성은『태종실록』태종 17년 2월 1일조에 전라도 장사읍성을 축조하였다는 기사가 있는데『송사지』에 의하면 1417년(태종 17)에 병마사 김저래가 축조하였다는 읍성과 동일한 것으로 판단된다.
8) 임영진, 2002,「광주읍성유허 문화재」,『광주읍성유허 지표조사보고서』, 광주광역시 동구청 · 전남대학교박물관.
9) 광주광역시립민속박물관, 1997,『광주읍성』, 23~36쪽.
10) 전남문화재연구원 · 문화체육관광부, 2008,『광주읍성Ⅰ』.
11) 전남문화재연구원 · 문화체육관광부, 2008,『광주읍성Ⅰ』; 전남문화재연구원 · 문화체육관광부, 2008,『광주읍성Ⅱ』.
12) 관아건물에 대한 구분은 조선중기 읍성 연구(이상구 1983) 17~24쪽에 제시된 내용을 활용하였으며, 한국민족대백과사전에 제시된 객사와 동헌 자료도 재정리하였다.
13) 장청과 군관청, 훈련청과 훈도청은 동일한 기능을 수행한 건물로 판단되는데 2개의 건물이 동시에 있으면 명칭이 다르더라도 없는 쪽으로 분류하였다.
14) 조선시대의 지리지나 개략적인 위치도 등을 통해 확인할 수 있지만 체계적인 연구는 송인성, 김광우에 의해 이루어졌다. 1990년대 중후반에 고고학적 조사가 진행되면서 무진도독성 뿐만 아니라 읍성의 구조에 대한 연구가 이루어지기 시작하였으며, 2008년도에 실시된 광주읍성 발굴조사를 통해 공간구조나 관아건물의 위치비정에 대한 논의가 이루어지게 되었다.
15) 이상구, 1983,「조선 중기 읍성에 관한 연구」, 서울대학교대학원 공학석사학위논문.
16) 읍성이 축조되었다고 하더라도 조선후기지방지도에 성벽을 확인할 수 없는 읍치소나 부안현과 같이 자료에서 누락된 것은 분석 대상에서 제외하였다.
17) 광주광역시 시청각자료실 소장된 광주읍성 동문(서원문)의 사진(1897년)을 보면 문루는

단층이며, 문루의 기둥으로 보아 개거식이었을 것으로 추정된다. 하지만 조선후기지방지도를 보면 북문과 남문은 홍예식, 동문과 남문은 평거식으로 표현되어 있다. 황영산은 광여도, 1872년 지방지도, 여지도 등의 자료를 통해 광주읍성의 성문의 구조를 설명하고 있다.

18) 관아건물의 위치비정에 관한 선행연구는 김동수(2002), 김광우(2002), 박선정(1994) 의해 문헌기록이나 전언 등을 통해 이루어졌기 때문에 한계점이 내포하고 있으며, 추후에 고고학적 조사가 이루어진다면 이를 보완할 수 있는 계기를 마련할 수 있을 것이다.

19) 1872년에 간행된 조선후기지방지도(광주)에 근거하여 한예원은 성문을 연결한 남-북, 동-서도로를 중심으로 1구역 내아, 동헌, 제금루, 2구역 봉공청, 형옥, 교방청, 3구역 객사, 황화루, 공수, 4구역 화약고, 관덕정, 기기정, 등으로 구분하고 있다.

20) 아사의 중심건물, 동헌 하모당은 객사의 동쪽 선일빌딩과 아시아문화전당 사이에 있었다고 한다. 1967년경 금남로 확장공사 이후 도청 앞 광장부지로 편입되었다고 한다.

21) 객사의 중심건물인 광산관에는 왕권을 상징하는 궐패가 모셔져 있었는데 (구) 무등극장 부근에 있었다고 한다.

22) 객사는 조선후기지방지도에 의하면 남-북도로를 중심으로 동쪽에 위치하며, 동-서도로를 중심으로 북쪽에 위치하고 있다. 하지만 황영산은 남-북도로의 서쪽과 동-서도로의 남쪽으로 비정하고 있으며, 현재 충장로2가 (구)무등극장과 조선대학교 동창회관 사이에 있었다고 언급하고 있다.

23) 공북루 북동쪽으로 향하여 광남로를 끼고 있던 마을이 '역촌'이었다고 하는데 기록상으로는 누문 바로 옆 충장로변에 보통원이 있었을 것으로 추정하고 있다.

24) 경양역은 광주교육대학교를 중심으로 하는 광주광역시 북구 우산동과 풍향동 지역에 해당한다고 하였는데 경양역을 기념하는 찰방비는 동강대 정문 건너편 경양역 추정지에 세워져 있다.

25) 사직단은 오곡의 풍양을 기도하는 제단으로 광주 시가지를 내려다보는 사직공원 팔각정 앞에 복원되어 있다. 원래 영구정이라는 정자가 있고, 담장 안에 장방형으로 된 2개의 단이 있었다고 전해오고 있다.

26) 성황단의 위치는 조선대학교 의대병원 부근으로 추정하고 있다.

27) 여단은 주인없는 귀신을 위로하기 위한 것으로 서방시장 부근 "소산"으로 추정하고 있다.

【그림 출전】

〈그림 1〉 서울대학교규장각

〈그림 2〉 광주광역시 홈페이지

〈그림 3〉 네이버지도

〈그림 4〉 서울대학교규장각 1995 · 2005

〈그림 5〉 서울대학교규장각, 경인문화사 1998

〈그림 6〉 국사편찬위원회 홈페이지

〈그림 7〉 전주대학교 2002

〈그림 8〉 한글학회 1984

〈그림 9〉 국토정보플랫폼 홈페이지

〈그림 10〉 국토정보플랫폼 홈페이지

〈그림 11〉 서울대학교규장각, 국사편찬위원회 홈페이지, 경인문화사 1998

〈그림 12〉 국사편찬위원회 홈페이지

〈그림 13〉 국토정보플랫폼 홈페이지

〈그림 14〉 광주광역시동구청 · 전남대학교박물관 2002, 광주광역시립민속박물관 1997

〈그림 15〉 전남문화재연구원 · 문화체육관광부 2008

〈그림 16〉 전남문화재연구원 · 문화체육관광부 2008

〈그림 17〉 전남문화재연구원 · 문화체육관광부 2008

〈그림 18〉 광주광역시동구청 · 전남대학교박물관 2002

〈그림 23〉 국가기록원, 국사편찬위원회 홈페이지

〈그림 24〉 광주광역시동구청 · 전남대학교박물관 2002, 국사편찬위원회 홈페이지

〈그림 25〉 국가기록원

〈그림 26〉 서울대학교규장각 2005

〈그림 27〉 국토정보플랫폼 홈페이지

【인용 · 참고문헌】

〈문헌자료, 고지도〉

세종실록지리지

신증동국여지승람

동국여지지

여지도서

대동지지

증보문헌비고

해동지도

조선후기지방지도

1900년대 지형도

〈단행본〉

한글학회, 1984, 『한국지명총람13(전남편Ⅰ)』.

송인성 · 김광우 · 노경수, 1992, 『광주도시계획사연구』, 광주직할시.

광주직할시, 1992, 『광주도시계획연혁』

박선홍, 1994, 『광주1백년』1-3권, 광주 : 금호문화

심정보, 1995, 『한국 읍성의 연구-충남지방을 중심으로-』, 학연문화사.

광주광역시립민속박물관, 1997, 『광주읍성』.

전남대학교박물관, 2002, 『광주읍성유허 지표조사보고서』, 광주광역시 동구청 · 전남대학교박물관.

전남문화재연구원, 2008, 『광주읍성Ⅰ』, 전남문화재연구원 · 문화체육관광부.

전남문화재연구원, 2008, 『광주읍성Ⅱ』, 전남문화재연구원 · 문화체육관광부.

〈논문〉

이상구, 1983, 「조선 중기 읍성에 관한 연구」, 서울대학교대학원 공학석사학위논문.

심정보, 1994,「고려말 · 조선초의 하삼도 읍성 축조기사 검토」,『동아대학교 석당논총』 제20집

송준철, 2001,「역사 · 문화환경을 고려한 광주도심 정비계획-옛 광주읍성 4대문안을 중심으로-」, 한양대학교 도시대학원 석사학위논문.

조정규, 2013,「일제강점기 광주읍성 내의 경관변화」,『남도문화연구』 제24집.

한예원, 2014,「광주향교 관련 문헌자료를 통해서 본 광주읍성의 교육과 교화」,『한국고시가문화연구』 제34집.

황영산, 2015,「광주읍성을 중심으로 한 역사적 공간의 재현 연구」, 전남대학교 교육대학원 교육학 석사학위논문.

황영산 · 전경숙, 2015,「광주읍성 공간의 형성과 해체 그리고 재현」,『한국도시지리학회지』 제18권 1호.